AF893971

Curso de lenguaje DAX

Manual Imprescindible

Curso de lenguaje DAX

Ana María Bisbé York

ANAYA MULTIMEDIA

Manual Imprescindible

Primera edición: octubre de 2025

Reservados todos los derechos. El contenido de esta obra está protegido por la Ley, que establece penas de prisión y/o multas, además de las correspondientes indemnizaciones por daños y perjuicios, para quienes reprodujeren, plagiaren, distribuyeren o comunicaren públicamente, en todo o en parte, una obra literaria, artística o científica, o su transformación, interpretación o ejecución artística fijada en cualquier tipo de soporte o comunicada a través de cualquier medio, sin la preceptiva autorización.

Edición española:

© EDICIONES ANAYA MULTIMEDIA (GRUPO ANAYA, S. A.), 2025
Valentín Beato, 21. 28037 Madrid

PAPEL DE FIBRA CERTIFICADA

ISBN: 978-84-415-5084-1
Depósito legal: M-14371-2024
Impreso en España - Printed in Spain

A todas las personas que aportaron a mi formación.

AGRADECIMIENTOS

A mi familia, mi coordenada en origen.

A mi esposo y amor, mi par, mi mitad, mi complemento, apoyo y pared.

A mis hijos, el mejor regalo, el mejor proyecto y la mayor bendición.

A mis nietos, que dan un nuevo sentido a la vida.

A Diana Aguilera Reina y Nelson López Centeno por su ayuda, profesionalidad, amistad y generosidad.

A mis maestros Alberto Ferrari y Marco Russo por mostrarme el camino hacia DAX cuando yo no quería salir de mundo MDX. Gracias, maestros, por todo y por tanto.

A mis mentores Miguel Egea Gómez, Rubén Pertusa López y Ricardo Rincón por ayudarme a entender los sitios menos explorados de DAX.

Al equipo de Microsoft por crear y enriquecer el lenguaje DAX y a la comunidad por divulgarlo.

Al equipo de Anaya por la nueva oportunidad, la guía y el apoyo.

¡Gracias!

SOBRE EL AUTOR

Ana María Bisbé York es una profesional del mundo de los datos, con más de 35 años en la industria del software con amplia experiencia, tanto en formación como en proyectos de análisis, tratamiento y modelado de datos. Ha trabajado con bases de datos y modelos relacionales, multidimensionales y tabulares, así como creación de informes y cuadros de mando con analítica avanzada.

Goza de gran prestigio en el gremio de Power BI y Microsoft Fabric, dentro y fuera de la comunidad hispanohablante. Como *Microsoft Partner* en Power BI ha realizado consultoría, formación y proyectos, difundiendo el conocimiento y la potencia del lenguaje de expresiones DAX en Power BI.

El nivel técnico y el reconocimiento alcanzado le han llevado a ser la autora principal de los contenidos que sobre Power BI, Power Query y, particularmente, DAX y modelado tabular se han publicado para LinkedIn Learning en español.

Desde el año 2001 colabora con varias comunidades técnicas, que comparten conocimientos y experiencias de forma altruista y con iniciativas que fomentan la visibilidad del talento femenino en tecnología. Por toda esta actividad ha sido galardonada varios años con el premio Microsoft Most Valuable Professional (MVP) en la categoría Data Platform.

Es ponente habitual en eventos y congresos internacionales en España, muchos países europeos, Latinoamérica y Estados Unidos.

Puedes encontrarla en foros y eventos como ponente, organizadora o asistente, y también *online* en LinkedIn (`https://www.linkedin.com/in/ambynet/`) o en su blog técnico en AMBY.NET (`https://amby.net/`) que mantiene desde hace más de 20 años.

Índice de contenidos

Cómo usar este libro

Con la llegada del SQL Server 2012 supe del lenguaje de expresiones DAX. Era una novedad de la que se sabía más bien poco. Mi primer contacto con el "contexto" en DAX fue en el Summit 2012 de SolidQ, y honestamente no me hice con ello. "Ni falta que me hace", pensé y me equivoqué. Yo era capaz de entender, desarrollar, optimizar e incluso enseñar a mis alumnos a trabajar con el lenguaje MDX y los modelos multidimensionales. ¿Para qué quiero más?

Aun así, por aquello de la curiosidad, me subí tímidamente al carro de la novedad, estudié y un buen día me vi impartiendo mis propios cursos introductorios y sesiones en eventos para explicar de qué iba el nuevo modelo tabular y hasta dónde podíamos llegar con aquel DAX en Excel, porque no había nacido Power BI. DAX "solo" se utilizaba en modelos tabulares con SQL Server Analysis Services y en Power Pivot de Excel. Yo pensé que sería solo para prototipos, que el lenguaje MDX seguiría siendo el centro de mi labor profesional, y me equivoqué de nuevo.

El maestro Marco Russo me dijo en la conferencia "Microsoft TechEd Europe Barcelona" en octubre de 2014 que DAX había llegado para quedarse y que era esencial que lo aprendiera en profundidad. Uno de mis mentores, Rubén Pertusa López, me dijo que habría DAX más allá de Power Pivot. Entendí hacia dónde había que dirigir los esfuerzos.

Aprendí de los mejores: los maestros SSAS Alberto Ferrari y Marco Russo de SQLBI, los mentores de SolidQ, y los autores en Pragmatic Works, Pluralsight y edX, entre otros.

Desde 2018 he tenido el honor y el privilegio de crear contenidos sobre este tema para LinkedIn Learning, con un equipo maravilloso que ha permitido que el conocimiento compartido sobre DAX llegue a cientos de miles de personas.

El tema me apasiona y, afortunadamente, no he estado sola. La comunidad también abrazó DAX. Llevo años compartiendo conocimientos sobre este lenguaje en eventos en España, Europa, Estados Unidos y América Latina gracias a la oportunidad brindada por cada organización. Hoy en día, sigo aprendiendo DAX y la lista de contribuyentes a mi constante formación es cada vez más larga. Existen muchos contenidos para cursos, eventos, publicaciones, blogs, tutoriales, libros y vídeos que son de gran utilidad. Agradezco a cada persona que ha hecho una pregunta y que ha expuesto su escenario y sus dudas porque han planteado el reto, el desafío que me ha ayudado a crecer. Los conocimientos que con tanta pasión presento son el resultado, por tanto, del esfuerzo colectivo.

Algo más de diez años después de mi primer contacto con DAX, tras impartir miles de horas de formación sobre este lenguaje y el modelado tabular y gracias a la confianza del equipo de Anaya Multimedia, me atrevo a compartir contigo mis experiencias. Hoy presento este libro, que es el fruto de años de estudio, proyectos y colaboraciones que han girado en torno al modelo tabular y al lenguaje de expresiones DAX.

Me hace muchísima ilusión y lo entrego con total humildad. Soy consciente de que no será perfecto. Queda mucho por decir, a veces por tiempo y espacio, y a veces a propósito, por no desviarme del objetivo. Solo espero que este contenido te ayude, que te sirva de guía y que sea merecedor de acompañar al resto de tus libros y manuales de consulta.

Muchas gracias por adquirir este ejemplar. Deseo que lo disfrutes, que sea tu compañero para romper la barrera de DAX, porque DAX es un lenguaje amigo, un aliado que te acompaña y te permite avanzar para seguir sirviendo con tu trabajo a las personas que lo necesitan.

¿A quién está dirigido?

Este libro es para ti que te dedicas a analizar datos, a crear modelos analíticos y que te enfrentas día a día a desafíos y requisitos a los que debes dar respuesta de la mano de un buen amigo, el lenguaje DAX.

Si es la primera vez que te enfrentas a la creación de expresiones DAX, este libro es para ti, con independencia de tu herramienta favorita, aunque está explicado a partir de las funcionalidades integradas en Power BI Desktop. No se asumen conocimientos previos. Permíteme guiarte, llevarte de la mano, por una ruta que entiendo es a la vez sólida y escalonada.

Si llevas tiempo trabajando con DAX, este libro también es para ti, porque te dará los recursos que necesitas para crear nuevas expresiones sobre bases sólidas y para entender las expresiones que tú, o tu equipo, han creado en el pasado, especialmente aquellas que no van muy bien o que no te dan la respuesta que esperas.

Ten en cuenta que te preparas para ser mejor analista y el análisis de datos es hoy el motor de toma de decisiones. Se necesitan personas formadas, con una base sólida, personas capaces de aprovechar las ventajas de las herramientas actuales como Excel, Power BI o entornos como Microsoft Fabric en los que habite el modelo tabular y, por tanto, se puedan desarrollar los cálculos, filtros, análisis y consultas en el lenguaje de expresiones DAX.

¡Que lo disfrutes!

¡Gracias por elegirnos!

Unas palabras sobre Power BI

Quizás ya estás trabajando en entorno Power BI o tal vez no.

Si eres del primer grupo, ¡enhorabuena!, ya estás disfrutando de una herramienta estable, que acaba de cumplir sus primeros 10 años y que está dotada de muchas opciones que permiten a millones de personas sacar lo mejor de sus datos para convertirlos en acción.

Si eres del segundo grupo, ¡enhorabuena! Llegas justo a tiempo, tengo una buena noticia para ti. Power BI Desktop es una herramienta gratuita que puedes descargar desde este enlace: `https://www.microsoft.com/es-es/power-platform/products/power-bi/desktop`.

Me gusta decir que Power BI es un regalo de los dioses, así lo veo.

Te recomiendo revisar el catálogo de contenidos en Anaya Multimedia en este enlace: `http://www.AnayaMultimedia.es` para que conozcas los otros títulos que sobre Power BI, Power Query y DAX se han publicado por la editorial.

Estructura del libro

Este libro se ha diseñado en doce capítulos que abordan contenidos específicos que detallo a continuación. Si comienzas tu andadura con DAX, te recomiendo seguir el orden de los capítulos. Si tienes parte del camino recorrido, espero que accedas al capítulo que sea de tu interés y encuentres la ayuda que necesitas.

Capítulo 1. Introducción al modelo de datos tabular

Todos los aspectos del modelo tabular son importantes para garantizar el rendimiento de las consultas DAX; por eso, este libro comienza sentando una base de conocimiento sobre las características del modelo tabular.

Este capítulo te explica cuáles son las propiedades de las tablas y sus relaciones como componentes principales que integran el modelo. Verás las diferencias y características de entidades y atributos y, por último, aprenderás a distinguir los esquemas de diseño del modelo y entender las ventajas de cada uno.

Capítulo 2. Explorar y medir el modelo tabular

Ya conoces cuáles son las características del modelo tabular. Es el momento de aprender a explorarlo, porque es importante conocer la estructura del modelo antes de aprender a utilizar el lenguaje de expresiones DAX como lenguaje de definición y consulta. En este segundo capítulo aprenderás a familiarizarte con la estructura del modelo tabular almacenado en una base de datos SQL Server Analysis Services Tabular.

La ayuda llega de la mano de dos herramientas externas, gratuitas y disponibles (DAX Studio y Tabular Editor), que se introducen y se describen en el capítulo para ayudarte a realizar acciones de exploración y filtrado del contenido de tu modelo para identificar, entre otros, los elementos calculados con DAX y sus propiedades.

Capítulo 3. Introducción al lenguaje de expresiones DAX

Ha llegado el momento de entrar en contacto con las bases del lenguaje de expresiones DAX, que te servirá para crear elementos que van desde expresiones de cálculo y filtros que responden a la lógica de tu escenario concreto hasta expresiones que sirven para consultar los datos de tu modelo.

En este capítulo aprenderás a identificar los componentes del lenguaje DAX. Conocerás sobre sintaxis y buenas prácticas para crear expresiones efectivas. Los ejemplos están vistos desde Power BI Desktop, donde las expresiones cuentan con un editor con ayuda incorporada, código de colores y opciones de autocompletar que te ofrecerán un gran apoyo desde tus comienzos.

Capítulo 4. Crear expresiones de cálculo con DAX

Llega el momento de preguntarse: "¿qué puedo hacer con DAX?". Este capítulo te enseña a distinguir las opciones de cálculos que se pueden crear con el lenguaje DAX, aprenderás a diferenciarlas gracias a los ejemplos que aporta, para extraer lo más positivo de cada una de ellas.

Un apartado especial se dedica a comparar las columnas calculadas y las medidas que han sido creadas con expresiones DAX. No lo pases por alto, es importante y te animo a que lo dejes marcado por si te apetece revisarlo una vez más.

Y, como somos de datos, tú y yo debemos medir los metadatos del modelo. Este capítulo te guía en esta tarea. Tienes a tu disposición una mano amiga extendida en forma de herramienta externa DAX Studio que te permite acceder con facilidad al informe Vertipaq Analyzer para medir el impacto de los elementos del modelo. Y aquí, por su importancia, se vuelven a tratar los efectos de columnas calculadas y medidas.

Capítulo 5. Crear medidas base con DAX para proteger el modelo

Te invito a crear expresiones de cálculo con DAX porque ya te has hecho con el modelo tabular y sus componentes. Ya sabes cómo medir la composición y el impacto. Conoces qué elementos del lenguaje DAX están a tu disposición.

¡Entonces, llegó la hora! Te animo a que te sientes con tu modelo e identifiques cuáles son tus medidas base, que son el núcleo del análisis. Explora y distingue qué agregados necesitas calcular sobre una o más columnas de una o más tablas. Y, si no tienes tu modelo preparado, te comparto un ejemplo para que puedas avanzar, que es de lo que se trata con este libro.

El capítulo 5 está escrito para ti, se dedica a explorar una pauta sobre la creación de las medidas base con DAX, para darte la mejor respuesta posible desde mi punto de vista ante el reto de enfrentarte a ese momento inicial. Una vez hayas empezado, te ayuda a avanzar hasta conseguir tu meta.

Capítulo 6. Los contextos de evaluación en DAX

Ya has escrito tus primeras expresiones DAX y las estás utilizando en forma de medidas en tus informes. ¿Has visto que una misma expresión puede devolver resultados diferentes? En este capítulo, te muestro que el resultado de una consulta en DAX depende de su contexto de evaluación, que está compuesto por el contexto de filtro y el contexto de fila.

Además de estos conceptos, se abordan otros temas importantes: la propagación de filtro y el rol de la calidad de las relaciones del modelo, la transición de contexto y la dependencia circular en columnas calculadas.

Cada elemento se explica con ejemplos y te detallo su importancia en tu desarrollo y aprendizaje del lenguaje DAX, como es el caso del error que se puede producir si se rompe la integridad referencial que impacta directamente en el resultado.

Este sexto capítulo es muy importante, espero que te ayude, lo he preparado con mucha dedicación para que lo leas y lo revises siempre que lo necesites.

Capítulo 7. La función CALCULATE en DAX

En la medida que avanza tu conocimiento del lenguaje DAX, te tropiezas cada vez más con la función `CALCULATE`. Es, para mi modo de ver, tan útil, tan única y especial que prefiero dedicarle todo un capítulo. No te lo pierdas, el objetivo es ayudarte a entender el orden de evaluación de los parámetros que se pasan a la función `CALCULATE`.

Mi intención con este capítulo es que puedas identificar las tareas que puede realizar la función CALCULATE y que, al finalizarlo, seas capaz de responder a las preguntas: ¿qué son los modificadores de filtro?, ¿qué funciones actúan como tal? y ¿cuál es su rol? No he escatimado en ejemplos, espero que puedas entender los conceptos y aplicarlos en tus escenarios. Hay más ejemplos sobre esta función tan versátil en el resto de los capítulos.

Capítulo 8. El lenguaje DAX y la inteligencia de tiempo

Espero que te guste y te sea de utilidad el capítulo 8 porque me he centrado en explorar técnicas y funciones especialmente integradas en DAX para filtrar los resultados para un periodo de tiempo en particular y así modificar el contexto de filtros en los cálculos. Te muestro cómo analizar los datos en diferentes niveles y momentos, lo que se conoce como crear cálculos con inteligencia de tiempo.

Te explico la importancia de la tabla Calendario, cuáles son sus características y cómo la puedes crear. La calidad del modelo de datos y la función CALCULATE del lenguaje DAX vuelven a escena, unidas para que en tus ejemplos y proyectos puedas desarrollar con éxitos tus métricas de inteligencia de tiempo con DAX.

Capítulo 9. Los filtros visuales, las funciones y consultas DAX

Se suele decir que en los cálculos DAX todo gira en torno a los filtros; por eso, he escrito este capítulo cuyo objetivo es ayudarte a trabajar con filtros, detectarlos, explorar las funciones y hacerte con las ventajas que aporta cada una.

Es el capítulo más extenso del libro, está repleto de detalles y ejemplos con el fin de mostrarte las acciones de filtro disponibles en una herramienta cliente como Power BI Desktop, porque cada acción de filtro sobre un objeto de informe impacta directamente en la consulta DAX que se realiza a los datos almacenados. No te pierdas el bloque dedicado al funcionamiento de los filtros de valor.

En este capítulo que te he preparado para que subas tu nivel en la gestión de los filtros, te muestro cómo trabajar con el panel Analizador de rendimiento, la vista Consultas DAX y la herramienta externa DAX Studio que viene al rescate, esta vez, con la funcionalidad integrada que se llama Server Timings. Te será de utilidad entender cómo realizar la exploración de consultas y distinguir el papel que juegan los filtros en ellas. El bloque final del capítulo está dedicado a mostrarte ejemplos y funciones que te pueden servir para documentar los filtros activos en cada momento.

Capítulo 10. El lenguaje de consultas DAX para explorar el modelo de datos

Ya que has alcanzado la mayoría de edad en la creación de expresiones DAX para las métricas del modelo, llega el momento de poder crear las consultas que te permitan explorar los datos y metadatos, con independencia de los elementos visuales diseñados en un informe.

En este capítulo te ayudo a identificar la estructura de la consulta DAX que se crea automáticamente por un objeto visual y te enseño a crear tus propias consultas desde cero. La vista Consultas DAX, que es vital para este tipo de tareas, está descrita con mucho detalle para que no te pierdas nada. Me ha parecido interesante dedicar un bloque al trabajo con las medidas por las ventajas que aporta la vista Consultas en el manejo, exploración y actualización de las medidas del modelo.

Con muchos ejemplos te muestro que la función `EVALUATE` es el centro de la consulta DAX y espero que puedas aprovechar las ventajas que aportan las funciones del grupo `INFO.VIEW` como aliadas indiscutibles para la exploración de los metadatos del modelo.

Capítulo 11. Lenguajes de consulta DAX vs. SQL

Explorar el contenido de un conjunto de datos es una tarea relevante. Seguro que le has hecho muchas preguntas a tu modelo, ya sea con consultas a tu origen de datos aplicando filtros por filas y columnas, o explorando los perfiles con Power Query o DAX, o quizás filtrando combinaciones en la vista Datos en Power BI Desktop o el Servicio Power BI o diseñando visuales para ver qué respuestas puedes obtener.

Te entrego este capítulo creado con mucho esmero para que puedas obtener las respuestas que necesitas explorando tu modelo de datos con DAX. Crear consultas con DAX es preguntar a la base de datos que aloja al modelo semántico la información que se requiere. Es similar a una consulta SQL, ya que puede mostrar los datos detallados o agregados, filtrados por filas o grupos.

En este capítulo, encontrarás un paralelismo en cada forma de pregunta, porque pienso que, si vienes del mundo SQL en cualquiera de sus variantes, tu conocimiento previo te puede ayudar a dominar las consultas con DAX y, si no es el caso, te invito a crear el entorno para explorar consultas T-SQL a una base de datos SQL Server, que está disponible de forma gratuita y estoy segura de que te será de utilidad.

Capítulo 12. Optimización de consultas DAX

Te presento el último capítulo del libro en el que te animo a investigar el código, detectar los problemas, depurar y buscar las soluciones. El objetivo de este capítulo es mostrarte ejemplos que ilustren el impacto que tiene la calidad del código en las expresiones DAX sobre el rendimiento de las consultas y, por tanto, la rapidez de tus informes.

El panel Analizador de rendimiento y el informe disponible desde la opción Server Timings de la herramienta externa DAX Studio son los mejores compañeros en este tramo del viaje que estamos haciendo.

El pseudocódigo que ofrece DAX Studio está expuesto en un texto parecido a SQL, que ilustra lo ocurrido en la consulta a los datos. Es una de las razones por las que escribí para ti el capítulo 11, combinando ambos lenguajes. Si no tenías base alguna de SQL, ahora ya puedes entender estas consultas escritas en xmSQL.

Convenciones tipográficas

Como cualquier otro libro, este se encuentra dividido en capítulos que cuentan con diferentes apartados, cada uno de ellos encabezado por sus correspondientes títulos. Además, en el texto se utilizan ciertos estilos o tipografías específicas con el objetivo de hacer su lectura más rápida, facilitando la identificación de elementos como las opciones de menú, nombres de funciones, etc. Estos estilos son:

- *Cursiva*: Es un tipo que se usa para diferenciar términos anglosajones o de uso poco común. También se usa para destacar algún concepto.
- **Negrita**: Te ayudará a localizar rápidamente elementos importares que conviene destacar, además de las combinaciones de teclas.
- `Monoespacio`: Diferencia elementos como los nombres de archivos y carpetas, las URL y el código (variables, funciones, etc.).
- Menús y comandos: Destaca sobre el texto todos los elementos relativos a interfaz de usuario, como puede ser una opción de menú, un comando o título de una ventana, etc.

Ejemplos del libro

Los ejemplos pueden descargarse desde el sitio web de Anaya Multimedia, en `http://www.AnayaMultimedia.es`, hay que localizar la ficha de este libro y, una vez localizada, en la opción Selecciona Complemento se puede descargar un archivo comprimido con todos los ejemplos.

Finalmente... o más allá de este libro

Espero que este libro te sea de utilidad.

El lenguaje de expresiones DAX te seguirá sorprendiendo por los aportes que se incluyen permanentemente desde Microsoft. Por eso, este libro es la base que te impulsa a seguir tus estudios, para explorar lo que quedó por decir y las novedades que irán surgiendo.

En este libro no se habla de la inteligencia artificial ni de las ventajas del uso de Copilot u otras técnicas. Mi recomendación es que te hagas con el lenguaje DAX y, cuando tengas una base sólida, aproveches las nuevas tecnologías y todos los avances que surjan en cada momento.

Ten curiosidad, mantente al día, no dejes de explorar y de estudiar. Mucho quedó por decir, y muchas herramientas por exponer.

Te presento estos contenidos que han cubierto lo que, para mí, es la esencia del lenguaje DAX y que han sido elaborados con mucho cuidado, abordando los distintos aspectos que te pueden ayudar a empezar con una guía sólida tu camino por el mundo de los datos o seguir la senda ya iniciada con un recurso que te ayude a entender el porqué de los resultados que ves en tus informes.

Si eres analista o simplemente tratas el dato para extraerle valor, gracias por optar por la formación y por tu interés en elevar tus conocimientos y habilidades en la creación de expresiones DAX. Así podrás brindar un mejor servicio desde tu posición laboral.

Es una bella labor, es muy importante lo que haces, porque, a través del dato, ayudas a las personas, los equipos y a la sociedad a ser más eficientes.

¡Muchas gracias!

1 Introducción al modelo de datos tabular

En este capítulo aprenderás:

- Las características del modelo tabular.
- Las propiedades de los componentes que integran el modelo tabular.
- Distinguir los esquemas de diseño del modelo.
- Entender los conceptos entidad y atributo del modelo.

Características del modelo tabular

El modelo tabular es el conjunto de las tablas y las relaciones existentes entre ellas que se almacenan en una base de datos de SQL Server Analysis Services Tabular:

- **Las tablas:** Representan las entidades del modelo y contienen las columnas que representan, a su vez, a los atributos de las entidades o las métricas del modelo.
- **Las relaciones:** Se crean entre las columnas de las tablas.

Tablas del modelo tabular

En términos de modelado dimensional, existen dos tipos de tablas que difieren en su contenido y función dentro del modelo tabular:

- **Tablas de hechos:** Contienen las transacciones, las métricas, los valores de datos de eventos o de observación.
  - Suelen contener muchas filas, por lo que hay que prestar especial cuidado a su diseño y composición.
  - Se deben diseñar como tablas estrechas. Deben contener solo columnas de tipo numérico o fecha que representen los hechos o mediciones que se analizan y las columnas de relación con las tablas de dimensiones.
  - Aunque pueden contener filas con valores repetidos, se recomienda crear agregados. Las filas repetidas pueden causar problemas en los cálculos.
  - Algunos ejemplos son: Ventas, Producción, Pedidos, Inventarios, Envíos, Mediciones, etc.
- **Tablas de dimensiones:** Son los datos maestros que se usan para filtrar y agrupar los datos de las tablas de hechos.
  - Contienen valores únicos, por eso, suelen tener menos filas.
  - Admiten diseños de tablas anchas con tantos atributos como requiera el análisis.
  - Por ejemplo, Clientes, Proveedores, Proyectos, Empresas, Empleados, Alumnos, Equipos, etc.

La figura 1.1 muestra un ejemplo de modelo tabular en versión contraída, sin detalle de columnas, que aparece en la vista Modelo de Power BI Desktop con cuatro tablas relacionadas donde se puede apreciar que existen tres tablas de dimensiones, que son: Clientes, Calendario y Productos y una tabla de hechos que es Ventas.

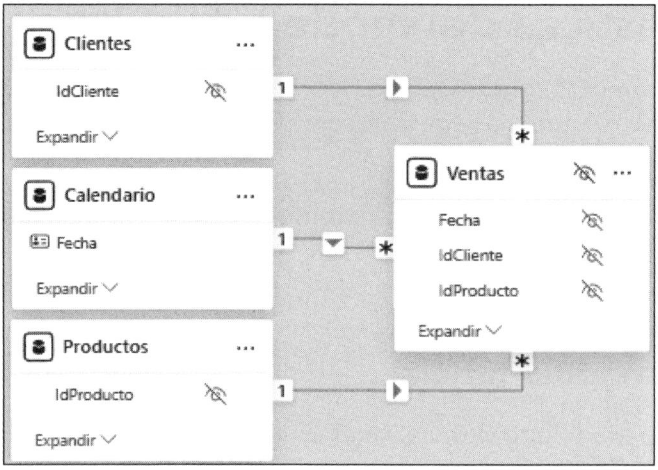

Figura 1.1. Ejemplo de tablas y relaciones en un modelo tabular.

Relaciones del modelo tabular

Entender la configuración y propiedades de las relaciones entre las tablas que componen el modelo tabular es vital. Las columnas de los extremos de la relación de ambas tablas deben ser del mismo tipo.

Las relaciones cumplen con un rol específico que es controlar el funcionamiento lógico del modelo y propagar el filtro entre las tablas.

- Se puede relacionar una columna numérica con una columna de tipo Fecha porque las fechas se almacenan en el modelo como números.
- Se pueden relacionar columnas con nombres diferentes.

Al crear el modelo de datos, Power BI busca de forma automática las posibles relaciones que existen entre las tablas por la coincidencia de los nombres de columnas, el tipo de datos y su contenido.

- Según sea el rol de cada tabla, la cardinalidad de la relación y la dirección de filtro de la relación, así será el funcionamiento y efectividad del modelo.
- Se deben establecer relaciones entre tablas de hechos y tablas de dimensiones.
- Solo se pueden crear relaciones entre columnas individuales. Si fuese necesario combinar dos columnas para crear la relación, tendría que solucionarse en un paso previo.

Propiedades de los componentes en el modelo tabular

Granularidad en tablas

La **granularidad** en las tablas del modelo de datos es el nivel de detalle que se representa dentro de los datos. Solo se deben cargar al modelo los datos necesarios en la granularidad adecuada:

- **Granularidad resumida:** Provoca menos filas de datos, por lo que habrá mayor rapidez en la actualización y exploración de los informes, lo que favorece el aumento de la frecuencia en la actualización de datos.
    - Puede provocar pérdida de detalle.
- **Granularidad detalle:** Provoca más filas de datos; por eso, los procesos de carga y exploración son más lentos.
    - Garantiza la exploración y el análisis cuando se requiera el detalle.

Definir la granularidad correcta de los datos puede tener un gran impacto en el rendimiento y la usabilidad de los informes, así como en las relaciones entre tablas del modelo tabular.

La figura 1.2 muestra un ejemplo de mayor y menor granularidad en los datos. Esta información se aprecia desde el entorno del editor de consultas Power Query en Power BI, con el panel Perfil de distribución de columnas activo. La columna Ingresos tiene el detalle con 16 valores diferentes y la columna Nivel, que es una columna calculada a partir de los valores de Ingresos, tiene apenas 5 valores diferentes.

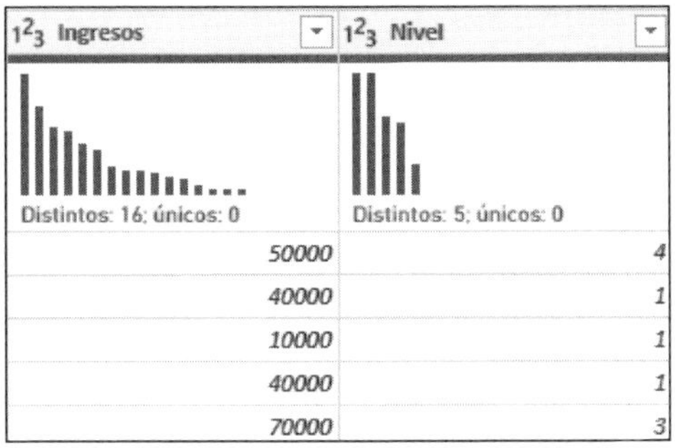

Figura 1.2. Ejemplo de columnas con granularidad detallada y resumida visto desde el Perfil de distribución de columnas.

El Perfil de distribución de columnas se activa desde Power Query en Power BI Desktop siguiendo la ruta Vista>Vista Previa de datos>Distribución de columnas.

En la vida real, estas diferencias en granularidad se aprecian mucho más. La imagen muestra un ejemplo muy simplificado de lo que puede representar el diseño con granularidad resumida o detallada. El escenario concreto va a definir si al modelo pasan ambas columnas o únicamente la columna con granularidad resumida.

Cardinalidad de columnas

La **cardinalidad** es un término que se usa para describir la unicidad de los valores de una columna. Este aspecto es relevante tanto para el modelo como para el análisis posterior de los datos. Desde Power Query se puede explorar la composición de cada columna y tener la información sobre la cardinalidad en cada caso. Se distinguen dos niveles de cardinalidad:

- **Nivel bajo:** Cuando la columna tiene muchos valores repetidos y el recuento de elementos distintos es bajo. Tiene mejor rendimiento, es el objetivo por alcanzar.
- **Nivel alto:** Cuando la columna tiene muchos valores únicos y el recuento de elementos únicos es alto. Una alta cardinalidad es perjudicial para el modelo tabular.

El perfil de distribución y el modelo tabular

Una vía para explorar el contenido de los datos en la etapa de prospección y transformación, con el objetivo de buscar información sobre la cardinalidad y granularidad de las columnas, es analizar los resultados expuestos en el Perfil de distribución de columnas en Power Query, ya que ofrece información que incluye la cantidad de valores distintos y únicos, como se muestra en la figura 1.3.

- **Valores distintos:** A mayor cantidad de valores distintos, mayor será el peso en el modelo tabular.
  - Provoca complejidad en el análisis porque resulta más difícil interpretar una visualización con muchos puntos en los ejes o líneas.
- **Valores únicos:** Muestra la cantidad de elementos que no se repiten. Mientras menor sea el número de valores únicos, será mejor el modelo tabular.
  - Los valores únicos pueden representar errores, anomalías o valores atípicos.

La figura 1.2 muestra que no existen valores únicos, lo que sugiere un modelo con datos limpios. Por el contrario, la figura 1.3 muestra varias columnas con problemas de calidad de datos, lo que provoca valores únicos.

Nivel de Educación	Nivel de Estado Civil	Ingresos	Hijos	Nivel de Ocupación
Distintos: 11; únicos: 5	Distintos: 6; únicos: 4	Distintos: 16; únicos: 1	Distintos: 6; únicos: 0	Distintos: 9; únicos: 4
EFP	Soltero/a	20000	0	null
BACHILLER	Soltero/a	60000	4	Obrero Calificado
Bachiller	Casado/a	40000	1	Obrero Calificado
Bachiller	SOLTERO/A	10000	1	MILITAR
EFP 2	Soltero/a	40000	0	Obrero Calificado

Figura 1.3. Perfil de distribución de columnas con problemas de calidad.

En el ejemplo de la figura 1.3 se aprecia que la columna Hijos tiene una distribución excelente y se detectan los problemas en las columnas Nivel de Educación, Nivel de Estado Civil y Nivel de Ocupación, cuyos valores únicos podrían ser por la presencia de espacios en blanco o diferencias en mayúsculas y minúsculas. Se recomiendan tareas de limpieza y validación.

Y la columna Ingresos muestra una distribución interesante: disminuye la cantidad de elementos de la muestra en algunos valores en los que se presenta este dato.

La distribución invita a la revisión y posible agrupación de valores para crear menos grupos con más muestra en cada uno, es decir, disminuir la cardinalidad de la columna y contribuir a la mejora del modelo.

Por su parte, la figura 1.4 muestra el Perfil de distribución con un ejemplo que ilustra cómo se pueden diseñar los mismos datos con granularidades diferentes.

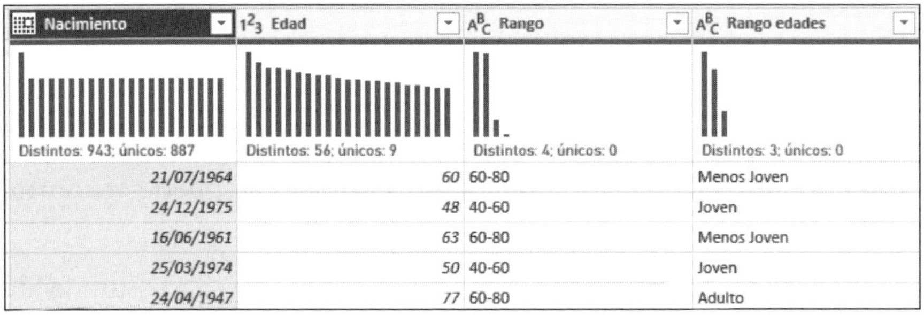

Nacimiento	Edad	Rango	Rango edades
Distintos: 943; únicos: 887	Distintos: 56; únicos: 9	Distintos: 4; únicos: 0	Distintos: 3; únicos: 0
21/07/1964	60	60-80	Menos Joven
24/12/1975	48	40-60	Joven
16/06/1961	63	60-80	Menos Joven
25/03/1974	50	40-60	Joven
24/04/1947	77	60-80	Adulto

Figura 1.4. Ejemplo de columnas con granularidad detallada y resumida visto desde el Perfil de distribución de columnas.

El análisis por columnas mostrado en la figura 1.4 indica que:

- Nacimiento es una columna extraída del origen. En su estado original es deficiente porque tiene un alto grado de detalle. Es dañina para el modelo y el análisis. En las primeras 1.000 filas son muy elevados los valores distintos y únicos.
- Edad se obtuvo a partir de Nacimiento. Provoca una mejora sustancial al modelo y al análisis. No es perfecta porque existen 9 valores únicos, pero según el escenario puede ser suficiente.
- Rango se obtuvo a partir de Edad y muestra una distribución en grupos de 20 en 20. No se detectan valores únicos, aunque en dos de los grupos hay muy pocos elementos.
- Rango edades se obtuvo a partir de Edad y muestra la división condicional en tres rangos de edades. Es perfecta para el modelo de datos y para el análisis.

El escenario concreto de la organización que se analiza va a determinar a qué nivel de agrupación se cargan los datos al modelo.

Roles de las tablas en la relación

Los roles se identifican por el extremo de la relación.

- **En el extremo uno** de la relación se encuentran las tablas descriptivas, los datos maestros que son las dimensiones del modelo, cuya función es filtrar o agrupar los hechos.
    - Estas tablas tienen una columna clave que contiene valores únicos y que no admite valores nulos, en blanco o desconocidos.
    - Cada fila de datos tendrá un único valor que lo identifique.
- **En el extremo varios** de la relación están los hechos enlazados a la columna clave de las dimensiones.
    - Las tablas de hechos no necesitan columna clave.
    - Cada identificador de la tabla de dimensiones se puede encontrar cero, una o muchas veces en la tabla de hechos.

La figura 1.5 muestra un ejemplo de dos tablas relacionadas. La columna IdCliente de la tabla Clientes representa el extremo Uno de la relación y la columna IdCliente de la tabla Ventas representa el extremo Varios de la relación.

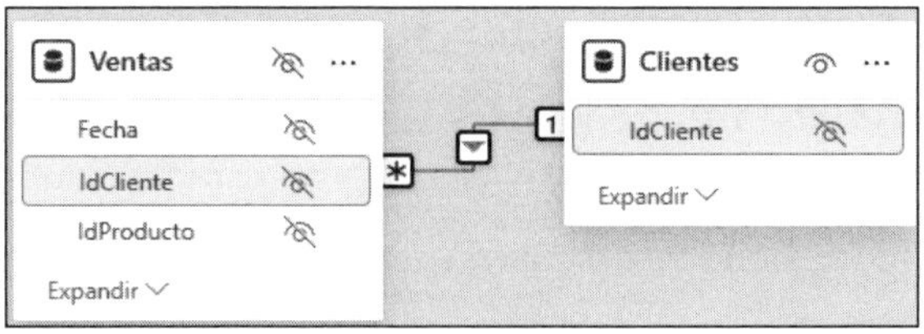

Figura 1.5. Dos tablas relacionadas en el modelo de datos.
Se destaca la relación y las columnas en cada extremo.

Cardinalidad en relaciones

La cardinalidad es uno de los atributos más importantes de la relación entre las tablas. Define la singularidad de los valores de una columna. Hay diferentes tipos de cardinalidad en el modelo de datos.

Cardinalidad de **varios a uno** (*:1) o de **uno a varios** (1: *):

- Es el tipo más común, que se define de forma predeterminada entre las tablas de hechos y las de dimensiones. Es el diseño óptimo para el funcionamiento del modelo.
- La tabla relacionada (o tabla de búsqueda) solo tiene una instancia de cada valor.
- La tabla de hechos tiene cero, una o múltiples instancias cada valor.

Cardinalidad de **uno a uno** (1:1):

- Requiere valores únicos en las dos tablas.
- No se recomienda porque esta relación almacena información redundante.
- Se recomienda:
    - Para relaciones entre **dimensiones**, combinar las tablas en Power Query.
    - Para relaciones entre **hechos**, relacionar las tablas de hechos a través de tablas de dimensiones compartidas.
- Provoca doble dirección de filtro.

Cardinalidad de **varios a varios** (*.*):

- Existen muchos valores que son comunes entre dos tablas.
- No requiere valores únicos en ninguna de las tablas de una relación.

- Se puede elegir la dirección de filtro cruzado entre: única y bidireccional.
- No se recomienda; la falta de valores únicos puede generar ambigüedad en la resolución de las consultas provocando resultados inesperados.
- Es especialmente ineficiente en casos de modelos con varias tablas de hechos.

Direccionalidad en la relación

La direccionalidad de la relación define el filtrado automático. Los datos se pueden filtrar en uno o en los dos lados de una relación.

La figura 1.6 muestra tres tablas del modelo y las relaciones entre ellas. La relación entre las tablas Clientes y Ventas muestra una dirección bidireccional, mientras que entre las tablas Productos y Ventas la dirección de filtro es unidireccional.

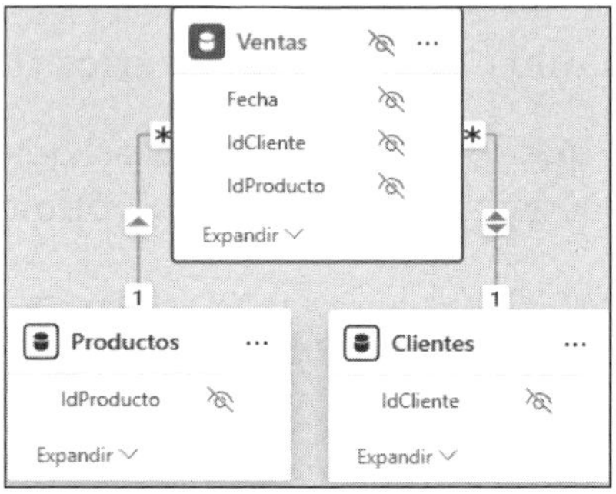

Figura 1.6. Relaciones entre tablas del modelo de datos que muestran diferente direccionalidad.

Con **dirección de filtro única:**

- Solo se puede usar una de las dos tablas de la relación para filtrar los datos.
- En el caso de una relación de **uno a varios** o de **varios a uno**, la dirección del filtro cruzado será desde el lado "uno", por lo que el filtro se producirá en la tabla que tiene valores únicos.
- Este comportamiento es válido de existir esquema de diseño copo de nieve. El filtro se propaga por toda la cadena de relaciones entre las dimensiones hasta llegar a la tabla de hechos.

Con **dirección de filtro bidireccional:**

- Ambas tablas de la relación se pueden usar para filtrar la tabla relacionada. Se puede filtrar una tabla de dimensiones a través de la tabla de hechos, y una tabla de hechos se puede filtrar a través de la tabla de dimensiones.

- Se recomienda minimizar el uso de relaciones bidireccionales porque puede provocar ambigüedad, sobre muestreo, resultados inesperados y una posible degradación del rendimiento.

Relaciones activas vs. relaciones inactivas

Existen dos tipos de relaciones entre las tablas del modelo tabular: relaciones activas y relaciones inactivas, que se muestran en la figura 1.7.

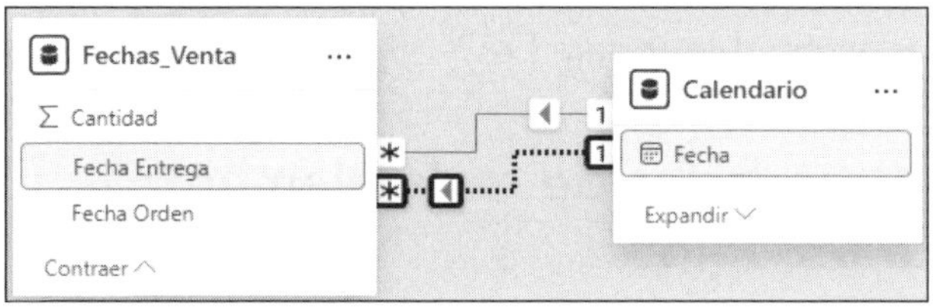

Figura 1.7. Ejemplo de modelo de datos con una relación activa y una relación inactiva entre dos tablas.

Relación activa: Se crea entre una columna de cada tabla.

- En el diagrama se representa con línea continua.
- Solo se puede crear una relación activa entre dos tablas.
- No se admiten relaciones activas sobre múltiples columnas.

Relación inactiva: Se crea la relación cuando existe más de una columna en la tabla de hechos que se pueda relacionar con la tabla de dimensiones, pero no se activa.

- En el diagrama se representa con puntos suspensivos.
- Se pueden crear tantas relaciones inactivas como sean necesarias para el modelo.
- La relación inactiva no propaga los filtros, salvo que se indique en la expresión DAX que la utiliza.
- Una relación se puede marcar como inactiva para que los filtros no se propaguen.
- Pueden existir relaciones inactivas cuando hay varias rutas de relación entre las tablas. En ese caso, los cálculos del modelo pueden usar funciones especiales para activarlas.

Los filtros que se apliquen sobre los datos y los resultados de los cálculos solo tienen en cuenta las relaciones activas porque únicamente las relaciones activas propagarán los filtros.

- El lenguaje de expresiones DAX permite activar una relación inactiva dentro de una expresión de cálculo. La función DAX que se utiliza se llama `USERELATIONSHIP`.

El diseño que cuenta con relaciones activas e inactivas entre las tablas es eficiente si da respuesta a los requisitos del análisis y se combina adecuadamente con las funciones integradas en el lenguaje DAX.

Definir las propiedades de cada elemento desde la vista Modelo

Si se trabaja con un modelo tabular desde el entorno de Power BI Desktop, la estructura de tablas y relaciones se representa en la vista **Modelo**.

La figura 1.8 muestra los paneles **Propiedades** y **Datos** expandidos. El panel **Datos** tiene activa la pestaña **Modelo**.

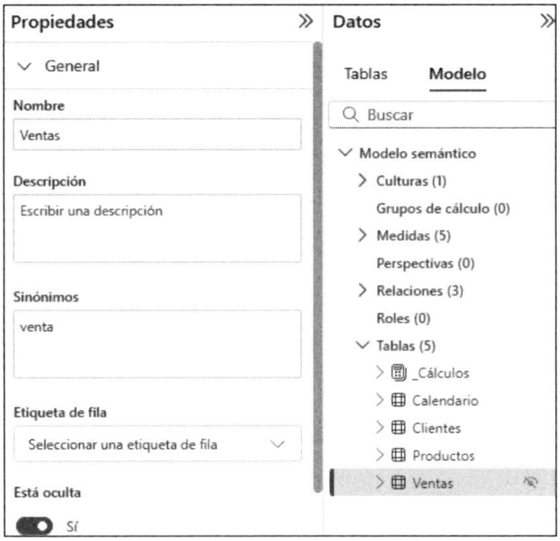

Figura 1.8. Paneles para la configuración de propiedades del modelo tabular.

- En el panel central o diagrama del modelo se muestran las tablas, las relaciones, las columnas por las que se hace la relación, la dirección de filtro y la cardinalidad.

- En el lateral derecho la vista modelo tiene dos paneles: Propiedades y Datos. En el panel Propiedades existen grupos de propiedades que se pueden expandir para configurar cada elemento de forma individual. Se recomienda recorrer todas las opciones de configuración de las propiedades.

¿Qué son las entidades y los atributos del modelo?

Se recomienda trabajar desde el inicio en la identificación de atributos y entidades. Es uno de los primeros retos a superar en el diseño del modelo tabular.

- Un **atributo** es una columna o campo del modelo que sirve para describir la entidad o tabla a la que pertenece.
  - Todos los atributos que sirven para describir una entidad deben estar integrados en una única tabla.
  - Se recomienda evitar estructuras normalizadas con tablas independientes para datos relacionados. Por ejemplo, los datos geográficos del estilo País, Provincia y Municipio deben estar en una única tabla para evitar columnas de relación y las relaciones en el modelo.
- Una **entidad** es una tabla del modelo. Las sugerencias son:
  - Considerar como entidad válida cada tabla que contenga varios atributos que la definan.
  - Evitar las entidades innecesarias porque contengan apenas un par de atributos del tipo identificador y nombre. En este caso, solo el nombre es útil para describir el elemento; ante la ausencia de atributos descriptivos, nos encontramos con una entidad débil que no está bien formada. No es una entidad si carece de atributos descriptivos.

Modelos o esquema para trabajar con Power BI

Existen tres enfoques o esquemas a la hora de diseñar un modelo tabular:

- Tabla única.
- Dos o más tablas que se combinan en diseños de tipo:
  - Esquema copo de nieve.
  - Esquema estrella.

Tabla única

El modelo tabular de tabla única es aquel que agrupa todas las columnas en una sola tabla sin distinguir las distintas entidades que componen el modelo.

- Resulta ineficiente, ya sea un modelo sin limpiar que conserva todas las columnas de origen o una tabla limpia con menos columnas y mejor definición de atributos.
- Se debe evitar porque provoca retrasos en el rendimiento de las consultas y procesos y expone defectos en la usabilidad final.

Esquema copo de nieve

En un diseño copo de nieve al menos una tabla de dimensiones no se relaciona directamente con la tabla de hechos.

- Hay que identificar los atributos y distinguir, en cada caso, la entidad a la que describen, solo entonces se verá si se justifica, o no, el diseño o esquema copo de nieve.

Un ejemplo de diseño copo de nieve se muestra en la figura 1.9.

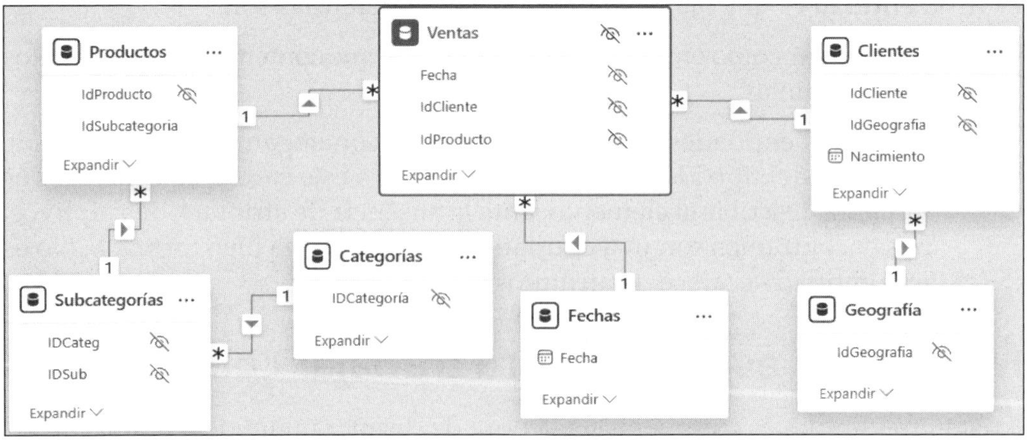

Figura 1.9. Ejemplo de esquema copo de nieve para un modelo tabular.

Cuanto mayor sea la cadena de niveles descriptivos, mayor será la necesidad de aplicar mejoras en el modelo porque habrá mayor cantidad de elementos sobrantes.

- Este modelo tiene un diseño copo de nieve porque hay dimensiones que no se relacionan directamente a la tabla de hechos, sino a través de otras dimensiones. Es un diseño ineficiente porque provoca mayor cantidad de columnas, tablas y relaciones en el modelo tabular.
- Los atributos se deben integrar correctamente en las entidades respectivas, eliminar las columnas sobrantes y despejar el modelo manteniendo únicamente lo que sea relevante.

Copo de nieve optimizado y necesario

A veces, el esquema copo de nieve no solo es útil, sino que es imprescindible. Un ejemplo es el que se aprecia en la figura 1.10.

- Existe más de una tabla de hechos y tienen granularidades diferentes. El objetivo es analizar los datos a nivel de Grupo de productos.
- Facturación tiene un nivel de detalle por Idproductos.
- Presupuesto está agregado a nivel de Id Grupo, tiene menos detalle.
- Los productos pertenecen a los grupos. Significa que el valor en la columna IdGrupo de la tabla Producto no es único.

Hay que agregar una tabla de dimensión puente entre ambos hechos. Se mantiene la necesidad de un único valor en la columna del extremo de la relación para la tabla de dimensiones.

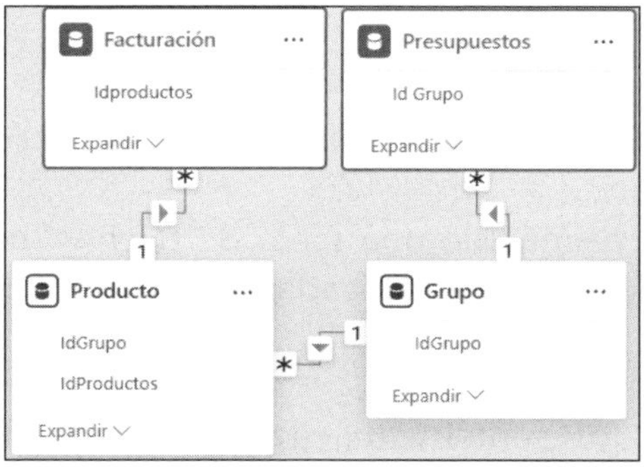

Figura 1.10. Ejemplo de diagrama copo de nieve optimizado.

En este ejemplo, la dimensión Grupo está compartida entre las dos tablas de hechos Facturación y Presupuestos.

- Se crea un copo de nieve para la descripción del hecho Facturación, ya que se ha separado una tabla para Grupos.

- Es una tabla necesaria como copo de nieve, porque es la única vía para garantizar la unicidad de la columna IdGrupo y de esta forma poder analizar para cada valor de IdGrupo los hechos de Facturación y Presupuestos.
- Esta estructura favorece mucho el cálculo que se puede crear posteriormente con expresiones de medidas con DAX.

Esquema estrella

El modelo tabular funciona mejor diseñado con esquema estrella. Se trata de una tabla de hechos a la que se conectan las dimensiones, como se muestra en la figura 1.11. La tabla Ventas es la tabla de hechos que se conecta a las tablas Clientes, Calendario y Productos, que son las tablas de dimensiones que describen estos hechos.

Estos modelos simplifican los cálculos y mejoran el rendimiento.

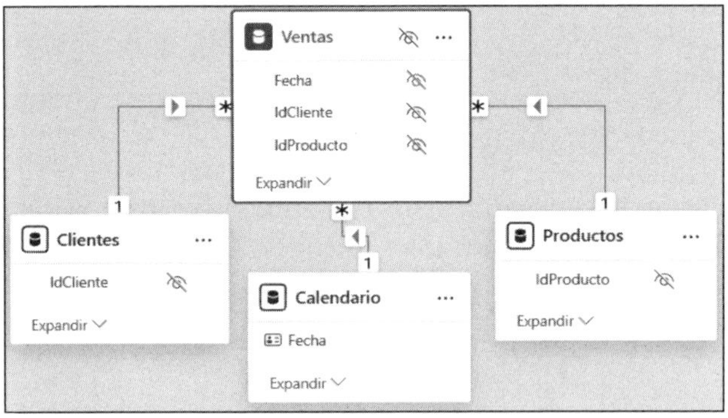

Figura 1.11. Modelo tabular diseñado como estrella.

- Si el modelo incluye más de una tabla de hechos, hay que identificar un esquema en estrella con centro en cada una de las tablas de hechos.
    - Se suelen acompañar de dimensiones compartidas por dos o más estrellas.

El modelo tabular es suficientemente rico y flexible como para permitir dar solución a los escenarios más complejos. Siempre que cada tabla de hechos esté bien conectada con la dimensión que la describe se podrán solucionar de forma eficiente los desafíos que se presenten:

- Múltiples tablas de hechos.
- Dimensiones compartidas entre varias tablas de hechos.

- Presencia de tablas con granularidades diferentes.
- Dimensiones realizadoras de funciones o RPD por sus siglas en inglés que significan *Role Playing Dimensions.*
- Esquema estrella con diferentes modos de almacenamiento.

Al diseñar el modelo de datos, el objetivo debe ser la simplicidad, a la vez que la capacidad para responder de forma eficiente a los requisitos del propósito para el que se diseña. Salvo algunas excepciones identificadas, el esquema en estrella es el que debe prevalecer porque favorece el rendimiento de las consultas DAX.

Conclusiones

El modelo tabular es el conjunto de tablas, compuestas por filas y columnas, y las relaciones existentes entre ellas.

Entre las propiedades y conceptos fundamentales a entender están la granularidad y cardinalidad en las columnas. La granularidad es el nivel de detalle que se representa dentro de los datos. La cardinalidad es un término que se utiliza para describir la unicidad de los valores de una columna.

Existen dos tipos de tablas que difieren en su contenido y función dentro del modelo tabular: las tablas de hechos y las tablas de dimensiones. Las relaciones cumplen con un rol específico, que es controlar el funcionamiento lógico del modelo y propagar el filtro entre las tablas.

Las tablas son las entidades del modelo y contienen las columnas que representan los atributos de las entidades.

Existen tres enfoques o esquemas de diseño del modelo tabular: tabla única, esquema copo de nieve y esquema estrella.

Todos los aspectos de modelado son importantes para garantizar el rendimiento de las consultas DAX, por lo que se recomienda contar con una base de conocimiento de cada uno de los aspectos tratados en este capítulo.

2 Explorar y medir el modelo tabular

En este capítulo aprenderás a:

- Familiarizarte con la estructura física del modelo tabular almacenado en una base de datos SQL Server Analysis Services Tabular.
- Realizar acciones de exploración del contenido del modelo desde DAX Studio.
- Identificar elementos calculados con DAX y sus propiedades, así como realizar acciones de filtro avanzado con Tabular Editor.

El lenguaje de expresiones DAX sirve para crear elementos que enriquezcan al modelo tabular y para crear consultas sobre este modelo. En el centro de todo, se encuentra el modelo de datos tabular o modelo semántico; por eso, este capítulo está dedicado a la exploración del modelo tabular.

Para aprovechar todas las ventajas que aporta DAX, es importante detenerse en el modelo de datos porque, mientras mejor se comprendan sus características, más se reducirán los errores en el desarrollo de expresiones, lo que facilita a su vez crear informes analíticos eficientes, con modelos escalables en los que se reduce la complejidad innecesaria.

Como herramienta para explicar los conceptos relativos al modelo tabular y demostrar los efectos de las expresiones DAX, se utiliza Power BI Desktop, ya que está disponible de forma gratuita, lo que facilita el acceso a todas las personas y, por tanto, la democratización del conocimiento.

Los conceptos que se explican son extensibles a otros escenarios como Servicio Power BI, Microsoft Fabric y cualquier entorno que acceda a un modelo tabular alojado en una base de datos de tipo SQL Server Analysis Services Tabular, ya sea local o en la nube.

¿Qué es el modelo tabular?

El modelo tabular es una base de datos de SQL Server Analysis Services que se ejecuta en memoria. El motor VertiPaq de Analysis Services utiliza algoritmos de compresión de última generación, por lo que ofrece un acceso rápido a los datos y objetos del modelo tabular. Las consultas a los datos se ejecutan desde una estructura optimizada y propietaria de Microsoft.

Entre las ventajas del modelo tabular están las siguientes:

- La coexistencia en entornos diversos favorece la adopción.
- El modo de almacenamiento, que es columnar, resulta muy eficiente.
- La rapidez en la respuesta a las consultas, gracias a la velocidad que se obtiene desde el motor de cálculo integrado.

Los modelos tabulares se pueden implementar en MS Excel, Power BI, Azure Analysis Services, Microsoft Fabric o una instancia de SQL Server Analysis Services configurada para el modo de servidor tabular.

- El modelo tabular consiste en un conjunto de tablas, compuestas por filas y columnas, y las relaciones existentes entre ellas.

Un modelo semántico en Power BI y Microsoft Fabric puede considerarse una capa lógica que contiene las transformaciones, cálculos y relaciones entre las fuentes de datos externos imprescindibles para crear los informes y cuadros de mando analíticos. Un modelo semántico sirve como única fuente de la verdad para los informes de toda una organización.

Un modelo semántico es un modelo de metadatos que contiene objetos físicos de bases de datos que se abstraen y modifican en dimensiones lógicas. Este modelo está diseñado para presentar datos para su análisis de acuerdo con la estructura del negocio.

¿Cuáles son los modos de almacenamiento disponibles?

Los tres modos de almacenamiento de datos en el modelo semántico son: Importar, DirectQuery y el modo Compuesto (DirectLake en Microsoft Fabric).

Algunas características del modo Importar son:

- Es muy utilizado para desarrollar modelos semánticos.
- Permite integrar datos de diversos tipos de orígenes de datos compatibles.
- Facilita una respuesta rápida a las consultas gracias al almacenamiento y resolución de peticiones en memoria.
- Ofrece flexibilidad de diseño a los modeladores y admite características específicas del servicio Power BI (Preguntas y respuestas, Conclusiones rápidas, etc.).
- Debido a estos puntos fuertes, es el modo predeterminado en el momento de crear una nueva solución de Power BI Desktop.
- Los datos importados siempre se almacenan en el disco.
- Cuando se consultan o se actualizan los datos, se deben cargar por completo en memoria según la capacidad existente.
- Cuando se actualizan, los datos se comprimen, optimizan y luego se almacenan en el disco mediante el motor de almacenamiento con tecnología VertiPaq.

Es posible combinar modos de almacenamiento diferentes en un modelo en Power BI y es bastante eficiente hacerlo según el escenario, la complejidad y el volumen de los datos. Se puede establecer el modo de almacenamiento para cada tabla de forma individual.

En este libro se describe, enriquece, consulta y analiza el modelo tabular y para su sencilla comprensión se utiliza únicamente el modo Importar.

Los otros modos de almacenamiento son:

- DirectQuery: Los datos no se almacenan en memoria, sino en el contenedor original, como puede ser una base de datos SQL Server.
  - La ventaja es que no consumen memoria y no necesitan ser actualizados porque se consumen tal y como están en cada momento.
  - La desventaja es que el motor realiza pasos adicionales para obtener la respuesta a la consulta DAX.
- Compuesto: Ocurre cuando un modelo contiene tablas que se almacenan en modo Importar y tablas que se almacenan en modo DirectQuery. La cantidad de tablas en cada modo es irrelevante, es muy flexible y admite crear la combinación necesaria para cada caso.
- DirectLake: Es exclusivo de LakeHouse y Warehouse en Microsoft Fabric. Permite acceder directamente a los datos almacenados en OneLake. Aporta muchas ventajas, entre ellas:
  - No necesita importar, copiar ni duplicar los datos.
  - Su rendimiento es bastante parecido al modo Importar, pero con actualización automática.
  - Es adecuado para grandes volúmenes de datos.
  - Tiene compatibilidad con el punto de conexión de análisis SQL y se integra con el resto de los servicios de Microsoft Fabric.

¿Qué es el modo dual?

El modo dual puede relacionarse con el modo compuesto, pero son diferentes.

- El modo **dual** es una opción de almacenamiento para una tabla en particular, se configura de forma individual y el modelo, o modo, **compuesto** es una estructura de modelo que combina diferentes modos para diferentes tablas.

En el modo dual, una tabla puede ser accedida tanto a través de la caché de los datos importados integrados en el modelo tabular como a través del origen de datos externo como ocurre en los modelos DirectQuery.

Un modelo compuesto puede incluir tablas en modo dual, pero no es imprescindible ni constituye un requisito de definición.

¿Qué pasos ocurren cuando se consultan los datos?

El proceso que ocurre al analizar los datos almacenados en un modelo semántico desde Power BI, Excel o Fabric es el siguiente:

- La acción de informe envía una consulta a la base de datos tabular.
- La base de datos ejecuta la consulta:
    - Accede a una base de datos relacional que contiene los datos si el modelo se crea con DirectQuery.
    - Escanea el modelo VertiPaq si los datos se han importado.
    - Combina acciones de acceso y escaneo mezclando tecnologías ante modelos compuestos.

¿Cómo se puede examinar el modelo tabular?

Resulta muy útil examinar el modelo tabular para distinguir los puntos del modelo que se deben mejorar y conseguir el mayor rendimiento posible.

El modelo que se desea explorar se expone en la figura 2.1. Se trata de un modelo muy sencillo que consta de solo cinco tablas. La tabla Ventas es una tabla de hechos, las tablas Clientes, Fechas y Productos son tablas de dimensiones y la tabla _Cálculos es un contenedor de medidas DAX.

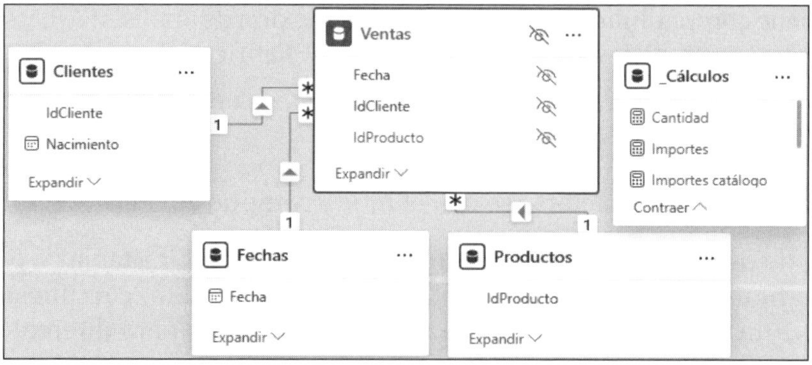

Figura 2.1. Vista del modelo de datos en Power BI Desktop.

- Los aspectos relativos a cómo crear las medidas con el lenguaje DAX y cómo crear la tabla _Cálculos como contenedor de medidas DAX será visto posteriormente en este libro.

El objetivo es descubrir qué tablas y columnas componen el modelo y cuál es la relevancia en cuanto al tamaño que tiene cada elemento que se almacena con relación al total.

Existen varias técnicas y herramientas para explorar el modelo tabular que se ha almacenado en modo Importar:

- **Consultas DAX desde la vista consulta:** Es una vía muy eficiente que requiere del conocimiento del lenguaje DAX. Las técnicas de consulta se exponen detenidamente en capítulos posteriores de este libro.
- **Estructura del modelo semántico desde la vista TMDL:** Es una opción muy válida para distinguir componentes y características del modelo semántico. Por razones de ajuste al tema y sin intención de minusvalorarla, no será expuesta en este libro por considerarse de un nivel más avanzado que sería interesante abordar, pero no se corresponde con los objetivos propuestos en el libro dedicado al trabajo con el lenguaje de expresiones DAX.
- **Herramientas externas:** Sin conocer nada del lenguaje DAX, la recomendación es aprovechar las herramientas externas disponibles para realizar la exploración del modelo sin necesidad de dominar lenguajes de programación ni lenguajes de consulta. Las técnicas de exploración del modelo desde las herramientas externas se exponen en este capítulo.

Herramientas externas en Power BI Desktop

Aunque el lenguaje DAX no es exclusivo para Power BI, este bloque se refiere específicamente al trabajo con herramientas externas desde Power BI Desktop.

- Las herramientas externas son productos o aplicaciones creados por empresas y colaboradores de la comunidad con independencia de Microsoft.
- Estas herramientas, que son muchas y muy diversas, tienen como objetivo común ampliar e integrar las características de creación de informes, exploración y optimización de los modelos semánticos.
- Pueden ser gratuitas o de pago. En este capítulo las dos herramientas que se detallan son gratuitas.
- Se descargan desde el sitio del fabricante y se instalan localmente. Durante la instalación, hay un proceso adicional en el que Power BI Desktop las identifica y realiza su registro.

La cinta de opciones Herramientas externas de Power BI Desktop se activa una vez se haya instalado al menos una de las herramientas existentes, como se muestra en la figura 2.2.

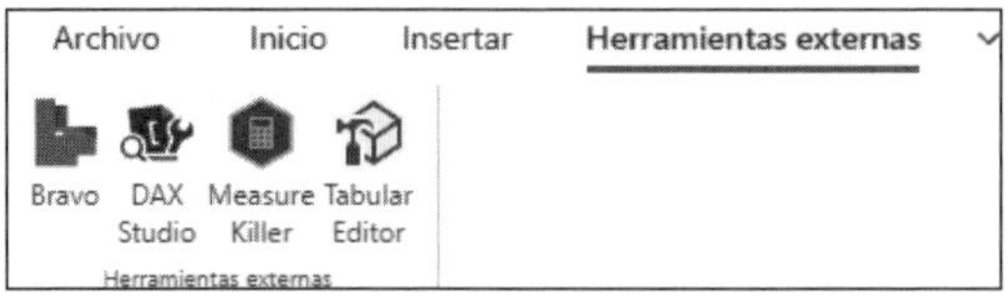

Figura 2.2. Vista del menú Herramientas externas con algunos componentes instalados.

Al elegir un elemento, se lanza la aplicación; entonces, Power BI Desktop pasa el nombre y el número de puerto de su instancia de motor de modelo de datos interno y el nombre del modelo actual a la herramienta. De esta forma, la herramienta se conecta automáticamente, sin que haya que configurar la conexión manualmente.

Para examinar las características de las tablas y columnas del modelo, se recomienda utilizar DAX Studio y Tabular Editor, entre otras muchas opciones de herramientas externas disponibles.

DAX Studio

DAX Studio es una herramienta gratuita para explorar y analizar la composición del modelo tabular y el rendimiento y pasos que realizan las consultas al modelo.

Es una aplicación muy versátil, muy recomendada por la gran cantidad de opciones y funcionalidades que incluye. En estos momentos, el objetivo es conocer el entorno de DAX Studio y utilizar la herramienta para explorar la composición del modelo.

- Hay que descargar e instalar previamente la herramienta de la página del fabricante, SQLBI.COM: `https://daxstudio.org/`.

Una vez instalada, se activa en el menú Herramientas externas en Power BI Desktop.

Al seleccionar DAX Studio, se abre una ventana independiente que ya está conectada al modelo de datos actual. La figura 2.3 muestra el entorno DAX Studio al abrir la herramienta para explorar un modelo de datos que tiene muchos aspectos a mejorar.

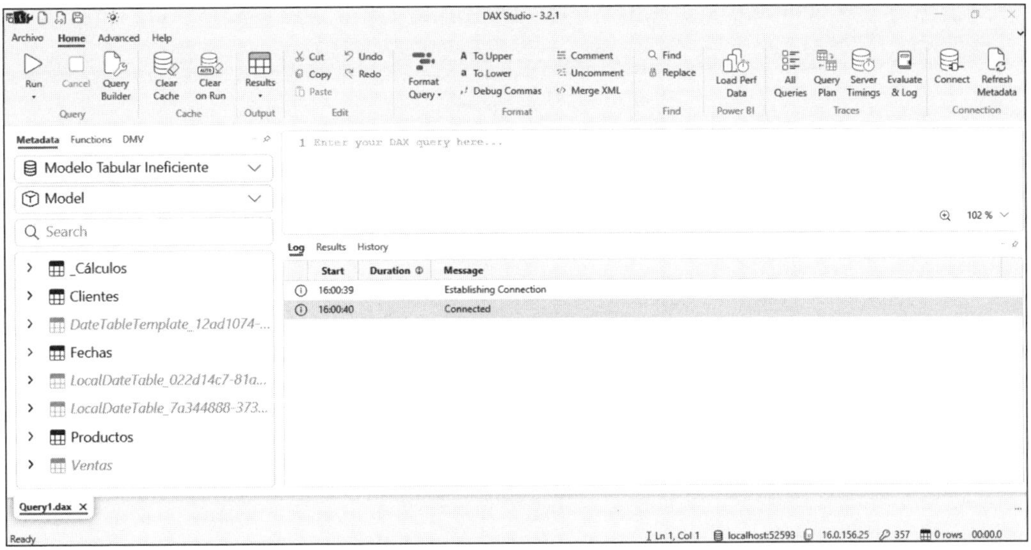

Figura 2.3. DAX Studio al conectar con un modelo ineficiente.

Algunos aspectos sobre el entorno de trabajo con DAX Studio

DAX Studio es una herramienta que cuenta con una banda de opciones de menú en la parte superior al estilo tradicional. Todos los nombres de páginas, grupos y botones están nombrados y descritos en idioma inglés.

La figura 2.3 muestra la página Home (Inicio), en la que se aprecia el panel de navegación a la izquierda. A la derecha, hay dos grandes bloques: arriba, está el editor de consultas DAX y, abajo, hay un panel que tiene multipropósito, como se verá a continuación. Aquí se expone la composición del modelo tabular.

Se recomienda recorrer las opciones, bucear un poco, activar el menú contextual en cada elemento para ganar en conocimiento de las acciones y posibilidades que se integran en DAX Studio. A lo largo de este libro se van a recorrer algunas de ellas en función del contenido que se esté explicando. Además, se recomienda intentar agrandar el texto manteniendo pulsada la tecla **Control** y deslizando la rueda del ratón, porque muchos paneles y vistas permiten aumentar o disminuir el tamaño de los textos, lo que resulta muy ventajoso para el análisis.

Panel de navegación

Un elemento muy importante es el Panel de navegación, a la izquierda que expone la información sobre la base de datos de Analysis Services, el modelo o perspectiva y el contenido. Tiene tres vistas: Metadata, Functions y DMV; la que aparece de inicio es Metadata (Metadatos en español).

- Incluye todas las tablas, columnas y medidas, como se aprecia en la figura 2.4.

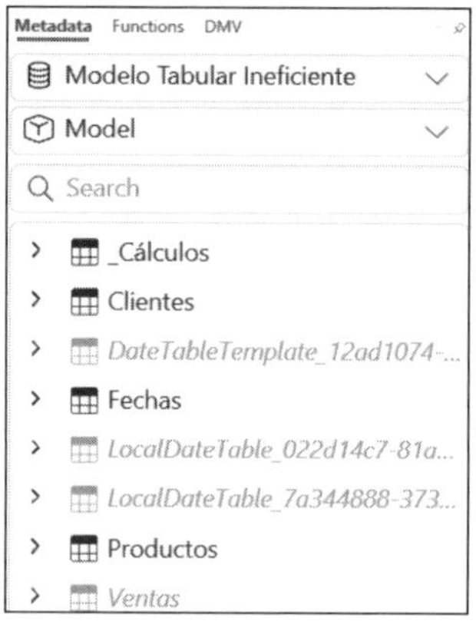

Figura 2.4. Vista **Metadatos** del panel **Navegación** que expone la ineficiencia del modelo.

Lo primero que llama la atención es que, además de las cinco tablas que integran el modelo expuesto en la figura 2.1, hay otras tres tablas que están ocultas y comienzan por DateTableTemplate y LocalDateTable.

- La tabla Ventas forma parte del modelo, aunque aparezca oculta. Es una acción que sigue las buenas prácticas. Las tablas de hechos se deben ocultar para garantizar que no se utilicen las columnas nativas directamente en los gráficos.
    - Las columnas ocultas están disponibles en los cálculos con expresiones DAX.
- La tabla cuyo nombre comienza con DateTableTemplate tiene un único registro, es una tabla plantilla que sirve como base para crear tantas tablas de fecha automáticas como columnas de tipo Fecha haya en el modelo.
- Las tablas cuyo nombre comienza por LocalDateTable tienen:
    - Siete columnas que se crean con expresiones DAX y una jerarquía de modelo que tiene cuatro niveles.
    - Tantos registros como cardinalidad haya en su columna de fecha.

Desde el botón > se puede expandir la tabla para ver su contenido.

Al activar el menú contextual sobre un elemento, lo que se conoce habitualmente como hacer clic con el botón derecho del ratón, se muestra la información tal y como se aprecia en la figura 2.5. Se distingue fácilmente que la tabla actualmente seleccionada tiene 23.742 filas.

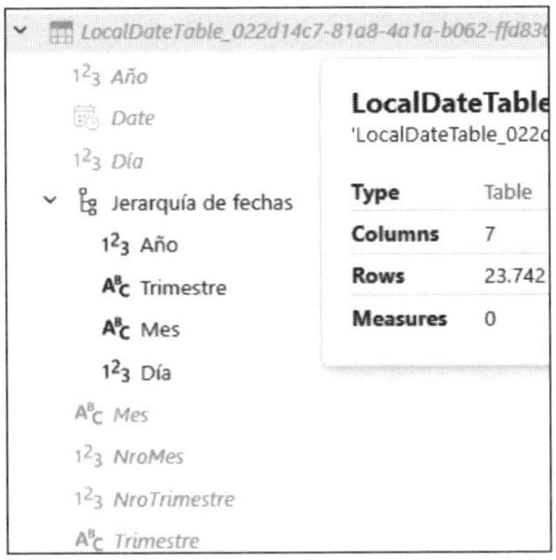

Figura 2.5. Columnas y filas de una tabla de fecha creada automáticamente en Power BI Desktop.

Esta es la información que aporta el panel de navegación en DAX Studio al pasar el cursor sobre un elemento. Al activar el menú contextual, se desencadenan las acciones disponibles para cada objeto. Algunas de estas acciones serán descritas como parte de este libro.

¿Qué son las tablas adicionales y qué efecto producen en el modelo?

En el momento que se crea el modelo de datos, se comprueba la configuración de opciones en Power BI Desktop. Una de las opciones permite crear de forma automática las tablas, columnas y jerarquías de modelo necesarias para el análisis por niveles de jerarquías de fechas.

Se trata de tablas adicionales, que componen el modelo y que no se ven desde Power BI Desktop. Se crean de forma automática. Se definen las expresiones DAX, se ejecutan las expresiones y se rellenan las filas y columnas de las tablas que se agregan al modelo tabular.

El efecto que produce sobre el modelo de datos es muy dañino. Se pueden crear gran cantidad de tablas con muchas filas de datos y con relaciones adicionales en el modelo que ocupan espacio en memoria, provocan un peso en el modelo de datos y no son necesarias para describir los hechos, por lo que además de ineficientes son innecesarias.

¿Cómo se evita la existencia de las tablas adicionales?

Para evitar este diseño inapropiado se recomienda:

- Crear, desde el origen de datos o en Power Query, la tabla Calendario que contenga todas las columnas que favorecen el análisis de series de tiempo.

- Comprobar la configuración de opciones:
  - Si se trata de un nuevo informe, antes de crear páginas de informes con visualizaciones que utilicen estas columnas, seguir la ruta Archivo>Opciones y configuración>Opciones>Global>Carga de datos>Inteligencia de tiempo y desmarcar la casilla Fecha y hora automáticas para archivos nuevos. Y, además, comprobar la misma ruta para el bloque Archivo actual para verificar que esté desmarcada la misma casilla.
  - Si se trata de un informe existente cuyas páginas de informe contienen gráficos que utilizan columnas de las tablas automáticas de fecha, hacer una copia antes de hacer cambios y ser conscientes de que estos gráficos van a perder la referencia a las columnas. Luego, seguir los mismos pasos que en el punto anterior.

¿Cómo se garantiza que funcione el BI de tiempo y el análisis por niveles?

Hay dos acciones de modelado relativas a la tabla Fechas o Calendario:

1. Crear jerarquías de modelo según sean los niveles de análisis que se necesiten.
2. Marcar la tabla como tabla de fechas para que sea reconocida por las expresiones DAX que actúan para definir el análisis del BI de tiempo. Para ello, se activa el menú contextual de la tabla, se elige la opción Marcar como tabla de fechas y, a continuación, la columna que contenga todos los días del calendario como columna principal.

Tabular Editor

El Tabular Editor es una herramienta de desarrollo que permite examinar y modificar la estructura del modelo tabular. Se pueden crear nuevos elementos al modelo y mostrar la dependencia entre ellos.

- Existen dos versiones del producto.
  - Tabular Editor 3, es la versión de pago y aporta muchas ventajas. Se recomienda informarse y valorar la posibilidad de adquirirla.
  - Tabular Editor 2 es la versión gratuita. Los ejemplos en este libro van a utilizar solamente la versión gratuita.
- Hay que descargar e instalar previamente la herramienta de la página del fabricante.
- A la versión gratuita se accede desde el sitio del fabricante SQLBI.COM: `https://www.sqlbi.com/tools/tabular-editor/`.

Una vez instalada, está disponible para los informes en Power BI y se activa en la pestaña de menú **Herramientas externas**. Se abre una ventana independiente con el modelo de datos conectado, como se aprecia en la figura 2.6.

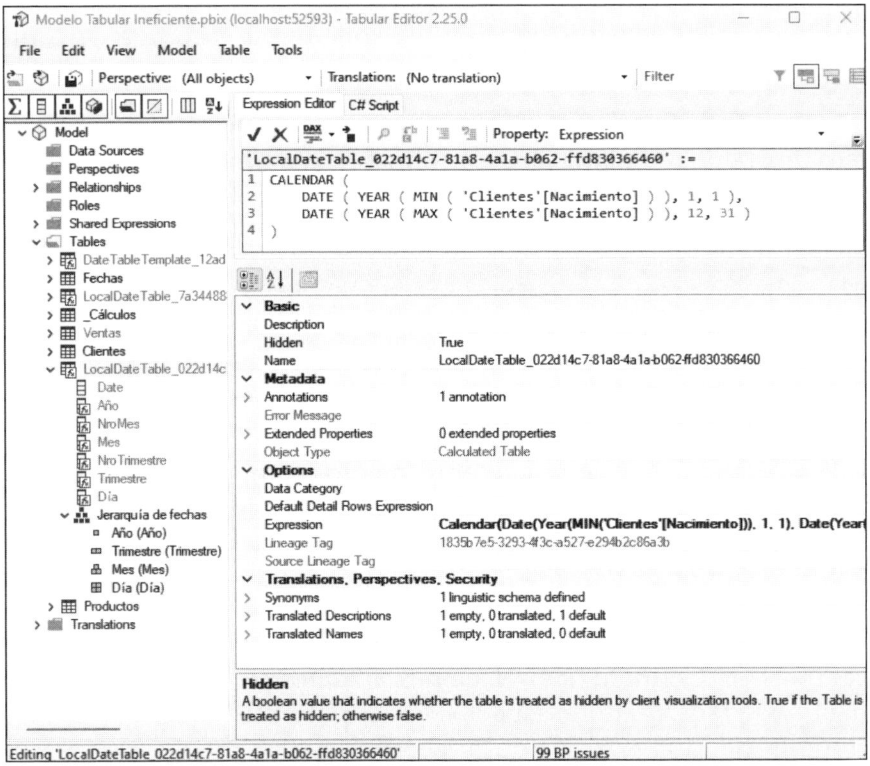

Figura 2.6. Aspecto de la herramienta Tabular Editor.

Algunos aspectos sobre el entorno de trabajo con Tabular Editor

Tabular Editor o Editor Tabular es una herramienta para desarrolladores y no para clientes finales; por eso, su interfaz no es tan intuitiva. Cuenta con menús de opciones en la parte superior y, luego, cajas, desplegables y botones. A lo largo de este libro se van a recorrer algunas de ellas en función del contenido que se esté explicando. Todos los nombres en los menús y las opciones están en idioma inglés.

La figura 2.6 muestra el aspecto inicial que tiene Tabular Editor 2, en el que se aprecia el panel de navegación a la izquierda. A la derecha, hay dos grandes bloques. Arriba, está el editor de expresiones y, abajo, hay un panel que tiene el detalle de las propiedades del elemento seleccionado.

En la figura 2.6 está seleccionada una tabla calculada que se ha creado como tabla automática de fecha.

- En el panel Navegador se ven todas las columnas y niveles de jerarquía.
- En el panel Editor de expresión se puede distinguir el código DAX utilizado para crear la tabla.
- En el panel Propiedades, se distinguen varios elementos interesantes como que es una tabla calculada, la expresión que la define y que está oculta.

El Editor Tabular ofrece más información que DAX Studio para cada elemento en particular.

Panel Navegador en Tabular Editor

El panel Navegador se encuentra a la izquierda. Tiene una barra de botones de acciones en la parte superior para mostrar el contenido de forma personalizada porque se pueden activar o desactivar elementos como las medidas, columnas, jerarquías, particiones, carpetas, objetos ocultos, metadatos de las columnas, o todo de una vez.

El panel está formado por una estructura de carpetas que contienen los elementos del modelo. Me voy a detener en tres de ellas.

- `Relationship`: Contiene las relaciones actuales en el modelo de datos. El panel Propiedades expone aspectos tan importantes como la cardinalidad y la columna de cada extremo de la relación.
- `Shared Expressions`: Es un contenido muy interesante y que puede sorprender. Se trata de los elementos creados en el editor de consultas o Power Query.
    - El código M correspondiente a cada elemento se expone en el panel Editor de expresión.
- `Tables`: Lista las tablas del modelo de datos. Se distinguen las tablas y columnas calculadas por un icono que incluye `fx` como indicador de cálculo.

¿Cómo comprobar que se ven todos los elementos del modelo?

La herramienta Tabular Editor permite elegir entre ver todos los elementos del modelo o solo los elementos visibles. Para ello, dispone del sexto botón de la barra de opciones del panel Navegador.

La figura 2.7 muestra que el botón que gestiona la visibilidad de elementos está desmarcado, significa que los objetos del modelo cuyo valor en la propiedad `Hidden` es `True` no aparecen, es como si no existieran.

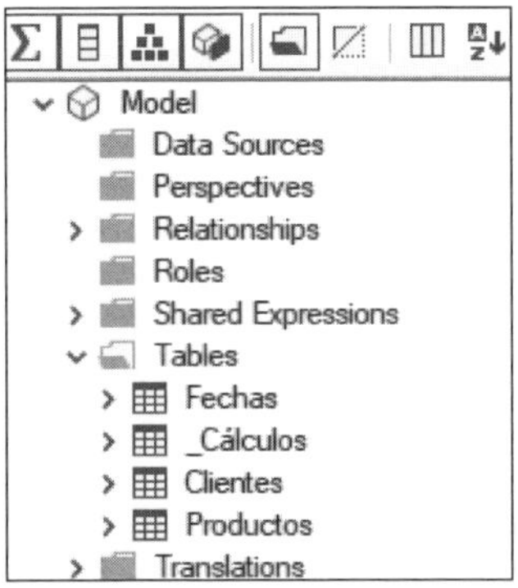

Figura 2.7. Aspecto del modelo de datos visto desde el Tabular Editor al mostrar solo los elementos visibles.

- Se puede distinguir que el botón no tiene un borde azul como los demás botones activos.

Este es un detalle muy importante, porque se puede perder el acceso a información muy valiosa si el botón está desactivado.

Tabular Editor dispone de muchas acciones en el menú contextual para cada objeto. Se recomienda recorrer las opciones, bucear un poco, activar el menú contextual en cada elemento para ganar en conocimiento de las acciones y posibilidades que se integran en la herramienta.

Explorar las tablas y columnas con Vertipaq Analyzer y herramientas externas

DAX Studio

La herramienta Vertipaq Analyzer es un informe sobre los metadatos del modelo tabular que está integrado en DAX Studio. Es muy importante para tareas de optimización de modelos tabulares porque expone un grupo de métricas asociadas a cada elemento que se almacena en el modelo, con independencia de si está visible o no.

Desde la pestaña **Advanced** se puede obtener el informe para explorar el modelo. La ruta es: **Advanced>Metrics>View metrics**. Esta acción provoca que se abra una pestaña nueva en el panel multipropósito que contiene el informe Vertipaq Analyzer. Se puede ordenar desde la cabecera de cualquiera de las columnas del informe emitido.

La información sobre el contenido del modelo tabular está expuesta en cinco bloques con nombres en inglés, pero que se describen en este libro en idioma español: Tablas (Tables), Columnas (Columns), Relaciones (Relationships), Particiones (Partitions) y Resumen (Summary), como se aprecia en la figura 2.8.

Log Results History **VertiPaq Analyzer**

Tables
Columns
Relationships
Partitions
Summary

Name	Cardinality	Total Size ↓	Data	Dictionary	Hier Size	Encoding	Data Type
LocalDateTable_8249f6b...	**25.933**	**2.088.150**	**104.984**	**1.340.270**	**208.624**	**Many**	-
Date	25.933	1.559.348	52.000	1.299.876	207.472	HASH	DateTime
Mes	12	30.570	13.096	17.362	112	HASH	String
Trimestre	4	21.336	4.104	17.184	48	HASH	String
Día	31	19.116	17.424	1.436	256	HASH	Int64
NroMes	12	14.568	13.096	1.360	112	HASH	Int64
NroTrimestre	4	5.480	4.104	1.328	48	HASH	Int64
Año	71	3.204	1.032	1.596	576	HASH	Int64
Clientes	**18.484**	**1.499.578**	**156.800**	**1.101.370**	**224.896**	**Many**	-
Ventas	**60.397**	**1.073.984**	**224.664**	**651.424**	**158.896**	**Many**	-
Productos	**606**	**193.263**	**5.920**	**176.199**	**11.144**	**Many**	-

Figura 2.8. Parte de la información que se obtiene desde el Vertipaq Analyzer en DAX Studio.

- El bloque **Tablas**, que se expone en la figura 2.9 ordenado por la columna **Total Size** o **Tamaño total**, demuestra que la tabla con mayor tamaño es una de las tablas automáticas de fecha que ocupa el 46,62 % de la base de datos. Estas tablas se han descrito como innecesarias e ineficientes, por lo que un simple vistazo al modelo desvela que se necesitan acciones de mejora.

Name	Cardinality	Total Size ↓	Data	Dictionary	Hier Size	Encoding	Data Type		User Hier Size	Rel Size	% DB
LocalDateTable_0...	**23.742**	**1.483.998**	**96.944**	**798.430**	**191.056**	**Many**	-	-	**397.568**	**0**	**46,62 %**
Clientes	**18.484**	**853.096**	**162.808**	**522.768**	**151.016**	**Many**	-	-	**0**	**16.504**	**26,80 %**
Ventas	**60.896**	**420.948**	**242.808**	**53.884**	**85.312**	**Many**	-	-	**0**	**38.944**	**13,22 %**
Productos	**606**	**171.967**	**4.976**	**158.343**	**8.648**	**Many**	-	-	**0**	**0**	**5,40 %**
LocalDateTable_7...	**1.461**	**131.870**	**6.096**	**88.974**	**12.320**	**Many**	-	-	**24.480**	**0**	**4,14 %**
Fechas	**1.461**	**84.834**	**2.872**	**67.698**	**11.920**	**Many**	-	-	**0**	**2.344**	**2,67 %**
DateTableTemplat...	**1**	**36.236**	**1.080**	**34.988**	**72**	**Many**	-	-	**96**	**0**	**1,14 %**

Figura 2.9. Informe Vertipaq Analyzer para tablas.

Esta información confirma la necesidad de eliminar estas tablas automáticas por el peso que provoca su almacenamiento en el modelo tabular.

- El bloque **Columnas** también es muy útil, ya que destaca unas barras que indican la relevancia relativa de la columna en cuanto a la cardinalidad y el tamaño. Según sea la longitud de la barra, así será el tamaño de la columna. La figura 2.10 muestra los datos correspondientes a las cinco columnas con mayor peso en el modelo.

Table-Column	Rows	Cardinality	Col Size ↓	Data	Dictionary	Hier Size	% Table	% DB	Encoding	Data Type
LocalDateTable_022d14...	23.742	23.742	995.628	47.616	758.060	189.952	91,64 %	31,28 %	HASH	DateTime
Clientes-Nacimiento	18.484	8.246	435.304	37.104	332.216	65.984	52,03 %	13,68 %	HASH	DateTime
Ventas-IdCliente	60.896	18.483	195.992	121.928	128	73.936	51,31 %	6,16 %	VALUE	Int64
Ventas-Fecha	60.896	1.089	148.944	97.568	42.656	8.720	38,99 %	4,68 %	HASH	DateTime
Clientes-IdCliente	18.484	18.484	111.176	37.104	128	73.944	13,29 %	3,49 %	VALUE	Int64

Figura 2.10. Informe Vertipaq Analyzer para las columnas con mayor peso.

- Este modelo tiene 55 columnas y la columna más pesada ocupa el 31,28 % del peso de todo el modelo.
- También ofrece información sobre el diccionario de datos y el método de compresión utilizado.

Es interesante destacar que la columna que más pesa se corresponde con una de las tablas de **Fecha automática**.

La segunda columna en orden de peso es **Nacimiento** de la tabla **Clientes**. Es una columna ineficiente por partida triple:

- Es una columna de alta cardinalidad, gran tamaño y mucho peso, por lo que es perjudicial para el modelo y, sobre todo, es ineficiente para el análisis porque tiene muchos valores distintos.
- Como la fecha de nacimiento no es un hecho en este modelo de datos, nunca será analizada por niveles de jerarquía.
- Al ser una columna de tipo **Fecha** y como está marcada la casilla de **Fechas y horas automáticas**, provoca la creación de una tabla de **Fechas** adicional, con 23.742 filas, cuya columna **Date** es la de mayor tamaño y peso del modelo.

Cuando se crea una tabla automática de fechas, con columnas calculadas y la estructura de jerarquías a partir de la columna **Nacimiento** es totalmente inútil y muy perjudicial.

Una vez reparados los errores de diseño, eliminadas las tablas automáticas y columnas con alta cardinalidad innecesarias e ineficientes y creada la tabla Calendario debidamente diseñada, el informe Vertipaq Analyzer expone un modelo tabular eficiente que cuenta con las columnas necesarias, como las que se muestran en la figura 2.11.

Table-Column	Rows	Cardinality	Col Size ↓	Data	Dictionary	Hier Size	% Table	% DB	Encoding	Data Type
Ventas-IdCliente	60.896	18.483	868.308	121.928	598.508	147.872	82,37 %	34,34 %	HASH	Int64
Clientes-IdCliente	18.484	18.484	783.504	37.104	598.512	147.888	71,66 %	30,99 %	HASH	Int64
Ventas-Fecha	60.896	1.089	148.944	97.568	42.656	8.720	14,13 %	5,89 %	HASH	DateTime
Clientes-Nombre	18.484	670	61.838	24.776	31.686	5.376	5,66 %	2,45 %	HASH	String
Calendario-Fecha	1.096	1.096	53.408	1.888	42.736	8.784	44,10 %	2,11 %	HASH	DateTime

Figura 2.11. Informe Vertipaq Analyzer para columnas eficientes.

La figura 2.12 muestra el informe Vertipaq Analyzer creado tras analizar los metadatos de un modelo eficiente. Se puede apreciar que tiene mucho mejor aspecto.

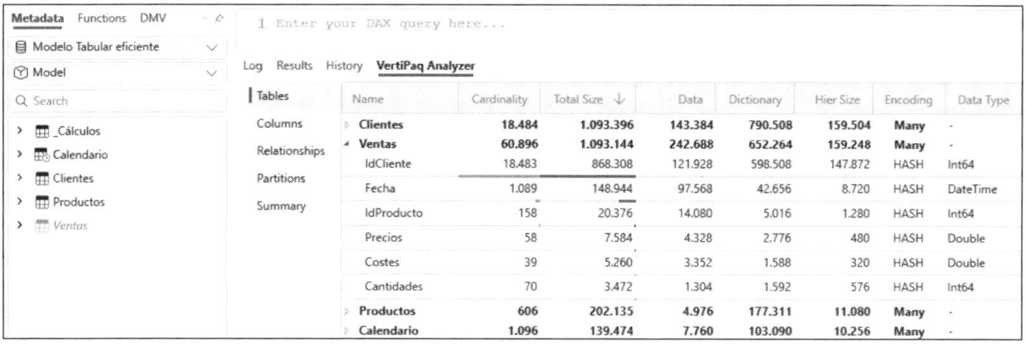

Figura 2.12. DAX Studio muestra un modelo tabular óptimo.

¿Mantener todos los datos o solo los necesarios?

El informe de Vertipaq Analyzer ayuda a identificar casos en los que puede ser útil aplicar filtros adicionales a los datos.

En la figura 2.12 se aprecia que:

- La tabla Productos tiene una cardinalidad igual a 606. Significa que hay 606 filas de datos.
- La columna IdProducto de la tabla Ventas tiene una cardinalidad de 158. Significa que hay 158 productos distintos que se han vendido.

A partir de estos datos, corresponde preguntarse si es útil mantener todos los productos que no se venden en la dimensión Productos o si se deben filtrar antes de cargar los datos al modelo.

- La respuesta a esa pregunta va a depender del escenario y las buenas prácticas indican que todos los productos que se identifiquen como obsoletos o no vendibles se deben filtrar y no cargar al modelo.

Cada fila que almacene un producto no útil para el análisis y que se mantenga en el modelo incorpora el valor de cada uno de los atributos, por lo que puede incrementar la cardinalidad de una o más columnas de la tabla.

Si los productos que no se han vendido son útiles en otro momento del análisis porque son productos de una temporada que no ha llegado, se deben mantener, porque son válidos.

Este es un ejemplo y caso con muy pocos datos, en la medida que haya mayor complejidad y tamaño en el modelo será más beneficioso aplicar las técnicas adecuadas de modelado y almacenamiento de los datos.

Tabular Editor

Para identificar detalles difíciles de detectar a simple vista en el modelo tabular, la recomendación es utilizar opciones de filtro avanzadas para poder explorar valores específicos de las propiedades de los componentes del modelo como pueden ser:

- Columnas que se ordenan por otras columnas.
- Columnas que sirven para ordenar otras columnas.
- Existencia de relaciones con sentido de filtro bidireccional.
- Existencia de relaciones de muchos a muchos.
- Existencia de tablas calculadas.

Para explorar opciones avanzadas de filtrado, se recomienda consultar el artículo de Michael Kovalsky que se titula "Advanced Filtering Examples in Tabular Editor" y se encuentra en este enlace: `https://www.elegantbi.com/post/advancedfiltering`.

Un ejemplo puede ser comprobar si hay tablas calculadas en el modelo de datos. Para ello se puede utilizar esta expresión:

```
:ObjectType = "Table" and SourceType = "Calculated"
```

La expresión se debe escribir o pegar en el cuadro de texto para filtro que se encuentra en la esquina superior derecha del Tabular Editor, como muestra la figura 2.13.

Figura 2.13. Ejemplo de expresión de filtro que se puede aplicar desde el Tabular Editor.

Como resultado de esta acción de filtro, en el panel Navegación aparecen únicamente las tablas calculadas.

- En el caso de modelo ineficiente visto antes aparecen las tablas de fecha automáticas y en el modelo eficiente expuesto en este capítulo no se muestra ninguna tabla.

Las herramientas gratuitas se pueden activar en modo independiente o *stand alone*, fuera de Power BI Desktop.

Pueden, además, conectar a servidores no locales desde las Analysis Services API en el Servicio Power BI o Microsoft Fabric, en ambos casos con capacidad *premium*.

Conclusiones

Es importante conocer la estructura del modelo tabular antes de aprender a utilizar el lenguaje de expresiones DAX como lenguaje de enriquecimiento y consulta del modelo.

Las herramientas externas son aplicaciones creadas por profesionales de la comunidad o empresas afines que no forman parte de Microsoft y son de gran utilidad para las tareas relativas a la exploración del modelo de datos.

- DAX Studio facilita la exploración del modelo desde el panel Navegador o el informe VertiPaq Analyzer. Esta exploración puede sacar a la luz defectos importantes del modelo en cuya reparación hay que trabajar lo antes posible.
- Tabular Editor facilita la identificación de los elementos calculados con DAX y sus propiedades, así como la búsqueda de elementos y propiedades concretas del modelo aplicando acciones de filtro avanzado.

3 Introducción al lenguaje de expresiones DAX

En este capítulo aprenderás:

- Las bases del lenguaje de expresiones DAX.
- Los elementos que componen el lenguaje DAX.
- La sintaxis y buenas prácticas para estructurar y definir las expresiones.

¿Qué es el lenguaje DAX?

Los modelos tabulares que se almacenan en bases de datos y se consumen en informes creados con varias herramientas analíticas del entorno Microsoft consultan los datos desde un lenguaje de expresiones llamado DAX, que es un acrónimo de *Data Analysis Expressions*.

El modelo tabular es el entorno natural donde se ejecuta el lenguaje de expresiones DAX. Las herramientas que poseen este tipo de modelo en estos momentos son SQL Server Analysis Services en modo tabular, Azure Analysis Services, Power BI Desktop, Power BI Service, Power Pivot en Microsoft Office Excel y Microsoft Fabric.

El diseño del modelo impacta en la complejidad de DAX. La calidad y eficiencia de las funciones y expresiones DAX utilizadas impactan en el rendimiento y diseño del modelo. La optimización de consultas trata de conseguir la información en menos tiempo.

DAX es el lenguaje de expresiones creado por Microsoft que sirve para:

- Crear elementos en la fase de modelado y de esta forma enriquecer el modelo semántico y crear la estructura capaz de responder a la lógica de negocio.
  - Como resultado se puede obtener un objeto de tipo tabla o un valor escalar.
- Consultar los datos del modelo.
  - En la fase de exploración previa mediante consultas directas al modelo de datos, ya sea en la vista Consultas DAX o en herramientas externas como DAX Studio.
  - Desde las acciones de informes en la fase de análisis en varios entornos.
  - Como resultado siempre devuelve una tabla.

Las fórmulas DAX se utilizan en medidas, columnas calculadas, tablas calculadas, cálculos visuales, grupos de cálculo y expresiones de control de seguridad.

- La evaluación de funciones DAX tienen en cuenta las relaciones entre tablas.

¿Qué no se puede conseguir con DAX?

- Las fórmulas y expresiones DAX no pueden modificar o insertar valores individuales en las tablas.
- No se pueden crear filas calculadas con DAX. Solo se pueden crear medidas y columnas calculadas.

En la figura 3.1 se aprecia un ejemplo de expresión DAX para crear una medida en el entorno de Power Pivot para Excel.

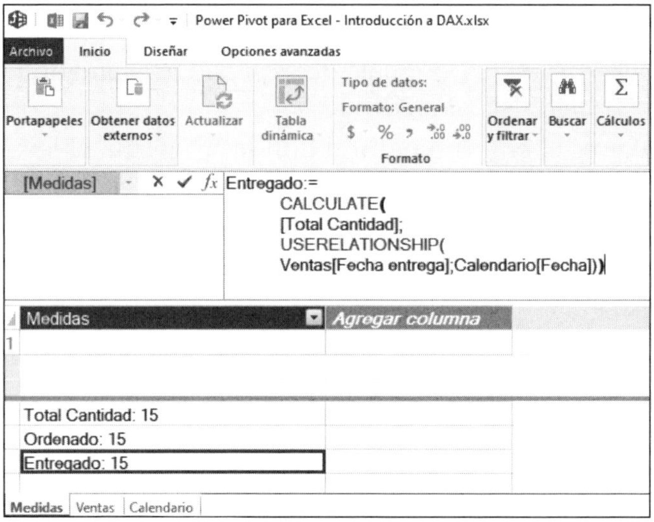

Figura 3.1. Expresión DAX en entorno Power Pivot en Microsoft Excel.

Se aprecia el nombre de la medida que es Entregado y la expresión de cálculo que incluye:

- La llamada a funciones, en este caso son `CALCULATE` y `USERELATIONSHIP`.
- Otra medida que se llama Total Cantidad.
- Y un par de columnas del modelo creado en Excel, que son Fecha Entrega y Fecha de las tablas Ventas y Calendario respectivamente.

El lenguaje de expresiones DAX disponible para el entorno Power Pivot de Excel es limitado. En este libro se toma como herramienta de trabajo Power BI Desktop para tener acceso a mayor funcionalidad integrada en el lenguaje.

¿Cómo se enfrentan a DAX las personas con dominio de Microsoft Excel?

Muchas personas que se enfrentan al reto de entender el lenguaje DAX cuentan con conocimientos y experiencia en la creación de informes analíticos con Microsoft Excel. Toda la base de conocimiento y habilidades adquiridas serán de mucha utilidad.

Entre DAX y Excel existen semejanzas:

- El lenguaje DAX se creó a partir del lenguaje Excel, por lo que incluye todas sus funciones, lo que es especialmente valioso cuando se trata de acciones sobre textos, cálculos matemáticos y financieros.
- Como en Excel, en las expresiones DAX no existen saltos ni ciclos.
- La mayoría de los operadores DAX proviene de Excel. Los hay de tipo aritmético, de texto, de comparación, lógicos, etc.

Aunque tienen una base común, existen diferencias entre el lenguaje de fórmulas que se aplica a las hojas de Excel y el lenguaje DAX que se aplica a modelos tabulares.

- La diferencia más importante es que en DAX no existe el concepto de celda que existe en Excel.
  - Las funciones DAX esperan como parámetros nombres de tablas o nombres de columnas.
- Las acciones de Excel aplican a una celda de la tabla.
  - Las acciones de DAX aplican a todas las filas de una columna.
- Las fórmulas de Excel son propensas a más errores manuales porque es posible cambiar fácilmente la fórmula o el valor de una sola celda.
  - En las fórmulas DAX, cada cambio afecta a toda la columna.

Además, DAX aporta un conjunto de funciones muy valiosas que no existen en Excel, como son, entre otras muchas, las funciones para el tratamiento de inteligencia de tiempo y los iteradores que recorren las tablas para evaluar su contenido y obtener los resultados.

¿Cómo se enfrentan a DAX las personas que tratan con bases de datos relacionales?

Tener conocimiento del trabajo con bases de datos aporta un beneficio extra, ya que el dominio de modelos de bases de datos relacionales, como pudieran ser SQL Server, Oracle o Microsoft Access, facilita mucho la comprensión de los modelos tabulares.

En la figura 3.2 se aprecia una expresión DAX que muestra desde el entorno de Power BI que es algo diferente al editor DAX que existe en Power Pivot de Excel y que se aprecia en la figura 3.1.

```
Importes Catálogo = SUMX(
            Ventas,
            Ventas[Cantidades] *
            RELATED(Productos[Precio Catálogo])
        )
```

Figura 3.2. Expresión de cálculo con DAX que aprovecha la navegación entre tablas relacionadas.

La expresión DAX que muestra la figura 3.2 emplea columnas de tablas diferentes y utiliza una función DAX de la categoría Relación que se llama `RELATED` para navegar entre ellas.

En la base de las consultas con DAX, la idea es la misma que al tratar con entornos de bases de datos relacionales.

- Los modelos tabulares se basan en tablas y sus relaciones. Las relaciones se crean entre columnas del mismo tipo de datos, y las funciones DAX tienen en cuenta las relaciones entre tablas. En todos estos casos actúa como si de un modelo relacional se tratara.
- Cuando se utiliza el lenguaje DAX para crear consultas al modelo es donde las personas que tienen una base en el tratamiento de bases de datos relacionales tienen mucha ventaja, ya que, como veremos en este libro, es perfectamente posible reproducir la estructura de las consultas al modelo relacional con lenguaje T-SQL en consultas al modelo tabular con lenguaje DAX.
    - La sintaxis es específica de cada lenguaje, mientras que la esencia de la consulta de datos es la misma.

¿Qué elementos componen el lenguaje DAX?

DAX es una colección de funciones, operadores, referencias a objetos del modelo, valores constantes, variables y otros que se pueden usar en una fórmula o expresión para calcular o consultar el modelo y enriquecer el análisis.

Requisitos de sintaxis en expresiones DAX

Una expresión DAX destinada a crear un objeto y enriquecer el modelo comienza con el nombre del objeto a crear, un espacio opcional, y el signo igual =.

Después del signo igual, se expone la expresión a evaluar por los motores DAX y que define el cálculo, que puede devolver un valor escalar o de tabla y que se integra por:

- Operadores, constantes y valores proporcionados como parte de una expresión.
- Referencias a columnas o tablas.
- Argumentos o parámetros de funciones, que pueden incluir tablas, columnas, expresiones y valores.
- Variables, que se crean a partir de expresiones DAX definidas después del nombre de la variable y el signo igual. El uso de variables resulta muy eficiente.

En DAX, todo es una única instrucción que se escribe en una línea, aunque para su mejor comprensión puede ser formateado. Crear saltos de línea y sangrado en las expresiones facilita la legibilidad.

- Con las teclas **Mayús** e **Intro** pulsadas a la vez se puede crear un salto de línea para dividir la expresión si fuese necesario.
- La tecla **Tab** sirve para crear tabulación y conseguir un mejor formato para la expresión.
- No es obligatorio dejar un espacio entre los elementos, también es posible dejar más de uno.
- Si se olvida el paréntesis de cierre de toda la expresión, el motor DAX lo agrega.
    - Si, por el contrario, se escribe un paréntesis extra, entonces el editor de fórmulas DAX muestra un error en la expresión y no lo admite.

DAX no es sensible a mayúsculas y minúsculas y todas sus funciones se nombran en idioma inglés.

En la figura 3.3 se aprecia un ejemplo de medida creada con DAX y el entorno de configuración de propiedades de Power BI Desktop.

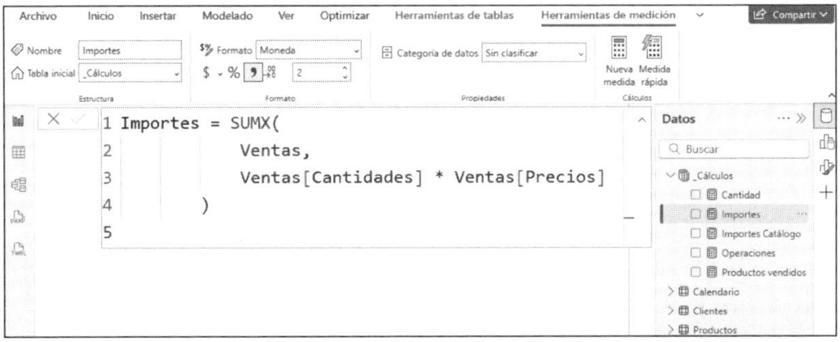

Figura 3.3. Barra de fórmula DAX y banda de opciones para configurar una medida en Power BI Desktop.

Opciones de ayuda en expresiones DAX

Al crear expresiones DAX hay tres opciones de ayuda:

1. **Autocompletar**, que ofrece una lista con elementos admitidos y que se corresponden con un texto que se introdujo al menos parcialmente. La figura 3.4 muestra un ejemplo en el que aparece la lista de los elementos disponibles, que se admiten como parámetros en la función y que incluye funciones, tablas y columnas.

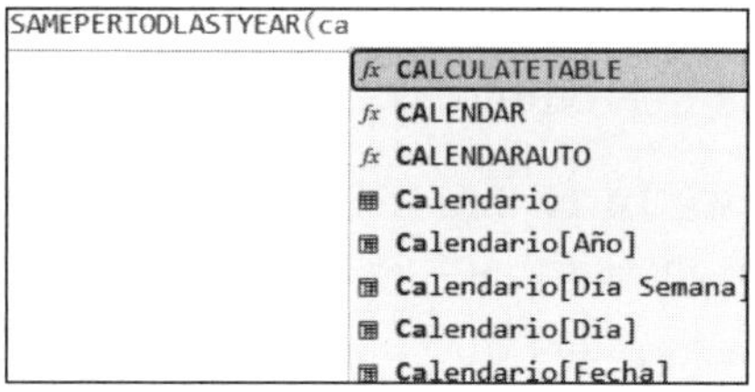

Figura 3.4. Ejemplo de lista de valores admitidos en la funcionalidad **Autocompletar** en expresiones DAX.

2. Texto de la ayuda de la función, que explica su finalidad, como se aprecia en la figura 3.5.

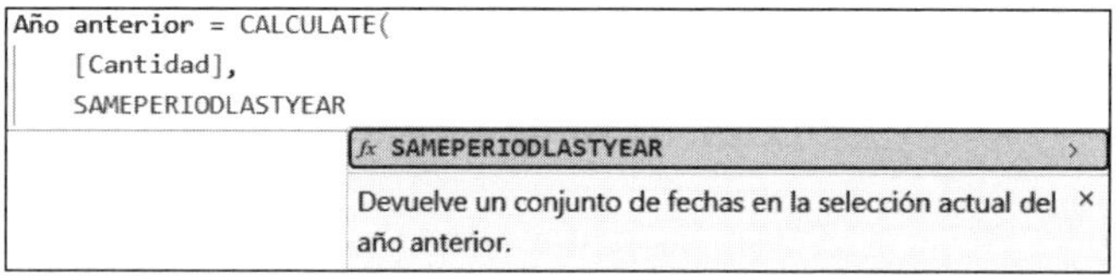

Figura 3.5. Ayuda de la finalidad de una función DAX.

3. Posibles parámetros de función, que se muestran en la figura 3.6, y puede incluir:

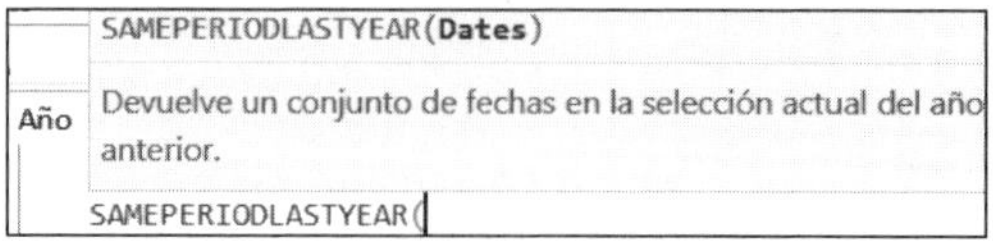

Figura 3.6. Ayuda en parámetros de la función DAX.

- Tipo de elemento que se admite como parámetro que puede ser una tabla o columna, por ejemplo.
- Tipo de parámetro para distinguir entre obligatorio y opcional.
- Lista de valores admitidos en parámetros específicos.

Colores en DAX

Las expresiones DAX cuentan con codificación de colores, lo que permite escribir la fórmula de forma rápida y precisa porque los colores ayudan a identificar elementos, como se aprecia en la figura 3.7.

```
Diferencia con Australia =
// vAustralia establece el contexto
VAR vAustralia = CALCULATE([Cantidad],
                          'Clientes'[País] IN { "Australia" })
// vCantidad Depende del Contexto de filtro
VAR vCantidad = [Cantidad] // SUM(Ventas[Cantidades])
RETURN
    IF(
        not isblank(
            vCantidad),
            vAustralia- vCantidad)
```

Figura 3.7. Ejemplos de colores en la sintaxis de una expresión DAX.

Algunos ejemplos de colores que se aprecian en la figura 3.7 son:

- Las medidas, como **Cantidad**, tienen un tono lila, violeta o morado.
- Las funciones tienen un tono azul claro. Se aprecia en `CALCULATE`, `IF`, `ISBLANK`.
- Hay dos tipos distintos de color verde. Un tono de verde se utiliza para identificar el uso de variables como `vAustralia` y `vCantidad`, y otro tono para los comentarios que son los textos que comienzan después de la doble barra `//` o la combinación `/*`.
- Las cadenas de texto o literales se escriben entre comillas, por ejemplo, `"Australia"` y se distinguen por su color rojo.
- Los operadores tienen un color azul intenso, como `VAR`, `IN`, `NOT`, `RETURN`.

La copia impresa de este libro no muestra los colores, se imprime en blanco y negro con tonos de grises. Los ejemplos compartidos antes se podrán distinguir claramente en editor de expresiones DAX de Power BI.

Requisitos para nombrar tablas y columnas en expresiones DAX

La convención de nombres para los objetos tipo tabla, las columnas que las forman y las medidas creadas con DAX en un modelo tabular es la siguiente:

Tablas

Cada nombre de **tabla** es único para el modelo. Al referenciar una tabla, habrá que rodear el nombre con comillas simples solo si contiene:

- Espacios, palabras clave reservadas o caracteres no permitidos.
- Algún carácter fuera del rango de caracteres alfanuméricos ANSI, independientemente de si la configuración regional es compatible con el conjunto de caracteres o no.

Columnas

Al referenciar una **columna**, se debe utilizar su nombre completo que es el nombre de la tabla, seguido del nombre de la columna entre corchetes. En la figura 3.7 se aprecia que la columna Clientes[País] está bien nombrada.

- Un nombre de columna incompleto se crea al omitir el nombre de la tabla y exponer simplemente el nombre de la columna, entre corchetes.

El nombre de la columna es único para una tabla y se puede repetir en tablas diferentes.

Indicar únicamente el nombre de la columna es una mala práctica, pero no provoca error en la mayoría de los casos. Sin embargo, siempre se requiere un nombre completo cuando se hace referencia a una columna:

- Como argumento en algunas funciones DAX como: `VALUES`, `ALL` o `EXCEPT`, `RELATEDTABLE`, y funciones de inteligencia de tiempo.
- En un argumento de filtro para las funciones `CALCULATE` o `CALCULATETABLE`.

Medidas

- La **medida** pertenece al modelo y se nombra sin hacer ninguna referencia a la tabla a la que están asociadas.
- El nombre de la medida es único para el modelo, por eso no hay que referenciar la tabla contenedora.

Comentarios en expresiones DAX

Es recomendable escribir comentarios, como se muestra en la figura 3.8; el texto que constituye el comentario aparece en color verde.

```
Importes =
    // Línea que solo contiene un comentario
    SUMX( // Texto con comentario después del código
        /* Inicio de un bloque de comentario
            Cuerpo del comentario
        Cierre del bloque */
        Ventas, // Primer parámetro, tabla que se recorre
        Ventas[Cantidades] * Ventas[Precios]) // Segundo parámetro, expresión
```

Figura 3.8. Comentarios en código DAX.

- Se puede crear una línea nueva para agregar un comentario. Se inicia con la doble barra // y el texto.
- Pueden añadirse comentarios a mitad de la expresión DAX.
  - Con una doble barra // o un doble guion medio -- se indica el inicio del texto del comentario que se muestra en color verde.
- Para comentar varias líneas:
  - Se inicia con una barra y el asterisco /*.
  - Luego se incluye todo el texto del comentario que ocupa tantas líneas como sean necesarias.
  - Y se cierra con asterisco y la barra */.

Funciones

DAX es un lenguaje funcional cuya ejecución fluye como llamadas a funciones que se ejecutan desde dentro hacia afuera cumpliendo con el diseño específico de cada función. Se pueden anidar tanto como sea necesario.

- Son fórmulas predefinidas que realizan el cálculo según se hayan configurado sus parámetros o argumentos.
- Los argumentos pueden ser otras funciones, una fórmula o expresión, una referencia de columna, una referencia de tabla, un número, un texto, valores lógicos, constantes o variables.

La biblioteca de funciones integradas en DAX consta de cientos de funciones, muchas de ellas heredadas de Excel y otras diseñadas para DAX, para lograr un objetivo específico. Las funciones se agrupan en categorías según su finalidad.

Algunas categorías de funciones son las siguientes.

Agregación

Agregar valores es obtener un valor escalar aplicando una función de agregación a una columna o a una expresión evaluada iterando una expresión de tabla. Es una de las acciones que más se realizan con expresiones DAX, ya que permite obtener valores máximos, mínimos, totales, recuentos, recuentos o conteos distintos, promedio, producto, etc.

Tratamiento de datos en el tiempo

Hay dos categorías de funciones que cumplen este objetivo.

- Las **funciones básicas** que se han creado a semejanza de Excel para tratar aspectos relativos a los atributos de fecha y hora que admiten como parámetro columnas cuyo tipo de datos es `DateTime` o `FechaHora`.
    - Desde una fecha se pueden extraer sus partes como día, mes, año y día de la semana.
    - Desde una hora se extraen, además de la hora entera, los minutos y segundos.
    - DAX tiene funciones para trabajar la conversión de tipos de datos y para crear tablas como Calendario.
- Las **funciones de inteligencia de tiempo** que se utilizan para poder manipular datos mediante periodos de tiempo, filtrar resultados en función de un periodo de tiempo determinado y crear cálculos para comparar resultados de un periodo con otro.
    - Requieren de un calendario estándar que incluya todas las fechas de cada año con hechos a analizar, incluyendo el día 29 de febrero si el año es bisiesto.

      No puede tener filas con valores de fecha en blanco, saltos en las fechas ni duplicados.
    - El trabajo con funciones de BI de tiempo es tan importante que se les dedica un capítulo específico en este libro.

Filtrado

El lenguaje DAX cuenta con muchas funciones para filtrar, examinar y documentar los filtros aplicados que sirven para evaluar condiciones y devolver las filas que cumplen los requisitos en las tablas evaluadas. Los filtros se propagan por las relaciones entre tablas.

Las funciones de filtrado permiten manipular el contexto de datos para crear cálculos dinámicos.

- En el proceso analítico con informes que consumen modelos semánticos consultados con DAX todas las acciones son de filtro; por eso, se dedica un capítulo del libro al efecto de los filtros en el lenguaje y las consultas DAX.

Además de estos ejemplos, hay otras muchas categorías como las funciones de información, funciones lógicas, matemáticas y trigonométricas, estadísticas, funciones de tabla y de relación, entre otras.

- La recomendación es comprobar la referencia del lenguaje DAX en la documentación disponible en Microsoft Learn, ya que DAX es un lenguaje en constante evolución y cuenta con un estado de mejora continua.
- Un ejemplo de URL que se puede consultar es la siguiente: `https://learn.microsoft.com/es-es/dax/dax-function-reference`.

Tipos de datos en DAX

En DAX existen distintos tipos de datos: números, monedas, cadenas, fechas, tipos de datos booleanos al estilo de verdadero y falso, y dos tipos muy especiales que aportan gran beneficio al trabajo con DAX, que son el tipo blanco o `BLANK` y el tipo tabla o `TABLE`, que es muy importante en DAX porque facilita el trabajo con expresiones que incluyan tablas calculadas en memoria.

- Las funciones tienen muy en cuenta los tipos de datos en DAX. DAX es un lenguaje fuertemente tipado, lo que significa que no se pueden mezclar valores de tipos diferentes en la misma columna.

Cada función DAX tiene requerimientos de tipos de datos de entrada y de salida. Una función, según sea su tarea, espera recibir una tabla o una columna como parámetro y la columna ha de ser del tipo de datos adecuado.

Si se combinan tipos de datos diferentes en una expresión DAX, hay que convertir el tipo de datos de, al menos, una de las columnas. Existen dos vías para conseguirlo:

- **Conversión implícita:** DAX convierte el dato al tipo adecuado antes de realizar la operación de cálculo.
- **Conversión explícita:** DAX no puede convertir automáticamente el tipo de datos. Hay que crear la expresión que utilice las funciones DAX integradas para convertir de un tipo de datos a otro.

Operadores en DAX

Los operadores en DAX sirven para crear expresiones de cálculos aritméticos, para realizar tareas como comparar valores, trabajar con cadenas o probar condiciones, entre otras.

- El operador `IN` sirve para trabajar con conjuntos.
- `NOT` sirve para indicar negación o invertir el estado de la expresión.
- Hay dos operadores, `&&` y `||` que se corresponden con las funciones `AND` y `OR`, y sirven para combinar expresiones en una condición.
    - Las funciones `AND` y `OR` combinan dos expresiones mientras que los operadores `&&` y `||` permiten evaluar múltiples expresiones en una condición.

Conversión implícita en operadores

Al escribir una fórmula DAX que usa operadores para combinar diferentes tipos de datos, no es necesario convertir explícitamente los tipos. Los operadores mandan sobre el tipo de datos. El operador suma, por ejemplo, intentará sumar siempre, aunque se indique sumar cadenas numéricas que tengan un formato de texto.

Normalmente, DAX identifica automáticamente los tipos de datos de los objetos del modelo a los que hace referencia y realiza las conversiones implícitas cuando es necesario para completar la operación, como se aprecia en la figura 3.9.

```
Operadores y conversión implícita =
// Definición de valores
    VAR A = "10"
    VAR B = 20
    VAR D = "01/06/2025" //45.809
// Definición de Cálculos
    VAR F = A + B // Suma
    VAR H = B + D // Convierte la fecha a número y suma
    VAR J = A & B // Concatena, sin error
RETURN J
```

Figura 3.9. Ejemplos de trabajo con operadores.

De la figura 3.9 se pueden obtener las siguientes conclusiones

- La variable `F` devuelve 30, aunque la variable `A` sea de tipo Texto.
- La variable `H` devuelve 45.829, porque se suma 20 a la fecha 01/06/2025, que se corresponde con el número 25.809.
- La variable `J` devuelve 1.020, porque ejecuta el operador `&` que concatena ambas cadenas como si las dos fueran de tipo Texto.

Si un valor o una columna tiene un tipo de datos incompatible con la operación actual, DAX devuelve un error, como se puede apreciar en los ejemplos que se muestran en la figura 3.10.

```
Error en Operadores y conversión implícita =
// Definición de valores
    VAR A = "10"
    VAR B = 20
    VAR C = "Uno"
    VAR E = 01/06/2025 // 0
// Definición de Cálculos
    VAR G = A + C // No se puede convertir de texto a número
    VAR I = (A = B) // ("A" = "B")
    // Error, no se pueden comparar tipos diferentes.
    VAR K = B + E // Devuelve 20, porque E = 0
RETURN K
```

Figura 3.10. Ejemplo de cálculos con DAX con error por tipo de datos.

En la figura 3.10, se exponen los siguientes casos:

- La variable `G` devuelve error porque no se puede convertir un texto como la palabra "Uno". El error indica que no se puede convertir del tipo texto al tipo número.
- La variable `I` devuelve un error porque se intenta comparar dos elementos que son de diferentes tipos. El error indica que las operaciones de comparación DAX no admiten valores de comparación de tipo texto y tipo entero.
- La variable `K` devuelve 20, no un error. Si la fecha no es de tipo texto, se considera de valor cero.

Prioridad de operadores

Al combinar operadores, se recomienda consultar y respetar el orden de prioridad definido en el lenguaje.

- Primero, se evalúa lo definido entre paréntesis, las funciones escalares y el operador `IN`. Luego, si existe, se trabaja con el operador exponencial, luego con el signo negativo, la multiplicación y la división. Estos serían los niveles del uno al cuatro.
- Sigue en orden la suma o la resta. Luego, se realiza la concatenación de cadenas de texto y la comparación. Después, se ejecuta el operador `NOT`, que es la negación lógica; luego, el `AND` lógico y, por último, el `OR` lógico. Estos operadores representan los niveles del cinco al diez.

El orden en el que se realiza el cálculo puede afectar al valor devuelto, por ejemplo:

- Si una expresión contiene una suma y una comparación, la suma se ejecuta antes porque su orden de prioridad así lo define.
- Cuando los operadores tienen el mismo nivel de prioridad, como la multiplicación y la división, se evalúan en el orden en el que aparecen en la expresión, siempre de izquierda a derecha.

Recordar las reglas de prioridad de los operadores puede ser complicado, por lo que se recomienda probar las fórmulas minuciosamente.

Los valores en blanco y los operadores en DAX

Es importante considerar el efecto de un valor blanco o vacío para los operadores de comparación, ya que se considera cero para números y vacío para texto.

En la tabla de la figura 3.11, se aprecian dos filas de la tabla Valida_Nulos, que tiene dos columnas que se titulan Texto y Número para que sea fácil identificar el contenido.

- El resto de las columnas calculadas se obtienen a partir de expresiones DAX que evalúan la existencia de valores nulos en las filas de las dos columnas de datos.

Texto	Número	BLANK es 0	BLANK es Vacío	BLANK es 0 estricto	Suma Blank
		Cero	Vacío	Otro	0
Hola	100	Otro	Otro	Otro	100

Figura 3.11. Ejemplos de efecto producido por valores en blanco.

A continuación, se exponen las fórmulas aplicadas para las cuatro columnas calculadas de la tabla y la explicación del resultado.

```
BLANK es 0 = IF(Valida_Nulos[Número] = 0, "Cero", "Otro")
```

- Al comparar nulo con cero devuelve `Verdadero`:

  ```
  BLANK es Vacío = IF(Valida_Nulos[Texto] = "", "Vacío", "Otro")
  ```

- Al comparar nulo con cadena vacía devuelve `Verdadero`:

  ```
  BLANK es 0 estricto = IF(Valida_Nulos[Número] == 0, "Cero exacto", "Otro")
  ```

- La comparación exacta de nulo con cero devuelve `Falso`:

  ```
  Suma Blank = Valida_Nulos[Número] + 0
  ```

- Si el valor es nulo, en una operación de suma se evalúa como cero.

Operadores lógicos

Los operadores lógicos `IN`, `AND`, `OR`, `NOT`, se utilizan para combinar expresiones que generen un solo resultado.

- `IN` crea una condición lógica de tipo `OR` entre cada valor que se está comparando contra una columna, y la sintaxis del constructor utiliza llaves porque sirve para trabajar con conjuntos.

```
Dos_países = CALCULATE(
[Cantidad],Clientes[País] IN {"Canadá","Estados Unidos"})
```

Se recomienda trabajar con los operadores DAX partiendo de la experiencia previa y encontrando aquellas diferencias o elementos específicos que los distinguen en DAX.

Conclusiones

DAX es el lenguaje de expresiones desarrollado por Microsoft que sirve para crear elementos en la fase de modelado y consultar los datos del modelo.

Las fórmulas DAX se utilizan en medidas, columnas calculadas, tablas calculadas, cálculos visuales, grupos de cálculo y expresiones de control de seguridad.

DAX es una colección de funciones, operadores, referencias a objetos del modelo, valores constantes, variables, y otros que se pueden usar en una fórmula o expresión para calcular o consultar el modelo y enriquecer el análisis.

Es recomendable respetar la convención de nombres, utilizar el formato adecuado, incluir comentarios y velar por el buen uso de funciones, parámetros y operadores del lenguaje.

4 Crear expresiones de cálculo con DAX

En este capítulo aprenderás a:

- Distinguir las opciones de cálculos que se pueden crear con el lenguaje DAX.
- Entender las diferencias entre las medidas y columnas calculadas creadas con expresiones DAX.
- Acceder al informe Vertipaq Analyzer en DAX Studio para medir el impacto de los elementos del modelo.

Crear cálculos con DAX

DAX se utiliza para mostrar datos de forma dinámica a partir del modelo semántico aprovechando la estructura creada de tablas y relaciones. Para enriquecer el modelo de datos, existe la posibilidad de crear nuevos elementos con expresiones DAX, por ejemplo, columnas calculadas, medidas o tablas calculadas. Las medidas creadas a partir de las plantillas integradas se llaman medidas rápidas.

Para crear los cálculos se puede elegir la opción de menú contextual de la tabla en la vista Datos en Power BI Desktop, o el grupo Cálculos de las pestañas Inicio, Modelado y Herramientas de tabla, como muestra la figura 4.1.

Figura 4.1. Grupo Cálculos en el menú en Power BI Desktop para elegir el tipo de cálculo a crear con DAX.

Existen algunas semejanzas entre estos cálculos.

- Tienen las mismas reglas de sintaxis. El uso de mayúsculas o minúsculas es irrelevante.
- Las funciones DAX están disponibles para las expresiones que definen los cálculos.
- La función autocompletar dejará ver los elementos visibles y disponibles.
- Se crean, configuran y exploran desde la misma barra de fórmulas.
- Cumplen el mismo objetivo, que es enriquecer el modelo de datos con cálculos que respondan a la lógica de negocio a aplicar.
- Las tablas y columnas ocultas están disponibles para los cálculos.
- Están dotados de propiedades adicionales que hay que configurar desde las Herramientas de tablas, columnas y medición o desde el panel Propiedades en la vista Modelo.
- El panel Datos muestra iconos para distinguir el tipo de elemento correspondiente a cada cálculo, como se aprecia en la figura 4.2.

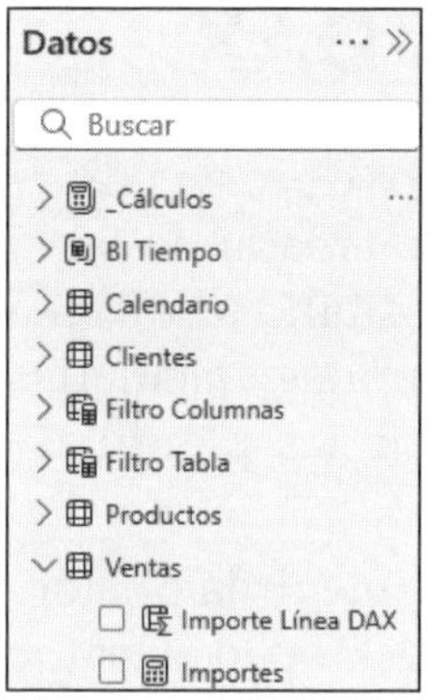

Figura 4.2. Panel **Datos** que muestra los iconos para elementos creados con DAX.

En la figura 4.2 se distinguen los iconos significativos para los siguientes elementos:

- Una tabla que solo contiene medidas, _Cálculos.
- Un grupo de cálculo, BI Tiempo.
- Tablas que contienen columnas y que pueden contener medidas y columnas calculadas, pero que al estar contraídas no muestran su contenido: Calendario, Clientes y Productos.
- Tablas calculadas: Filtro Columnas y Filtro Tabla.
- Una columna calculada, Importe Línea DAX.
  - Esta columna devuelve un dato de tipo número. La columna calculada de tipo texto muestra un icono diferente.
- Una medida, Importes.
- La tabla Ventas, que, al estar expandida, muestra su contenido visible.

A continuación, se presentan en detalle los elementos del modelo de datos que se pueden crear a partir de expresiones DAX.

Medida

Las medidas proporcionan resultados dinámicos y calculados a partir de la expresión DAX que la define y los datos del modelo, en función de la interacción del usuario o de un criterio específico. Son fórmulas que devuelven el resumen calculado de los datos del modelo cuyos resultados cambian en función del contexto.

Es la vía más eficiente para crear expresiones de cálculo DAX en Power BI. La figura 4.3 muestra un ejemplo de expresión DAX para una medida en el entorno de Power BI Desktop.

```
Diferencia =
 // [Importe catálogo]
 VAR vImp = SUMX(Ventas,Ventas[Cantidades] * Ventas[Precios])
 // [Importe]
 VAR VImpCat = SUMX(Ventas,Ventas[Cantidades] *
        RELATED(Productos[ListPrice]))
 RETURN vImpCat - vImp
```

Figura 4.3. Ejemplo de medida creada con DAX.

Algunos aspectos importantes relativos a las medidas DAX son:

- Cada nombre de medida es único en el modelo y puede contener espacios.
- El nombre de la tabla no se debe incluir delante del nombre de la medida, que se escribe entre corchetes cuando se hace referencia a una medida existente.
- Una medida creada con DAX no almacena el resultado, solo almacena la expresión.
- La medida no se procesa ni ocupa espacio en el modelo, no demora el proceso de carga ni la actualización de los datos.
- La medida no se ejecuta hasta que no sea invocada en una consulta directa o en una consulta desde un elemento visual del informe, que admite la combinación y el filtrado de los datos del modelo mediante varios atributos, como un informe de Power BI o una tabla o gráfico dinámico de Excel, por ejemplo.
- Cada medida se evalúa en el momento de la consulta solo para las filas visibles de la tabla en dependencia de los filtros que se apliquen en cada objeto y página del informe.
    - El resultado de una medida no se puede determinar sin contexto.
    - La interacción entre elementos gráficos del informe y la propia expresión DAX de la medida aportan el contexto necesario.
    - Cada combinación de encabezados de fila y columna en una tabla, selección de segmentaciones y filtros en un informe genera un subconjunto diferente de datos sobre los que se calcula la medida.
- Una medida está siempre disponible para ser utilizada en nuevos cálculos, ya que está visible para todo el modelo, con independencia de la tabla o tablas que recorre para obtener el resultado del cálculo y el diseño de las relaciones entre las tablas.
- En el panel **Datos** se muestra con el icono de la calculadora.

Medida implícita

Una medida implícita es aquella que se crea automáticamente cuando se arrastra una columna numérica a la propiedad que define el valor de un visual.

La medida implícita crea una expresión DAX generada por el motor en lugar de una fórmula DAX explícitamente diseñada y configurada. La función de agregación predeterminada es la suma, como se muestra en la figura 4.4.

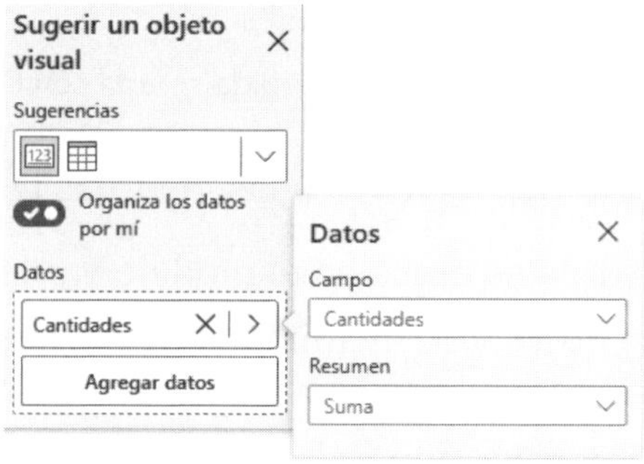

Figura 4.4. Función de agregación **Suma** utilizada para crear una medida implícita.

- La expresión se crea en el lenguaje de expresiones DAX, no se puede modificar ni reutilizar.

En la figura 4.4 se muestra el efecto de elegir la columna **Cantidades** para la propiedad **Datos** de un objeto visual tipo **Tarjeta**. La columna **Cantidades** es una columna o campo del modelo que no ha sido creado con una expresión DAX.

El resto de los agregados disponibles es muy limitado, como se aprecia en la figura 4.5.

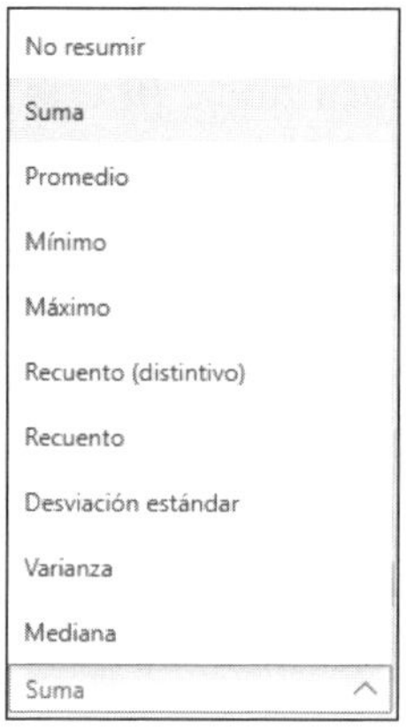

Figura 4.5. Funciones de agregación disponibles para una medida implícita.

Las operaciones de agregación más utilizadas son: promedio, mínimo, máximo o recuento. La herramienta cliente, que en el ejemplo es Power BI, genera en segundo plano la expresión DAX correspondiente a cada caso.

Se puede configurar el formato de una medida implícita, pero el cambio de formato no se conserva, se materializa únicamente en el objeto visual específico en el que se ha creado la medida implícita.

- Si una medida implícita que tiene formato especificado se borra y se vuelve a crear, no conserva el formato, habría que configurar sus propiedades de formato nuevamente desde cero.

El trabajo con medidas implícitas:

- Resulta cómodo porque no necesita de conocimientos del lenguaje DAX para crear medidas muy básicas y a la vez muy frecuentes.
- Pudiera ser una opción válida en proceso de desarrollo para comprobar resultados asociados a gráficos.
- No se recomienda en un informe final porque tiene muchas limitaciones de configuración y rendimiento.

Deshabilitar disponibilidad de medidas implícitas

Una de las buenas prácticas que se recomienda seguir en Power BI es desactivar la opción que permite crear medidas implícitas en los informes diseñados en Power BI Desktop. Así se evita que este proceso ocurra incluso por error o descuido.

La ruta que se debe seguir para desactivar este tipo de medidas es la siguiente: Vista Modelo>Panel Datos>Pestaña Modelo>Elemento Modelo semántico>Panel Propiedades>Grupo General>Desaconsejar medidas implícitas.

La figura 4.6 muestra el botón que se debe elegir para desactivar la opción de las medidas implícitas.

Figura 4.6. Panel **Propiedades** en la vista **Modelo** para desactivar las medidas implícitas.

Las medidas implícitas y los grupos de cálculo

En el momento que se creen grupos de cálculo en el modelo semántico, no se podrá crear medidas implícitas y no se podrá activar el botón, queda deshabilitada la configuración.

En Power BI Desktop aparece una ventana de confirmación y alerta antes de crear el grupo de cálculo que se muestra en la figura 4.7.

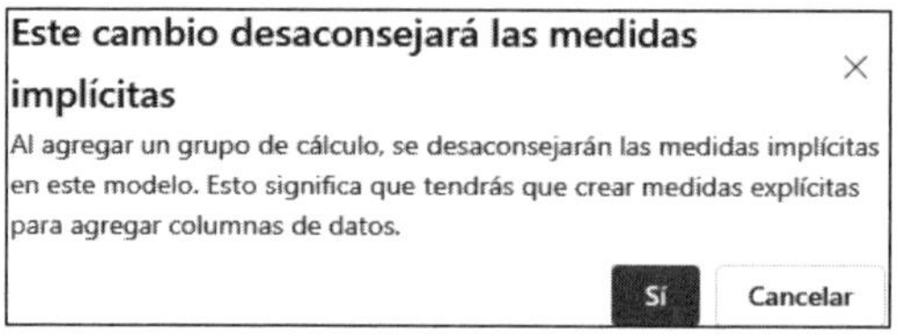

Figura 4.7. Mensaje que advierte sobre las medidas implícitas tras crear un grupo de cálculo.

Medida rápida

Un tipo especial de medida es la medida rápida. Se trata de un código preparado e integrado en la herramienta para realizar determinadas operaciones de cálculo. Las medidas rápidas definidas son limitadas, como se aprecia en la figura 4.8.

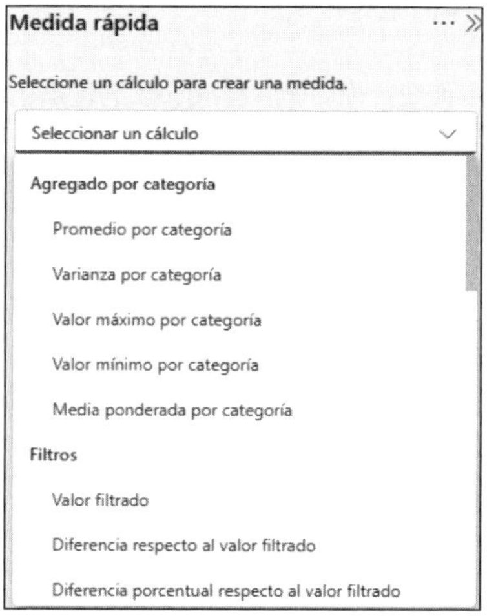

Figura 4.8. Muestra parcial de las opciones disponibles integradas como medidas rápidas.

Esta opción invoca un formulario que contiene los parámetros a definir en cada caso y que permite crear medidas sin escribir manualmente el código correspondiente en lenguaje DAX. El aspecto del formulario depende de la medida rápida que se configura. En la figura 4.9 se distinguen las propiedades específicas para la medida rápida que utiliza la plantilla integrada para la Diferencia respecto al valor filtrado.

Figura 4.9. Formulario de configuración de parámetros para crear una medida rápida que calcule la diferencia respecto al valor filtrado.

En el formulario de la figura 4.9 se identifica los siguientes elementos:

- La medida Cantidad como medida base.
- La columna País como columna de filtro.
    - No se aprecia en la imagen, pero la columna o campo País pertenece a la tabla Clientes, que es una tabla de dimensiones del modelo.
- El valor Australia como valor filtrado de la columna País.

Una medida rápida es una medida explícita del modelo. Se crea una expresión DAX a partir de la plantilla integrada para la medida y los valores definidos en el formulario.

La medida rápida se agrega al modelo de datos. Se expone con el icono de medida, sin distinción alguna por tratarse de una medida rápida.

La figura 4.10 expone la expresión DAX de la medida rápida Diferencia entre Cantidad y Australia creada a partir de las propiedades y valores del formulario de la figura 4.9.

La medida rápida es editable, quiere decir que se puede crear como punto de partida para luego modificarla y adaptarla al escenario.

En la expresión de la medida rápida generada por Power BI Desktop, que se muestra en la figura 4.10, se aprecian los siguientes elementos:

```
Diferencia entre Cantidad y Australia =
VAR __BASELINE_VALUE = CALCULATE([Cantidad], 'Clientes'[País] IN {
"Australia" })
VAR __MEASURE_VALUE = [Cantidad]
RETURN
    IF(NOT ISBLANK(__MEASURE_VALUE), __MEASURE_VALUE - __BASELINE_VALUE)
```

Figura 4.10. Expresión DAX creada por la herramienta desde la opción **Medida rápida**.

- Uso de dos variables para calcular el valor correspondiente a:
  - La medida **Cantidad** filtrada por el valor **Australia** en la columna **País** de la tabla **Clientes**.

    Su resultado se guarda en la variable `__BASELINE_VALUE`.
  - La medida **Cantidad**, definida como medida base, que no recibe afectación alguna y cuyo valor dependerá del contexto de filtro actual.

    Su resultado se guarda en la variable `_MEASURE_VALUE`.
  - La expresión de salida es simplemente la resta de los dos valores, siempre que no esté en blanco el valor de la medida base.

Los nombres de las variables, las expresiones de su definición y la expresión de cálculo que define el resultado se pueden personalizar.

Mi recomendación es explorar las medidas rápidas y entender su lógica para aplicar este conocimiento al escenario concreto de cada proyecto.

El desarrollo autónomo de las expresiones DAX que definen cada medida explícita es lo ideal para tener el control total de la lógica que se aplica, los nombres que se asignan a cada elemento y los comentarios que se incluyen.

Columna calculada

Las columnas calculadas son la vía más sencilla para crear un cálculo DAX, como si de una tabla de Excel se tratara. Se trata de columnas adicionales que se añaden al modelo.

En Power BI, las columnas calculadas no son eficientes, salvo alguna excepción. La recomendación es evitarlas lo más posible. Al crear una columna calculada, la fórmula se evalúa para cada fila de la tabla y se almacena, fila a fila, el valor calculado, por eso aumenta el tamaño de almacenamiento del modelo. La expresión de columna calculada se evalúa cada vez que se actualiza el modelo de datos.

La figura 4.11 muestra el editor de fórmulas DAX con la expresión que define una columna calculada. La imagen se corresponde con la vista **Datos** de Power BI Desktop.

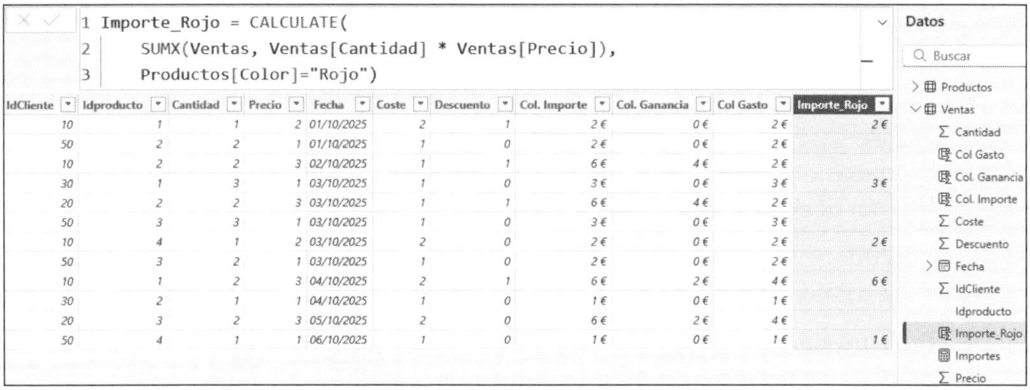

```
1 Importe_Rojo = CALCULATE(
2     SUMX(Ventas, Ventas[Cantidad] * Ventas[Precio]),
3     Productos[Color]="Rojo")
```

IdCliente	Idproducto	Cantidad	Precio	Fecha	Coste	Descuento	Col. Importe	Col. Ganancia	Col Gasto	Importe_Rojo
10	1	1	2	01/10/2025	2	1	2 €	0 €	2 €	2 €
50	2	2	1	01/10/2025	1	0	2 €	0 €	2 €	
10	2	2	3	02/10/2025	1	1	6 €	4 €	2 €	
30	1	3	1	03/10/2025	1	0	3 €	0 €	3 €	3 €
20	2	2	3	03/10/2025	1	1	6 €	4 €	2 €	
50	3	3	1	03/10/2025	1	0	3 €	0 €	3 €	
10	4	1	2	03/10/2025	2	0	2 €	0 €	2 €	2 €
50	3	2	1	03/10/2025	1	0	2 €	0 €	2 €	
10	1	2	3	04/10/2025	2	1	6 €	2 €	4 €	6 €
30	2	1	1	04/10/2025	1	0	1 €	0 €	1 €	
20	3	2	3	05/10/2025	2	0	6 €	2 €	4 €	
50	4	1	1	06/10/2025	1	0	1 €	0 €	1 €	1 €

Figura 4.11. Vista Datos con el editor de expresiones DAX para una columna calculada.

En el panel Datos se observan los iconos de las cuatro columnas calculadas de tipo numérico en la tabla Ventas.

La figura 4.11 muestra la columna calculada Importe_Rojo que se ha creado en la tabla Ventas y que expone el resultado fila a fila en dependencia del cálculo aplicado en la definición de la columna calculada con DAX.

- Las filas con IdProducto igual a 1 y 4 devuelven resultados, estos productos son de color rojo y cumplen con la condición de filtro para la columna Productos[Color] de la expresión de la columna calculada
- Hay filas que no muestran ningún resultado, sino un dato en blanco. Son las filas con IdProducto igual a 2 y 3. Estos productos son de otro color.

Recomendaciones de uso

Antes de crear una columna calculada, hay que valorar cualquier otra posibilidad como crear la columna en Power Query o tratar el cálculo como una medida explícita con DAX. Hay que considerar todos los escenarios y las vías más eficientes de cada caso.

Algunas buenas prácticas y recomendaciones sobre el trabajo con columnas calculadas son:

- Se recomienda crear columnas calculadas ante un escenario de jerarquías de elementos primarios y secundarios, ya que ayudan a aplanar una relación entre columnas cuya estructura jerárquica se conoce como "de padres a hijos" y de esta forma crear una relación normal.

- Otra posible causa es crear segmentaciones y filtros cuando no se hayan podido crear previamente.
    - Las buenas prácticas indican que se deben preparar estas columnas en la fase de transformación antes de cargar el modelo, ya sea en el origen de datos o la herramienta de extracción, transformación y carga que en Power BI es Power Query.
- Hay escenarios en los que, dada la complejidad del cálculo, se recomienda calcular total o parcialmente y almacenar previamente el resultado.
    - Igualmente, habría que explorar la posibilidad de crear el cálculo antes de llegar a la necesidad de la columna calculada.

Desventajas del uso de columnas calculadas

Algunas desventajas que se pueden encontrar si se utilizan columnas calculadas son:

- No son eficientes, ya que se evalúan fila a fila y almacenan el resultado en cada fila de la tabla a la que pertenecen.
- Se procesan como un paso posterior a la carga de datos en el modelo.
    - No se aprovechan los algoritmos integrados para la carga eficiente al modelo.
- Los valores de columna solo se vuelven a calcular si la tabla, o cualquier tabla relacionada, se procesa o actualiza, o si el modelo se descarga de la memoria y, a continuación, se vuelve a cargar, como al cerrar y volver a abrir un archivo de Power BI Desktop.
- Otra desventaja es que pueden provocar resultados incorrectos en caso de ratios o porcientos o al aplicar filtros que se expanden desde otras tablas.

Tabla calculada

El modelo de datos se puede enriquecer con tablas calculadas que se crean a partir de las expresiones DAX. El lenguaje DAX contiene muchas funciones que devuelven un objeto tipo tabla que permite crear conjuntos de datos personalizados basados en criterios específicos.

La figura 4.12 expone la expresión DAX utilizada para crear una tabla calculada. Las funciones DAX que devuelven tablas utilizadas en la expresión son `FILTER` y `ALL`.

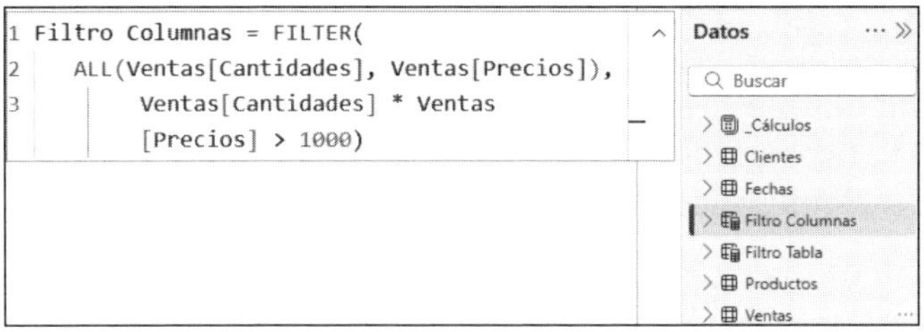

Figura 4.12. Expresión DAX para crear una tabla calculada.

Las funciones DAX que devuelven tabla se pueden utilizar:

- Como parámetros de otras funciones DAX. En este caso la tabla se crea en memoria y luego se destruye al finalizar el cálculo.
    - Es el caso de la función `ALL` en el ejemplo expuesto en la figura 4.12.
- Como función DAX independiente, principal de la expresión. En este caso, se crea una tabla físicamente en el modelo de datos y se rellena con las filas y columnas que corresponda.
    - Es el caso de la función `FILTER`, que se aprecia en la figura 4.12.

Hay funciones como `SUMX`, `AVERAGEX` y `MINX` que requieren una tabla como primer parámetro.

Otras funciones muy relevantes en la creación de soluciones con DAX y que devuelven tablas son: `ADDCOLUMNS`, `SELECTCOLUMNS`, `GENERATESERIES`, `GENERATE` y en las consultas DAX al modelo se utilizan además `ROW`, `SUMMARIZE`, `TOPN`, `DATATABLE`, entre otras muchas.

- Antes de utilizar cualquier función, hay que tener en cuenta sus características para garantizar el óptimo rendimiento de las consultas.
- Mi primera recomendación es consultar la referencia de funciones DAX en la documentación elaborada por el fabricante Microsoft para obtener más funciones y ejemplos de cómo usarlas.
    - Se puede acceder desde este enlace: `https://learn.microsoft.com/es-es/dax/dax-function-reference`.
- Además, se recomienda explorar el contenido gratuito disponible en la Guía de DAX. El contenido solo existe en idioma inglés y describe cada elemento con más detalle y más ejemplos que pueden ayudar a la comprensión de la finalidad y efecto de cada función de tabla y el resto de las funciones y componentes del lenguaje DAX.
    - Se puede acceder desde este enlace: `https://dax.guide/`.

Algunos aspectos relativos a las tablas calculadas son:

- Las tablas calculadas, creadas con expresiones DAX, se pueden relacionar con el resto de las tablas del modelo siguiendo las mismas reglas que las tablas cargadas al modelo desde la fase de transformación e ingesta.
- Una tabla calculada no se puede conectar a datos externos.
- Las tablas calculadas se materializan en el modelo tabular.
- Los datos en las tablas calculadas siempre se importan en el modelo, por lo que aumenta el tamaño de almacenamiento del modelo y puede prolongar el tiempo de actualización de los datos.
  - En la carga de datos de tablas calculadas se ejecutan todos los algoritmos de optimización de igual forma que si la tabla se hubiese creado en el editor de consultas.
- En el panel Datos las columnas calculadas se distinguen con un icono especial.
- Son especialmente útiles en escenarios de una dimensión realizadora de roles o funciones conocida como RPD por su nombre en inglés *Role Playing Dimension*.
- Se pueden crear también para crear variaciones de tablas originales, con objetivos específicos, siempre y cuando se mantenga el control sobre el rendimiento de las consultas y el tamaño del modelo.
- Las tablas calculadas se vuelven a calcular si alguna de las tablas de las que se extraen sus datos se actualiza.

Tablas calculadas al vuelo y que no se materializan en el modelo

Hay muchas funciones DAX que devuelven una tabla y otras muchas requieren una tabla como parámetro, que puede ser una tabla del modelo o una tabla que se calcule en memoria a partir de la expresión DAX.

La tabla creada internamente no se materializa en el modelo, por lo que no se muestra en un cliente de informes. Sirve para proporcionar entrada de datos a otras funciones.

- Es el caso de la función `ALL` en el ejemplo expuesto en la figura 4.12.

La siguiente expresión que se puede ver en la figura 4.12 no materializa una tabla en el modelo.

```
ALL(Ventas[Cantidades], Ventas[Precios])
```

Como resultado, se crea una tabla en memoria que se utiliza como primer parámetro de la función `FILTER`, según se puede identificar en el código expuesto en la figura 4.12.

```
FILTER(
   ALL(Ventas[Cantidades], Ventas[Precios]),(expresión de filtro))
```

El segundo parámetro que se aplica a la función `FILTER` se corresponde con la expresión de filtro que se evalúa para cada fila de la tabla devuelta por la función `ALL`.

Tuplas para tabla calculada

El lenguaje DAX tiene una sintaxis de constructor de tablas para crear una tabla sin nombre en una expresión DAX. En el capítulo dedicado a consultas DAX se exponen ejemplos de tuplas.

- La tupla como constructor es útil cuando se necesita una tabla temporal con pocas filas en una expresión DAX o cuando se desea crear una tabla calculada con valores constantes y calculados.
- El caso de uso más común para un constructor de tablas es con el operador `IN`.

Grupos de cálculo

Un grupo de cálculo es una colección organizada de fórmulas o medidas que se crean para ser reutilizadas en diferentes escenarios sin tener que reescribirlas cada vez. Sirve para reducir la cantidad de medidas que se deben crear en el modelo.

- La funcionalidad está disponible desde julio de 2023 en Power BI Desktop, aunque se podía implementar desde mucho antes gracias a la herramienta externa Tabular Editor.

Un grupo de cálculo es una colección de medidas diseñadas para reutilizar la lógica de cálculo de manera sencilla. En realidad, es fácil de definir y de utilizar un grupo de cálculo, aunque diseñar un modelo puede resultar complicado si se crean muchos grupos de cálculo.

- La estructura de la medida que se utiliza como base para el cálculo se mantiene constante.
- Un elemento de cálculo no es una medida, sino una variación de la medida. Se trata de incluir en un informe una medida específica con una o más variaciones de esta.

- Las medidas comparten una lógica común, el patrón de filtro que se aplica es similar, ya sean comparativas en el tiempo o totales acumulados.
- Los grupos de cálculo funcionan como un contenedor de medidas de DAX que aplican filtros comunes, como los cálculos de inteligencia de tiempo para los totales acumulados y continuos.

Una parte central del funcionamiento es la definición del elemento de cálculo, ya que indica claramente que la medida base que se utiliza como punto de partida es la elegida dinámicamente en el momento del análisis y que es captada por la función `SELECTEDMEASURE`, como se aprecia en la siguiente expresión DAX.

```
Elemento de cálculo = SELECTEDMEASURE()
```

Esta medida se utiliza en expresiones para elementos de cálculo o cadenas de formato dinámico para hacer referencia a la medida que se encuentra en contexto. Devuelve la referencia a la medida que se encuentra actualmente en contexto cuando se evalúa el elemento de cálculo o la cadena de formato.

La siguiente expresión calcula el valor total acumulado desde el inicio de año hasta la fecha actual en cada punto del contexto que se analiza y se aplica a cada una de las medidas según se elijan en momento del análisis.

```
CALCULATE(SELECTEDMEASURE(), DATESYTD(Calendario[Fecha]))
```

Ejemplo de escenario para grupo de cálculo

Si el análisis trata de la gestión hotelera, puede que se calcule la cantidad de habitaciones ocupadas y, a partir de esta base, el valor del año anterior y la variación. Se crean tres medidas.

- Si se necesitan otras medidas base como el coste y el ingreso, habría que repetir la misma lógica de cálculo comparativo entre los años. Se crearían tres medidas por cada medida base que se analice.
- En su lugar, el grupo de cálculo garantiza crear, por un lado, cada medida base y, por otro, la lógica analítica que se aplica a todas en común y a cada una de forma individual, cuando es elegida.

La repetición en la estructura de las medidas invita a considerar la definición de un grupo de cálculo desde la vista Modelo en Power BI Desktop, panel Datos, pestaña Modelo y, desde la banda de menú de opciones, se distingue el botón Grupo de cálculos, como se aprecia en la figura 4.13.

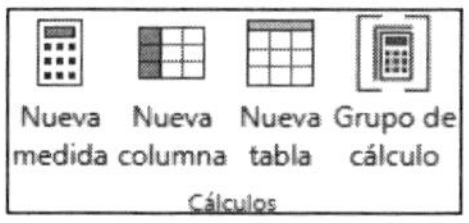

Figura 4.13. Botón **Grupo de cálculo** disponible desde el menú de opciones en la vista **Modelo**.

Los grupos de cálculo se implementan como si fueran columnas de tablas, y los elementos de cálculo se utilizan en la propiedad Valor de los objetos visuales.

- Si se trata de una matriz se pueden agregar a una columna de la matriz, para mostrar las diferentes variaciones de la medida base.

Más adelante, en este libro, se desarrolla un ejemplo de creación y uso de un grupo de cálculo.

Cálculo visual

Un cálculo visual es un cálculo DAX definido y ejecutado directamente en un objeto visual, como se aprecia en la figura 4.14. La definición del cálculo se almacena en el objeto, solo comprenden el contexto del objeto visual, por lo que solo pueden referenciar a columnas o medidas del modelo que estén activas en el objeto; el resto del modelo es inaccesible.

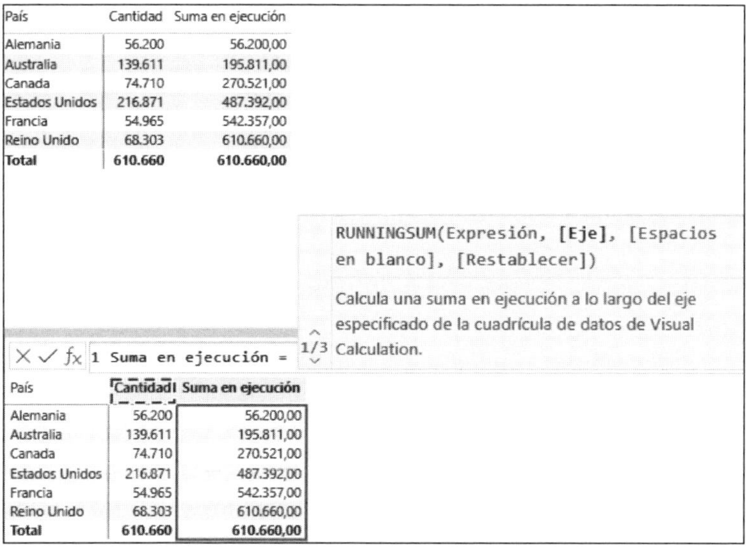

Figura 4.14. Configuración de la expresión DAX para crear un cálculo visual.

Algunas características de los cálculos visuales son:

- Los cálculos visuales funcionan en datos agregados en lugar de nivel de detalle.
- Los selectores de parámetros, que se aprecian en la figura 4.14, facilitan la selección de valores para los parámetros en las funciones de cálculos visuales.
- Al igual que las medidas, los cálculos visuales consumen CPU y no se materializan en el modelo.
- Para comprender la idea del trabajo con cálculos visuales, es necesario comprender el concepto de matriz visual, en el que cada objeto visual se puede convertir en una matriz visual, como se muestra en la figura 4.15.

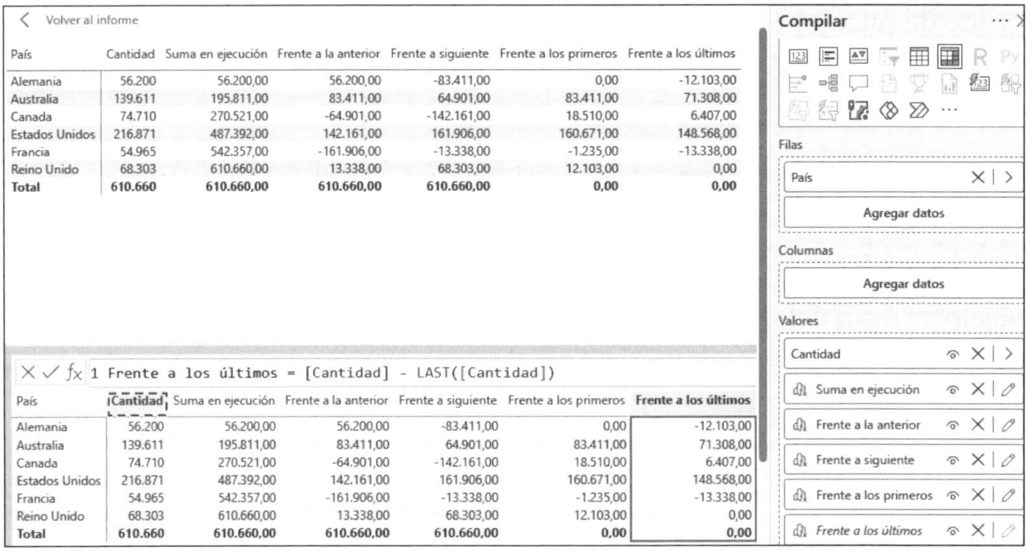

Figura 4.15. Aspecto de una tabla a la que se han agregado varios cálculos visuales.

- Una operación sencilla con un cálculo visual es, por ejemplo, calcular una suma acumulada, que es mucho más sencilla que la lógica compleja que requieren las medidas o cualquier otra opción de cálculo mencionada.

Se han integrado varias plantillas que se pueden utilizar en los gráficos y que se han utilizado en el ejemplo que se muestra en la figura 4.15.

- Suma y media acumulada con las funciones `RUNNINGSUM` y `MOVINGAVERAGE`.
- Comparar un valor con el anterior, siguiente, primero y último con las funciones `PREVIOUS`, `NEXT`, `FIRST` y `LAST`.

Propiedades de cálculos DAX en el entorno de Power BI Desktop

Los cálculos creados con DAX y las columnas y tablas nativas del modelo tienen ciertas propiedades que son fundamentales para su funcionamiento.

Hay dos opciones para configurar las propiedades de formato:

- La banda de opciones de menú desde la vista Informes y vista Datos.
  - Se activa la pestaña Herramientas de tabla para las tablas del modelo, Herramientas de columnas para las columnas y Herramientas de medición para las medidas.
- El panel Propiedades en la vista Modelo.
  - El panel Propiedades está siempre disponible, aunque puede estar contraído.
  - Las propiedades que expone dependen del objeto actualmente activo que puede ser: tabla, relación, columna o medida. Estos objetos se pueden activar desde el diagrama de modelo o el panel Datos.
  - Adicionalmente, se pueden configurar propiedades del modelo semántico si se activa desde la pestaña Modelo en el panel Datos.

Propiedades de las medidas

Al seleccionar una medida explícita creada con DAX en el panel Datos se activa la pestaña de menú Herramientas de medición, que se refiere a la configuración de propiedades de formato de las medidas y se muestra en la figura 4.16.

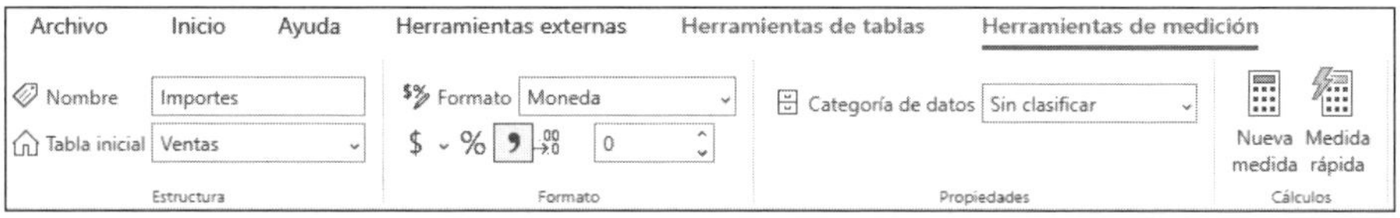

Figura 4.16. Pestaña Herramientas de medición para configurar las propiedades de una medida creada con DAX.

Cuando se crea una medida, se elige la tabla donde se debe almacenar la definición de la medida. La propiedad Tabla Inicial en el grupo Estructura expone un desplegable con todas las tablas del modelo, incluyendo las tablas calculadas.

El valor asignado a Tabla Inicial se puede modificar en cualquier momento.

- No afecta a las expresiones DAX creadas que referencien la medida.
- No es necesario incluir el nombre de la tabla cuando se referencie la medida en una expresión DAX.

La propiedad Formato es interesante porque no solo acepta la configuración habitual que se asocia al tipo de datos, sino que admite una configuración Dinámica que brinda mayor flexibilidad.

Propiedades de las columnas

Cuando se crea una columna calculada en una tabla, crea una relación de dependencia con la tabla. A diferencia de como ocurre con las medidas, no existe la opción de mover la columna de una tabla a otra y no hay ninguna propiedad en el menú de opciones de Herramientas de columnas asociada al nombre de la tabla.

- El nombre de la tabla acompaña al nombre de la columna calculada, tal y como ocurre en las columnas nativas, en cada referencia a la columna en las expresiones DAX.

Al seleccionar en el panel Datos una columna o campo del modelo, ya sea nativa o columna calculada con DAX se activa la pestaña de menú Herramientas de columnas, como se muestra en la figura 4.17, para configurar sus propiedades.

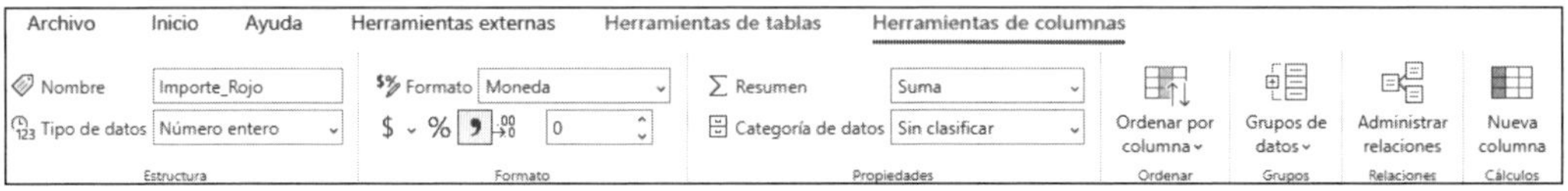

Figura 4.17. Pestaña Herramientas de columnas con las opciones de configuración disponibles.

Se dispone del bloque para configurar el formato y otras propiedades de la columna, como el tipo de agregación predeterminada definida por la propiedad Resumen, la Categoría de datos y la elección del campo que define el orden de visualización de los datos en la columna cuando el orden no sea alfabético. Hay opciones adicionales disponibles que recomiendo explorar.

Si la columna, nativa o calculada, fuese de tipo texto se configuraría igualmente; salvo el bloque de propiedades de formato que únicamente se limita a indicar que el formato es Texto.

Propiedades de las tablas

Si se selecciona un nombre de tabla en el panel **Datos**, ya sea nativa o calculada, se activa la pestaña de menú **Herramientas de tabla** con el nombre de la tabla y el acceso directo a la ventana **Administrador de relaciones** para configurar las propiedades de las relaciones definidas para la tabla.

- Las tablas que se crean al configurar **Grupos de cálculos** en el modelo activan la opción **Herramienta de tablas**. En este caso, solo están activas algunas opciones de configuración.

Como parte de las opciones del menú, está el grupo **Cálculo** con los objetos disponibles para la tabla actualmente seleccionada y, si se trata de la tabla **Calendario** o la tabla de **Fechas del modelo**, se puede configurar desde aquí, como se aprecia en la figura 4.18.

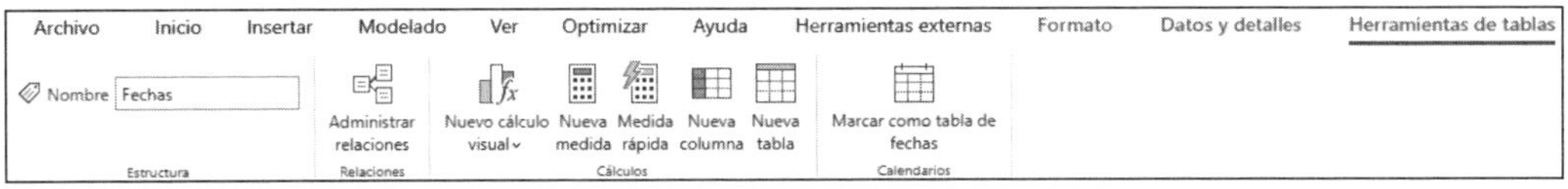

Figura 4.18. Menú de opciones con las propiedades de configuración para una tabla del modelo.

Diferencia entre medidas y columnas calculadas

Una de las mejores prácticas más conocidas por la comunidad que desarrolla informes con Power BI es la necesidad de evitar las columnas calculadas. Algunos aspectos que se deben tener en cuenta son:

- Las medidas son los cálculos que responden a la lógica de negocio con DAX.
    - El valor devuelto por una medida creada con DAX depende del objeto visual al que se agregue y el contexto creado en el informe analítico.
- Las tablas calculadas y las medidas son las mejores opciones para crear cálculos con DAX.
    - Las medidas no se almacenan en el modelo y son la vía más eficiente para crear expresiones de cálculo DAX en Power BI.
- Las columnas calculadas ocasionan muchos problemas de rendimiento de consultas y hay que evitarlas a toda costa.

- Estas columnas se procesan después de que se procesen todas las columnas de las tablas nativas del modelo y no utilizan los algoritmos de optimización para la carga.
- Para crear columnas calculadas descriptivas que sirven para filtros y atributos de análisis, el entorno ideal es el origen de datos o el Editor de consultas Power Query.

Medir el peso de una columna calculada con Vertipaq Analyzer

Resulta muy interesante poder comprobar el impacto que provoca una columna calculada en el peso del modelo semántico. De esta forma, se puede llegar a entender la ventaja que desde el punto de vista del almacenamiento aportan las medidas al modelo.

La herramienta externa DAX Studio fue descrita parcialmente en el capítulo 2. Ahora se detalla otra funcionalidad integrada en DAX Studio que será esencial para comprender cómo se almacenan los datos del modelo.

Desde el menú Herramientas externas en Power BI Desktop, se debe elegir DAX Studio. Se abre el entorno DAX Studio conectado al modelo de datos existente en Power BI Desktop.

Panel Navegador

El panel Navegador en DAX Studio expone todos los elementos del modelo, visibles o no para la herramienta cliente de visualización, tal y como se aprecia en la figura 4.19.

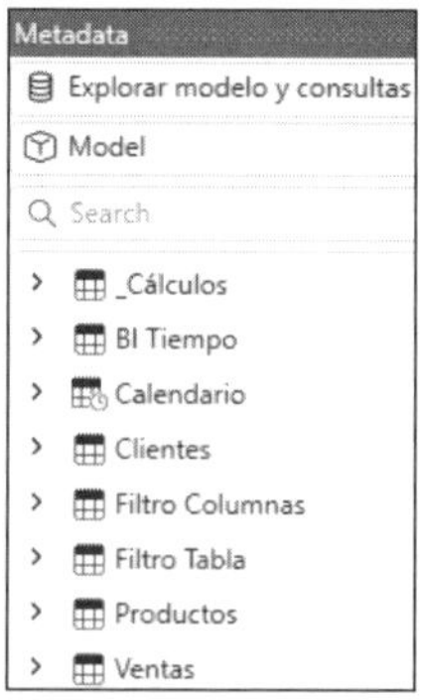

Figura 4.19. Tablas del modelo vistas desde el panel Navegador.

En la figura 4.19, se aprecian ocho tablas del modelo, todas están visibles y una tabla, Calendario, ha sido configurada como tabla de Fechas, por lo que tiene el indicador correspondiente.

- No se distinguen las tablas calculadas de las tablas nativas.
- No se distinguen las tablas contenedoras de medidas de las tablas que contienen columnas, nativas o calculadas y que pueden contener medidas.

Vertipaq Analyzer

Para activar el panel Vertipaq Analyzer hay que seguir la ruta Advanced>Metrics>View Metrics en la banda de opciones de DAX Studio.

Se abre un nuevo panel, que se llama Vertipaq Analyzer y que es la vía ideal para explorar la composición del modelo de datos, como se aprecia en la figura 4.20.

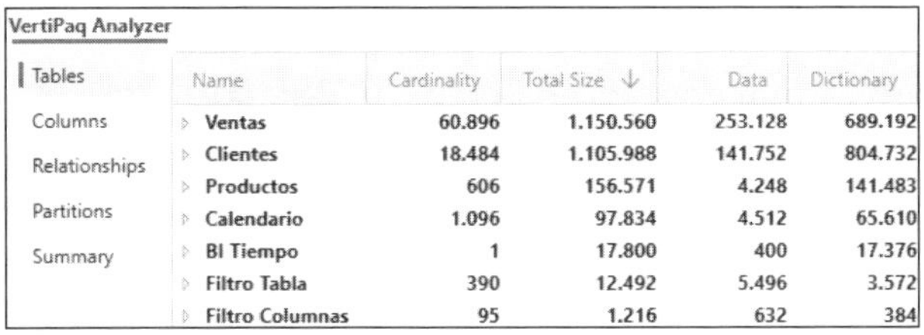

Name	Cardinality	Total Size ↓	Data	Dictionary
Ventas	60.896	1.150.560	253.128	689.192
Clientes	18.484	1.105.988	141.752	804.732
Productos	606	156.571	4.248	141.483
Calendario	1.096	97.834	4.512	65.610
BI Tiempo	1	17.800	400	17.376
Filtro Tabla	390	12.492	5.496	3.572
Filtro Columnas	95	1.216	632	384

Figura 4.20. Sección Tablas en el panel Vertipaq Analyzer en DAX Studio.

A la izquierda, hay un acceso directo para cada tipo de elementos por los que se puede explorar el modelo: tablas, columnas, relaciones y particiones. También hay un acceso para el Resumen.

Sección Tablas

La figura 4.20 muestra solo un fragmento de toda la información disponible de cada tabla del modelo. Se distingue que la tabla que más filas de datos tiene, que se expone en la columna Cardinalidad, es la tabla Ventas. Esta tabla Ventas tiene además los valores más altos en las columnas Tamaño, Datos y Diccionario.

Es interesante observar que hay solo siete tablas. No aparece la tabla _Cálculos.

- La tabla _Cálculos solo contiene medidas.
- Las medidas no se almacenan en el modelo.
- Las medidas no aparecen en el informe emitido por la funcionalidad Vertipaq Analyzer.

Si se expande la tabla en el navegador, como se aprecia en la figura 4.21, se pueden distinguir varias carpetas y las medidas que contiene.

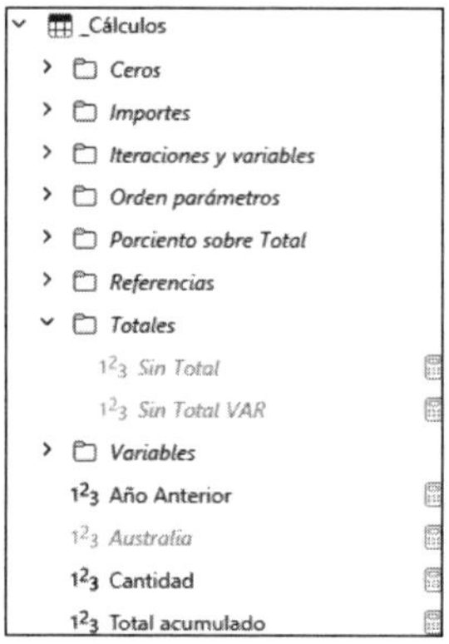

Figura 4.21. Tabla **_Cálculos** vista desde el panel **Navegador** en DAX Studio.

Todos los metadatos almacenados en la tabla **_Cálculos** expuestos en la figura 4.21 son ignorados por el informe de Vertipaq Analyzer, que expone información sobre las columnas que contienen los datos del modelo, las relaciones entre ellas y las tablas.

Sección Columnas

El análisis detallado de las columnas se puede obtener expandiendo el nombre de la tabla o desde la sección columnas del panel lateral de la izquierda. La figura 4.22 muestra un fragmento del informe Vertipaq Analyzer que se corresponde con las columnas de la tabla **Ventas**.

Name	Cardinality	Total Size ↓	Data	Dictionary	Hier Size	Encoding	Data Type				% Table	% DB
IdCliente	18.483	868.292	121.928	598.492	147.872	HASH	Int64	-	-	-	78,11 %	34,15 %
Fecha	1.089	148.960	97.568	42.672	8.720	HASH	DateTime	-	-	-	13,40 %	5,86 %
Importe Línea DAX	627	29.292	5.104	19.164	5.024	HASH	Decimal	-	-	-	2,64 %	1,15 %
Importe Línea PQ	627	29.292	5.104	19.164	5.024	HASH	Decimal	-	-	-	2,64 %	1,15 %
IdProducto	158	20.760	14.480	5.000	1.280	HASH	Int64	-	-	-	1,87 %	0,82 %
Costes	39	6.028	4.256	1.452	320	HASH	Decimal	-	-	-	0,54 %	0,24 %
Precios	58	5.280	3.256	1.544	480	HASH	Decimal	-	-	-	0,47 %	0,21 %
Cantidades	70	3.456	1.304	1.576	576	HASH	Int64	-	-	-	0,31 %	0,14 %

Figura 4.22. Columnas de la tabla **Ventas** vistas desde el Vertipaq Analyzer.

En la figura 4.22 se aprecian los siguientes elementos.

- Las columnas **Precios** y **Cantidades** son columnas nativas, tienen pocos valores distintos y aportan poco peso al modelo almacenado.

- La columna Importe Línea PQ se ha creado en Power Query, que es el editor de consultas en Power BI Desktop. La expresión de cálculo es la multiplicación de las columnas Cantidades y Precios.
    - En el informe no se expone cómo se creó la columna ni el código en lenguaje M utilizado.
- La columna calculada Importe Línea DAX se calcula desde una expresión DAX y también multiplica las columnas Cantidades y Precios.
    - En el informe no se expone cómo se creó la columna ni el código de la expresión DAX utilizado.

Almacenamiento de columnas y medidas

Las columnas calculadas que se han creado en Power Query, y en el modelo de datos con DAX se almacenan en el modelo, incrementan notablemente la cantidad de valores distintos y el peso en el modelo, como se puede ver claramente en la figura 4.22 al comparar los valores que muestra el informe.

- Ambas columnas calculadas son innecesarias porque realizan un cálculo que se puede obtener creando una expresión DAX para una medida.
    - Si la columna calculada se define en el origen de datos, por ejemplo, una base de datos SQL Server, sería por lo general, salvo excepciones, igualmente innecesaria e ineficiente, ya que aporta un peso extra al modelo semántico.
- La medida DAX, que se expone a continuación, es la solución óptima, ya que garantiza obtener el resultado calculado que se evaluará en función del contexto de análisis aplicado y, para colmo de bienes, no se almacena en el modelo.

```
Importes = SUMX(Ventas, Ventas[Cantidades] * Ventas[Precios])
```

Condición de seguridad de nivel de fila

Se puede utilizar DAX para definir las reglas de seguridad a nivel de fila, que son expresiones que aplican los filtros a las tablas de los modelos semánticos en los informes en Power BI.

La seguridad de nivel de fila con Power BI, también conocida por RLS por su significado en inglés *Row Level Security*, puede usarse para restringir el acceso a los datos a determinados usuarios.

- La seguridad de nivel de fila no está disponible en Power Pivot en Excel.

La seguridad se crea aplicando reglas de filtrado definidas en expresiones DAX. Los filtros restringen el acceso a los datos en el nivel de fila y se pueden definir en roles.

- En Power BI Desktop hay un simulador de permisos para explorar el efecto que tiene sobre el informe aplicar determinada restricción.
- En el servicio Power BI, los usuarios con acceso a un área de trabajo tienen acceso a los modelos semánticos del área de trabajo.
  - La seguridad basada en roles solo restringe el acceso a los datos para los usuarios a los que se ha asignado **Visor** como tipo de permiso.
  - Las reglas de filtrado creadas por la seguridad basada en roles no se aplican a usuarios que sean administradores, miembros o colaboradores.

Para crear la expresión DAX que controle el filtro de seguridad a nivel de fila desde Power BI Desktop se elige la opción **Administrar roles** del grupo **Seguridad** en el menú **Modelado**. La figura 4.23 muestra el aspecto del formulario para configurar el, o los, filtros a aplicar.

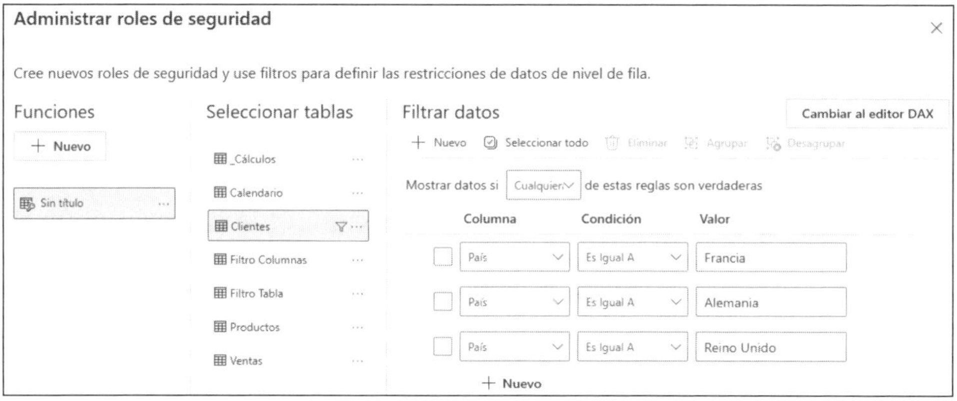

Figura 4.23. Ejemplo de formulario para configurar la seguridad basada en filas.

Con la seguridad a nivel de fila, una expresión DAX debe evaluarse como una condición booleana cuyo resultado es `Verdadero` o `Falso` o `TRUE/FALSE`, definiendo qué filas se pueden devolver mediante los resultados de una consulta de miembros de un rol determinado.

Cuando se acepte la configuración del formulario de la figura 4.23, se crea un rol que filtra la columna **País** de la tabla **Clientes** y admite las filas con los valores **Francia, Alemania** o **Reino Unido**. Este filtro se expande a las tablas relacionadas siempre que exista una relación activa.

- Al definir la seguridad a nivel de fila mediante la fórmula DAX, se está creando un conjunto admitido de filas de datos. El resto de los valores no se admiten porque no forman parte de este conjunto.

El filtro configurado en la figura 4.23 crea la expresión DAX que se va a evaluar en el servicio Power BI para definir las filas accesibles según el rol de la cuenta con la que se ha iniciado sesión.

El botón Cambiar al editor DAX da acceso a la ventana que muestra la figura 4.24 con el editor de la expresión DAX que se corresponde a la configuración creada con el formulario de la figura 4.23.

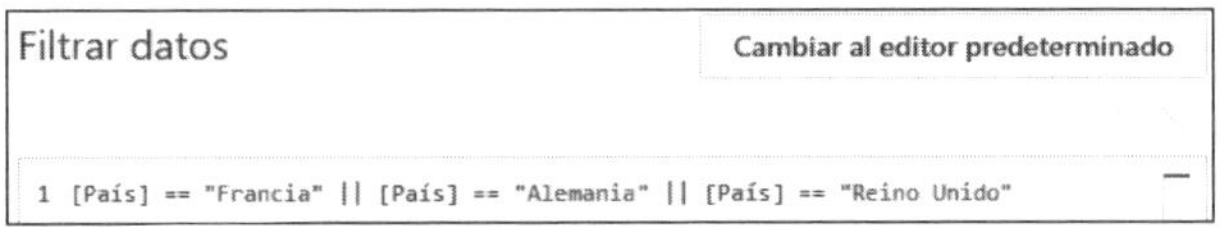

Figura 4.24. Editor DAX con una expresión de filtro definida para la seguridad basada en filas.

Seguridad dinámica con DAX

Para habilitar la seguridad dinámica en Power BI Desktop en un modelo con sus relaciones debidamente configuradas se utilizan las funciones DAX `USERNAME` y `USERPRINCIPALNAME`.

- En Power BI Desktop, `USERNAME` devuelve un usuario con el formato de `DOMINIO\Usuario`, mientras que `USERPRINCIPALNAME` lo devolverá con el formato del correo electrónico asociado a la cuenta de usuario.
- En el servicio Power BI, las funciones `USERNAME` y `USERPRINCIPALNAME` devuelven el nombre principal del usuario que se conoce como UPN por su nombre en inglés *User Principal Name*. El formato es similar a una dirección de correo electrónico.

Consultas DAX al modelo

El lenguaje de expresiones DAX se utiliza para crear consultas al modelo tabular. La exploración de datos y metadatos del modelo es de gran relevancia en el proceso analítico, por lo que se dedica un espacio adicional más adelante en este libro a explorar el modelo y a la consulta de datos en comparación con la consulta SQL. Consultar datos y metadatos desde la vista Consultas DAX en Power BI Desktop o la herramienta externa DAX Studio no implica crear objetos en el modelo, sino descubrir la distribución de los datos en las columnas, los valores atípicos, crear filtros, agrupaciones, agregaciones y combinaciones de tablas.

La figura 4.25 muestra un ejemplo de consulta DAX que pide información específica sobre los datos del modelo.

Figura 4.25. Ejemplo de consulta al modelo y el resultado obtenido.

La figura 4.25 muestra un fragmento de la vista de Consultas DAX. En el panel superior se distingue la consulta que utiliza las siguientes funciones DAX:

- `EVALUATE` es la función principal de la consulta, es obligatoria y siempre devuelve una tabla.
  - Si la expresión DAX no garantiza que el resultado sea una tabla, la función `EVALUATE` no resuelve la consulta y devuelve error.
- `SUMMARIZECOLUMN` es la función que crea la agrupación; en el ejemplo, se crea un grupo para cada valor de la columna ColorName de la tabla DimProduct.
- `SUM` es la función de agregación que suma el valor de la columna SalesQuantity de la tabla FactSales para cada grupo de filas según el color del producto. Los valores agregados se muestran en una columna que no existe en el modelo y se crea al vuelo con el nombre Ventas.
- `ORDER BY` es una función que se utiliza como modificador de salida. Ordena la salida de forma descendente según sea el valor de los datos en la columna Ventas.

En el panel inferior se puede ver la tabla resultante, las dos columnas DimProduct[ColorName] y [Ventas] y varias filas con los resultados.

Consultas a los metadatos del modelo

Además de consultar los datos del modelo, se puede utilizar el lenguaje de expresiones DAX para realizar consultas a los metadatos del modelo tabular. La figura 4.26 expone un ejemplo de consulta a los metadatos del modelo tabular.

```
// Ver sólo las tablas calculadas
EVALUATE
FILTER(
    SELECTCOLUMNS(INFO.VIEW.TABLES(),
    "Tabla", [Name],
    "Expresión", [Expression]),
    [Expresión] <> "")
```

Resultados   Resultado 1 de 1   Copia

	[Tabla]	[Expresión]
1	Filtro Tabla	FILTER(Ventas, Ventas[Cantidades] * Ventas[Precios] > 1000)
2	Filtro Columnas	FILTER(ALL(Ventas[Cantidades], Ventas[Precios]), Ventas[Cantidades] * Ventas[Precios] > 1000)

Figura 4.26. Ejemplo de consulta a los metadatos del modelo y su resultado.

La consulta sobre los metadatos que se muestra en la figura 4.26 utiliza una de las funciones de tipo información del grupo INFO.VIEW. La función DAX `INFO.VIEW.TABLES` es una función que devuelve una tabla que almacena un conjunto de columnas que contienen, a su vez, las propiedades y valores de los metadatos de las tablas del modelo.

La función `FILTER` aplica un filtro por filas y por columnas a la tabla creada internamente para obtener una información simplificada. Los filtros aplicados se corresponden con los requisitos del análisis.

En el panel inferior que muestra la figura 4.26 se ve el resultado. Hay dos tablas calculadas en el modelo cuyos nombres se exponen en la columna Tabla y la columna Expresión permite ver la expresión DAX que se definió para crear cada tabla calculada.

Conclusiones

El lenguaje DAX se utiliza para crear las expresiones necesarias y obtener las respuestas a partir del modelo semántico integrado por tablas y relaciones y enriquecido con nuevos elementos como columnas calculadas, medidas o tablas.

Las medidas proporcionan resultados dinámicos y calculados a partir de la expresión DAX que la define y los datos del modelo, en función de la interacción del usuario o de un criterio específico.

Antes de crear una columna calculada, hay que valorar cualquier otra posibilidad como crear la columna previamente o tratar el cálculo como una medida explícita con DAX.

Las tablas calculadas, creadas con expresiones DAX, se pueden relacionar con el resto de las tablas del modelo y no se pueden conectar a datos externos.

El lenguaje de expresiones DAX está presente en la creación de grupos de cálculo, cálculos visuales, reglas de seguridad basada en filas y consultas al modelo de datos.

5 Crear medidas base con DAX para proteger el modelo

En este capítulo aprenderás a:

- Crear expresiones de cálculo con DAX.
- Definir agregados sobre una o varias columnas del modelo de datos.
- Identificar el valor de las medidas creadas con expresiones DAX para la solución de los desafíos.

El lenguaje DAX es un lenguaje amigo, que tiene su dificultad de aprendizaje, pero que se puede ir adoptando poco a poco y conseguir dando los pasos que permitan obtener los resultados esperados. Con la práctica, mejora la habilidad para escribir fórmulas DAX y aumenta la eficacia en el desempeño como analista de datos.

Este capítulo se dedica a explorar una pauta sobre la creación de las medidas base con DAX, da la respuesta a cómo enfrentarse a ese momento inicial y avanzar desde el punto de partida.

Todas las expresiones DAX para crear tablas calculadas, grupos de cálculo, medidas y columnas calculadas se escriben desde la barra de fórmulas en Power BI Desktop o la vista Consultas DAX.

Autocompletar o IntelliSense

Al escribir las expresiones DAX, se puede aprovechar las ventajas que aportan la ayuda integrada y las opciones de Autocompletar o IntelliSense, que es una ayuda de finalización de código que muestra en cada momento las funciones DAX y los recursos disponibles del modelo y adecuados al código que se escribe.

El lenguaje DAX tiene toda su estructura de funciones en idioma inglés, por lo que resulta muy útil la opción Autocompletar con texto de ayuda en español.

Modelo de datos

El modelo de datos que sirve de base para este y los siguientes capítulos, tiene como punto de partida cuatro tablas, que se distinguen en la figura 5.1.

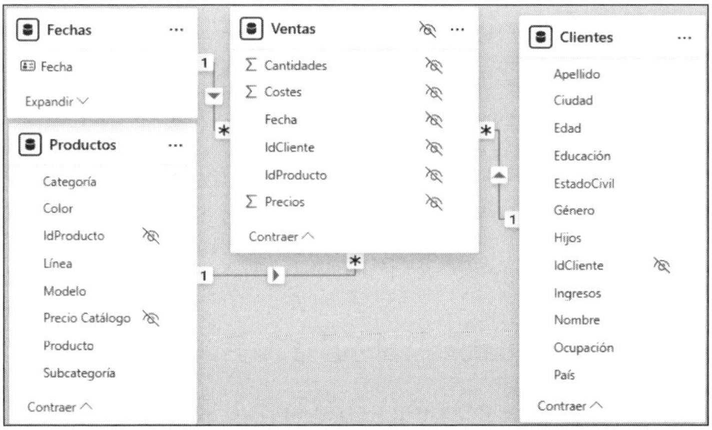

Figura 5.1. Modelo de datos para crear medidas base con DAX.

Se trata de un modelo simplificado que se irá enriqueciendo con el paso de las acciones que se vayan realizando.

- La tabla Ventas es una tabla de hechos.
    - La tabla se muestra oculta, como indican las buenas prácticas, para evitar disponer de las columnas nativas en los objetos de informe.
    - Las columnas ocultas están disponibles para los cálculos.
- Las tablas Fechas, Productos y Clientes son tablas de dimensiones.
    - Las tablas de dimensiones están visibles.
    - Las columnas de relación están ocultas porque no participan directamente en las visualizaciones.
    - La columna Precio Catálogo está oculta por ser una columna nativa que es necesaria para el cálculo, pero no se agrega directamente a una visualización.
- Las tablas están debidamente relacionadas.

Crear contenedores de medidas

Las medidas del modelo se pueden asociar a cualquiera de las tablas que existen y que se muestran en la figura 5.1. Además, existe la opción de crear una tabla vacía que funcione como tabla contenedora de medidas.

- Es una buena práctica para la funcionalidad del modelo crear al menos una tabla contenedora de medidas.
- Las medidas no se almacenan en el modelo, por lo que la tabla contenedora tampoco se almacena y no se muestra en el informe Vertipaq Analyzer.

Para crear una tabla vacía que sea contenedora de medidas, se recomienda seguir una de estas rutas:

- Inicio>Nueva consulta>Especificar datos en el editor de consultas Power Query.
- Inicio>Datos>Introducir datos en el menú de Power BI Desktop.

En ambos casos aparece una ventana como la que se aprecia en la figura 5.2.

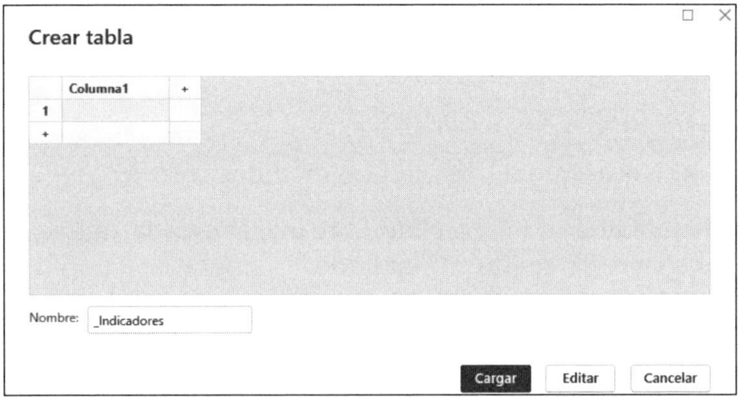

Figura 5.2. Crear tabla vacía con función de tabla contenedora de medidas.

Como se desea crear una tabla vacía, no es necesario agregar datos, columnas o filas adicionales.

- Hay que asignar el nombre a la tabla contenedora.
    - El nombre de la tabla contenedora no tiene reglas específicas.
    - El uso del guion bajo al inicio del nombre tiene como única finalidad que la tabla contenedora se muestre en primera posición en el panel Datos.
- La Columna1 se podrá eliminar también, pero solo cuando haya al menos una medida asociada a la tabla.
- Como no se necesitan validaciones ni transformaciones extras, no es necesaria la opción Editar y se recomienda elegir la opción Cargar.

Medidas base con DAX

El capítulo está dedicado íntegramente a la creación de medidas base en el modelo de datos.

Las medidas base deben ser el núcleo del análisis sobre el que se concrete el cálculo que se necesita explorar. Al abordar la creación de medidas base, se deben distinguir varios tipos:

- Medidas que calculan agregados a partir de:
    - Una tabla.
    - Una columna de una tabla.

    - Una expresión con varias columnas de una tabla.
    - Una expresión con varias columnas de más de una tabla.
- Medidas cuyo origen son otras medidas.

Algunas características que comparten las medidas creadas con DAX son:

- Al crear una medida se asigna el nombre inicial `Medida`, que se sustituye por un nombre coherente según su finalidad.
- El nombre puede contener espacios e incluso caracteres especiales, menos los corchetes de apertura y cierre ([ ]).
- El nombre es único en el modelo.
- Entre el nombre y la expresión DAX que define la medida se escribe el signo igual (=).
- Admite espacios intermedios entre los elementos.
    - No hay obligaciones ni restricciones de sintaxis en el uso de espacios o de mayúsculas y minúsculas.
    - El espacio en blanco es opcional y no modifica la lógica de la fórmula ni afecta negativamente al rendimiento.
- Toda la expresión se puede anidar en una única fila.
    - Se recomienda dar formato a la expresión para garantizar mejor legibilidad y comprensión del tipo y contenido de parámetros que utilizan las expresiones.
- El resultado devuelto por cada medida creada con DAX va a depender del contexto de evaluación que exista.
    - Solo las filas visibles de cada tabla se tendrán en cuenta en los cálculos.
    - La visibilidad de las filas depende del contexto en cada momento de la expresión.
- Si falta un paréntesis de cierre de la expresión, el editor de fórmula DAX lo agrega directamente, pero, si sobra, devuelve error.
    - La medida no se considera válida para el análisis hasta que no se elimine el paréntesis sobrante.
- Después de crear una medida, aparecerá en una de las tablas del panel **Datos**.

Los temas relativos a contextos de evaluación en las medidas creadas con expresiones DAX se ven en detalle en el siguiente capítulo.

Calcular agregados sobre una tabla

Para calcular el recuento de las filas visibles según el contexto de filtro de la tabla en DAX, se puede utilizar la función `COUNTROWS`, que recibe como único parámetro el nombre de la tabla, como se aprecia en la figura 5.3.

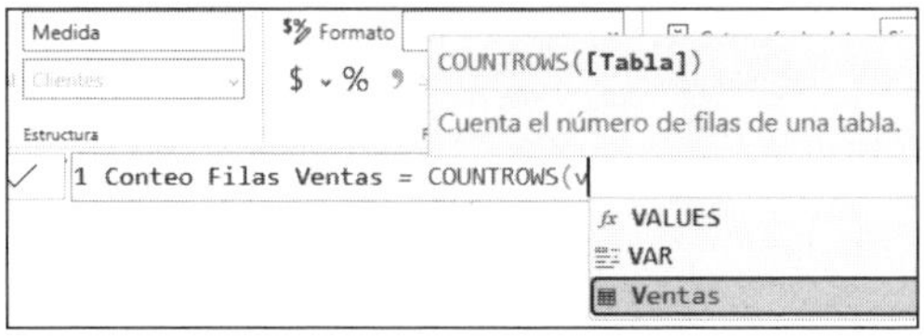

Figura 5.3. Ejemplo del proceso de creación de medida con Autocompletar, parámetro y elementos disponibles.

En la figura 5.3 se distinguen varios elementos:

- La función `COUNTROWS` solo tiene un parámetro, que es un objeto tipo tabla.
  - El nombre de la función va seguido de un paréntesis. Dentro de los paréntesis, se pasan los parámetros.
  - Esta función tiene un parámetro que es opcional. Si no se indica el nombre de la tabla, devuelve la cantidad de filas de la tabla contenedora de la medida, que debe ser una tabla del modelo con filas de datos o una expresión de tabla.
  - Las tablas contenedoras de medidas que no tienen columnas no pueden albergar una medida de este tipo:

    ```
    Medida = COUNTROWS()
    ```
- Para la tabla Ventas, al indicar la letra "v" la funcionalidad Autocompletar.
  - Autocompletar no restringe la búsqueda al inicio del texto, basta con que esté contenida la cadena y que los elementos están disponibles.
- En el ejemplo, Autocompletar ofrece los siguientes elementos disponibles cuya base común es que contienen la letra "v" en su nombre.
  - La función `VALUES` es una función DAX que devuelve tabla y contiene la letra "v".
  - La palabra reservada `VAR` sirve para nombrar una variable dentro de una expresión DAX y también contiene la "v".

    DAX admite variables que devuelven objetos virtuales de tipo tabla.
  - La tabla Ventas es una tabla del modelo de datos que contiene la letra "v" en su nombre.

Propiedades de una medida

Después de definir la expresión para una medida, hay que definir sus propiedades, como se puede apreciar en la figura 5.4.

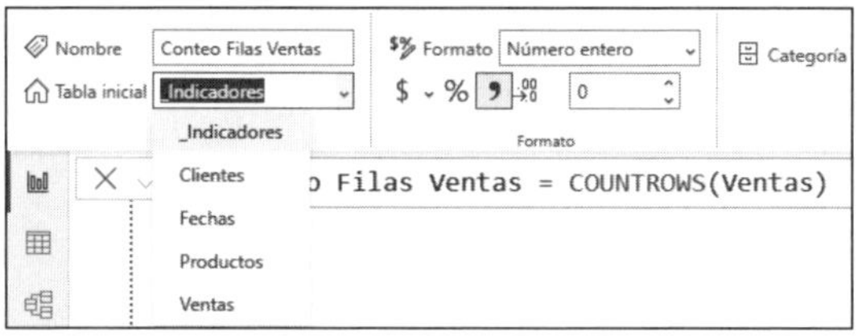

Figura 5.4. Opciones del menú **Propiedades de medición** para configurar la medida.

En la figura 5.4 se distinguen varios aspectos relativos a la configuración de la medida:

- El nombre de la medida es `Conteo Filas Ventas`.
- La tabla contenedora de la medida es la tabla vacía que se llama **_Indicadores**.
- El formato es **Número entero**, sin decimales y sin moneda asociada.
- Se ha activado el botón que incluye en el formato de salida del valor devuelto el punto como separador de miles.

La tabla virtual como parámetro de entrada a funciones

Las funciones DAX se pueden utilizar como parámetros de entrada de otras funciones.

La función `COUNTROWS` admite como valor de parámetro una expresión DAX cuyo resultado sea una tabla en lugar del nombre de tabla del modelo. El resultado se corresponde con el conteo de las filas de la tabla creada según las condiciones especificadas por la expresión.

En la figura 5.5, se utilizan tres funciones DAX que se anidan una dentro de la otra. El resultado se calcula, salvo excepción, de dentro hacia afuera.

```
Conteo Tabla Virtual = COUNTROWS(FILTER(
                ALL(
                    Ventas[Cantidades],
                    Ventas[Precios]
                ),
                Ventas[Cantidades] * Ventas[Precios] > 100
        ))
```

Figura 5.5. Funciones de tabla pasadas como parámetro en lugar del nombre de tabla.

El orden de ejecución es:

- La función ALL crea una tabla virtual con las distintas combinaciones de valores en columnas Cantidades y Precios que existen en la tabla Ventas.
    - Si hay dos filas en la tabla Ventas con la misma combinación de valores para las columnas Cantidades y Precios, se almacena una sola fila en la tabla virtual creada.
- La función FILTER recibe como primer parámetro la tabla virtual devuelta por la función ALL y como segundo parámetro una expresión de filtro.
    - Se evalúa la expresión de filtro, que en este caso valida que el resultado de multiplicar las dos columnas sea mayor que 100.
    - Se obtiene una segunda tabla virtual con las columnas Cantidades y Precios y las filas que cumplen la condición.
- La tabla devuelta por FILTER es la que se pasa a COUNTROWS y el número de filas calculadas como resultado de toda la expresión se corresponde al número de filas que hay tras aplicar el filtro sobre las combinaciones de datos de dos columnas de la tabla de hechos del modelo, Ventas.

Eliminar la columna vacía de la tabla contenedora de medidas

El objetivo de crear una tabla contenedora de medidas es organizar los elementos del modelo según la finalidad de las medidas. Se pueden crear tantas tablas contenedoras como se necesiten.

Al crear la tabla vacía se mantiene una columna que, aunque no contiene datos, es de inicio necesaria para mantener la estructura de contenedor en el modelo. La figura 5.6 muestra el estado de la tabla contenedora en el panel Datos con la columna de nombre Columna 1, que ya es innecesaria, y las dos medidas que se han agregado a la tabla contenedora.

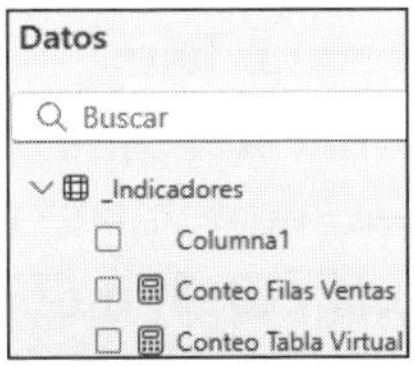

Figura 5.6. Tabla contenedora de medidas que muestra la columna vacía.

Para eliminar la columna innecesaria, basta con seleccionarla en el panel Datos y, desde su menú contextual, elegir la opción Eliminar del modelo.

- Se muestra un mensaje de confirmación y, tras confirmar, se elimina la columna del modelo.
- La acción Eliminar del modelo provoca un paso en la consulta que crea la tabla contenedora. Ese paso, escrito en lenguaje M, se expone a continuación:

```
= Table.RemoveColumns(#"Tipo cambiado",{"Columna1"})
```

El icono de tabla que se muestra en el panel Datos cambia a una especie de calculadora que se parece al icono que se muestra para indicar las medidas, como se puede ver en la figura 5.7.

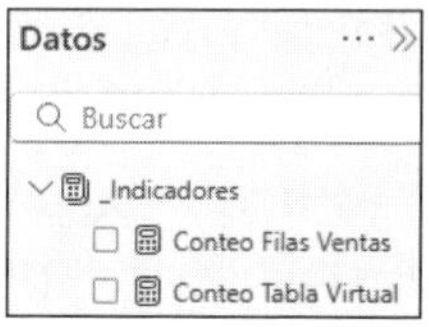

Figura 5.7. Estado de una tabla contenedora de medidas desde el panel Datos.

- Este icono indica que la tabla del modelo únicamente contiene expresiones de medidas creadas con DAX.

Una posibilidad es no eliminar la columna que está vacía y ocultarla. No afectaría al modelo de datos y, según qué escenario, es más eficiente que haya, al menos, una columna en la tabla durante la actualización del modelo.

- Si todas las columnas de la tabla están ocultas y solo están visibles las medidas, también se muestra el icono de la figura 5.7.

Crear agregados para una sola columna

Los indicadores básicos de gestión analítica tienen en común el uso de funciones de agregación básica como conteo, suma, promedio, mínimo y máximo. El lenguaje DAX dispone de funciones para todos estos casos, que se suelen utilizar en la etapa de enriquecimiento del modelo.

Un ejemplo de agregado básico es el valor total de una columna, la suma de todos los valores, como se muestra en la siguiente expresión DAX.

La expresión define la medida `Cantidad`, que consiste en calcular la suma de todos los valores visibles de la columna Cantidades de la tabla Ventas.

```
Cantidad = SUM(Ventas[Cantidades])
```

Al incluir la medida `Cantidad` en una visualización, se evalúa su expresión y devuelve la suma de todos los valores contenidos en la columna Cantidades, de la tabla Ventas, teniendo en cuenta las filas que estén visibles una vez aplicados los filtros en el informe.

- La columna nativa Cantidades de la tabla Ventas puede y debe estar oculta, porque no se debe incluir directamente en una visualización y, aunque se oculte, sigue estando disponible para los cálculos.

DAX cuenta además con otras funciones de agregación que se pueden utilizar en la fase de exploración y validación de datos.

Los agregados sobre columna y la distribución de valores

En la fase de exploración del contenido de una columna, se pueden aprovechar las ventajas que aportan los perfiles integrados en Power Query de Excel o Power BI Desktop y su versión *online*, DataFlows en el Servicio Power BI o Microsoft Fabric.

- La recomendación es realizar la exploración de columnas lo antes posible, ya sea en el propio origen de datos si se trata de una base de datos y es viable o en Power Query.

Si no se tiene acceso a Power Query o se desea medir permanentemente los valores devueltos por el perfil de la columna, se pueden utilizar funciones de agregación que reciben como parámetro el nombre de columna.

- Un ejemplo de estas funciones es `AVERAGE`, que devuelve el promedio o media aritmética para todos los valores de la columna.

La figura 5.8 muestra que las funciones `MIN` y `MAX` son especiales porque pueden admitir uno o dos parámetros.

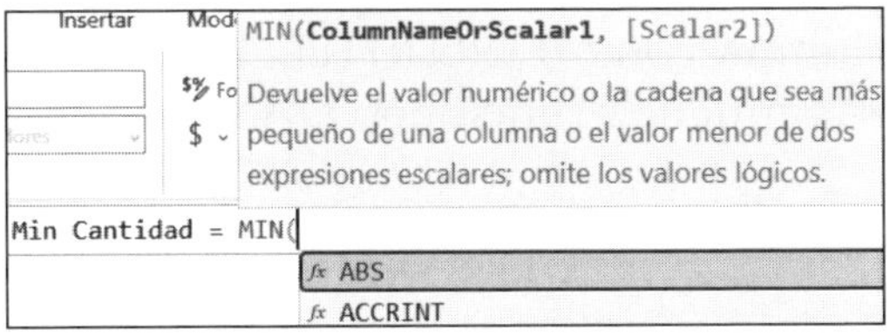

Figura 5.8. Agregado para mínimo con dos opciones para los parámetros.

- Si el primer parámetro que reciben es el nombre de una columna, devuelven el agregado correspondiente, mínimo o máximo.
- Si reciben dos valores escalares como parámetros, entonces devuelven el agregado entre los dos números.

La validación de los valores pares e impares se garantiza con la combinación de la función MOD para obtener el resto de la división y comparar el resultado con cero.

- Solo admite valores escalares o nombres de medida en su primer parámetro.
- Para que admita un nombre de columna en su primer parámetro, habría que utilizarla dentro de una columna calculada o una función de tabla que garantice la iteración de una tabla.

Los agregados y las estadísticas de columna

Entre los indicadores más buscados cuando se explora una columna, están el conteo y el conteo distinto de los valores de la columna para lo que se utilizan las funciones COUNT, DISTINCTCOUNT y DISTINCTCOUNTNOBLANK.

- Estas funciones solo aceptan como parámetro un nombre de columna.
- Admiten columnas de cualquier tipo.

Mientras el conteo de valores de una columna tiene en cuenta todos los valores, aunque se repitan, el conteo distinto implica que cada valor distinto se cuenta una sola vez, aunque se repita en la columna. El valor blanco se considera uno de los valores posibles y se cuenta como un valor válido en la columna.

- La combinación COUNTROWS(DISTINCT(nombre_columna)) crea una tabla en memoria de una columna y tantas filas como valores distintos exista y luego COUNTROWS cuenta las filas de la tabla, por lo que produce el mismo efecto de DISTINCTCOUNT.

El lenguaje DAX dispone de funciones de agregados específicos que devuelven estadísticas de la columna como PERCENTILE.INC, PERCENTILE.EXC, MEDIAN, y STDEV.P, entre otras muchas funciones DAX disponibles en la categoría Estadísticas.

- Las funciones PERCENTILE.INC y PERCENTILE.EXC admiten dos parámetros, el nombre de la columna y el valor de percentil k-ésimo que se desea obtener, que puede ser inclusivo o exclusivo.
  - El segundo parámetro establece el umbral de aceptación.
  - Estas funciones son útiles para comparar la posición de un valor específico en un conjunto de datos, por lo que ayudan a entender la distribución de los datos y a identificar los valores atípicos.

- La función MEDIAN sirve para definir la mediana entre los valores de la columna y se corresponde con PERCENTILE.INC con un valor de percentil k-ésimo con K = 0.50.
- Y la función STDEV.P calcula la desviación estándar de los elementos de la muestra ignorando valores lógicos y textos.

Los agregados y la calidad de datos de una columna

En los informes analíticos, es muy importante poder identificar la presencia de valores nulos.

- La función DISTINCTCOUNTNOBLANK devuelve el conteo de todos los valores de la columna, excluyendo los valores en blanco.
- Por su parte, COUNTBLANK devuelve la cantidad de filas con valores en blanco.
- La función ISBLANK es de categoría información y devuelve True o False si el valor está, o no, en blanco.
  - Solo admite valores escalares o nombres de medida en su primer parámetro.
  - Para que admita un nombre de columna en su primer parámetro, habría que utilizarla dentro de una columna calculada o una función de tabla que garantice la iteración de una tabla.

Estadísticas de columna en la vista Consultas DAX

La vista **Consultas DAX** es muy útil dentro del entorno de la herramienta Power BI Desktop. La recomendación es probar cada opción, activar el menú contextual de cada elemento y panel, para explorar, entender y aprovechar al máximo toda su funcionalidad. Si interesa obtener las estadísticas de una columna del modelo, se puede sacar ventaja de la vista **Consultas DAX**.

El menú contextual de una columna del modelo que se activa en el panel **Datos** tiene la opción **Consultas rápidas** que ofrece varias opciones adicionales, una de ellas es **Mostrar estadísticas de columna**, como se muestra en la figura 5.9.

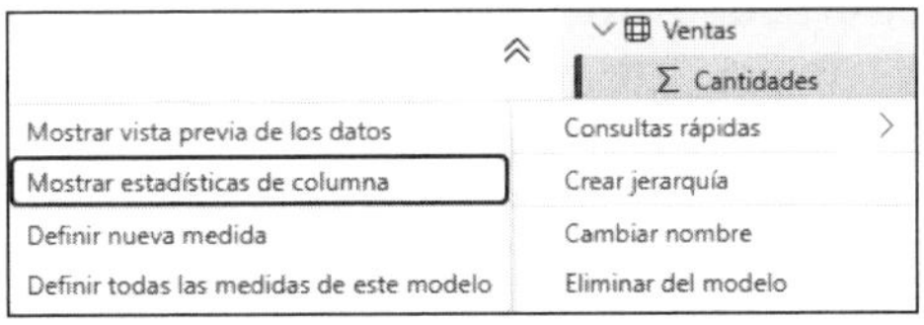

Figura 5.9. Acceso a la opción **Estadísticas de columna** desde el panel **Datos** en la vista **Consultas DAX**.

La columna elegida es **Cantidades** de la tabla **Ventas**. Al seleccionar la opción **Mostrar estadísticas de columna** se crea una consulta DAX, que permite obtener una tabla con una fila y 15 columnas que muestran el resultado de las estadísticas sobre la columna.

La figura 5.10 muestra parte de la expresión de la consulta DAX que se aplica a la columna **Cantidades** para obtener sus valores estadísticos.

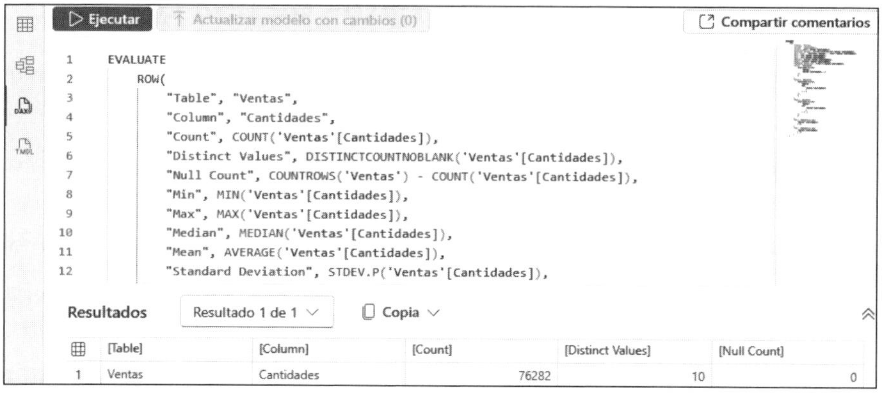

Figura 5.10. Aspecto parcial de la consulta DAX y resultados obtenidos con las estadísticas de una columna.

En la figura 5.10 se distinguen algunas funciones que se han visto en este capítulo como `COUNT`, `COUNTROWS`, `MEDIAN` y `AVERAGE`, entre otras muchas. Se exponen todas juntas en el editor de consultas y, en el bloque de abajo, que es el panel **Resultados**, se distingue el valor devuelto por cada función.

El panel situado a la izquierda muestra la consulta en vista **Miniatura**, que tiene como objetivo facilitar el movimiento rápido por el código, especialmente si es larga la consulta como en este caso.

Lógica de negocio y medidas base sobre una columna

Las medidas base pueden ser muy sencillas y extraer información desde una única columna o las filas de una tabla. Es muy importante tener en cuenta el valor informativo que pueden aportar al análisis, ya que la sencillez de su diseño no contradice su efectividad.

En un escenario de ventas es relevante conocer cuáles son los productos que se venden y en qué cantidad. Al mismo tiempo es muy importante conocer lo que en inteligencia de negocio se llama el "no hecho".

- En este caso, se trata de los productos no vendidos, o de los productos con menos unidades vendidas, aunque se realicen muchas operaciones de ventas sobre ellos.

Los indicadores que se desean obtener y las expresiones DAX para crear las medidas en este ejemplo son:

- Conteo de productos en la tabla de dimensiones Productos. Indica la cantidad de productos que existen en el catálogo y que están disponibles para la venta. Es un indicador importante porque refleja todas las opciones de venta de que se dispone.

  ```
  Conteo Productos = COUNTROWS(Productos)
  ```

- Cantidad de productos vendidos: El indicador comprueba la cantidad de productos que existen en la tabla de hechos, Ventas. Se utiliza la columna IdProducto de la tabla Ventas, pero incluye la condición de productos distintos para contar cada producto una sola vez sin tener en cuenta las repeticiones.

  ```
  Productos Vendidos = DISTINCTCOUNT(Ventas[IdProducto])
  ```

- Suma total de unidades vendidas: Se trata de la suma de los valores de la columna Cantidades de la tabla Ventas y se corresponde con el total de unidades que se han vendido.

  ```
  Cantidad = SUM(Ventas[Cantidades])
  ```

- Cantidad de operaciones o transacciones realizadas. Indica el número de operaciones que existen en la tabla Ventas.

  ```
  Operaciones = COUNTROWS(Ventas)
  ```

El resumen del análisis de los valores obtenidos se puede ver en la tabla de la figura 5.11, que filtra los resultados por la columna Color de la tabla Productos.

Color	Conteo Productos	Productos Vendidos	Cantidad	Operaciones
Amarillo	46	27	36.893	5.925
Azul	28	17	31.780	4.930
Blanco	4	2	4.543	717
Gris	1			
Múltiple	18	5	31.669	4.959
NA	254	18	232.440	36.430
Negro	133	46	75.322	12.437
Plateado	52	20	25.871	4.315
Plateado/Negro	7			
Rojo	63	23	36.904	6.569
Total	**606**	**158**	**475.422**	**76.282**

Figura 5.11. Ejemplo de aplicación de medidas base para dar respuesta a los requisitos de negocio.

Obtener información de "no hechos"

La tabla de la figura 5.11 expone lo que ha ocurrido en el escenario de ventas que se analiza. Es interesante conocer lo que no ha ocurrido, pero que se puede obtener a partir de las medidas básicas iniciales. Un ejemplo de cálculo puede ser reutilizar las medidas directamente aplicando la resta.

```
Productos No Vendidos sin variables =
[Conteo Productos] - [Productos Vendidos]
```

El inconveniente en este caso es que, para conocer la lógica que hay detrás de estas medidas, habría que comprobar la expresión utilizada para definir cada una de las medidas que se reutilizan.

La vista **Consultas DAX** ofrece una opción para explorar la lógica de las medidas base cuando se reutilizan y no se define la expresión en una variable.

En el panel **Datos** y la vista **Tablas** hay que elegir la medida que se desea explorar y, desde su menú contextual, seguir la ruta **Consultas rápidas>Definir con referencias y evaluar**. El resultado se muestra en la figura 5.12.

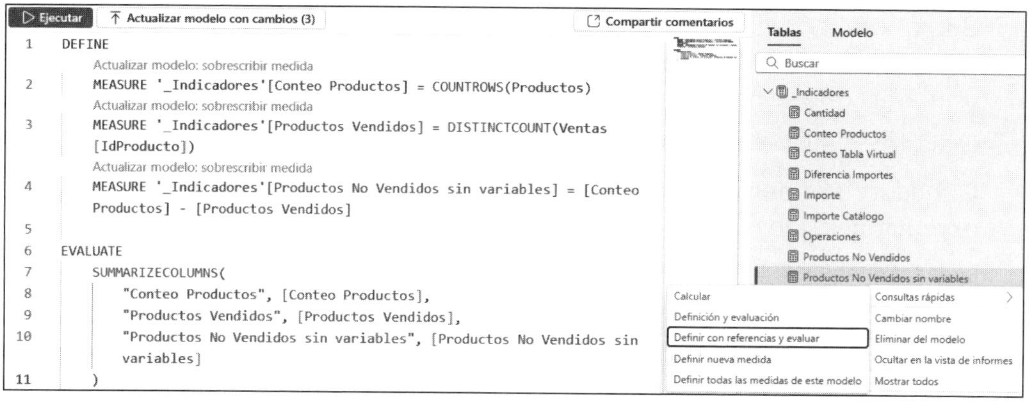

Figura 5.12. Resultado de la opción **Definir con referencias y evaluar**.

La consulta DAX define las tres medidas que intervienen que son:

- `Conteo Productos` y `Productos Vendidos`, las medidas referenciadas.
- `Productos No Vendidos` sin variables, la medida que se calcula.

Se puede ver toda la lógica que se aplica en el cálculo en su conjunto, no hay que escribir la expresión y se puede eliminar tras explorar su contenido.

- Las consultas no afectan al modelo ni lo modifican, salvo que se elija aplicar cambios explícitamente sobre el modelo.

Aunque explorar las medidas con la vista **Consultas DAX** es cómodo y práctico, la sugerencia es utilizar variables para ganar en claridad en la definición de la lógica aplicada, como se muestra en la siguiente expresión, que sirve para calcular la cantidad de productos que no se han vendido a partir del cálculo inicial de los productos que existen en el catálogo y los productos que se han vendido al menos una vez.

```
Productos No Vendidos =
    VAR _ConteoProductos = COUNTROWS(Productos) // [Conteo Productos]
    VAR _ProductosVendidos = DISTINCTCOUNT(Ventas[IdProducto]) // [Productos
Vendidos]
    RETURN
        _ConteoProductos - _ProductosVendidos
```

Ante este tipo de análisis, es necesario indicar lo siguiente:

- El modelo solo debe contener las medidas que finalmente se necesite evaluar.
    - Si el indicador base es la medida `Productos No Vendidos`, entonces las dos medidas iniciales `Conteo Productos` y `Productos Vendidos` se deben sustituir por variables para evitar tener medidas intermedias que luego se oculten porque no se utilizan en la visualización.
    - Si las medidas iniciales son también indicadores del desempeño, se recomiendan las variables, pero solo por legibilidad, porque habría que mantener las medidas referenciadas como objetos del modelo.
- El trabajo con variables en expresiones DAX se explica más en detalle posteriormente en este capítulo.

A partir de este ejemplo, se pueden derivar otros análisis similares que complementen el modelo de datos con expresiones DAX que den respuesta a los distintos requisitos de negocio que se presenten. Las expresiones DAX que utilizan funciones de agregación y análisis estadístico sobre una columna o una tabla son óptimas para crear modelos analíticos con DAX.

Crear agregados de más de una columna con DAX

Cuando la lógica del cálculo incluye operaciones sobre más de una columna de una tabla del modelo, ya no se pueden utilizar las funciones DAX que en su definición admiten únicamente un nombre de tabla o nombre de columna.

Hay que pasar al siguiente nivel y este es utilizar las funciones DAX de la categoría agregación que son iteradores.

¿Qué son los iteradores en las funciones DAX de agregación?

Las funciones de agregación que funcionan como iteradores son entre otras: `SUMX`, `AVERAGEX`, `PRODUCTX`, `MINX`, `MAXX` y `COUNTX`. Estas funciones reciben dos parámetros:

- Nombre de tabla o expresión que devuelve una tabla virtual.
    - Es la tabla que se recorre fila a fila para evaluar la expresión que se pasa como segundo parámetro.
    - La tabla se evalúa en el contexto de filtro actual, por lo que las filas visibles pueden ser menos que las de la tabla física.
    - La visibilidad depende del filtro que provoca el contexto.
- Expresión de cálculo.
    - Es la expresión que se calcula para cada fila de la tabla que se pasa como primer parámetro, realiza el cómputo correspondiente y almacena el resultado en una columna de una tabla virtual.

Las funciones iteradoras evalúan la expresión fila a fila en lo que se conoce como contexto de fila, que es un concepto similar a cómo se evalúan los cálculos en las columnas calculadas con DAX.

Una vez haya finalizado el recorrido y el cálculo para cada fila de la tabla, entra en juego la función de agregación específica, que se debe aplicar sobre la columna virtual, ya sea suma, promedio, conteo, etc.

El uso de expresiones DAX con cálculos desde parámetros aplicados a las funciones iteradoras evita en gran medida la creación de columnas calculadas.

Además de las funciones iteradoras de agregación, hay otras muchas funciones DAX, como `FILTER`, `SUMMARIZE` y `ADDCOLUMNS`, que recorren igualmente las filas de la tabla y realizan acciones de filtrado o agrupación según sea la finalidad de cada una.

Autocompletar, columnas disponibles y funciones iteradoras

La funcionalidad de Autocompletar o IntelliSense del editor de expresiones DAX en Power BI expone en cada caso las columnas disponibles según el diseño de cada función. Puede parecer extraño que no se vean las columnas existentes si se utilizan iteradores.

- Las funciones iteradoras provocan que la visibilidad de las columnas del modelo se vea limitada a las columnas de la tabla que se recorre.
- El resto del modelo no se ve, aunque estén bien creadas las relaciones.

- El impacto de este diseño:
  - No se aprecia cuando la expresión de cálculo solo incluye columnas de la tabla que se pasa como primer parámetro.
  - Es de gran impacto cuando la expresión de cálculo incluye columnas de más de una tabla, como se aprecia en la figura 5.13.

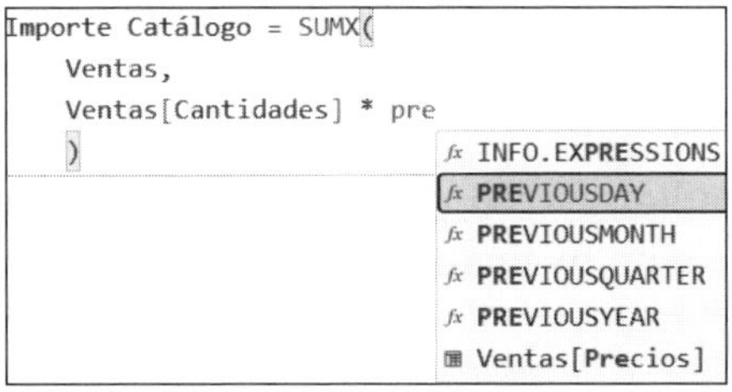

Figura 5.13. La funcionalidad **Autocompletar** limita las columnas disponibles.

En la figura 5.13 se aprecia que, entre los elementos disponibles para completar la expresión, no se dispone de la columna Precio Catálogo, que existe en la tabla Productos, que está relacionada con la tabla Ventas, pero no se ve, porque la función `SUMX`, que es una función de agregación iteradora, limita la disponibilidad de las columnas a la tabla que recorre, que en este caso es la tabla Ventas.

- La columna Precios se ve porque es una columna de la tabla Ventas.
- No se ve ninguna columna de ninguna otra tabla del modelo que no sea Ventas.
- Como símil, se puede decir que la función `SUMX` cerró la puerta de un local o habitación, entonces se ve lo que hay dentro y no se ve nada de lo que hay fuera del local cerrado.

Un elemento del modelo de datos o función DAX que no se exponga en la lista propuesta por la funcionalidad Autocompletar o IntelliSense en el editor de fórmulas DAX no está disponible y provoca error utilizarlo, salvo alguna excepción no contemplada en la lista que ofrece Autocompletar.

Autocompletar, iteradores de agregación, columnas disponibles y tablas expandidas

Hay un concepto importante en la forma de trabajar con el modelo tabular, que es la presencia de las tablas expandidas. De forma muy resumida, se puede plantear que las tablas expandidas se crean como mecanismo subyacente para la propagación de filtros en DAX en el sentido de la relación varios a uno, es decir, desde las tablas de hechos a las tablas de dimensiones.

- Cuando se aplica un filtro, el motor DAX crea la tabla expandida, lo que significa que agrega virtualmente a la tabla de hechos todas las columnas de las tablas de dimensiones.

Las tablas expandidas nada tienen que ver con los iteradores de agregación porque los iteradores de agregación no provocan acciones de filtrado.

- Los iteradores son funciones que calculan expresiones fila por fila, y las tablas expandidas garantizan la comunicación entre las tablas relacionadas y sirven de base para el funcionamiento interno de la propagación de filtros en DAX.
- La función Autocompletar solo permite acceder a las columnas de la tabla que se itera porque se ha indicado como primer parámetro del iterador.

Ejemplo de medida base con iteradores

En el escenario de análisis de las ventas que se trata en este libro es importante conocer, además de la cantidad de unidades vendidas, el impacto económico de las ventas. El trabajo con funciones iteradoras, como la que se muestra en la figura 5.14, es la solución.

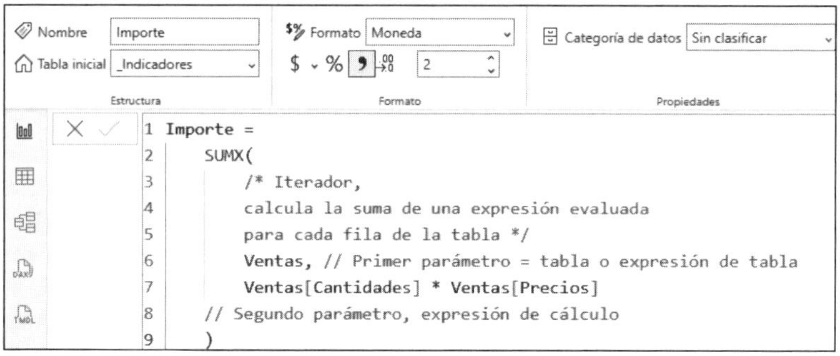

Figura 5.14. Medida base que utiliza función SUMX para agregar el resultado de una expresión.

La expresión de medida creada con DAX, que se muestra en la figura 5.14, sirve para calcular el importe. La tarea es calcular la suma de la multiplicación, fila a fila, de las unidades o cantidades vendidas por el precio de ventas.

La función `SUMX` es un iterador que recorre la tabla Ventas, que es el elemento que se pasa como primer parámetro, y calcula la multiplicación de las columnas Cantidades y Precios, que se ha pasado como expresión de cálculo en el segundo parámetro.

Este tipo de medida debe tener bien configurada la propiedad Formato, que se encuentra en el menú Herramientas de medición.

- Puede ocurrir que la moneda se configure de forma directa y estática o se defina de forma dinámica desde una expresión DAX.

La medida está lista para ser utilizada en un objeto visual como parte de un informe.

Crear agregados de más de una columna de tablas diferentes con DAX

Con frecuencia, es necesario realizar cálculos entre dos o más columnas de tablas diferentes. En el escenario que se analiza, la tarea es multiplicar el valor de la columna Cantidades de la tabla Ventas con el correspondiente valor de la columna Precio Catálogo de la tabla Productos.

La figura 5.15 muestra un fragmento del modelo de datos con las tablas y columnas que intervienen en la relación.

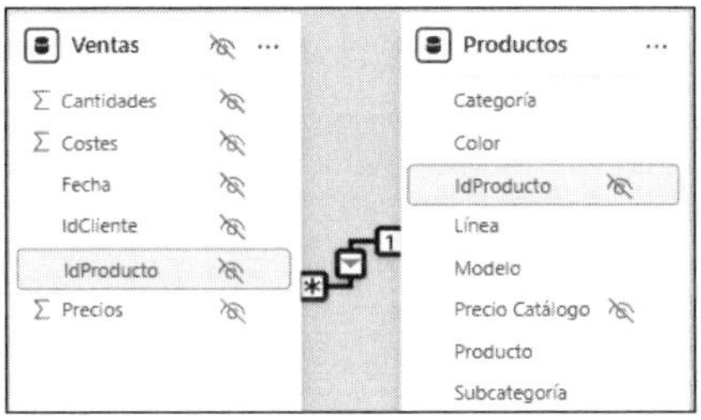

Figura 5.15. Dos de las tablas del modelo de datos y la relación entre ellas.

Si el modelo está bien diseñado, como el que se muestra en la figura 5.15, la columna Precio Catálogo representa un atributo de la entidad Productos, describe al producto y no a su venta; por eso, no debe existir como columna en la tabla Ventas.

- El precio de venta está debidamente ubicado en la columna Precios de la tabla Ventas.
- Las tablas Ventas y Productos están bien relacionadas.
- La medida DAX permite dar respuesta al requisito de negocio garantizando la eficiencia del modelo tabular.

La expresión DAX que da solución al desafío es la siguiente:

```
Importes Catálogo =
        SUMX(
                Ventas,
                Ventas[Cantidades] * RELATED(Productos[Precio Catálogo])
        )
```

Según la expresión DAX para la medida `Importes Catálogo`, el cálculo recorre la tabla Ventas y toma dos valores, fila a fila, respetando el contexto de fila:

- El valor de la columna Cantidades para efectuar la multiplicación.
- El valor de la columna IdProducto, que es la columna en el extremo Varios de la relación entre las dos tablas.

Con el valor de la columna IdProducto de la tabla Ventas y gracias a la función `RELATED`, se accede a la tabla Productos y se hace una búsqueda.

- Concretamente se filtra la columna IdProducto de la tabla Productos, porque es la columna que se encuentra en el extremo Uno de la relación.

Después de filtrar, se obtiene el valor de la columna Precio Catálogo para esa fila y se multiplica por el valor de Cantidades obtenido previamente.

- El resultado se almacena en una tabla virtual.
- Al finalizar se calcula según el agregado, en este caso, la suma.

La expresión DAX mantiene el comportamiento habitual de las funciones de agregación iteradoras, la única diferencia es la presencia de la función `RELATED`.

Importancia de la función RELATED en DAX

La función `RELATED` es una de las funciones de tipo relación o navegación. Permite el acceso a las columnas de las tablas que están en el extremo Uno de la relación que no están visibles desde una función iteradora del tipo agregación.

- Se requiere una relación entre las dos tablas involucradas.
- El efecto se puede comparar con la función `BUSCARV` de Excel.
- Funciona como una combinación `JOIN` entre tablas de una base de datos relacional como SQL Server, Oracle o Access.

Hay dos funciones DAX que actúan como funciones de navegación:

- La función `RELATED` devuelve un valor único de otra tabla relacionada cuando la dirección de búsqueda de la relación va en el sentido de Varios a Uno.

- La función RELATEDTABLE realiza la misma acción, pero se utiliza cuando la dirección del cálculo es en sentido de Uno a Varios.

La figura 5.16 muestra el efecto que produce la función RELATED en la visibilidad y disponibilidad de las columnas cuando se trabaja con una función de agregado que es un iterador.

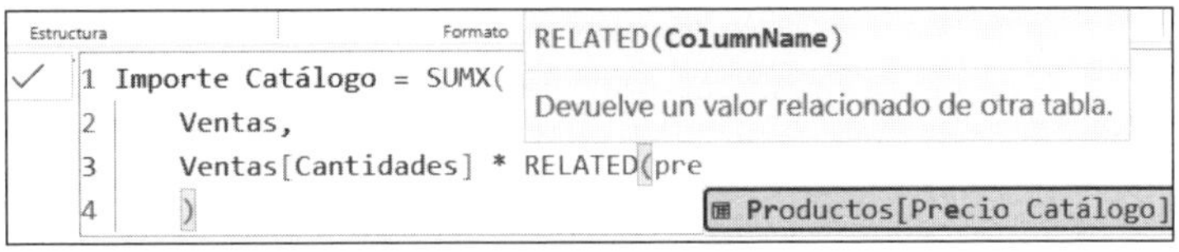

Figura 5.16. Consecuencia de la función RELATED sobre la visibilidad de las columnas.

Antes se ha planteado el siguiente símil:

- Se puede decir que la función SUMX cerró la puerta de un local, se ve lo que hay dentro y no se ve nada de lo que hay fuera.

Lo que se muestra en la figura 5.16, siguiendo con el símil, es que la función RELATED abrió la puerta del local que había cerrado el iterador.

- La opción Autocompletar muestra la disponibilidad del resto de las columnas de todas las tablas del modelo que están relacionadas y que se encuentren en el extremo Uno de la relación.

El uso de la función RELATED en esta medida garantiza que no se realicen cambios al modelo y que haya una expresión bien formada para conocer el total del importe que se habría obtenido si se hubiera vendido al valor existente en la columna Precio Catálogo, que es un atributo de la entidad Productos.

Trabajar con variables en DAX

El lenguaje DAX admite el uso de variables en expresiones para definir columnas, medidas y tablas calculadas. Las variables se evalúan teniendo en cuenta el contexto existente y, una vez evaluadas, funcionan como valores constantes en el momento en que se utilizan.

La variable existe en memoria mientras se calcula la expresión en la que se define. Una vez evaluada la expresión, desaparece la variable, sin que haya que ocultarla o eliminarla. Por esta razón, se pueden repetir los nombres de las variables en distintas expresiones de cálculo.

- Se pueden definir todas las variables que se necesiten, no hay que establecer separadores como comas o puntos y comas entre ellas.
- Solo necesitan estar precedidas de la palabra VAR.

La figura 5.17 muestra un ejemplo de uso eficiente de las variables en expresiones DAX. Puede verse que el trabajo con variables consta de dos palabras reservadas que se colorean en azul:

```
Diferencia Importes =
    SUMX(
        Ventas,

        VAR vImporteCatalogo =
        Ventas[Cantidades] *
            RELATED(Productos[Precio Catálogo])
        VAR vImporte =
            Ventas[Cantidades] * Ventas[Precios]
        VAR vResultado = vImporteCatalogo - vImporte

        RETURN
            vResultado

    )
```

Figura 5.17. Trabajo con variables definidas dentro de un iterador con DAX.

- VAR va seguida del nombre de la variable y la expresión para su cálculo.
- RETURN se utiliza para devolver el resultado.

La expresión de la figura 5.17 no solo mejora la legibilidad y muestra toda la lógica de negocio que hay en la expresión DAX de cada variable, sino que optimiza la consulta porque las variables están ubicadas dentro del segundo parámetro de la función iteradora, lo que garantiza que la tabla Ventas se recorra una sola vez.

Al mismo tiempo, el trabajo con variables favorece la depuración del código, ya que el bloque RETURN permite devolver cualquier nombre de variable, lo que garantiza poder explorar el resultado parcial en una expresión.

La optimización de consultas con DAX es un aspecto muy importante en el dominio de la creación de elementos con el lenguaje DAX; por eso, se ha dedicado un capítulo en este libro.

El objetivo de la fórmula DAX que se muestra en la figura 5.17 es poder analizar la diferencia en los ingresos por aplicar un valor de precio de venta diferente al valor del precio base que aparece como atributo en la tabla de dimensiones Productos.

La figura 5.18 muestra el resultado devuelto por las medidas que se evalúan filtrando, en un caso, por la columna Color de la tabla Productos y, en otro, por la columna País de la tabla Clientes.

Color	Importe	Importe Catálogo	Diferencia Importes
Negro	627.108,83 €	640.131,64 €	13.022,81 €
Plateado	369.039,71 €	379.014,29 €	9.974,58 €
Amarillo	362.998,12 €	370.875,11 €	7.876,99 €
Rojo	548.162,41 €	552.938,32 €	4.775,91 €
Azul	176.003,96 €	180.460,22 €	4.456,26 €
NA	34.378,02 €	35.278,33 €	900,31 €
Múltiple	8.312,50 €	8.520,51 €	208,01 €
Blanco	406,02 €	408,87 €	2,85 €
Total	**2.126.409,57 €**	**2.167.627,29 €**	**41.217,72 €**

País	Importe	Importe Catálogo	Diferencia Importes
Estados Unidos	692.888,30 €	706.489,56 €	13.601,26 €
Australia	640.705,36 €	653.015,10 €	12.309,74 €
Reino Unido	248.419,35 €	252.747,93 €	4.328,58 €
Alemania	207.372,23 €	211.380,80 €	4.008,57 €
Francia	191.418,46 €	195.308,61 €	3.890,15 €
Canadá	145.605,87 €	148.685,29 €	3.079,42 €
Total	**2.126.409,57 €**	**2.167.627,29 €**	**41.217,72 €**

Figura 5.18. Informe con el análisis de los ingresos en función de los precios aplicados.

Las medidas base se utilizan tal cual fueron diseñadas en ambos casos, sin ningún cambio. Es el objeto visual y la columna de la tabla de dimensiones que se utiliza, que puede ser Color, País o cualquier otra de las dimensiones del modelo, la que define los filtros que se aplican para calcular los valores devueltos por las medidas.

Conclusiones

Las medidas base creadas con el lenguaje de expresiones DAX deben ser el núcleo del análisis sobre el que se concrete el cálculo que se necesita explorar.

El lenguaje DAX está dotado de las funciones necesarias para conseguir dar forma a las expresiones que permitan realizar la exploración estadística de los datos y crear los indicadores del análisis.

El lenguaje DAX admite el uso de variables en expresiones para definir columnas, medidas y tablas calculadas. La incorporación de las variables en expresiones DAX mejoran la comprensión, depuración, legibilidad y optimización de las expresiones y consultas DAX.

6 Los contextos de evaluación en DAX

En este capítulo aprenderás a:

- Identificar los tipos de contextos que existen en las consultas DAX.
- Crear expresiones de filtro con DAX.
- Solucionar con DAX algunos efectos que el modelo tabular ejerce sobre los filtros.

Si hay un aspecto que diferencia al lenguaje DAX es la forma en que aplica los filtros a los datos, cómo se definen los contextos de evaluación y cómo la función `CALCULATE` recibe y manipula los contextos para conseguir el cálculo que dé respuesta al requisito de negocio que se plantea.

En este capítulo se tratan los temas relativos a contextos y el siguiente se detalla la función `CALCULATE`.

El modelo, las relaciones y la propagación de filtros

En DAX, la propagación de filtros se refiere a la forma en que los filtros aplicados a una tabla del modelo de datos se extienden, a través de las relaciones, a otras tablas, lo que influye en el resultado sobre los cálculos de las tablas relacionadas y, a su vez, facilita el análisis y la creación de informes analíticos.

En la figura 6.1 se muestra el diagrama del modelo de datos bien formado, diseñado en Estrella, con sus tablas y relaciones bien creadas.

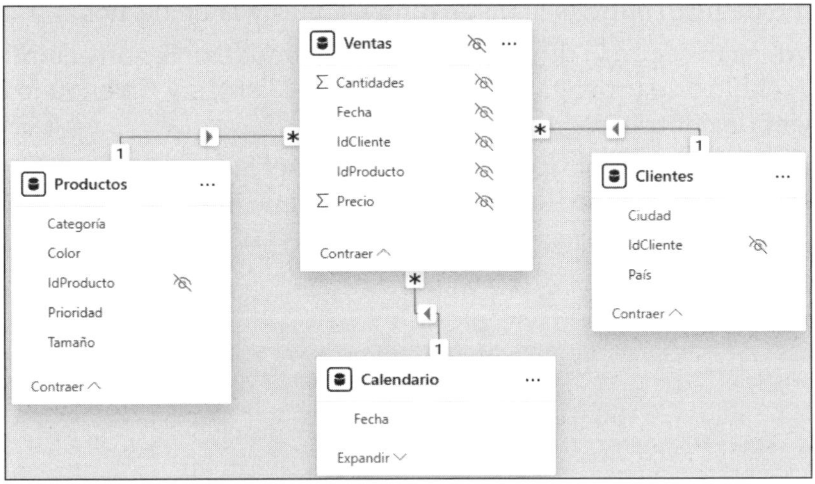

Figura 6.1. Modelo de datos.

Las relaciones entre las tablas indican cómo se conectan los datos y son imprescindibles en el modelo tabular para que los filtros se propaguen desde la tabla de dimensiones o tabla de búsqueda a la tabla de hechos.

- Es importante insistir en que en las tablas de dimensiones se encuentra el extremo Uno de la relación.

Cuando un filtro se aplica a una tabla, si existe una relación con otra tabla, el filtro se propaga a la tabla relacionada. Esto significa que las filas de la tabla relacionada que no cumplen con el filtro original serán excluidas del cálculo.

A continuación, se plantean varios escenarios sobre el modelo de la figura 6.1, donde todas las relaciones tienen **sentido único**.

- El escenario que requiere **doble sentido en la relación** se detalla en el siguiente capítulo, porque se soluciona con la función `CALCULATE` y el modificador `CROSSFILTER`.

Partiendo de las relaciones con sentido único. El cálculo recorre las filas visibles de la tabla Ventas en una medida que podría ser:

```
Cantidad = SUM(Ventas[Cantidades])
```

Caso 1. Propagación de filtro con relaciones bien definidas

Cuando las relaciones están bien formadas, el filtro fluye o se propaga, según sea la dirección de filtro entre la tabla de dimensiones y la de hechos.

Solo se propagan según la dirección de filtro del modelo. Según el modelo de la figura 6.1, el filtro se propaga desde Productos, Clientes y Calendario a Ventas y no en sentido contrario.

Si se ha diseñado un modelo Copo de nieve, como el que se muestra parcialmente en la figura 6.2, también se filtra en la dirección que indica.

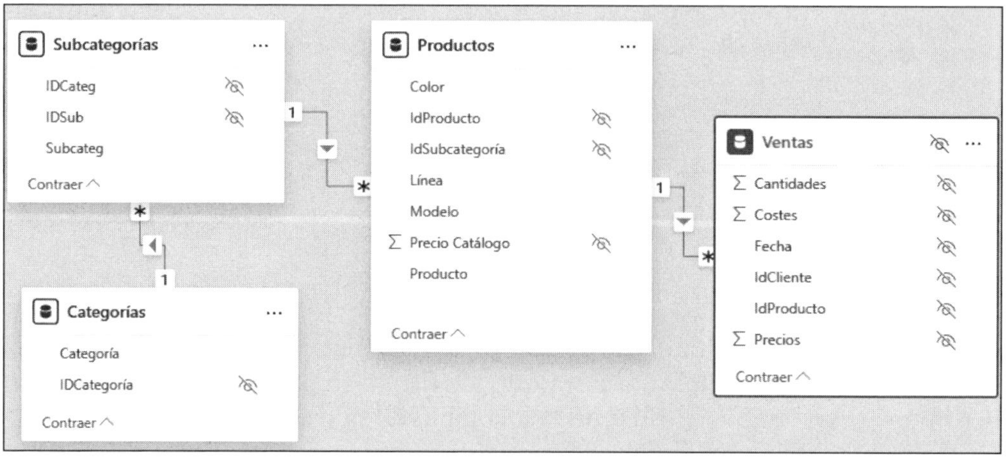

Figura 6.2. Modelo Copo de nieve entre los atributos de los productos y los hechos de las ventas.

En este ejemplo, el filtro por la tabla Categoría se propaga a la tabla Subcategoría, que se filtra para cada subcategoría de la categoría filtrada, y se propaga a la tabla Productos, filtra los productos de las subcategorías filtradas y solo después se propaga a la tabla Ventas en una dirección única.

Caso 2. Pérdida de propagación de filtro cuando no hay relaciones entre las tablas

Si no existe una relación entre dos tablas, no ocurre la acción de filtrado. La figura 6.3 muestra que no existe relación entre las tablas Productos y Ventas.

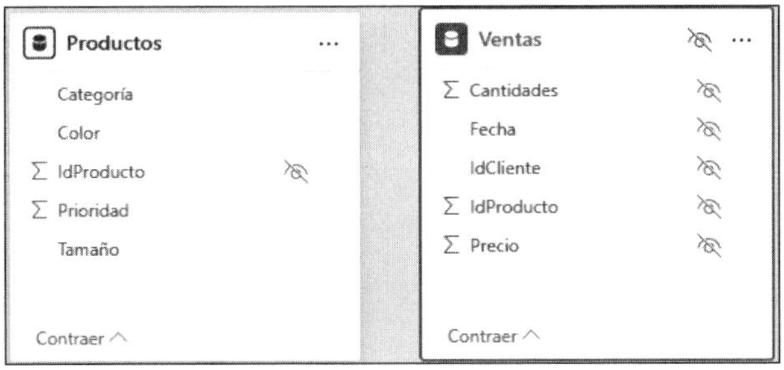

Figura 6.3. Modelo de datos con tablas no relacionadas.

En la figura 6.4, el informe muestra que no ocurre el filtro por las columnas o campos del modelo Tamaño y Color, que son de la tabla Productos, porque el cálculo recorre las filas visibles de la tabla Ventas y, como no hay relación entre las tablas, para cada valor de Tamaño y Color devuelve el resultado de la suma total.

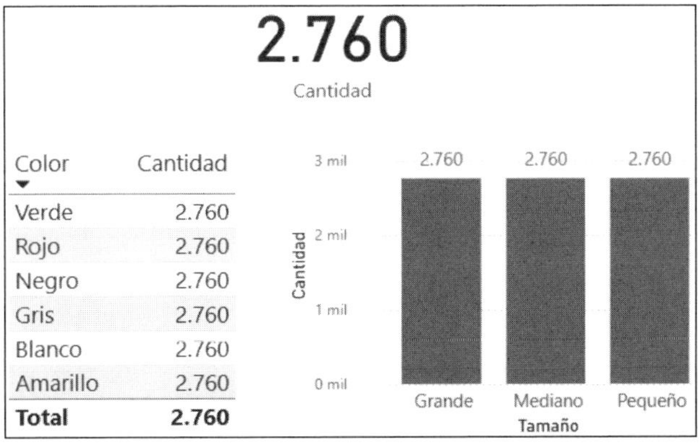

Figura 6.4. Informe que muestra el efecto que provocan sobre el filtro las tablas no relacionadas.

Caso 3. Filtros mal propagados cuando hay error en la relación

Las relaciones entre dos tablas del modelo tabular tienen como requisito que las columnas sean del mismo tipo. El motor tabular no comprueba la validez lógica de la relación. Si se produce un error en los extremos elegidos, el resultado que se obtiene es erróneo.

La figura 6.5 muestra que la columna IdProducto de la tabla Productos está relacionada con la columna IdCliente de la tabla Ventas.

Figura 6.5. Ejemplo de relación mal creada visto desde el panel Propiedades en la vista Modelo.

Cuando las relaciones están mal creadas:

- No se pueden explicar los resultados debido a que la base de la relación está mal.
- El IdProducto = 1 se relaciona con el IdCliente = 1, no tiene sentido.

La **solución**, para los casos 2 y 3, es relacionar las dos tablas y asegurarse de indicar la columna adecuada en ambos extremos.

Las tablas expandidas en la base de todo

La expansión de tablas no se realiza físicamente. El motor VertiPaq solo almacena tablas nativas. Sin embargo, toda la semántica de DAX se basa en el concepto teórico de tablas expandidas.

Una tabla expandida se crea uniendo las columnas de dos tablas en una tabla más grande que contiene columnas nativas y relacionadas.

- Las **columnas nativas** son las que originalmente estaban presentes en la tabla.
- Las **columnas relacionadas** son todas las columnas de las tablas relacionadas que son añadidas a la tabla original mediante la expansión de tablas, a través de una o más relaciones, en cascada de Varios a Uno o de Uno a Uno.
- La versión expandida de la tabla Ventas del modelo que se muestra en la figura 6.1 incluye todas las columnas de las tablas relacionadas.

Las tablas expandidas y las funciones de relación

En los tres casos vistos antes en este capítulo, al filtrar la tabla Productos, se filtran todas las tablas que contienen columnas de Productos, ya sean nativas, como la propia tabla Productos, o relacionadas como Ventas en su versión de tabla expandida. En la figura 6.6, se aprecia el informe con los datos correctos.

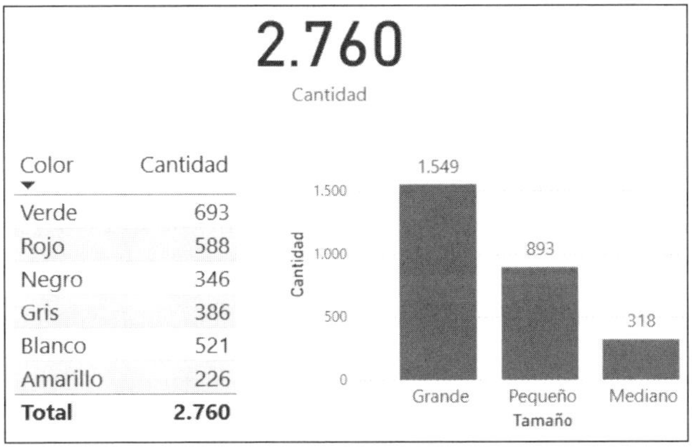

Figura 6.6. Informe con los datos correctos gracias a un modelo con tablas bien relacionadas.

En la figura 6.6, los datos son correctos porque la tabla Ventas se filtra por las columnas Color y Tamaño de la tabla Productos, porque la versión expandida de Ventas contiene las columnas de Productos.

La función `RELATED` del lenguaje DAX permite acceder a las columnas relacionadas de una tabla expandida y necesita del contexto de fila actual para poder devolver un resultado.

- La función `RELATED` siempre utiliza la relación activa y no es posible especificar una relación alternativa como parte de su sintaxis con `USERELATIONSHIP`.

Se recomienda valorar el uso de LOOKUPVALUE ante escenarios complejos que requieran la combinación de RELATED y USERELATIONSHIP, aunque no se debe perder de vista que el rendimiento de la función RELATED es mejor.

La función LOOKUPVALUE devuelve el valor de la fila que cumple todos los criterios especificados por una o varias condiciones de búsqueda. Esta función devuelve:

- Un valor blanco si no hay coincidencia exacta en la búsqueda de todas las condiciones.
- Un valor, cuando se encuentran una o varias filas con el mismo resultado.
- Un error cuando se encuentran varias filas, pero con valores diferentes.

DAX cuenta con funciones avanzadas que aprovechan las ventajas que aportan las tablas expandidas.

Las relaciones entre tablas, la integridad referencial y las filas huérfanas

En el modelo de ejemplo, que se muestra en la figura 6.1, la relación entre las tablas Productos y Ventas está bien creada y todas las operaciones de ventas se refieren a productos que existen en el catálogo de productos.

- No se detectan problemas de integridad referencial entre las tablas, por lo que no existen filas huérfanas ni aparecen datos en blanco en los informes.
- La tabla Productos tiene 159 filas y en 24 de ellas la columna Color es Amarillo.

La figura 6.7 muestra cinco filas de la tabla productos filtrada por Color es Amarillo.

IdProducto	Categoría	Color	Tamaño	Prioridad
5	B	Amarillo	Pequeño	4
13	A	Amarillo	Pequeño	0
19	B	Amarillo	Grande	2
26	B	Amarillo	Grande	1
42	A	Amarillo	Pequeño	4

Figura 6.7. Ejemplo de cinco productos de color amarillo.

Para ilustrar el escenario, he creado un duplicado de la tabla Productos, quitando todos los de Color igual a Amarillo, por lo que la tabla Productos_No_Amarillos contiene los datos de 135 productos.

- Una de las causas de la mala calidad de los datos es que la tabla de dimensiones, en este caso Productos_No_Amarillos, no contenga todos los elementos que se recogen en los hechos.

Si se vende cualquiera de los 24 productos de color amarillo, entre ellos los cinco que se ven en la figura 6.7, que no están en la tabla que se ha transformado, Productos_No_Amarillos, se genera un error de integridad referencial cuando se crea la relación entre las dos tablas, que se muestra en la figura 6.8.

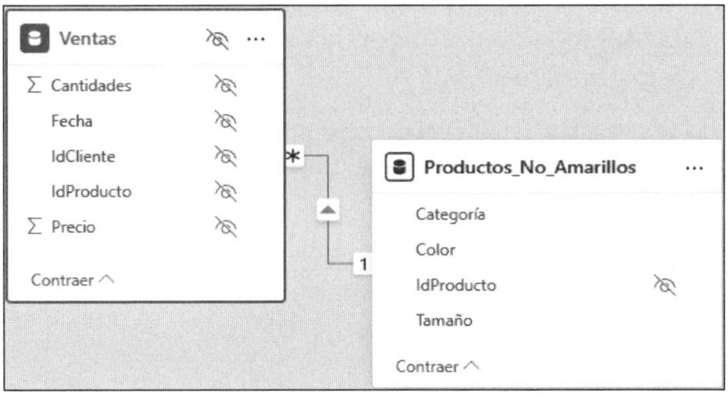

Figura 6.8. Relación entre las tablas Ventas y Productos_No_Amarillos.

- Este error provoca filas huérfanas que no se pueden filtrar adecuadamente.
- Lo que ocurre es que en la tabla de dimensiones se crea una fila en blanco.

La fila en blanco se crea automáticamente por el motor cuando hay al menos una fila, es decir, un producto, en la tabla de hechos que no se encuentra en la tabla dimensiones y que, por tanto, no se puede describir.

- Solo se crea una fila en blanco, aunque haya más de una fila en los hechos que provoque error de integridad referencial. Esta fila construye el puente necesario entre los hechos y las dimensiones y genera una acción de filtro entre las dos tablas.

La calidad de los datos repercute en los filtros que se pueden materializar y la función DAX que se aplique devolverá un valor u otro, en dependencia de si tiene en cuenta o no la fila en blanco que se crea por el error de integridad referencial provocado por mala calidad en los datos.

La figura 6.9 expone las diferencias en el resultado en dependencia de las expresiones DAX aplicadas.

Color	ALL No_Amarillos	Cuenta No_Amarillos	DISTINCT No_Amarillos	VALUES No_Amarillo
	136			1
Blanco	136	25	25	25
Gris	136	28	28	28
Negro	136	22	22	22
Rojo	136	30	30	30
Verde	136	30	30	30
Total	**136**	**135**	**135**	**136**

Figura 6.9. Resultado de las expresiones DAX cuando hay error de integridad referencial.

Para explicar los resultados obtenidos en la tabla que se muestra en la figura 6.9, voy a exponer las expresiones DAX utilizadas en las medidas:

```
Cuenta No_Amarillos = COUNTROWS(Productos_No_Amarillos)

ALL No_Amarillos =
  COUNTROWS(
    ALL(Productos_No_Amarillos)
  )

DISTINCT No_Amarillos =
  COUNTROWS(
    DISTINCT(Productos_No_Amarillos)
  )

VALUES No_Amarillos =
  COUNTROWS(
    VALUES(Productos_No_Amarillos)
  )
```

Las cuatro expresiones tienen en común el conteo de filas de la tabla. La diferencia está en si las funciones DAX utilizadas tienen en cuenta o no la fila en blanco creada por el motor por detectar problemas de integridad referencial.

- La función `ALL` tiene en cuenta la fila en blanco, por eso el conteo de filas devuelve 136, a pesar de que solo hay 135 productos. Es una función especial que anula el contexto de filtro provocado por el objeto visual y, por eso, se obtiene 136 en cada fila.
- La función `DISTINCT` no tiene en cuenta la fila en blanco. La fila existe igualmente, pero el conteo devuelve 135, como si no hubiera error de integridad referencial.
- La función `VALUES` devuelve en total 136, porque, para la fila del objeto visual tabla con el valor de Color en blanco, la función cuenta una fila visible, que es la que se ha creado automáticamente por el error de integridad referencial.

La fila en blanco no se ve en la vista datos en Power BI Desktop ni en las consultas que se realicen a la tabla de dimensiones.

La fila se rellena con valores en blanco para cada una de las columnas de la tabla de dimensiones; por eso, en los gráficos aparecen estas segmentaciones que son inesperadas y desagradables, como se aprecia en la figura 6.10.

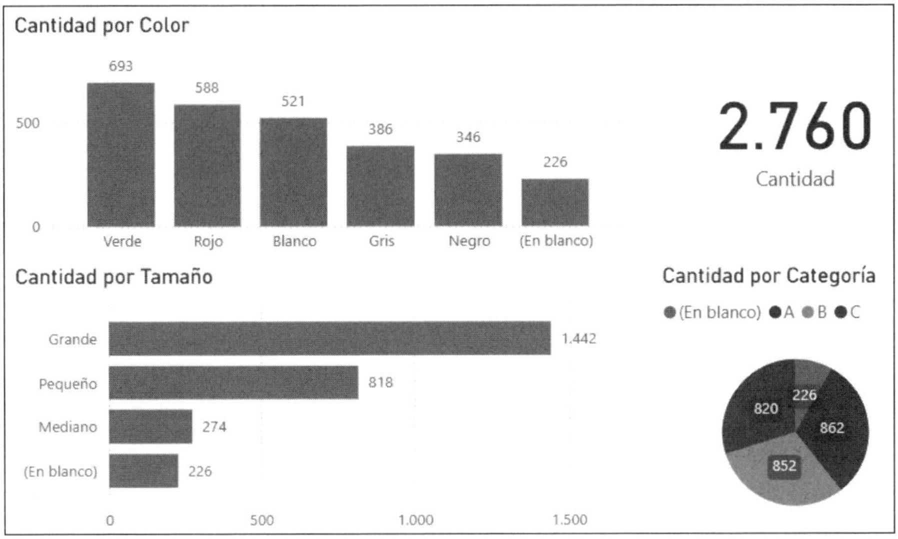

Figura 6.10. Informe con filas en blanco por error en la integridad referencial.

Los contextos en DAX

El resultado de una consulta en DAX depende de su contexto de evaluación. Está compuesto por el contexto de filtro y el contexto de fila, que conviven en todo momento. El valor resultante de un cálculo DAX es diferente, ya que es el filtro que se aplica en cada caso el que manda sobre el resultado del cálculo. Los contextos de evaluación son la base de todo el lenguaje DAX.

- Las columnas calculadas, las medidas y las funciones DAX generan o consumen contextos.

¿Qué es el contexto de filtro en DAX?

Los filtros que se aplican a las tablas crean el contexto de filtro, que determina qué datos se incluyen en los cálculos. La evaluación de los filtros define el resultado.

En el contexto de filtros, un filtro es una tabla con una lista de valores para una o más columnas. El filtro siempre se representa con la lista de valores únicos existentes en la columna que cumplen la condición del filtro.

El contexto de filtro y los objetos visuales del informe

La herramienta que se utilice para analizar informes analíticos aporta estructura y funcionalidad propia que influye en el comportamiento de los cálculos que se exponen.

Power BI Desktop es la herramienta elegida para este libro. Como herramienta analítica de cliente final, tiene muchas opciones de filtro integradas que aportan su influencia en el resultado. Los filtros en DAX son muy importantes, por lo que este libro cuenta con un capítulo dedicado a evaluar el efecto de las acciones de filtro sobre el resultado.

En este capítulo me limito a exponer una breve explicación introductoria sobre algunas de las opciones de filtro que aporta la herramienta Power BI. Estas opciones son relevantes, ya que afectan el resultado porque provocan un filtro que limita el conjunto de datos sobre el que se realiza el cálculo y, a la vez, muchas de ellas pueden pasar desapercibidas para la persona que explora los datos.

- Panel de filtros: Power BI cuenta con un panel de filtros que permite establecer condiciones de filtros con alcance a un objeto visual específico, a todos los objetos de la página y también a nivel de todas las páginas del informe.
- Obtención de detalles: Esta opción permite la navegación entre páginas filtrando por campos previamente definidos y valores elegidos dinámicamente. Las visualizaciones de la página Detalles muestran los datos filtrados.
- Tooltip: La funcionalidad Tooltip o información sobre la herramienta garantiza poder crear una página con características especiales y mostrar un pequeño informe filtrado que extienda la descripción de la visualización. Los elementos que se exponen en el informe que contiene la información sobre la herramienta están siendo filtrados por el valor del punto del dato que se expone en la visualización que invoca Tooltip.
- Exploración en profundidad: Los objetos visuales que exponen jerarquías cuentan con la opción Explorar en profundidad, que provoca mostrar un salto al nivel inferior al actual en la jerarquía con los datos filtrados para el punto de datos elegido y, al mismo tiempo, provoca un filtro a todos los objetos de la página.

- **Sincronización de segmentaciones**: Las segmentaciones de datos se configuran desde los filtros especiales, que son objetos visuales que actúan sobre todos los elementos de la página actual del informe. Estas segmentaciones se pueden sincronizar para que afecten a tantas páginas como sea necesario, con independencia de que esté visible o no el objeto de filtro.

Los filtros aportados por los objetos visuales elegidos para el informe quedan expuestos en el momento de la exploración.

Los objetos visuales que afectan el contexto de filtro en cálculos de informes pueden ser ejes de gráficos, filtros para segmentación, cabeceras de filas y columnas, etc.

- Cada número del informe es el resultado de una medida ejecutada en un contexto de filtro específico; por eso, cada celda de una matriz y cada punto de datos de un gráfico tienen un contexto de filtro diferente.

La expresión para la definición de la medida `Cantidad` es la siguiente:

```
Cantidad = SUM(Ventas[Cantidades])
```

La figura 6.11 muestra cómo se obtienen resultados diferentes según el objeto y los filtros aplicados a la misma medida.

2.760

Cantidad

Color	Cantidad
Verde	693
Rojo	588
Negro	346
Gris	386
Blanco	521
Amarillo	226
Total	**2.760**

Color	A	B	C	Total
Verde	252	247	194	**693**
Rojo	180	189	219	**588**
Blanco	175	160	186	**521**
Gris	135	101	150	**386**
Negro	120	155	71	**346**
Amarillo	77	131	18	**226**
Total	**939**	**983**	**838**	**2.760**

Figura 6.11. Efecto de contexto de filtro sobre el resultado de las medidas con DAX.

Todas las funciones de tabla evaluadas en un contexto de filtro solo devuelven las filas visibles a través de los filtros aplicados. El contexto de filtro filtra las tablas del modelo de forma extremadamente eficiente.

- La tarjeta, como objeto no aplica ningún filtro, muestra la suma total.
- Es el mismo valor que se corresponde con la fila Total de la tabla y Total General de la matriz.

- En cada fila de la tabla se aplica el filtro sobre la columna Color.
- En cada celda de la matriz se aplican filtros las columnas por Color y Categoría.

A la acción de filtro diseñada por cada objeto visual en particular se suma el filtro interactivo que se recibe de otros objetos gráficos y de acciones derivadas de funcionalidades integradas en Power BI que actúan como filtros.

Un filtro muy importante es el que se genera por la acción de objetos gráficos tipo que realizan segmentación. La figura 6.12 refleja la acción de este tipo de filtros sobre el resultado.

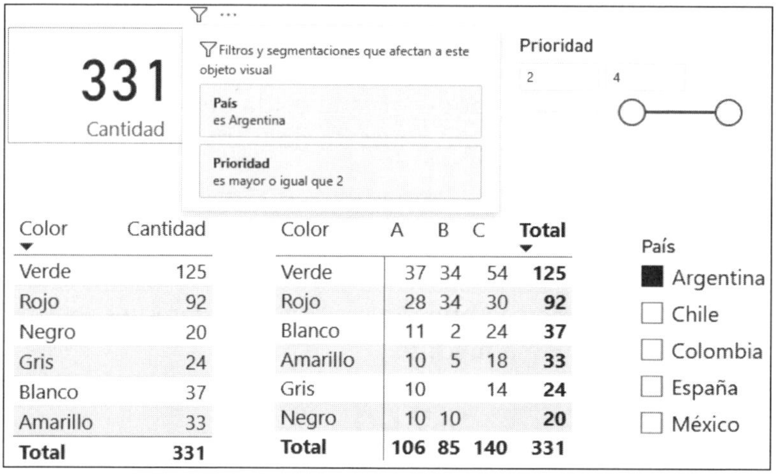

Figura 6.12. El trabajo con filtros influye en el resultado obtenido para una medida.

Los dos filtros agregan condiciones extra de filtro, por la columna País de la tabla Clientes y la columna Prioridad de la tabla Productos. Estas acciones afectan el contexto de filtro que se aplica a la medida en cada objeto y punto de dato.

Al agregar nuevas condiciones de filtro, disminuye el valor resultante como se puede ver comparando los datos devueltos por los informes de las figuras 6.11 y 6.12.

¿Qué rol cumple SELECTEDVALUE en el contexto de filtro?

La función `SELECTEDVALUE` simplifica la sintaxis de un patrón común que involucra dos funciones: `HASONEVALUE` y `VALUES` para recuperar un valor del contexto de filtro.

La función `SELECTEDVALUE` es útil cuando se necesita conocer el valor único seleccionado en el filtro, ya que evalúa si se aplica un filtro sobre la columna y devuelve el siguiente resultado:

- El valor de la columna pasada como primer parámetro si es el único valor disponible en el contexto del filtro.
- Un valor en blanco si no hay ningún filtro aplicado o más de uno.
  - O el valor predeterminado pasado como segundo argumento, en caso de existir.
- Si el contexto de filtro devuelve cero filas para la columna referenciada, también se devuelve el segundo argumento, aunque exista un único valor de filtro.

En el contexto del informe que aparece en la figura 6.12 la medida `País_Filtrado`, que se muestra a continuación, devuelve el valor `Argentina`.

```
País_Filtrado =
SELECTEDVALUE(
    Clientes[País],"Ninguno o Varios"
)
```

Hay que prestar atención a la pérdida de rendimiento que se puede provocar por el uso de esta función. No se recomienda utilizarla en medidas que se evalúan con frecuencia en iteraciones extensas.

El contexto de filtro y el código DAX

Otra razón para que aparezca contexto de filtro es el código elegido para las expresiones de cálculo con DAX. En DAX hay una función muy especial que se llama `CALCULATE`, que es la piedra angular de las expresiones DAX porque puede controlar el contexto del filtro y definir los cálculos según sean las necesidades existentes. Según el escenario, habrá que ignorar todo o parte del contexto de filtro externo para hacer un cálculo, eliminar filtros o agregar filtros nuevos que no existen en el contexto de filtro externo inicial.

- Estas acciones dependen de la pregunta de negocio a la que se da respuesta con la expresión de medida DAX.
- Las funciones `CALCULATE` y `CALCULATETABLE` son las encargadas de gestionar y manipular los contextos tanto como sea necesario.

¿Qué es el contexto de fila en DAX?

Uno de los componentes del contexto de evaluación de las expresiones DAX en el modelo tabular es el contexto de fila, que es, en esencia, la fila actual de una tabla. Hay dos escenarios para este contexto:

- Columnas calculadas, donde la expresión se evalúa para cada fila de la tabla.
- Uso de una función DAX de tipo iterador, como `SUMX`, `MINX`, `MAXX`, `AVERAGEX`, `FILTER`, `ADDCOLUMNS` y otras que recorren una tabla y, para cada una de las filas, según sea el contexto de cada fila de la tabla, evalúan una expresión y devuelven un resultado.

Contexto de fila en columnas calculadas

Una columna calculada se calcula dentro de un contexto de fila existente, creado automáticamente por DAX, lo que facilita la creación de código DAX, como se observa en la figura 6.13.

```
1 Columna_Importes = Ventas[Cantidades] * Ventas[Precio]
```

IdProducto	IdCliente	Fecha	Cantidades	Precio	Columna_Importes
109	1	25/06/2024	12	2	24
36	4	25/06/2024	12	18	216
105	1	25/06/2024	12	2	24
36	2	28/06/2024	1	20	20
38	4	28/06/2024	5	9	45

Figura 6.13. Ejemplo de columna calculada que utiliza el contexto de fila para calcular el resultado.

La expresión de la figura 6.13 se evalúa como la multiplicación de las columnas Cantidades y Precio.

- Aunque trabajar con una columna calculada es más fácil porque el contexto de fila se crea automáticamente, no se recomienda.
- El contexto de fila ocurre en columnas calculadas donde la expresión se evalúa para cada fila de la tabla.

Contexto de fila en funciones iteradoras

Un contexto de fila se puede obtener iterando una tabla con una función iteradora en DAX. La figura 6.14 muestra un ejemplo de uso de la función de agregación `SUMX`, que es una función iteradora que provoca un contexto de fila.

- En el contexto de fila se puede referenciar cualquier columna de la tabla Ventas, pero no se puede referenciar directamente ninguna columna de otra tabla, aunque esté relacionada.

El iterador recorre la tabla fila por fila y calcula la expresión que multiplica las columnas Cantidades y Precio, fila a fila, en el contexto de fila actual creado por la iteración.

```
Importe =
    -- Antes de SUMX no hay contexto de fila
    SUMX(
        -- Tabla que se itera y se evalúa en el contexto de filtro externo
        -- Se iteran solo las filas visibles
        Ventas,
        -- Expresión que se evalúa en el contexto de fila
        Ventas[Cantidades] * Ventas[Precio]
    )
    -- Fuera de SUMX el contexto de fila desaparece
```

Figura 6.14. Ejemplo de contexto de fila creado por función iteradora.

Antes de que se ejecute el iterador `SUMX`, no hay contexto de fila, porque se trata de una medida. `SUMX` es un iterador que requiere una tabla sobre la que iterar, y esa tabla debe contener todas las columnas necesarias para la expresión al iterar. Es el iterador el que provoca el contexto de fila sobre la tabla Ventas.

El contexto de fila se puede aplicar a columnas de tablas diferentes que estén relacionadas, como se muestra en la figura 6.15, que expone la expresión DAX para la medida `Importes Catálogo`.

```
Importe_Catálogo =
    SUMX(
        -- Tabla que se itera
        Ventas,
        -- Expresión que se evalúa en el contexto de fila

        -- Solo están visibles las columnas de la tabla que se itera
        Ventas[Cantidades] *

        -- Necesita una función de relación o navegación
        -- Accede a las columnas en una tabla relacionada
        -- en el extremo 1 de la relación
        RELATED(Productos[Precio Catálogo])
    )
```

Figura 6.15. Contexto de fila entre tablas relacionadas.

El iterador recorre la tabla Ventas y, gracias a la función de navegación `RELATED`, accede, según el contexto de fila actual, al valor de la columna Precio Catálogo de la tabla Productos.

El contexto de fila y las medidas

Una medida no provoca un contexto de fila. Sin un contexto de fila no se puede evaluar una expresión.

- No se puede obtener el valor de la expresión DAX que intenta crear la medida `Ventas_Cantidades` porque, sin un contexto de fila, no se puede acceder a los valores de una columna en la fila actual, como se aprecia en la figura 6.16.

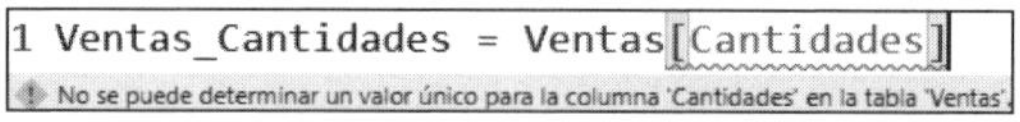

Figura 6.16. Error cuando no se puede determinar el valor único de una columna.

El texto completo del mensaje de error es: "No se puede determinar un valor único para la columna **Cantidades** en la tabla **Ventas**. Esto puede suceder cuando una fórmula de medida hace referencia a una columna que contiene muchos valores sin especificar una agregación, como `MIN`, `MAX`, `COUNT` o `SUM`, para obtener un resultado único".

En el mensaje está la solución. Basta con envolver la columna en una función de agregación como en la siguiente expresión:

```
SUM_Ventas_Cantidades = SUM(Ventas[Cantidades])
```

La función `SUM` no es una función iteradora, pero, cuando una expresión llama a la función `SUM`, en realidad se invoca la función `SUMX`, que sí es un iterador, y provoca contexto de fila. Las medidas `SUM_Ventas_Cantidades` y `SUMX_Ventas_Cantidades` provocan la misma ejecución.

```
SUMX_Ventas_Cantidades =
  SUMX(
      Ventas,
      Ventas[Cantidades]
  )
```

La medida no provoca el contexto de fila, es la función iteradora que se utiliza en la medida la que lo provoca.

La optimización del modelo, el contexto de fila y las columnas calculadas

Una columna calculada es un caso especial de iterador. Al actualizar el modelo, el motor ejecuta la expresión de una columna calculada para cada fila de la tabla, almacenando su resultado en una columna independiente.

- Los iteradores en las medidas iteran únicamente las filas visibles según el contexto de filtro.
- Las columnas calculadas se evalúan en un contexto de filtro vacío, por lo que siempre iteran todas las filas de la tabla. El contexto de fila no filtra la tabla sobre la que itera.
- La existencia de columnas calculadas impacta en el rendimiento de la actualización del modelo de datos.

¿Qué es la transición de contexto?

La transición de contexto ocurre cuando una de las funciones, `CALCULATE` o `CALCULATETABLE` se ejecuta dentro de un contexto de fila.

- El resto de la explicación que se refiere a la función `CALCULATE` es válido también para la función `CALCULATETABLE`.

La función transforma el contexto de fila existente en un contexto de filtro equivalente, que luego `CALCULATE` utiliza para evaluar su primer argumento.

Si `CALCULATE` no está presente en el código, no hay transición de contexto.

- Todas las medidas del modelo tabular están envueltas por una función `CALCULATE` y, como `CALCULATE` activa la transición de contexto, es otra de las razones por las que se recomienda utilizar medidas en lugar de columnas calculadas.

Si no hay contexto de fila, no hay transición de contexto.

- El contexto de fila se puede introducir explícitamente con un iterador o por una columna calculada, donde, por defecto, hay un contexto de fila.

Para demostrar un aspecto tan importante del lenguaje DAX como es la presencia o la ausencia de la transición de contexto, voy a trabajar con columnas calculadas partiendo de estas premisas:

- De forma general, salvo excepciones, es ineficiente trabajar con columnas calculadas en el modelo tabular.
- Las columnas calculadas son buenas para demostrar el efecto de algunos procesos desde el punto de vista educativo y nada más.
- Las funciones iteradoras también provocan contexto de fila, por lo que en presencia de funciones iteradoras se cumple igualmente la transición de contexto que se explica a continuación.

Caso 1. Columna calculada desde medida vs. expresión

En el modelo existe una medida base, `Importe`, que contiene la siguiente expresión DAX en su definición:

```
Importe =
  SUMX(
    Ventas,
    Ventas[Cantidades] * Ventas[Precio]
  )
```

La tabla Clientes tiene dos columnas calculadas.

- La columna Importe_Medida referencia directamente la medida `Importe` según se aprecia en la expresión siguiente:

```
Importe_Medida = [Importe]
```

- La columna Importe_Expresión expone la misma expresión de cálculo que contiene la medida base `Importe`, pero no referencia la medida, sino que referencia directamente las columnas nativas como se aprecia en su definición:

```
Importe_Expresión =
  SUMX(
    Ventas,
    Ventas[Cantidades] * Ventas[Precio]
  )
```

El resultado que se obtiene es muy diferente, como se puede ver en la figura 6.17.

IdCliente	País	Ciudad	Importe_Medida	Importe_Expresión
1	Argentina	Buenos Aires	6.037 €	30.313 €
2	Chile	Santiago de Chile	4.972 €	30.313 €
3	Colombia	Bogotá	5.554 €	30.313 €
4	España	Madrid	4.202 €	30.313 €
5	España	Santiago de Compostela	1.664 €	30.313 €

Figura 6.17. Columnas calculadas con resultados diferentes.

La columna calculada Importe_Medida provoca un contexto de fila, por ser una columna calculada. La expresión utiliza una referencia de medida que provoca la existencia de la función `CALCULATE` y, como se cumplen las dos condiciones, hay transición de contexto.

- La acción de `CALCULATE` no está claramente expuesta en la expresión, está oculta tras el nombre de la medida y puede pasar desapercibida.
- El contexto de fila, es decir, el valor de la fila actual, se convierte en contexto de filtro que se propaga a la tabla Ventas, que es la que recorre la medida `Importes` y devuelve el resultado correcto para cada fila de la tabla Clientes.

La columna calculada Importe_Expresión solo cumple con la primera condición, provoca un contexto de fila. No hay referencia a una medida ni está la función `CALCULATE` presente en la expresión. Como no se cumplen las dos condiciones, no se produce ninguna transición de contexto.

- El contexto de fila no se convierte en contexto de filtro, se recorren todas las filas de la tabla Ventas y, para cada fila de la tabla Clientes, la columna calculada devuelve el valor total de la expresión.

Caso 2. Columna calculada desde expresión, con o sin CALCULATE

En este caso, la tabla Clientes tiene dos columnas calculadas que recorren la tabla actual y no referencian a ninguna medida. La expresión para las columnas es:

```
Conteo_Clientes = COUNTROWS(Clientes)
Conteo_CALCULATE =
  CALCULATE(
    COUNTROWS(Clientes)
  )
```

El resultado de `Conteo_Clientes` es 9. Esta cifra se corresponde con todas, las 9 filas de la tabla Clientes, mientras que el resultado de `Conteo_CALCULATE` es 1 para cada fila, como se aprecia en la figura 6.18.

IdCliente	País	Ciudad	Conteo_Clientes	Conteo_CALCULATE
1	Argentina	Buenos Aires	9	1
2	Chile	Santiago de Chile	9	1
3	Colombia	Bogotá	9	1
4	España	Madrid	9	1
5	España	Santiago de Compostela	9	1

Figura 6.18. Resultado obtenido para columnas calculadas que usan o no usan `CALCULATE`.

- Se cumplen las mismas pautas sobre la existencia y el comportamiento de la transición de contexto planteadas en el caso 1.
- La única diferencia es que la función `CALCULATE` está visible, la transición de contexto es más evidente.
- Como la función `CALCULATE` rodea a la función `COUNTROWS`, provoca que esta última se ejecute en un contexto de filtro diferente.

Otros apuntes sobre la transición de contexto

El nuevo contexto de filtro creado por la transición de contexto incluye todas las columnas que itera actualmente el contexto de fila. Filtra estas columnas con el valor de la fila actual. Si el contexto de fila itera:

- Solo una columna, esta formará parte del contexto de filtro.
- La tabla completa, todas las columnas de la tabla formarán parte del nuevo contexto de filtro. De hecho, todas las columnas de la tabla expandida formarán parte del nuevo contexto de filtro.

Si se utiliza la transición de contexto en una tabla que contiene filas duplicadas, el contexto de filtro generado por CALCULATE incluye todos los duplicados.

Existen algunas funciones DAX, muchas de ellas de la categoría Inteligencia de tiempo entre ellas: LASTDATE, NEXTYEAR/QUARTER/MONTH/DAY, DATESYTD/QTD/MTD, DATESBETWEEN, que provocan internamente que CALCULATE o CALCULATETABLE realicen una transición de contexto.

- Si en el parámetro se indica una referencia a una columna de fecha/hora se aplica una transición de contexto, ya que la referencia de columna se reemplaza por esta expresión:

  ```
  CALCULATETABLE (DISTINCT ([Fecha]))
  ```

La transición de contexto ocurre antes de otros filtros en CALCULATE. Por lo tanto, los filtros en CALCULATE podrían anular los filtros generados por la transición de contexto.

¿Qué es la dependencia circular?

Se detecta una dependencia circular cuando dos objetos se referencian entre sí, de modo que Power BI no puede procesarlos. Se puede obtener una dependencia circular en dos escenarios principales:

- Al crear una columna calculada que utiliza la función CALCULATE o una medida que la invoque.
- Al intentar crear una relación entre dos tablas, siempre que una fórmula DAX esté involucrada en la relación puede ocurrir un error de dependencia circular.
  - Una de las tablas es una tabla calculada.
  - La relación entre dos tablas del modelo no calculadas se basa en una columna calculada.

Para evitar la **dependencia circular en columnas calculadas** se recomienda, además de evitar las columnas calculadas y la presencia de la función CALCULATE en ellas, utilizar la función modificadora ALLEXCEPT para eliminar cualquier filtro que no sea la clave principal de la tabla.

- Si hay una columna con valores únicos en la tabla, como ocurre en las tablas de dimensiones, la transición de contexto se optimiza para basarse en esa columna, sin filtrar las demás.

- Si la tabla no tiene clave principal, usar CALCULATE en una columna calculada es peligroso, ya que la transición de contexto puede producir resultados inesperados.
- Al usar la función ALLEXCEPT, se pueden eliminar columnas de la transición de contexto y garantizar que solo se dependa de las columnas que se necesita.

Para evitar la **dependencia circular en las relaciones**, hay que comprobar que no se utilice una función como ALL o VALUES, que reconozca la fila en blanco que se genera por un error de integridad referencial entre las tablas.

- La sugerencia es reemplazar VALUES por DISTINCT y ALL por ALLNOBLANKROW.
- Prestar atención a las funciones que usan VALUES internamente. Por ejemplo, la función SELECTEDVALUE utiliza la combinación HASONEVALUE(Columna, VALUES(Columna)), lo que provocaría el mismo error.

Una vez eliminadas todas las referencias a la fila en blanco, la relación se podrá crear correctamente.

Conclusiones

Al crear y consumir expresiones DAX, se hace necesario prestar atención a los procesos y filtros internos que ocurren sobre las columnas y los datos almacenados.

El resultado de una consulta en DAX depende de su contexto de evaluación que está compuesto por el contexto de filtro y el contexto de fila.

Hay que tener en cuenta aspectos como la transición de contexto, la creación de tablas expandidas y el diseño de las funciones en el lenguaje DAX.

Es importante evitar las causas que provocan dependencia circular y conocer la influencia de la calidad de los datos en la ocurrencia de errores de integridad referencial.

La función CALCULATE está en el centro de la manipulación de los contextos; para ver esta función en detalle, se dedica el siguiente capítulo de este libro.

7 La función CALCULATE en DAX

En este capítulo aprenderás a:

- Identificar las tareas que puede realizar la función CALCULATE.
- Utilizar los modificadores existentes en los parámetros de filtro de la función CALCULATE.
- Entender el orden de evaluación de los parámetros en expresiones CALCULATE anidadas.

¿Para qué sirve la función CALCULATE?

La función `CALCULATE` es la más importante del lenguaje DAX. Es una función única, capaz de mandar sobre el contexto de filtro externo para combinar lógica y filtros y modificar el contexto a partir de los filtros pasados como parámetros. El uso de `CALCULATE` aporta muchos beneficios. Se recomienda diseñar la lógica del cálculo utilizando variables, para mejorar la legibilidad y el rendimiento especialmente para expresiones DAX que utilicen funciones `CALCULATE` complejas.

Según sea el requisito por cumplimentar, se pueden dar dos escenarios:

- Al aplicar uno o más filtros, se evalúa la medida sobre las nuevas condiciones y se obtienen nuevos resultados. La expresión no contiene la función `CALCULATE`, porque no hay que influir en modo alguno sobre el resultado, como es el caso de la medida `Cantidad`.

  ```
  Cantidad = SUM(Ventas[Cantidades])
  ```

- Hay que tomar el control sobre el efecto de los filtros, por tanto, es necesario utilizar la función `CALCULATE`, por ejemplo, la medida `Color_Verde` cuya expresión es la siguiente:

  ```
  Color_Verde =
    CALCULATE(
      [Cantidad],
      Productos[Color] = "Verde"
    )
  ```

La función `CALCULATE` evalúa la expresión pasada como primer parámetro, que se corresponde con la medida base `Cantidad`, en un contexto modificado por un filtro aplicado a la columna Color con valor Verde para controlar qué parte del conjunto de datos se evalúa en los cálculos.

- Utilizar la función `CALCULATE` en una expresión DAX es la única vía para controlar de forma sostenible el filtro que se aplica sobre un campo del modelo de datos al evaluar una medida.
- Los filtros externos que se apliquen a cualquier campo del modelo que no se incluya como parámetro de la función `CALCULATE` se aplican sin restricción.
- `CALCULATE` puede:
  - Anular los filtros predeterminados en las visualizaciones.
  - Agregar o modificar filtros para calcular resultados específicos.

Remplazar un filtro por otro en una columna

El caso de uso más sencillo en `CALCULATE` es cuando se controla el filtro que se aplica a una columna en particular.

La medida `Color_Verde` utiliza la función `CALCULATE` que evalúa la medida `Cantidad` en un contexto de filtro modificado para la columna Color de la tabla Productos. La función `CALCULATE` impone la condición y, por tanto, el contexto de filtro a aplicar sobre la columna Color. Como resultado de esta expresión ocurren dos cosas:

- Se ignora cualquier filtro externo aplicado sobre la columna Color de la tabla Productos. El cálculo depende de todo el contexto de filtro externo aplicado sobre cualquier columna del modelo, menos por el contexto que se genere sobre la columna Color de la tabla Productos.
- Se establece una condición de filtro donde Color es Verde.

La figura 7.1 muestra el efecto del filtro en la expresión DAX sobre los resultados.

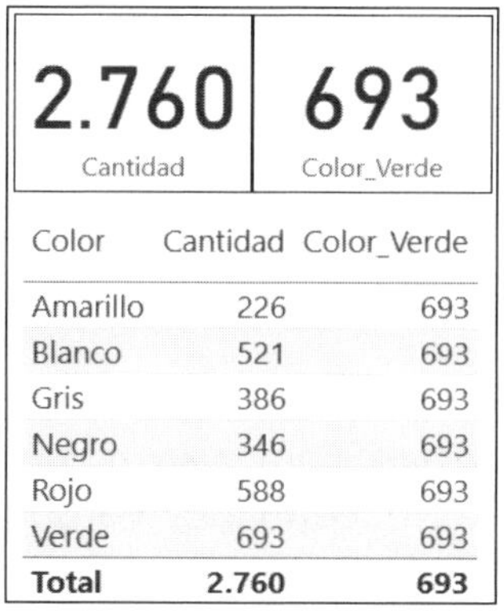
2.760 Cantidad | 693 Color_Verde

Color	Cantidad	Color_Verde
Amarillo	226	693
Blanco	521	693
Gris	386	693
Negro	346	693
Rojo	588	693
Verde	693	693
Total	**2.760**	**693**

Figura 7.1. Contexto de filtro modificado desde expresión DAX que utiliza `CALCULATE`.

Evaluar lógica condicional

`CALCULATE` destaca cuando se utiliza con lógica condicional, como el cálculo de métricas basadas en umbrales o indicadores. La medida `Importes_CALCULATE` es un ejemplo que calcula dinámicamente el importe total de las ventas en dependencia del importe a nivel de fila.

Todos los filtros que se apliquen desde los objetos del informe se tendrán en cuenta como contexto de filtro externo, salvo los que se hayan definido sobre las columnas Cantidades y Precio de la tabla Ventas.

```
Importes CALCULATE =
  CALCULATE(
    SUMX(Ventas,
      Ventas[Cantidades] * Ventas[Precio]
    ),
    Ventas[Cantidades] * Ventas[Precio] > 300
  )
```

Inteligencia de tiempo con CALCULATE

La capacidad de la función `CALCULATE` para controlar qué parte del conjunto de datos se evalúa en los cálculos es especialmente útil en el análisis que incorpora las funciones de inteligencia de tiempo que se analizan posteriormente en este libro.

Algunas funciones de inteligencia de tiempo utilizan internamente la función `CALCULATE` porque se presentan con una sintaxis simplificada. Se recomienda seguir el patrón habitual de `CALCULATE` para crear cálculos personalizados basados en el tiempo, como es el caso de la medida `Cantidad_Año_Anterior`.

```
Cantidad_Año_Anterior =
  CALCULATE(
    [Cantidad],
    DATEADD(
      Calendario[Fecha],
      -1,
      YEAR
    )
  )
```

En la expresión de la medida `Cantidad_Año_Anterior`, la función `CALCULATE` cambia el contexto del filtro al mismo periodo del año anterior y evalúa la medida `Cantidad`.

¿Cómo trabaja CALCULATE?

La función `CALCULATE` realiza una serie de pasos cuando evalúa una expresión. El proceso es más complejo, aunque se puede resumir en lo siguiente:

1. Evalúa todos los argumentos de filtro explícitos en el contexto de evaluación original.

2. De existir contexto de fila, realiza la transición de contexto, convierte la expresión a contexto de filtro, se trata de un filtro con un valor único para todas las columnas que se iteran actualmente en los contextos de fila originales e incorpora tantas condiciones como haya. Si no hay contextos de fila activos, este paso se omite.
3. Cuando ha evaluado todos los filtros de forma individual, construye el nuevo contexto de filtro.
4. Comprueba la existencia de filtros modificadores `USERELATIONSHIP`, `CROSSFILTER`, `ALL`, `ALLEXCEPT`, `ALLSELECTED` y `ALLNOBLANKROW`.
    - Como los modificadores `CALCULATE` se aplican después de la transición de contexto, pueden alterar sus efectos.
    - Si se utiliza la función `ALL`, se pierde el efecto de la transición de contexto de fila, que provoca un filtro a la columna, porque `ALL` elimina el filtro aplicado sobre la columna que se pase como parámetro.
5. El contexto externo se complementa o modifica aplicando los parámetros de filtro explícitos de la expresión. Sin embargo, la evaluación de los argumentos de filtro se realiza en el contexto de filtro original y no se ve afectada por ningún otro modificador o filtro dentro de la misma función `CALCULATE`.
    - Como los filtros explícitos de la expresión `CALCULATE` se aplican después de la transición de contexto, pueden alterar sus efectos.
    - Si la función `KEEPFILTERS` modifica un argumento de filtro, el filtro se agrega al contexto de filtro sin sobrescribir los filtros existentes en las mismas columnas.

Evaluar la condición para reducir filas

Hay varias opciones para evaluar una condición y reducir las filas:

- Aplicar filtro a una columna Color, como en la medida `Color_Verde`. La función `CALCULATE` ignora el contexto externo, la expresión devuelve el mismo valor para cada fila.
    - `CALCULATE` no solo filtra, sino que neutraliza toda acción de filtro sobre la columna que se realice externamente a la medida.

```
Color_Verde =
CALCULATE(
    [Cantidad],
    Productos[Color] = "Verde"
)
```

- Aplicar filtro a la tabla Productos, como en la medida `FILTER_Color_Verde`.

```
FILTER_Color_Verde =
  CALCULATE(
    [Cantidad],
    FILTER(
      Productos,
      Productos[Color] = "Verde"
    )
  )
```

Al sustituir el parámetro, por la función `FILTER` y aplicar la misma condición se puede esperar el mismo resultado. El resultado es el mismo siempre que la acción de filtro se realice sobre cualquier columna del modelo que no sea la columna Color.

Si se aplica un filtro externo por la columna Color, la función `FILTER`, que es una función de tipo iterador, no modifica el contexto, sino que recorre la tabla (pasada como primer argumento) y evalúa la expresión (segundo argumento) para cada fila.

- Si se filtra externamente la columna Color y se elige el color Amarillo, se evalúa con condición `AND` lógico la existencia de productos de color amarillo y verde al mismo tiempo.
- Como la condición no se cumple para ninguna fila de la tabla Productos, la medida `FILTER_Color_Verde` devuelve un valor en blanco.

Si se envuelve la columna que filtra, que es Color, en una función `ALL`, como en la expresión de la medida `FILTER_ALL_Color_Verde`, el resultado se modifica.

La función `ALL` es un modificador que elimina el contexto de filtro externo sobre la columna, provoca que todos los valores de Color estén visibles y la combinación `AND` con Color igual a todos los colores y Color es Verde es efectiva.

```
FILTER_ALL_Color_Verde =
  CALCULATE(
    [Cantidad],
    FILTER(
      ALL(Productos[Color]),
      Productos[Color] = "Verde"
    )
  )
```

Los tres ejemplos utilizados para reducir filas se pueden ver en la figura 7.2.

El requisito de negocio determina qué función o combinación de funciones DAX es la más adecuada para cada caso.

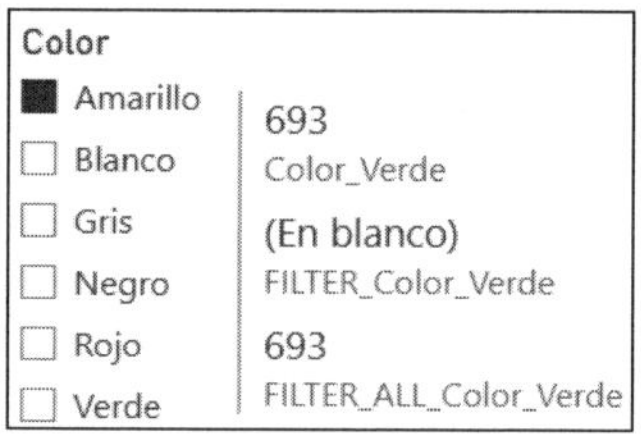

Figura 7.2. Efecto de reducir filas y aplicar filtros externos a las medidas.

Comprobar que un elemento esté visible

Se recomienda evitar el uso de `FILTER` cuando no sea necesario. Es mejor utilizar `CALCULATE` con filtros simples siempre que sea posible y, si se requiere distinguir entre los valores visibles y los que no, la recomendación es utilizar las funciones `VALUES` y `DISTINCT`.

En la expresión DAX para definir las medidas `VALUES_Color_Verde` y `DISTINCT_Color_Verde` se evalúan dos condiciones.

```
VALUES_Color_Verde =
  CALCULATE(
    [Cantidad],
    Productos[Color] = "Verde",
    VALUES(Productos[Color]
    )
  )

DISTINCT_Color_Verde =
  CALCULATE(
    [Cantidad],
    Productos[Color] = "Verde",
    DISTINCT (Productos[Color]
    )
  )
```

Ambas funciones admiten tabla o columna como parámetro. Si se pasa una columna, como en el ejemplo, devuelve una tabla con una columna que contiene los valores distintos.

- La segunda condición es Color es Verde.
- Solo se cumplen ambas condiciones en la fila de la tabla que se corresponde con el color Verde y en la fila Total, por eso el cálculo se realiza únicamente en estos dos casos.

El resultado se puede apreciar en la figura 7.3.

Color	Color_Verde	VALUES_Color_Verde	DISTINCT_Color_Verde
Amarillo	693		
Blanco	693		
Gris	693		
Negro	693		
Rojo	693		
Verde	693	693	693
Total	**693**	**693**	**693**

Figura 7.3. Comprobar la visibilidad con expresiones DAX.

Cada celda de la tabla que se muestra en la figura 7.3 tiene dos filtros activos, el que viene del objeto y el que se agrega como argumento de filtro en CALCULATE. En cada fila del cuerpo de la tabla hay un único valor seleccionado de la columna Color, en la fila Total están todos los colores. En todas las filas, además, hay un filtro Color es Verde forzado por la condición de la función CALCULATE.

La diferencia en el uso de una u otra función solo se verá en determinados escenarios y funciones combinadas y si existe violación de la integridad referencial.

Crear filtros para más de una columna a la vez. Operadores AND y OR

La función CALCULATE admite combinar expresiones de filtro.

Operador AND o &&

La medida Verde_España contiene dos filtros que se pasan como segundo y tercer parámetro. Estos filtros definidos por la expresión DAX, provocan que se apliquen filtros sobre dos columnas Color y País de tablas diferentes que son: Productos y Clientes.

```
Verde_España =
  CALCULATE(
    [Cantidad],
    Productos[Color] = "Verde",
    Clientes[País] = "España"
  )
```

La función CALCULATE procesa ambos filtros y los aplica al conjunto de datos antes de evaluar la medida Cantidad. Cuando se trata de aplicar distintas condiciones de filtro a columnas distintas, sean de la misma tabla o tablas diferentes, se concatenan las condiciones con un operador AND lógico.

- Si se aplican filtros por las columnas que se utilizan en la expresión CALCULATE tiene prioridad la función CALCULATE.
- Si se filtra por cualquier otra columna cuyo efecto no devuelva filas visibles, por ejemplo, Ciudad = Bogotá rompe la condición de País = España. La expresión devuelve conjunto vacío.

Operador OR o ||

Ante escenarios de condiciones sobre distintas columnas enlazadas con un operador OR, hay que tener en cuenta que solo se puede trabajar con columnas de una única tabla en la expresión de filtro.

La siguiente expresión DAX que define la medida Verde_O_España no es válida.

```
Verde_O_España =
  CALCULATE(
    [Cantidad],
    Productos[Color] = "Verde" ||
    Clientes[País] ="España"
  )
```

El mensaje de error es el siguiente: "La expresión contiene columnas de varias tablas, pero en una expresión True/False, que se usa como expresión de filtro de tabla, solo pueden utilizarse columnas de una única tabla".

La condición OR funciona bien con columnas de la misma tabla, como en este ejemplo definido para la medida Verde_O_Grande.

```
Verde_O_Grande =
  CALCULATE(
    [Cantidad],
    Productos[Color] = "Verde" ||
    Productos[Tamaño] = "Grande"
  )
```

Manejar conjuntos admitidos y excluidos

Una de las vías para establecer conjuntos admitidos y excluidos es definirlos con expresiones DAX que utilicen las ventajas que ofrece la función CALCULATE.

La medida América del Sur es un ejemplo de función DAX para tratamiento de conjuntos admitidos.

- El operador IN evalúa la presencia del valor de la columna en la lista de elementos que se escriben, separados por comas, dentro de las llaves.

```
América del Sur =
  CALCULATE(
    [Cantidad],
    Clientes[País] IN {
      "Argentina",
      "Chile"
    }
  )
```

Cuando se aplica una condición de filtro que incluye más de un posible valor para una columna, como ocurre en este caso, se activa una acción de filtro en forma de tabla que se utiliza como parámetro de filtro de CALCULATE.

- Para tratar las excepciones sobre la pertenencia a un conjunto, la sintaxis es la misma y se acompaña de un operador de negación NOT, como se muestra en la medida Sin América del Sur.

```
Sin América del Sur =
  CALCULATE(
    [Cantidad],
    NOT Clientes[País] IN {
      "Argentina",
      "Chile"
    }
  )
```

La figura 7.4 muestra el análisis del total devuelto por la medida Cantidad y, luego, un total parcial para cada escenario que valida la existencia del conjunto admitido y excluido, dentro y fuera de América del Sur.

Figura 7.4. Valor total y valores de conjuntos.

Modificadores en CALCULATE

La función CALCULATE puede disponer de modificadores para conseguir los objetivos de controlar el contexto. El paso 4 de ejecución de la función CALCULATE es comprobar la existencia de los filtros modificadores USERELATIONSHIP, CROSSFILTER, ALL, ALLEXCEPT, ALLSELECTED y ALLNOBLANKROW.

Activar una relación inactiva con USERELATIONSHIP

Cuando existe más de una relación entre dos tablas, solo puede existir una relación activa, como se aprecia en la figura 7.5.

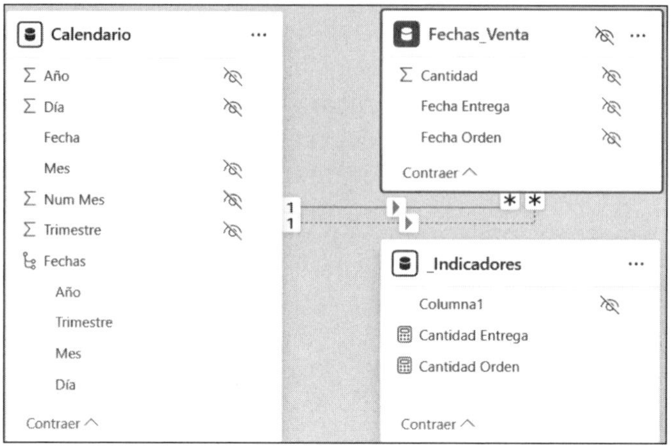

Figura 7.5. Vista **Modelo** con una relación activa y otra inactiva entre dos tablas.

La activación de la relación inactiva se realiza como parte del cálculo y se garantiza con el modificador `USERELATIONSHIP`.

- El requisito para poder utilizar el modificador `USERELATIONSHIP` entre dos tablas es que la relación inactiva tiene que existir en el modelo de datos.

La medida base `Cantidad_Orden` utiliza la relación activa que existe entre las tablas a través de las columnas **Fecha** de la tabla **Calendario** y **Fecha Orden** de la tabla **Fechas_Venta**; por eso, no necesita utilizar la función `CALCULATE` en su definición.

```
Cantidad Orden = SUM(Fechas_Venta[Cantidad])
```

La medida `Cantidad Entrega` calcula su resultado activando la relación que está inactiva en el modelo entre las columnas **Fecha** de la tabla **Calendario** y **Fecha Entrega** de la tabla **Fechas_Venta**. Para conseguir su objetivo, se apoya en el modificador `USERELATIONSHIP`, disponible en la función `CALCULATE`.

```
Cantidad Entrega =
  CALCULATE(
    [Cantidad Orden],
    USERELATIONSHIP(
      Calendario[Fecha],
      Fechas_Venta[Fecha Entrega]
    )
  )
```

La función USERELATIONSHIP se encarga de activar una relación que se ha diseñado como inactiva y, a la vez, define la relación activa que genera la tabla expandida.

Esta solución permite analizar varios hechos como las cantidades ordenadas y entregadas en una fecha. Es una solución eficiente que mantiene bien diseñado el modelo de datos y aprovecha las funciones integradas en el lenguaje DAX.

El resultado del cálculo se puede ver en la figura 7.6.

Año	Cantidad Orden	Cantidad Entrega
2025	**997**	**997**
1	**221**	**103**
Marzo	221	103
2	**776**	**894**
Abril	398	355
Mayo	378	539
Total	**997**	**997**

Figura 7.6. Medidas que utilizan la función CALCULATE y las relaciones entre las tablas.

Activar la doble dirección de filtro con CROSSFILTER

En el análisis de datos, hay escenarios en los que se desea obtener un valor aplicando un cálculo sobre una dimensión y filtrando por otra. Se puede configurar como doble dirección de filtro cruzado, pero es más eficiente utilizar el modificador CROSSFILTER.

La figura 7.7 expone el fragmento del modelo de datos que se necesita para este ejemplo.

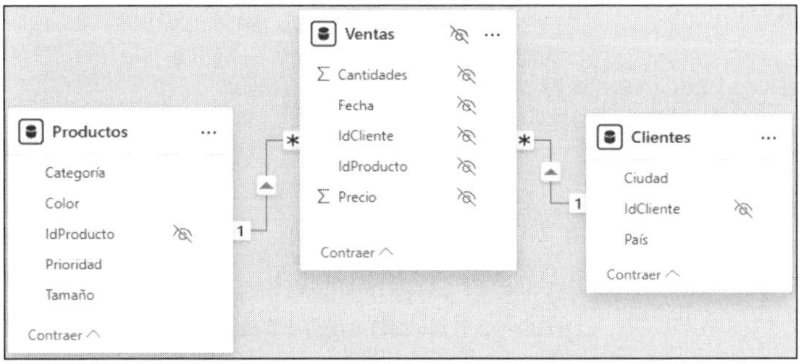

Figura 7.7. Modelo de datos para provocar filtro entre dimensiones.

En el ejemplo se desea conocer la cantidad de clientes de España que compraron productos de cada color. A partir del modelo de la figura 7.7, se puede ver que el filtro por Color se propaga de Productos a Ventas, pero no se propaga a Clientes.

La medida `Compradores` calcula la cantidad de clientes que compraron al menos una vez un producto y filtra bien por los colores de la tabla de la figura 7.8.

Color ▲	Cantidad	Compradores	Total_Clientes
Amarillo	226	8	9
Blanco	521	7	9
Gris	386	7	9
Negro	346	8	9
Rojo	588	8	9
Verde	693	9	9
Total	**2.760**	**9**	**9**

Figura 7.8. Error en el resultado al no existir propagación de filtros entre dimensiones.

```
Compradores = DISTINCTCOUNT(Ventas[IdCliente])
```

Esta medida actúa sobre una columna de la tabla Ventas que recibe el filtro propagado de la tabla Productos o, mejor dicho, es una tabla expandida que incluye las columnas de la tabla Productos y se puede filtrar.

La medida `Total_Clientes` recorre la tabla Clientes y, como no se propaga el filtro en dirección Varios a Uno, para cada fila de la tabla devuelve el valor total del conteo de clientes sin filtrar.

```
Total_Clientes = COUNTROWS(Clientes)
```

Este resultado se puede ver también en la figura 7.8.

La expresión de medida para `Clientes-España` presenta la misma dificultad: no se puede filtrar por ninguna columna que no sea de la tabla Clientes.

```
Clientes-España =
  CALCULATE(
    COUNT(Clientes[IdCliente]),
    Clientes[País] = "España"
  )
```

Hay dos posibles soluciones:

1. Desde la vista Modelo se puede configurar la propiedad Dirección de filtro cruzado como Ambas, como se muestra en la figura 7.9.

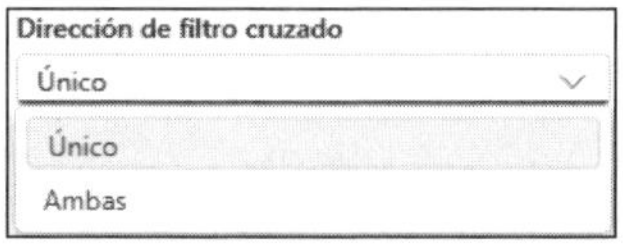

Figura 7.9. Propiedad Dirección de filtro cruzado desde el panel Propiedades en la vista Modelo.

De esta forma el filtro se puede propagar de una dimensión a otra a través de la tabla de hechos. Pero, aunque el resultado sea correcto, es una mala práctica.

- Las relaciones más eficientes en el modelo tabular con las que tienen la dirección de filtro de dirección única.

2. Si se crea una expresión DAX con el modificador `CROSSFILTER` como parámetro de `CALCULATE`, se consigue activar el doble sentido de la relación y propagar el filtro hasta la tabla Clientes y obtener el resultado esperado sin tener que modificar el modelo.

   La medida `Clientes-Colores` recorre la tabla Clientes para calcular la medida base `Total Clientes` y activa una doble dirección de filtro, únicamente para el cálculo, que garantiza que el filtro que recibe Ventas desde Productos se propague desde la tabla Ventas a la tabla Clientes, con independencia de que el diseño del modelo no lo permita.

```
Clientes-Colores =
  CALCULATE(
    [Total_Clientes],
    CROSSFILTER(
      Clientes[IdCliente],
      Ventas[IdCliente],
      Both
    )
  )
```

Cualquier combinación de filtros, como la que se define en la medida `España-Colores`, aplicados a la tabla Clientes devolverá un resultado correcto si se acompaña del modificador `CROSSFILTER` que active la doble dirección de filtro.

```
España-Colores =
  CALCULATE(
    [Clientes-España],
    CROSSFILTER(
      Clientes[IdCliente],
      Ventas[IdCliente],
      Both
    )
      )
```

La recomendación final es mantener dirección única y aplicar `CROSSFILTER` en `CALCULATE` para activar doble dirección. El resultado se puede apreciar en la figura 7.10.

Color	Cantidad	Clientes-Colores	España-Colores
Amarillo	226	8	3
Blanco	521	7	2
Gris	386	7	2
Negro	346	8	2
Rojo	588	8	3
Verde	693	9	3
Total	**2.760**	**9**	**3**

Figura 7.10. Resultado de utilizar el modificador CROSSFILTER.

Doble dirección de filtro vs. tablas expandidas

Las tablas expandidas no tienen nada que ver con el filtrado bidireccional.

- La tabla expandida siempre se produce en el lado Varios de una relación. Si se activa el filtro cruzado bidireccional en una relación y existe un lado Varios de la relación, no se afecta la tabla expandida ni depende de ella.
- En su lugar, el motor introduce ciertas condiciones de filtrado en el código para aplicar los filtros en ambos lados. Por lo tanto, en el modelo anterior, si se habilita el filtro cruzado bidireccional en la relación entre Ventas y Productos, no se añadirán las columnas de la tabla Ventas a la tabla expandida Productos, porque la tabla Productos sigue estando en el extremo Uno de la relación.

Eliminar filtros activos con la familia ALL y REMOVEFILTERS

La función CALCULATE en DAX es muy compleja y versátil. Una de sus ventajas es que admite modificadores como ALL y REMOVEFILTERS, que tienen un mismo objetivo y es sustituir las condiciones de filtro que se reciben de los objetos visuales y otras expresiones DAX.

- La función ALL se puede utilizar además como expresión de tabla.
- La función REMOVEFILTERS está muy bien nombrada según su finalidad, es un alias para ALL y solo se puede utilizar como modificador en CALCULATE.

Estas dos expresiones son equivalentes. Ambos modificadores eliminan cualquier filtro activo de la columna Color.

Esta medida garantiza que las ventas se sumen para todos los colores, incluso si un objeto visual tiene una segmentación de datos o un filtro aplicado a la columna Color cuyo comportamiento está siendo modificado por estas funciones.

```
Todos_Colores_ALL =
  CALCULATE(
    [Cantidad],
    ALL(Productos[Color])
  )

Todos_Colores_ALL =
  CALCULATE(
    [Cantidad],
    REMOVEFILTERS(Productos[Color])
  )
```

Estas otras dos expresiones también son equivalentes. Cada vez que se añade un filtro al contexto de filtro, se añade automáticamente un modificador `REMOVEFILTERS` a cada columna filtrada en la expresión que utiliza la función `CALCULATE`.

```
Color_Verde =
  CALCULATE(
    [Cantidad],
    Productos[Color] = "Verde"
  )
Color_Verde_REMOVEFILTERS =
  CALCULATE(
    [Cantidad],
    Productos[Color] = "Verde",
    REMOVEFILTERS(Productos[Color])
  )
```

`REMOVEFILTERS` se evalúa después de la transición de contexto y antes de otros filtros, según el orden de evaluación de `CALCULATE`.

Ignorar filas huérfanas con ALLNOBLANKROW

La función `ALLNOBLANKROW` elimina los filtros correspondientes del contexto de filtro aplicado a la tabla y la columna y devuelve todas sus filas, salvo si la tabla tiene filas huérfanas provocadas por error de integridad referencial.

Diferencias entre las funciones ALLNOBLANKROW y ALL

- La función `ALL` tiene en cuenta esa fila, mientras `ALLNOBLANKROW` no.
- `ALLNOBLANKROW` no se puede utilizar sin parámetros, `ALL` sí.

Semejanzas entre las funciones ALLNOBLANKROW y ALL

- `ALLNOBLANKROW` recibe los mismos parámetros que `ALL` cuando se utiliza como modificador.
- Ambas funciones no materializan la tabla resultante cuando se llama directamente en un argumento de filtro de `CALCULATE`.
- El único valor vacío que no se incluye en el resultado es el que se añade a la tabla en caso de relaciones no válidas.

Eliminar los filtros con excepciones con ALLEXCEPT

El modificador `ALLEXCEPT` se utiliza dentro de una función `CALCULATE` para eliminar los filtros de la tabla expandida pasada como primer argumento, conservando únicamente los filtros de las columnas especificadas en los argumentos siguientes como muestra la siguiente expresión.

```
ALLEXCEPT_País =
  CALCULATE(
    [Cantidad],
    ALLEXCEPT(
      Ventas,
      Clientes[País]
    )
  )
```

En la expresión de la medida `ALLEXCEPT_País` se evalúa la medida `Cantidad`, que es la medida base, para las filas de la tabla Ventas después que ocurra la acción de filtro provocada por cualquier columna en el contexto de filtro externo, menos por la columna País de la tabla Clientes.

- La tabla Ventas que se pasa como primer parámetro se evalúa en su calidad de tabla expandida, por lo que contiene la columna País de la tabla Clientes.
- En realidad, contiene todas las columnas de todas las tablas relacionadas con sentido al extremo Uno de la relación, lo que se corresponde con las tablas Clientes y Productos según el modelo de datos de la figura 7.7.

Como resultado, elimina todos los filtros que se hayan aplicado a la tabla expandida Ventas. En la tabla de la izquierda de la figura 7.11 se distinguen los siguientes resultados:

- La expresión elimina el filtro aplicado por el objeto visual tabla a la columna Color de la tabla Productos.

- La expresión no elimina el filtro aplicado a la columna **País** de la tabla **Clientes**, que aparece segmentado por nombre de **País** en la tabla de la derecha en la figura 7.11.

Color	Cantidad	ALLEXCEPT_País
Verde	693	2.760
Rojo	588	2.760
Blanco	521	2.760
Gris	386	2.760
Negro	346	2.760
Amarillo	226	2.760
Total	**2.760**	**2.760**

País	Cantidad	ALLEXCEPT_País
Argentina	639	639
Chile	426	426
Colombia	333	333
España	764	764
México	598	598
Total	**2.760**	**2.760**

Figura 7.11. Efecto de aplicar el modificador `ALLEXCEPT`.

Mantener el filtro de objetos externos con ALLSELECTED

Cuando se aplica `ALLSELECTED` como modificador de filtro de `CALCULATE`, se respeta el efecto de los filtros provocados por objetos externos mientras se anula el efecto del filtro provocado por el objeto actual. En realidad, es una función mucho más compleja que ofrece más posibilidades de uso, pero me limito al modificador y su finalidad esencial.

- Si no se aplican filtros externos, el resultado de una función `ALLSELECTED` para cada fila de la tabla es el mismo que se obtiene con las funciones modificadoras `ALL` y `REMOVEFILTERS`, como se aprecia en la figura 7.12.

País	Cantidad	ALLSELECTED Países
Argentina	639	2.760
Chile	426	2.760
Colombia	333	2.760
España	764	2.760
México	598	2.760
Total	**2.760**	**2.760**

Figura 7.12. La función `ALLSELECTED` ignora el filtro aplicado por el objeto visual.

- Si se aplican filtros externos, por ejemplo, desde un filtro, como se aprecia en la figura 7.13, el resultado reconoce el filtro externo y lo considera en el cálculo que incluye la función `ALLSELECTED` para cada fila de la tabla.

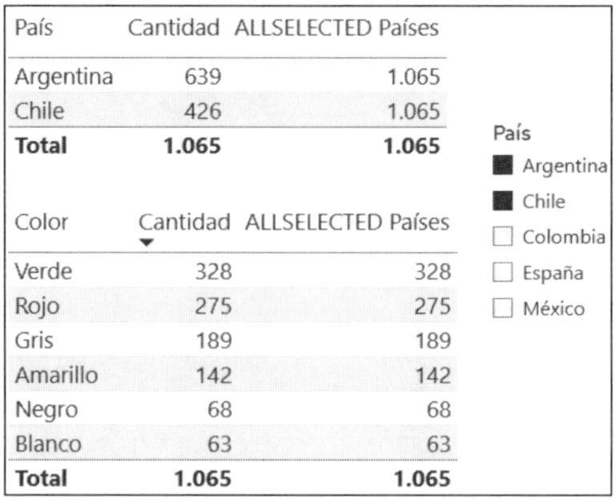

País	Cantidad	ALLSELECTED Países
Argentina	639	1.065
Chile	426	1.065
Total	**1.065**	**1.065**

Color	Cantidad	ALLSELECTED Países
Verde	328	328
Rojo	275	275
Gris	189	189
Amarillo	142	142
Negro	68	68
Blanco	63	63
Total	**1.065**	**1.065**

Figura 7.13. La función ALLSELECTED reconoce el filtro aplicado por un objeto de informe.

Contexto de filtro sombra

Los contextos de filtro sombra son un tipo especial de contexto de filtro que, en su estado inicial, están inactivos. No son muy conocidos. Un contexto de filtro inactivo no afecta el comportamiento del código de ninguna manera.

- La función `ALLSELECTED` activa los contextos de filtro de sombra durante su ejecución. Si se han definido varios, activa el último.

CALCULATE y el orden de los filtros

El orden de los parámetros de filtros es importante, especialmente en los escenarios en los que se anidan llamadas a funciones `CALCULATE`. Los filtros en `CALCULATE` se aplican secuencialmente, por lo que, según sea el orden, así serán los resultados. Lo primero que se evalúa es el valor de los parámetros de filtro explícito que se pasan a partir del segundo parámetro a una función `CALCULATE`.

- Una vez validado el contexto de filtro externo, más los parámetros de filtro, los modificadores y todos los elementos, entonces se obtiene el conjunto de filas visibles sobre las que se aplica el cálculo en dependencia de la expresión que se pasa como primer parámetro a la función `CALCULATE`.

Para demostrar el efecto se exponen dos casos:

- **Caso 1:** Primero se aplica `ALL` y luego un filtro concreto.

  La figura 7.14 expone el código de la medida `ALL País`. La expresión contiene una función `CALCULATE` externa que recibe como primer parámetro una expresión que incluye otra función `CALCULATE` interna.

```
ALL País =
    CALCULATE( // Función más externa
        CALCULATE( -- Función más interna
            [Cantidad], -- Primer parámetro
            -- Si se elimina KEEPFILTERS devuelve el mismo resultado
            KEEPFILTERS( Clientes[País] ="España")
        ),
    // Segundo parámetro de la función más externa, se evalúa primero
    ALL(Clientes[País]) // Elimina el contexto de filtro externo
    )
```

Figura 7.14. Secuencia de filtros, primero ALL y luego filtro por País.

En la figura 7.14 se pueden destacar estos elementos:

- El primer filtro que se ejecuta es el más externo. Se aplica el modificador ALL a la columna País, que elimina todos los filtros sobre esa columna.
- El segundo filtro que se aplica es el más interno. El contexto de filtro que recibe la función CALCULATE interna tiene todos los países visibles, motivado por el uso del modificador ALL. En la expresión, se modifica el contexto de filtro y se filtra por País es España.

Con ese estado de filtro se calcula la medida base Cantidad.

- **Caso 2:** Primero se aplica un filtro sobre la columna y luego la función ALL.

La figura 7.15 expone el código de la medida País_ALL. La expresión también contiene una función CALCULATE externa que recibe como primer parámetro una expresión que incluye otra función CALCULATE interna. La diferencia está en el orden en el que se han definido los parámetros.

```
País ALL =
CALCULATE(
    CALCULATE(
        // Primer parámetro interno, último en ejecutarse
        [Cantidad],
        // Segundo parámetro de función más interna
        // Al filtrar se recupera la visibilidad de todas las filas
        ALL(Clientes[País])
        ),
    -- Segundo parámetro de función más externa
    -- Al filtrar, solo se ven los clientes de España
    KEEPFILTERS(Clientes[País]="España")
    )
```

Figura 7.15. Secuencia de filtros, primero filtro por País y luego, ALL.

En la figura 7.15 se pueden destacar estos elementos:

- El primer filtro que se ejecuta es el más externo. El contexto de filtro se modifica y se filtra por **País** es **España**.
- El segundo filtro que se aplica es el más interno. El contexto de filtro que recibe la función `CALCULATE` interna tiene un único valor de la columna **País** visible, **España**. Se aplica el modificador `ALL` a la columna **País** que elimina todos los filtros sobre esa columna, por lo que deja sin efecto el filtro aplicado para **España**.
- Con ese estado de filtro se calcula la medida base `Cantidad`.

La figura 7.16 muestra el resultado devuelto por las medidas `ALL País` y `País ALL`.

2.760	764
Cantidad	España

País	Cantidad	ALL País	País ALL
Argentina	639	764	2.760
Chile	426	764	2.760
Colombia	333	764	2.760
España	764	764	2.760
México	598	764	2.760
Total	**2.760**	**764**	**2.760**

Figura 7.16. Efecto de cambiar el orden de parámetros al anidar funciones `CALCULATE`.

En la figura 7.16 se aprecia que el parámetro de filtro que se aplica a la función `CALCULATE` más interna, que es la última que se ejecuta, define el resultado de la expresión.

Conclusiones

La función `CALCULATE` es muy importante en la creación de expresiones con DAX que den respuesta a los requisitos de negocio.

Esta función es muy versátil, cumple muchas tareas y gestiona como ninguna otra los contextos de evaluación de los filtros.

Se recomienda explorar, estudiar y aprovechar cada modificador integrado y cada posibilidad para conseguir toda la lógica de negocio con la mayor eficiencia posible.

El resto del libro está cargado de más ejemplos de uso de la función `CALCULATE`.

8 El lenguaje DAX y la inteligencia de tiempo

En este capítulo aprenderás a:

- Trabajar con las funciones de inteligencia de tiempo.
- Combinar la función CALCULATE con filtros de inteligencia de tiempo.
- Crear acumulados y desplazar los cálculos en el tiempo.

Qué es la inteligencia de tiempo

La inteligencia de tiempo se relaciona con los resultados que se obtienen a lo largo del tiempo. Se analizan los datos en diferentes niveles que pueden ser fechas, meses, trimestres y años. También se pueden comparar semanas o semestres.

Gracias a la inteligencia de tiempo, se responde a las preguntas de negocio que involucren la línea de tiempo, por ejemplo:

- ¿Qué incremento de las ventas se ha logrado con respecto al mismo periodo del año anterior?
- ¿Cuál es el valor acumulado anual hoy en día?

Funciones básicas de fecha-hora

DAX tiene dos tipos de funciones que trabajan sobre columnas de tipo Fecha o FechaHora. Las funciones básicas por lo general se heredaron al lenguaje DAX del lenguaje de fórmulas de Excel y, salvo algunas mejoras incluidas en DAX, el funcionamiento es el mismo que existe en Excel.

Algunos comentarios y ejemplos de las funciones básicas de fecha y hora son:

- Algunas funciones sirven para extraer las distintas partes que compone una columna que sea de tipo Fecha/Hora del modelo tabular, desde el año hasta el segundo, pasando por todos los niveles, trimestre, mes, día, hora y minuto. Algunas de estas funciones son: `YEAR`, `QUARTER`, `MONTH` y `DAY`, para Fecha y `HOUR`, `MINUTE`, `SECOND` para Hora.
- Hay funciones que trabajan sobre el día de la semana como `WEEKDAY` y `WEEKNUM`.
- Se puede calcular la diferencia entre dos días con la función `DATEDIFF` y diseñar si se desea que el resultado sea a nivel de días, semanas o meses, ya que tiene tres argumentos que permiten crear esta configuración.
- Hay funciones dinámicas como `TODAY` y `NOW` que se utilizan mucho combinadas con las funciones básicas y las funciones de inteligencia de tiempo.

Funciones de inteligencia de tiempo en DAX

La inteligencia de tiempo para las expresiones escritas en lenguaje DAX significa poder manipular los datos para filtrar los resultados en función de un periodo de tiempo en particular y así modificar el contexto de filtros para los cálculos en el tiempo.

Lo interesante es que se parte de un punto determinado en la línea de tiempo. Ese punto se corresponde con el hecho real ocurrido ese día, mes, trimestre o año. Al cambiar el contexto a partir de tener en cuenta el valor actual, se pueden crear acumulados, comparativas con el periodo anterior o periodos de tiempo dinámicos, es decir, mirar lo ocurrido hace dos años, o hace "x" años. También permite evaluar el resultado en un punto concreto del tiempo.

De todas las columnas que pueden existir en la tabla Calendario, la única columna utilizada por las funciones de inteligencia de tiempo es la columna que se ha definido como columna de Fecha en esa tabla y se utiliza como parámetro en estas funciones.

- El resto de las columnas de la tabla Calendario son desconocidas para estas funciones, a sus efectos, no existen.

Hay más de 30 funciones de inteligencia de tiempo y trabajan en grupos. Según sea la función que se utilice, se pueden describir dos vías para cambiar el contexto actual.

Ampliar el rango de fechas

Este grupo incluye muchas funciones como `DATESYTD`, `DATESQTD` y `DATESMTD`, que amplían el rango de fechas y devuelven una tabla de una columna con las fechas del rango elegido, que en este caso es desde el inicio del año, trimestre y mes respectivamente, hasta la fecha actual.

Se dispone además una familia de funciones que comienzan por `PREVIOUS`, y `NEXT` en los niveles `YEAR`, `QUARTER`, `MONTH` y `DAY`. Este grupo también devuelve una tabla con todas las fechas del año anterior, el trimestre anterior, siguiente año, siguiente trimestre, etc. Algunos ejemplos son `PREVIOUSDAY`, `PREVIOUSMONTH`, `NEXTQUARTER` y `NEXTYEAR`.

- Existen las funciones `PREVIOUS` y `NEXT` en DAX que no indican nivel en el tiempo. Estas funciones son específicas para cálculos visuales y nada tienen que ver con la inteligencia de tiempo.

Hay funciones muy interesantes para el tratamiento de rango de fechas como son: `DATESBETWEEN` y `DATESINPERIOD`. En la expresión de la medida `Hasta hoy` se emplea la función `DATESBETWEEN` para obtener el rango de fechas hasta la fecha actual. Como se utiliza la función `BLANK()` en el segundo parámetro, no se establece un valor de fecha como límite o punto de partida.

```
Hasta hoy =
  CALCULATE(
    [Cantidad],
```

```
    DATESBETWEEN(
      Calendario[Fecha],
      BLANK(),
      TODAY()
    ),
    (Ventas)
  )
```

Mover o desplazar las fechas

Entre las funciones de este grupo hay dos, FIRSTDATE y LASTDATE, que devuelven una tabla de una fila con la fecha mínima y máxima, es decir, el primer y último valor diferente de blanco que se encuentra. Lo importante en estas funciones es que devuelven tabla, lo que puede ser muy conveniente en algunos escenarios.

- Las funciones MIN y MAX sobre una columna de tipo fecha devuelven el mismo resultado, pero en formato escalar en lugar de tabla.

Una de las funciones más utilizadas en este bloque por su gran versatilidad es la función DATEADD, que sirve para mover o desplazar el bloque de fechas que se deben tener en cuenta en el filtro que se aplica al cálculo. La expresión de la medida Mes Anterior que se muestra a continuación utiliza la función DATEADD para desplazar el conjunto de fechas un mes hacia atrás.

```
Mes Anterior =
  CALCULATE(
    [Cantidad],
    DATEADD(
      Calendario[Fecha], -1, MONTH
    )
  )
```

En el mismo grupo, existe además una familia de funciones que comienzan por STARTOF, ENDOF en los niveles YEAR, QUARTER y MONTH. Estas funciones devuelven una fecha específica al inicio o al final, según sea la función y el periodo que se trate. Un par de ejemplos son STARTOFYEAR y ENDOFQUARTER.

La recomendación es revisar la Guía de DAX (https://dax.guide/) y la documentación de Microsoft sobre estas funciones (https://learn.microsoft.com/es-es/dax/time-intelligence-functions-dax) para profundizar en el conocimiento, sintaxis y detalles de cada una de las funciones DAX de Fecha y Hora y de inteligencia de tiempo.

El modelo tabular, la función CALCULATE y la inteligencia de tiempo

Una de las funciones más importantes del lenguaje DAX es CALCULATE, porque permite evaluar una expresión en un contexto modificado por los filtros.

Una medida devuelve el resultado según el contexto de filtro que se aplique en cada caso. Si se trata de análisis en el tiempo, se habla de niveles que pueden ser año, trimestre, mes o incluso día.

Las columnas de las tablas de dimensiones del modelo semántico sobre el que se diseñan los informes analíticos sirven para filtrar los datos, ya sea desde objetos visuales o desde expresiones DAX.

Al pasar un filtro como parámetro a la función CALCULATE se puede indicar un valor, o rango de valores, se pueden anidar condiciones con operadores lógicos AND o se pueden anidar con operadores lógicos OR. Tres ejemplos que ilustran esta frase:

La medida Verde_España crea un conjunto de datos filtrados según la condición de filtro que está compuesta por dos columnas de tablas diferentes que filtran por valores concretos.

La combinación de ambos filtros funciona internamente con un operador AND que garantiza que únicamente se calcule la medida para los hechos que cumplan con los dos requisitos.

```
Verde_España =
  CALCULATE(
    [Cantidad],
    Productos[Color] = "Verde",
    Clientes[País] = "España"
  )
```

La medida Verde_O_Grande crea una condición de operador OR que tiene en cuenta valores de dos columnas de la misma tabla, por lo que basta que se cumpla una de las dos evaluaciones para que el producto se filtre y se tenga en cuenta en el cálculo del hecho que se ha producido.

```
Verde_O_Grande =
  CALCULATE(
    [Cantidad],
    Productos[Color] = "Verde" ||
    Productos[Tamaño] = "Grande"
  )
```

La medida `Sin América del Sur` aporta dos operadores adicionales.

- El operador `IN` para definir un conjunto admitido o condición `OR` sobre los valores de una columna de una tabla. En este caso, son dos valores concretos de países, al ser un operador `OR` se exploran los clientes de estos dos países.
- El operador `NOT` provoca negación y garantiza crear el conjunto denegado, por lo que el filtro admitido tras esta expresión incluye a todos los clientes de todos los países menos estos dos explícitamente.

```
Sin América del Sur =
  CALCULATE(
    [Cantidad],
    NOT Clientes[País] IN {
      "Argentina",
      "Chile"
    }
  )
```

El capítulo pasado, dedicado íntegramente a la función `CALCULATE` y su forma de trabajar, dejó otros muchos ejemplos. En todos estos casos, el requisito ha indicado cuál es la columna o columnas de la tabla o tablas implicadas en el filtro y, en cada caso, el o los valores que se deben filtrar.

Lo que ocurre al analizar la inteligencia de tiempo es que, cuando se necesita acumular un dato en el tiempo o comparar con un periodo anterior o posterior, no se cuenta con el valor concreto para el filtro, no se puede filtrar por un año en particular, salvo que ese sea el requisito específico.

- Si se trata de calcular el hecho desplazando el análisis al año anterior al actual, la fila de la tabla o matriz que corresponde al año 2025 devuelve el resultado del 2024, mientras que la fila del año 2024 devuelve el 2023.
- En la expresión de filtro que se diseña para la función `CALCULATE` no se utiliza el valor que especifica el número de año concreto.
- No se puede indicar una condición del tipo `Color = Verde`.

Para crear las condiciones de filtro de inteligencia de tiempo y conseguir el efecto de valor actual que sirva como punto de partida para definir en contexto de filtro con la función `CALCULATE` se necesitan dos elementos:

- Tabla Calendario.
- Funciones DAX de inteligencia de tiempo.

Las medidas `Hasta Hoy` y `Mes Anterior`, expuestas antes en este capítulo, utilizan la función `CALCULATE`, la tabla Calendario y las funciones de inteligencia de tiempo para cambiar el filtro según la función que utilizan y los valores que se asignan a los parámetros.

Tabla Calendario para acciones de inteligencia de tiempo con DAX

Para que las funciones DAX de inteligencia de tiempo respondan como es debido, es necesaria una tabla con la estructura de un calendario tradicional, que contenga al menos una columna de tipo Fecha y que en sus filas haya valores únicos, sin repetidos y sin saltos en el tiempo. En el modelo que se utiliza para explicar el funcionamiento del lenguaje DAX, existe la tabla y se llama Calendario.

La tabla Calendario debe contener todas las fechas desde el 1 de enero al 31 de diciembre de cada año que se necesite para analizar los hechos. En un año normal, hay 365 filas en la tabla Calendario y en un año bisiesto, 366.

- Los días de fines de semana, no laborales y festivos o feriados se incluyen también porque son días del calendario relativo al año en cuestión con independencia de su finalidad o implicación en el negocio.
- Si se trata de la tabla Calendario para ejecutar las funciones de inteligencia de tiempo, solo hay que prestar atención a la expresión para definir el parámetro `Año` de las fechas de inicio y fin de los hechos porque es lo único que varía, el día y mes de inicio siempre es 1 de enero y el día y mes de fin siempre es 31 de diciembre.

Por lo general, este tipo especial de tabla Calendario no está disponible entre los orígenes de datos.

Configurar la tabla Calendario sin DAX

Para crear la tabla Calendario existen varias opciones.

1. Crear la tabla Calendario en el origen de datos.

   Un ejemplo puede ser un entorno de base de datos transaccional como SQL Server, Oracle u otra. Es muy recomendable crear la tabla en el origen de datos sobre todo si se trata de una base de datos porque se aprovechan las ventajas del servidor relacional y la tabla Calendario se puede aprovechar en más de un proyecto.

2. Crear la tabla **Calendario** desde consulta en blanco con Power Query.

   Se trata de combinar el código M y la acción de los parámetros. La figura 8.1 muestra una función para crear la lista de fechas desde el Editor de consultas o Power Query.

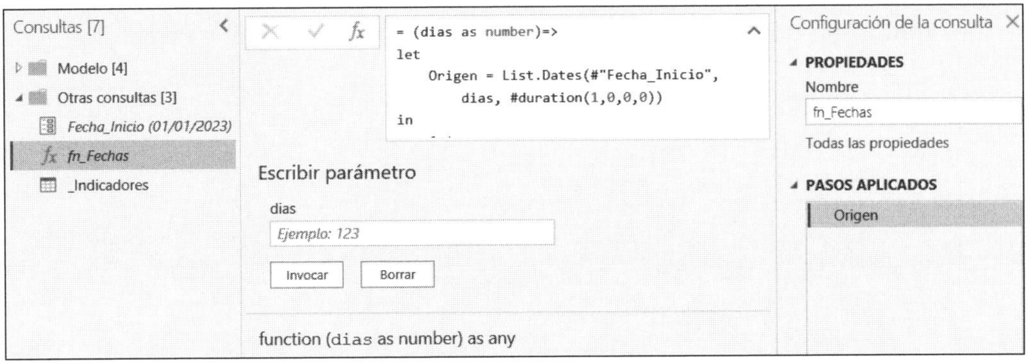

Figura 8.1. Función en lenguaje M para crear una lista de fechas.

La figura 8.1 muestra:

- El parámetro de consulta **Fecha_Inicio** que tiene el valor `01/01/2023`.
- El parámetro de función **días** que es de tipo numérico y que recibió el valor 1096, que se corresponde con los días de tres años consecutivos, siendo uno bisiesto.

Este número, 1096, no se ve en la imagen, es el que se escribe en la caja destinada al parámetro para invocar la función y obtener la lista de fechas.

A partir de la columna de tipo **Fecha** se pueden agregar columnas adicionales que se constituyen en los atributos del calendario para establecer niveles de jerarquías desde las opciones disponibles en el menú de Power Query.

En la figura 8.2, se aprecia un ejemplo de código, en lenguaje M, para obtener la tabla **Calendario** en la ventana **Editor Avanzado**.

En el código que se muestra en la figura 8.2 se observan los pasos para crear cada columna.

- En esta figura sí que se ve el número 1096, que se corresponde con la cantidad de días. Se distingue en la segunda fila `fn_fechas(1096)`, que tiene, además, el comentario "`Se invoca una función`".

Según sea el caso la columna se convertirá en:

- Un atributo para analizar los niveles del calendario.
- Una columna auxiliar que servirá para regular el orden de presentación de aquellas que no se ordenan alfabéticamente. En el ejemplo la columna **Num Mes** es la columna numérica que sirve para ordenar la columna **Mes**, que es una columna de texto que no tiene sentido ordenar alfabéticamente.

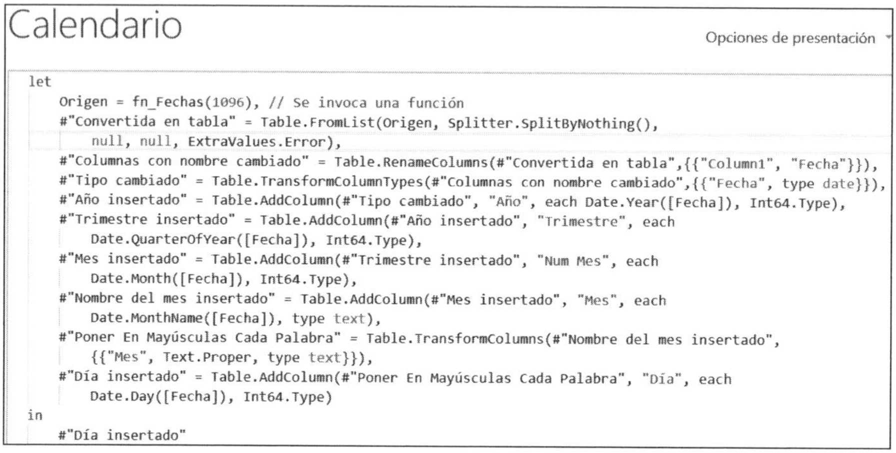
Calendario

Opciones de presentación

```
let
    Origen = fn_Fechas(1096), // Se invoca una función
    #"Convertida en tabla" = Table.FromList(Origen, Splitter.SplitByNothing(),
        null, null, ExtraValues.Error),
    #"Columnas con nombre cambiado" = Table.RenameColumns(#"Convertida en tabla",{{"Column1", "Fecha"}}),
    #"Tipo cambiado" = Table.TransformColumnTypes(#"Columnas con nombre cambiado",{{"Fecha", type date}}),
    #"Año insertado" = Table.AddColumn(#"Tipo cambiado", "Año", each Date.Year([Fecha]), Int64.Type),
    #"Trimestre insertado" = Table.AddColumn(#"Año insertado", "Trimestre", each
        Date.QuarterOfYear([Fecha]), Int64.Type),
    #"Mes insertado" = Table.AddColumn(#"Trimestre insertado", "Num Mes", each
        Date.Month([Fecha]), Int64.Type),
    #"Nombre del mes insertado" = Table.AddColumn(#"Mes insertado", "Mes", each
        Date.MonthName([Fecha]), type text),
    #"Poner En Mayúsculas Cada Palabra" = Table.TransformColumns(#"Nombre del mes insertado",
        {{"Mes", Text.Proper, type text}}),
    #"Día insertado" = Table.AddColumn(#"Poner En Mayúsculas Cada Palabra", "Día", each
        Date.Day([Fecha]), Int64.Type)
in
    #"Día insertado"
```

Figura 8.2. Aspecto de la consulta en lenguaje M para la creación de la tabla tipo **Calendario** desde el **Editor avanzado** en Power Query.

Configurar la tabla Calendario con DAX

Desde Power BI Desktop se puede crear una tabla **Calendario** calculada con una expresión de código escrito en el lenguaje de expresiones DAX.

Para crear una tabla calculada con DAX, se puede seguir la ruta **Vista Informe>Modelado>Nueva tabla**. Esta acción abre la **Barra de fórmulas** y activa el menú **Herramientas de tabla**.

Hay dos funciones integradas en el lenguaje DAX que son relevantes para crear la tabla **Calendario**. Ambas devuelven una tabla con una sola columna llamada **Date** y una lista de valores para las fechas incluidas.

CALENDARAUTO

La función `CALENDARAUTO` es una función muy fácil de usar. El motor DAX busca en todas las columnas de tipo **Fecha** del modelo de datos para obtener el menor y mayor valor de fecha.

A partir de estos valores calcula el año de cada una y crea una tabla Calendario, que contiene una fila cada día de cada año del rango encontrado.

- El objetivo de la tabla Calendario es contar con una tabla de dimensiones que se relaciones con la, o las, tablas de hechos y que garantice que se pueden filtrar por los atributos de la entidad Calendario.
- Las columnas de tipo Fecha en las tablas de dimensiones son atributos descriptivos, no son hechos.
- El uso de la función CALENDARAUTO no se recomienda porque, como busca entre todas las columnas de tipo fecha del modelo de datos, puede encontrar columnas en las dimensiones como Fecha de Nacimiento, que tiene muchos valores, y provocan un incremento notable de los años a almacenar en la tabla Calendario.

CALENDAR

La función CALENDAR requiere los límites del conjunto de fechas y es la función recomendada si hay que crear la tabla Calendario con DAX.

La principal ventaja de la función CALENDAR es que se puede configurar.

Se pueden aplicar varias combinaciones de funciones DAX para crear una tabla Calendario utilizando como base la función CALENDAR.

1. **Indicar valores de fechas:**

   La expresión DAX para crear la tabla Calendario DAX indica los valores elegidos para la fecha de inicio y fin del calendario.

   ```
   Calendario DAX =
     CALENDAR(
       DATE(2023,1,1),  //Inicio del calendario
       DATE(2026,12,31) //Fin del calendario
     )
   ```

   El resultado de esta expresión DAX es una tabla con una columna y tantas filas como días haya desde el 1 de enero de 2023 hasta el 31 de diciembre de 2026.

   - La función CALENDAR tiene dos parámetros que admiten datos de tipo Fecha para la Fecha de inicio y Fecha de fin del calendario.
   - La función DATE devuelve la fecha con el tipo de datos correcto y tiene a su vez tres parámetros de entrada que son Año, Mes y Día.

2. **Crear calendario dinámico con DAX:**

   La expresión DAX que se muestra en la figura 8.3 sirve para crear una tabla Calendario que tenga en cuenta el año actual.

```
Calendario dinámico DAX =
VAR AnioActual = YEAR(TODAY())
RETURN
    CALENDAR(
        DATE(
            AnioActual - 3 // Tres últimos años
            ,1,1),
        DATE(
            AnioActual + 2 // Dos años a futuro
            ,12,31)
    )
```

   Figura 8.3. Código DAX para crear un calendario dinámico.

   Esta expresión es bastante mejor que la anterior, garantiza un valor dinámico y será válida si los hechos que se analizan cumplen con el mismo patrón.

   - Se evalúa el año de la fecha actual, que es el resultado de las funciones `YEAR` y `TODAY`.
   - A partir de este valor se crea un calendario que contenga los 3 últimos años y los próximos 2 años y crear con todas esas fechas la columna de fechas adecuada para la tabla Calendario.

   En la expresión se cumple una buena práctica, que es definir expresiones para las variables utilizando la palabra reservada `VAR`. La variable `AnioActual` se utiliza dos veces en el bloque `RETURN`.

   - Los nombres de las variables en DAX no admiten tildes ni eñes.

3. **Examinar la tabla de hechos para definir los años de intervalo:**

   Otra vía para crear un calendario dinámico es explorar el contenido de la tabla de hechos, como en el ejemplo que se muestra en la figura 8.4.

```
Calendario dinámico Ventas =
    CALENDAR(
        DATE(
            YEAR(MIN(Ventas[Fecha])),1,1),
        DATE(
            YEAR(MAX(Ventas[Fecha])),12,31)
    )
```

   Figura 8.4. Calendario dinámico basado en las funciones `MIN` y `MAX`.

   El enfoque que se sigue en esta ocasión es tener en cuenta los hechos que se analizan, especialmente la primera y última fecha de los hechos.

- El código DAX incluye las funciones de tipo agregados `MIN` y `MAX`, que devuelven los valores mínimo y máximo respectivamente de la columna Fecha de la tabla Ventas para definir el año de inicio y fin entre los hechos que se analizan.

Las tres expresiones de tabla calculada para `Calendario DAX`, `Calendario dinámico` y `Calendario Dinámico Ventas` están bien desarrolladas, pero una tabla de dimensiones debe contener los atributos necesarios para el análisis, y la columna Fecha no es suficiente para un buen análisis de una serie de tiempo.

- Para dotar de atributos adicionales a las tablas calculadas con DAX para Calendario, habría que crear columnas calculadas y no está recomendado.

La recomendación es que, si no queda otro remedio y hay que crear la tabla Calendario con DAX, se debe crear en una única expresión la tabla y las columnas que la integran.

4. **Crear tabla y columnas para la tabla Calendario con DAX:**

   La expresión DAX que se muestra en la figura 8.5 sirve para crear la tabla Calendario DAX Mejorado.

```
Calendario DAX Mejorado =
    ADDCOLUMNS(
        CALENDAR(
            DATE(2023,1,1),
            DATE(2026,12,31)
        ),
        "Año", YEAR([Date]),
        "Mes", FORMAT([Date],"mmmm"),
        "Num.Mes", MONTH([Date])
    )
```

Figura 8.5. Código DAX para crear una tabla Calendario e incluir algunas columnas calculadas.

En una única expresión DAX para tabla calculada se crea la tabla y se agregan algunas columnas.

- El ejemplo utiliza algunas funciones de tipo Fecha y Hora: `YEAR`, `MONTH` y la función de texto `FORMAT` para crear columnas que representen atributos como Año, Mes y Num. Mes que sirven para describir la fecha.
- Esta opción y otras muchas que combinen la creación de tablas y columnas son válidas y óptimas para el modelo.

Con independencia de la opción elegida para crear la tabla **Calendario**, hay que ajustar la relación entre la tabla **Calendario** y la tabla, o las tablas, de hechos, así como configurar la tabla como **Tabla de Fechas**, como se ha explicado en el capítulo 2 de este libro, cuando se trataron los aspectos relativos al diseño del modelo tabular.

En este libro la herramienta elegida es Power BI Desktop, que cuenta con todas las vistas y opciones de menú necesarias para estas acciones.

- Las relaciones entre las tablas se ajustan en la vista **Modelo**.

DAX para obtener un único valor de fecha del modelo

Fecha mínima y máxima

A veces se necesita obtener un valor único de fecha. Las funciones de agregación `MIN` y `MAX` se pueden aprovechar para obtener la primera y última fecha, cuando no se requiere de una tabla, porque devuelven un valor escalar de tipo `Fecha`.

Estas funciones ignoran los valores lógicos, comparan entre dos valores pasados como parámetros o entre todos los elementos de una columna, que es el caso que se muestra a continuación. Las expresiones para las medidas `MIN Fecha Hechos` y `MAX Fecha Hechos` devuelven el valor resultante del agregado que depende del contexto de filtro de cada nivel.

```
MIN Fecha Hechos = MIN(Ventas[Fecha])
MAX Fecha Hechos = MAX(Ventas[Fecha])
```

Primera y última fecha

Las funciones `FIRSTDATE` y `LASTDATE` son funciones de inteligencia de tiempo que tienen en cuenta el contexto de filtro y devuelven una tabla de una fila y una columna que guarda el primer o último día del periodo actual de la tabla que se explora.

```
Primera Fecha = FIRSTDATE(Calendario[Fecha])
Última Fecha = LASTDATE(Calendario[Fecha])
```

El año calendario siempre comienza el uno de enero y esta es la fecha que devuelve la medida `Primera Fecha`.

Si la actividad de la tabla de hechos, que en este caso es Ventas, se inicia el día 3 de enero, ese será el valor devuelto por la medida `Primera Fecha Hechos`.

```
Primera Fecha Hechos = FIRSTDATE(Ventas[Fecha])
```

Es muy valioso contar con estas funciones para establecer las reglas que se necesiten en el momento de afrontar los desafíos de diseño.

Primera y última fecha con hechos

Las funciones `FIRSTNONBLANK` y `LASTNONBLANK` evalúan la columna pasada como primer parámetro para identificar la primera, o última vez, que el segundo parámetro, la expresión de cálculo o medida, devuelve un valor.

```
Primera fecha no vacía =
  FIRSTNONBLANK(
    Calendario[Fecha],
    [Cantidad]
  )
```

Las expresiones de las medidas `Primera Fecha Hechos` y `Primera fecha no vacía` no entran en contradicción, son expresiones que devuelven un resultado que atiende a necesidades diferentes.

- La primera medida, `Primera Fecha Hechos`, expone cuál es la primera fecha que aparece en la tabla de hechos sin analizar el comportamiento de ninguna medida, condición o columna de la tabla de hechos.
- La segunda medida, `Primera fecha no vacía`, fija el foco en el comportamiento de la medida que puede ser tan simple como agregar una columna o mucho más compleja que incluya cálculos, filtros y condicionantes que devuelvan valores en blanco en fechas activas en la tabla de hechos y, por tanto, devuelvan un valor diferente para la primera fecha.

Estas funciones se pueden ver de forma aislada, combinadas con otras funciones o pasadas como parámetros de filtro a la función `CALCULATE`.

Última fecha con desplazamiento de meses

Las funciones `EDATE` y `EOMONTH` esperan una tabla como primer parámetro y devuelven un valor escalar, que contiene un dato de tipo Fecha.

El desplazamiento depende del signo y la cantidad de periodos que se indiquen en el segundo parámetro.

- El valor cero no modifica nada, devuelve la fecha indicada en el primer parámetro.
- Si el signo es negativo se trata del último, del mes pasado.
- Si el signo es positivo es porque interesa el siguiente mes, en dirección al futuro, a partir de la fecha.

La función `EDATE` mueve el conjunto de fechas tantos meses y en la dirección que se indique. Devuelve el día de inicio del último mes transcurrido, o el siguiente, ya que depende del signo, y no coincide con el mes calendario.

```
EDATE Antes 201225 = EDATE(DATE(2025,12,20), -1)
EDATE Después 201225 = EDATE(DATE(2025,12,20),1)
```

El resultado de la medida `EDATE Antes 201225` es `20/11/2025`, que se corresponde con el primer día del último mes transcurrido o "vivido" partiendo de la fecha exacta que se pasó como parámetro, mientras que `EDATE Después 201225` devuelve `20/01/2026`, porque se mueve a futuro un mes y se comporta igualmente en función de la fecha exacta.

- Si el día de la fecha pasada como primer parámetro se modifica, aunque no varíen el mes y el año, el resultado que se obtiene en ambos casos es diferente porque la función `EDATE` evalúa específicamente el día.

La medida `Suma Mes Transcurrido` devuelve la fecha que se corresponde con el día desplazando el análisis tres meses a futuro, porque es positivo, desde la fecha de partida pasada como primer parámetro y devuelve por ello un resultado igual a `20/03/2026`.

```
Suma Mes Transcurrido = EDATE(2025,12,20),3)
```

La función `EOMONTH` siempre devuelve el último día de un mes, es decir, explora mes calendario y no mes transcurrido.

```
EOMONTH Antes 201225 = EOMONTH(DATE(2025,12,20), -1)
EOMONTH Después 201225 = EOMONTH(DATE(2025,12,20), 1)
```

El resultado de la medida `EOMONTH Antes 201225` es `30/11/2025`, mientras que `EOMONTH Después 201225` devuelve `31/01/2026`.

- Si el día de la fecha pasada como primer parámetro se modifica y no varían el mes y el año, el resultado devuelto por la función `EOMONTH` en ambos casos es el mismo, porque no se detiene en la fecha, solo le afectan los valores correspondientes al mes y año.

La medida `Suma Mes Calendario` devuelve la fecha que se corresponde con el último día del mes después de desplazar tres periodos a futuro, porque es positivo, desde la fecha de partida, y devuelve por ello un resultado igual a `31/03/2026`.

```
Suma Mes Calendario = EOMONTH(2025,12,20),3)
```

Estas funciones se pueden utilizar para crear agregados que se apliquen sobre los hechos en fechas desplazadas que sirvan para dar respuesta a determinados requisitos.

- Se utilizan, por ejemplo, para definir las fechas de vencimiento que coincidan con el último día del mes.

Obtener intervalos de fechas para calcular hechos

Con mucha frecuencia, se necesita utilizar la fecha actual como punto de partida en un análisis en el que lo importante es el rango de fechas dado un intervalo.

Todas las fechas hasta hoy

Cuando el objetivo es conocer todo lo que ha ocurrido en los hechos hasta hoy, se puede utilizar la expresión para la medida `Hasta hoy` que se expone a continuación:

```
Hasta hoy =
  CALCULATE(
    [Cantidad],
    DATESBETWEEN(
      Calendario[Fecha],
      BLANK(),
      TODAY()
      ),
    Ventas)
```

Como parámetro de filtro para la función `CALCULATE`, se utiliza la función de inteligencia de tiempo `DATESBETWEEN`, que devuelve una tabla que contiene una única columna con las fechas que existen en un rango. No agrega filas con fechas que no existan en la columna original.

- Requiere de la columna Fecha de la tabla Calendario para el primer parámetro. El tipo de la columna tiene que estar bien definido como Fecha.

- El segundo parámetro es la fecha de inicio que es el punto de partida.
    - La función BLANK indica que no hay límite en la fecha, sino que deben tomar todos los valores desde el menor valor de fecha que existe.
- Para el tercer parámetro, que es la fecha de cierre o fecha final, se utiliza la función TODAY, que cierra el rango de los datos en la fecha actual.

Este tipo de expresiones, donde se filtra la fecha de la tabla Calendario que se utiliza en la relación, requiere romper el contexto de filtro relativo a la tabla de hechos que se corresponde con la medida, es la tabla Ventas.

Todas las fechas desde hoy

Si se necesita segmentar el rango de fechas a partir de la fecha actual, el día de hoy, entonces la fecha de inicio del rango se puede obtener con la función TODAY y, si no hay límite máximo en la fecha, se puede utilizar la función BLANK, como se expone en la medida Desde hoy.

```
Desde hoy =
  CALCULATE(
    [Cantidad],
    DATESBETWEEN(
      Calendario[Fecha],
      TODAY(),
      BLANK()
    ),
    Ventas
  )
```

Se trata únicamente de cambiar el orden de las funciones utilizadas como parámetros, todo lo demás funciona igual.

Una vez definidos los contextos para el filtro, se calcula el primer parámetro de CALCULATE, la medida Cantidad.

Un par de apuntes finales:

- Tanto el segundo como el tercer parámetro de la función DATESBETWEEN son inclusivos, el valor de la fecha que se indique se incluye como válido para el filtro en el resultado.
- Si el valor de la fecha de inicio es mayor que el valor pasado como parámetro para la fecha de fin, el resultado es una tabla vacía.

En la figura 8.6 se muestra el resultado de las medidas Hasta hoy y Desde hoy.

Año	Cantidad	Hasta hoy	Desde hoy
⊞ **Marzo**	**87**	**87**	
⊞ **Abril**	**162**	**162**	
⊞ **Mayo**	**186**	**186**	
⊞ **Junio**	**437**	**437**	
⊟ **Julio**	**84**	**14**	**76**
3	8	8	
4	6	6	6
6	5		5
8	6		6
9	16		16
Total	**1.122**	**1.052**	**76**

Figura 8.6. Resultados de aplicar cálculos a rangos específicos de fechas.

Al explorar la tabla que se muestra en la figura 8.6 se pueden sacar estas conclusiones:

- La medida `Hasta hoy` tiene en cuenta todas las fechas acotadas hasta el día de hoy. Aunque hay actividad registrada después del 4 de julio, no se devuelve ningún resultado porque la fecha máxima admitida en el conjunto es el 4 de julio.
- La medida `Desde Hoy` se calcula con fecha de inicio igual al 4 de julio y se extiende hasta la última fecha en la que hay registrado datos en los hechos.
- El día 4 de julio está visible en el contexto de filtro de ambas medidas.
- Hoy es 4 de julio de 2025 en la vida real.

Como los rangos de inicio y fin son inclusivos, al utilizar la función `TODAY` en los parámetros de fecha de inicio o fecha de fin de la función `DATESBETWEEN`, la fecha está siempre activa, visible y devuelve el dato de la medida `Cantidad`.

Intervalo de fechas con DATESINPERIOD

Otra forma de crear un intervalo de fechas es trabajar con la función DAX de inteligencia de tiempo, `DATESINPERIOD`. Un ejemplo para ilustrar su funcionamiento es la expresión de la medida `Últimos tres meses`.

```
Últimos tres meses =
  CALCULATE(
    [Cantidad],
    DATESINPERIOD(
      Calendario[Fecha],
      TODAY(),
      -3,
```

```
        MONTH
    ),
    Ventas
)
```

El objetivo es calcular el hecho en el rango de fechas de los tres últimos meses.

- El primer parámetro de la función es la columna Fecha de la tabla Calendario. Se trata de una referencia de columna que contiene fechas.
- El segundo parámetro es la fecha de inicio del periodo, en este ejemplo, `TODAY`.
    - Si el parámetro de fecha de inicio recibe un valor devuelto por la función `BLANK`, el motor DAX lo sustituye por la función `MIN` aplicada a la fecha pasada como primer parámetro.
- El tercer parámetro es la cantidad de elementos o número de intervalos a desplazar para el cálculo. Es un valor numérico. Si es negativo se desplaza al pasado y, si es positivo, al futuro.
    - En el ejemplo el valor `-3` indica desplazar el conjunto tres meses en sentido al pasado. Para desplazar el conjunto de fechas al futuro, basta con cambiar el signo y definir el número adecuado, el resto de los parámetros se mantiene igual.
- El cuarto y último parámetro es el nivel o intervalo para gestionar el desplazamiento. Las opciones son `DAY`, `MONTH`, `QUARTER` y `YEAR`. En el ejemplo se utiliza `MONTH` para indicar el intervalo o nivel mes.

La función `CALCULATE` requiere del nombre de la tabla de hechos, que es Ventas, para romper el contexto y garantizar el desplazamiento en el cálculo.

La figura 8.7 muestra el resultado al ejecutar la medida `Últimos tres meses`. Se distingue el rango de fechas visibles. Cuando se extiende el conjunto de fechas con la función `DATESINPERIOD` si se indica el valor `-3` para el número de intervalos y la fecha actual con la función `TODAY`, o el valor de la fecha de inicio indicado es 4 de julio, el rango de fechas visibles va desde el 5 de abril hasta el 4 de julio de ese año, ambos inclusive.

- La razón por la cual no se ven las fechas desde el 5 al 14 abril es únicamente porque no hay hechos en esas fechas.

El uso de funciones DAX para inteligencia de tiempo, como `DATESBETWEEN` y `DATESINPERIOD`, junto a las funciones `BLANK` y `TODAY` que se utilizan como parámetros, sirven para acotar periodos específicos de tiempo cuando se pasan como parámetros de filtros a la función `CALCULATE`, que es la función que permite modificar el contexto de filtro y, por tanto, definir el conjunto de fechas visibles para un cálculo, lo que incrementa las posibilidades de resolución de escenarios muy variados.

Año	Cantidad	Últimos tres meses
⊟ **Abril**	**162**	**139**
1	14	
2	3	
4	6	
15	16	16
20	55	55
21	27	27
24	25	25
25	6	6
30	10	10
⊞ **Mayo**	**186**	**186**
⊞ **Junio**	**437**	**437**
⊟ **Julio**	**84**	**19**
3	8	8
4	6	6
6	5	5

Figura 8.7. Resultado de aplicar la función `DATESINPERIOD` para calcular hechos en un rango de fechas.

Funciones DAX para resumir en el tiempo

Una de las acciones más realizadas cuando se diseñan análisis sobre series de tiempo es crear acumulados. Los acumulados se pueden definir a diferentes niveles y se pueden combinar distintas funciones de inteligencia de tiempo pasadas, como filtros a la tabla **Calendario** que se relaciona con la tabla de hechos, y, entre todos estos elementos, se gestiona el contexto de filtro gracias a la función `CALCULATE`.

Agregados acumulados en el tiempo

Un requisito muy frecuente es obtener el valor `Total Acumulado`, que es el cálculo que permite ampliar el rango de fechas que se deben tener en cuenta para el análisis, se trata de los días transcurridos desde el inicio del mes, trimestre o año.

En el cálculo del acumulado, se tiene en cuenta el valor del punto de dato actual, más un valor acumulado de los puntos o periodos anteriores. El acumulado se limpia y vuelve a ser cero en el momento en que termina el nivel elegido para el acumulado.

La medida `Total Acumulado` es un ejemplo que calcula el valor acumulado a nivel de año, el conjunto de fechas válidas es devuelto por la función `DATESYTD`.

```
Total Acumulado =
  CALCULATE(
    [Cantidad],
    DATESYTD(Calendario[Fecha]
    )
  )
```

La función `DATESYTD` admite dos parámetros:

- El primer parámetro es la columna Fecha de la tabla Calendario.
- El segundo parámetro es opcional, solo se indica si se trabaja con Año Fiscal.

Para su mejor comprensión, se puede ver que la función `DATESYTD`, en su sintaxis se corresponde con la siguiente expresión:

```
DATESBETWEEN (
    Fecha,
    STARTOFYEAR (
      LASTDATE (Fecha) [, ÚltimoDíaAño]),
    LASTDATE (Fecha)
  )
```

La función `DATESBETWEEN` devuelve las fechas que están en un rango definido por la fecha de inicio y fin. Ambas fechas quedan incluidas en el rango.

- Nuevamente el parámetro para indicar el fin de Año Fiscal es opcional.

Acumulados en Año Fiscal

Para realizar el cálculo del Total acumulado en escenarios en los que el año fiscal no coincide con el año calendario, hay que indicar un valor para el segundo parámetro de la función `DATESYTD`. Este dato es importante porque en los agregados acumulados hay que saber cuándo el acumulado se vuelve cero o, lo que es lo mismo, se reinicia.

- Si se trata de año calendario es el 1 de enero, y si es un año fiscal comienza el día del año fiscal, por ejemplo, el 1 de julio.

El valor devuelto por la medida `Total Acumulado` del primer día del año (ya sea calendario o fiscal) es el propio valor.

- Se trata de un acumulado a nivel de año.
- En la primera fecha del año no hay valor acumulado.

La medida `DATESYTD Fiscal` agrega el segundo parámetro a la función `DATESYTD`, que se corresponde con el último día del año anterior tomando como referencia que el año comienza el 1 de julio.

```
DATESYTD Fiscal =
  CALCULATE([Cantidad],
    DATESYTD(
      Calendario[Fecha],
      "06-30"
    )
  )
```

Se puede trabajar de forma análoga para obtener los acumulados a nivel de trimestre y mes. El patrón es el mismo y el tratamiento del posible año fiscal, también. Las funciones que definen el nivel a tratar son `DATESQTD` y `DATESMTD`.

- Si se utiliza `DATESMTD`, el acumulado se reinicia a nivel de mes y, si se utiliza `DATESQTD`, el acumulado se reinicia a nivel de trimestre.

Syntax sugar para DATESYTD

Hay una familia de funciones que son: `TOTALYTD`, `TOTALQTD` y `TOTALMTD` que están preparadas como una forma abreviada para realizar este cálculo. Es lo que en programación se conoce como *syntax sugar* y se suele traducir al español como "azúcar sintáctico".

La medida `Total Acumulado`, que se ha visto antes en este capítulo, devuelve el mismo resultado que la medida `Acumulado TOTALYTD`.

```
Acumulado TOTALYTD =
  TOTALYTD(
    [Cantidad],
    Calendario[Fecha]
  )
```

Yo prefiero la primera versión, que invoca la función `DATESYTD`, porque utiliza el mismo patrón de siempre para `CALCULATE` y expone con claridad lo que está ocurriendo en la expresión.

- El uso explícito de la función `CALCULATE` y la definición del parámetro de filtro prepara el escenario para cuando se necesite combinar con otros filtros.

La figura 8.8 muestra los resultados obtenidos tras utilizar distintas expresiones y funciones DAX para calcular el Total Acumulado.

Año	Cantidad	Total Acumulado	Acumulado TOTALYTD	DATESYTD Fiscal
⊟ 2023	**678**	**678**	**678**	**396**
⊟ 1	**151**	**151**	**151**	**151**
⊞ Enero	28	28	28	28
⊞ Febrero	89	117	117	117
⊞ Marzo	34	151	151	151
⊞ 2	**131**	**282**	**282**	**282**
⊞ 3	**200**	**482**	**482**	**200**
⊞ 4	**196**	**678**	**678**	**396**
⊟ 2024	**960**	**960**	**960**	**338**
⊟ 1	**335**	**335**	**335**	**731**
⊞ Enero	116	116	116	512
⊞ Febrero	137	253	253	649
⊞ Marzo	82	335	335	731
⊞ 2	**287**	**622**	**622**	**1018**
⊟ 3	**109**	**731**	**731**	**109**
⊞ Julio	44	666	666	44

Figura 8.8. Resultados de calcular totales acumulados con DAX.

En la figura 8.8 se reflejan los resultados siguientes.

La medida `Cantidad` es la medida base que no incluye ningún modificador de filtro en su definición. El valor devuelto para cada elemento en todos los niveles del análisis se corresponde con el filtro provocado por cada fila del objeto visual.

- Es el comportamiento natural de los filtros por filas en tablas y matrices. El hecho de tratar con fechas en este sentido no aporta diferencias específicas.

La medida `Total Acumulado` aporta un filtro específico sobre la columna Fecha de la tabla Calendario con la función `DATESYTD`, que garantiza que el conjunto de fechas admitidas en el cálculo para cada nivel que se muestra en la matriz se corresponde con los días del año desde el primer día hasta la fecha actual.

- La celda correspondiente al mes de febrero y el año 2023 devuelve `117` porque al valor `89` correspondiente al mes de febrero se suma el de enero que es `28`. A su vez, en marzo se arrastra el acumulado de los dos meses anteriores y aporta sus `34`, por lo que hace un total a nivel de marzo de `151`.
- La celda correspondiente a cada mes de enero es la misma para el valor del mes y el valor acumulado como se muestra en la celda correspondiente al mes de enero de 2024.

La medida `Acumulado TOTALYTD` devuelve los mismos resultados, ya que utiliza la función `TOTALYTD`, que expande el conjunto de fechas igual que `DATESYTD`.

La medida `DATESYTD Fiscal` muestra el efecto de indicar el parámetro de fecha de fin de año.

- La celda correspondiente a enero 2024 no mantiene el valor de enero, que es `116`, sino que muestra `512`, que se corresponde con los valores del tercer y cuarto trimestre de 2023, que son: `200 + 196 = 396`, ese es el acumulado que recibe y, como el propio mes de enero en 2024, aporta `116` al acumulado, el total es `512`.
- La celda correspondiente al mes de julio de 2024 muestra el valor `44`, porque, como la fecha de fin de año indicada en el tercer parámetro de la función de filtro `DATESYTD` es 30 de junio, el primer día del año fiscal es 1 de julio. El acumulado se elimina, se reinicia el proceso y comienza a acumular en el mes de julio de cada año.

Acumulados en *n* periodos

Un acumulado muy interesante de analizar es el que se produce en los últimos *n* periodos, por ejemplo, meses. La medida `Acumulado últimos 2 meses` realiza el cálculo desplazando el conjunto de fechas con la función `DATESINPERIOD` para que tenga en cuenta el mes actual y el mes anterior.

Los cuatro valores admitidos para el nivel son: `YEAR`, `QUARTER`, `MONTH` y `DAY`.

- La función `DatesYTD` no valdría para este escenario porque se elimina el acumulado al inicio de año y, además, esta función no permite realizar el tratamiento parcial de los valores que se acumulan.

```
Acumulado últimos 2 meses =
  CALCULATE([Cantidad],
    DATESINPERIOD(
      Calendario[Fecha],
      MAX(Calendario[Fecha]), // Fecha de inicio
      -2, // Cantidad de elementos a saltar
      MONTH // Nivel
    )
  )
```

Acumulado más allá del año

Otro caso que es bastante frecuente es que se necesite acumular más allá del año. En ese caso, no valdría la función `DATESYTD` ni la versión `TOTALYTD`. La expresión de medida `Acumulado Total` ofrece una solución que se basa en acumular todos los puntos, es decir, todas las fechas del conjunto de datos previo a la fecha actual, sea del año que sea.

```
Acumulado Total =
  VAR FechaActual = MAX (Calendario[Fecha]) //Última Fecha, nivel actual
  RETURN
  CALCULATE (
    [Cantidad],
    Calendario[Fecha] <= FechaActual
  )
```

La figura 8.9 muestra el resultado de estos cálculos.

Año	Cantidad	Acumulado últimos 2 meses	Acumulado Total
⊟ **2023**	**678**	**129**	**678**
⊟ **1**	**151**	**123**	**151**
⊞ Enero	28	28	28
⊞ Febrero	89	117	117
⊞ Marzo	34	123	151
⊞ **2**	**131**	**122**	**282**
⊞ **3**	**200**	**172**	**482**
⊞ **4**	**196**	**129**	**678**
⊟ **2024**	**960**	**157**	**1.638**
⊟ **1**	**335**	**219**	**1.013**
⊞ Enero	116	215	794
⊞ Febrero	137	253	931
⊞ Marzo	82	219	1.013
⊞ **2**	**287**	**154**	**1.300**
⊟ **3**	**109**	**65**	**1.409**
⊞ Julio	44	135	1.344

Figura 8.9. Acumulados que están fuera del patrón habitual.

En la figura 8.9 se identifican los cálculos según los filtros establecidos en las medidas.

La medida `Acumulado últimos 2 meses` crea un acumulado móvil del mes visible en cada fila de la matriz y el mes anterior. Se utiliza la función `DATESINPERIOD` combinada con la función `MAX`. Se parte del punto que se filtra en la fila de la matriz y se mueve dos meses hacia atrás para acotar el conjunto de fechas admitidas para analizar los hechos.

- El valor del mes de febrero 2023 es `117`, que se corresponde con `28` que aporta enero y `89` de febrero, mientras que marzo es la suma de febrero y marzo, `89 + 34 = 123`.

La medida `Acumulado Total` es muy interesante porque no limpia el acumulado en ningún momento. El cálculo toma el valor de fecha máximo en el punto del informe que puede ser la fecha actual, última fecha de mes, última fecha de trimestre o última fecha de año, en dependencia del nivel de análisis de la matriz.

- El valor de enero de 2024 se forma sumando el acumulado total a fin del año 2023, que es 678, más lo que aporta enero de 2024, que es 116, por lo que suma 794.

Total acumulado a nivel de semana

Para analizar el acumulado de una medida base a nivel de semana, no hay una función integrada directamente en el lenguaje DAX, pero se puede conseguir. Al no estar integrada hay varias soluciones. Una de ellas es la que propongo con la expresión para la medida Acumulado Semana.

```
Acumulado Semana =
  VAR
    vCalcular = HASONEVALUE(Calendario[Año]) &&
      HASONEVALUE(Calendario[Semana])
  RETURN
    IF(vCalcular,
      CALCULATE(
        [Cantidad],
        Calendario[Año] = VALUES(Calendario[Año]),
        Calendario[Semana] = VALUES(Calendario[Semana]),
        Calendario[Fecha] <= MAX(Calendario[Fecha])
      )
    )
```

La expresión utiliza la función CALCULATE y gestiona los filtros creando condiciones sencillas sin utilizar funciones específicas de inteligencia de tiempo.

La figura 8.10 muestra el resultado para la semana 25 del año 2023.

Año	Cantidad	Acumulado Semana
⊟ **Junio**	**74**	
⊟ **25**	**56**	**56**
13	24	24
14	22	46
15	10	56
16		56
17		56
18		56
Total	**2.760**	

Figura 8.10. Cálculo de acumulado a nivel de semana.

La figura 8.10 muestra que la medida Acumulado Semana devuelve el dato acumulado total para toda la semana cuando en la fila de la matriz se filtra por el número de la semana.

- A nivel de semana el dato coincide con el resultado de la medida `Cantidad` que no incluye filtros ni condicionantes extras a ningún nivel.
- A nivel del día devuelve el valor acumulado día a día. Cada lunes se reinicia el acumulado.
    - El valor acumulado de la celda que se corresponde con el día 13, que es el lunes de la semana 25, coincide con el valor de `Cantidad`.
    - Por su parte, el valor del día 14, que es martes, es `22` para la medida `Cantidad` y el acumulado es `46` porque se incrementa con el valor del lunes.

Si no hace falta ver el acumulado día a día y el análisis queda a nivel de semana, esta medida, `Acumulado Semana`, no sería necesaria, ya que bastaría con filtrar por la semana y aplicar el filtro a la fila de la semana en la tabla o la matriz como es habitual.

Acumulados o medias móviles

La media móvil se utiliza para mostrar tendencias en los gráficos de línea y suavizar los extremos en una muestra de datos. Según sea mayor la cantidad de días, así se irá suavizando la curva entre los puntos de datos.

La expresión que se muestra en la figura 8.11 sirve para calcular la medida `Media móvil 10 días`.

```
Media móvil 10 días =
    // Ver: https://www.daxpatterns.com/standard-time-related-calculations/

VAR UltimosDias =
    CALCULATETABLE (
        DATESINPERIOD (
            Calendario[Fecha],
            MAX (Calendario[Fecha]),
            -10,
            DAY
        )
    )
VAR Inicio =
    CALCULATE (
        MIN (Ventas[Fecha]),
        REMOVEFILTERS ()
    )
RETURN
    IF (
        Inicio <= MINX (
            UltimosDias,
            Calendario[Fecha]),
        AVERAGEX ( UltimosDias,
            [Cantidad])
    )
```

Figura 8.11. Expresión DAX para el cálculo de la media móvil al décimo día.

La expresión de la figura 8.11 cumple con las buenas prácticas y se puede adaptar para obtener la media móvil de los 10 últimos días, de los 30 últimos días o del periodo que se quiera calcular.

- En un gráfico de línea con los valores reales y la media móvil para 10 y 30 días se obtienen líneas de valores que se van suavizando y van perdiendo picos y valores extremos.

La composición de los filtros aplicados a la función `CALCULATE` define el resultado. Se pueden obtener resultados diferentes aplicando distintas funciones de inteligencia de tiempo, o se puede utilizar la misma función, pero indicando valores diferentes para los parámetros.

Funciones DAX para crear comparativas en el tiempo

El lenguaje de expresiones DAX cuenta con funciones en la categoría inteligencia de tiempo que se utilizan para desplazar periodos de tiempo con el objetivo de realizar comparativas.

Obtener el valor del año anterior

Existe una familia de funciones como `PREVIOUSYEAR` y sus homólogas para trimestre y mes y que provocan movimientos en periodos de tiempo específicos hacia atrás (aquellas que comienzan por `PREVIOUS`) o hacia adelante (las que comienzan por `NEXT`).

- Todas estas funciones devuelven una tabla de fechas filtrada según sea el nivel de la función utilizada.

```
Año Pasado PREVIOUSYEAR =
  CALCULATE(
    [Cantidad],
    PREVIOUSYEAR(Calendario[Fecha]))
```

La medida `Año Pasado PREVIOUSYEAR` devuelve el mismo valor para todos los niveles de la jerarquía de un año.

- No hay comprobación ni filtro alguno que valide el nivel actual más allá de tomar el valor del año para poder devolver el resultado del año anterior.

Este resultado puede ser muy útil y eficiente, pero solo en caso de que sea lo que se está buscando, por lo que se pueden evaluar otras soluciones.

Mismo periodo del año anterior

La función SAMEPERIODLASTYEAR devuelve una tabla que contiene una columna de fechas que se desplaza un año atrás con respecto a las fechas contenidas en la columna de fechas especificada en el contexto de filtro actual.

- Es decir, a nivel de año, devuelve el valor del año anterior y, a nivel de trimestre, mes o día, devuelve el valor del mismo trimestre, mes o día del año anterior. Cada nivel se desplaza un año.

Este es un ejemplo de uso de la función SAMEPERIODLASTYEAR en la expresión DAX para definir la medida Año Pasado SAMEPERIODLASTYEAR.

```
Año Pasado SAMEPERIODLASTYEAR =
  CALCULATE(
    [Cantidad],
    SAMEPERIODLASTYEAR(Calendario[Fecha])
  )
```

Al pasar la función SAMEPERIODLASTYEAR como segundo parámetro, que es un parámetro de filtro, se le indica a CALCULATE que modifique el contexto de filtro.

De esta forma, el resultado devuelve el valor del año anterior para cada nivel de jerarquía que muestre la fecha de la tabla Calendario en la fila de la tabla o matriz donde se expone visualmente la medida.

DATEADD como función clave en el análisis de inteligencia de tiempo

Mi función preferida es DATEADD porque es muy flexible en su configuración y cuenta con tres parámetros que facilitan una gran variedad de escenarios.

Esta función mueve el conjunto de fechas dado en un intervalo específico y devuelve una tabla que contiene una sola columna de valores de fechas. Los valores devueltos son el resultado del filtro aplicado.

- No provoca en los resultados valores adicionales a los originales en la tabla Calendario.

La figura 8.12 muestra la ayuda que aporta la herramienta Autocompletar en el editor de fórmulas DAX que expone los parámetros de la función DATEADD.

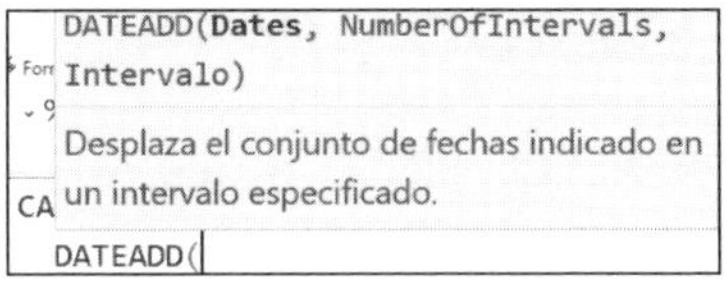

Figura 8.12. La función **DATEADD** y sus parámetros.

Los parámetros de la función `DATEADD` son:

- `Dates`: Espera una columna de tipo **Fecha** que haya sido definida como columna principal en la tabla **Calendario**, que a su vez es la tabla que se ha definido como tabla de **Fechas** del modelo. Es esta la columna que tiene la restricción de una fila por cada día de cada año calendario, incluyendo festivos y bisiestos, y que no admite nulos ni duplicados.
- `NumberOfIntervals`: Cantidad de intervalos que se deben desplazar. Si el valor es positivo, el desplazamiento es a futuro. Si el valor es negativo, el desplazamiento es al pasado.
- `Intervalo`: Existen cuatro opciones para el intervalo en esta función: `YEAR`, `QUARTER`, `MONTH` y `DAY`. Define a qué nivel se produce el desplazamiento de las fechas para los cálculos.

Un ejemplo de uso de la función es el que muestra la expresión para la medida `Año Pasado DATEADD`, que devuelve el cálculo de la medida desplazado un año hacia atrás, el año pasado.

```
Año Pasado DATEADD =
  CALCULATE(
    [Cantidad],
    DATEADD(
      Calendario[Fecha], -1, YEAR
    )
  )
```

En la función `DATEADD`, el desplazamiento siempre se produce a nivel de fechas, aunque se indiquen los niveles `MONTH`, `QUARTER` y `YEAR`, se acota el conjunto de fechas que se desplazan. Si se selecciona un mes completo, quedan visibles en el contexto del filtro todos los valores de la tabla **Fecha** para ese mes. Lo mismo ocurre a nivel de trimestre y año.

- Este comportamiento de la función es necesario para devolver los 31 días de enero en caso de que se seleccione febrero (que solo tiene 28 o 29 días).

A nivel de día la visibilidad es más acotada, va día a día.

Diferencias entre DATEADD y PARALLELPERIOD

Las funciones DATEADD y PARALLELPERIOD muestran el mismo comportamiento al considerar el mismo nivel del argumento de intervalo (YEAR en los ejemplos); sin embargo, tienen un comportamiento diferente al considerar un nivel más detallado que el pasado al argumento de intervalo, como puede ser el mes. La medida Año Pasado PARALLELPERIOD desplaza el conjunto admitido de fechas al periodo paralelo del año anterior.

```
Año Pasado PARALLELPERIOD =
  CALCULATE(
    [Cantidad],
    PARALLELPERIOD(
      Calendario[Fecha], -1, YEAR
    )
  )
```

La función PARALLELPERIOD se basa en el intervalo especificado en el tercer argumento. Para cada intervalo con al menos un valor en la columna Fecha de la tabla Calendario, la función devuelve el nivel completo desplazado por el número de intervalos especificados.

Una gran diferencia entre las dos funciones es que PARALLELPERIOD no admite el intervalo DAY. Esta diferencia acorta las opciones disponibles, porque impide solucionar los escenarios en los que se necesita desplazar una cantidad de días concretos para generar análisis a nivel de semana, o un número de días como puede ser 10. Por esto, me resulta menos atractiva la función PARALLELPERIOD y no la suelo utilizar.

La figura 8.13 muestra el resultado que se obtiene al utilizar las distintas funciones que se han visto en este apartado para calcular el valor de la medida base desplazando las fechas un año.

En la figura 8.13 se distinguen los siguientes resultados:

- La medida Cantidad expone el resultado de la medida base que no tiene filtros extras ni condicionantes, se trata del hecho en el momento en que ocurrió.
- Las medidas Año Pasado PREVIOUSYEAR y Año Pasado PARALLELPERIOD mantienen el valor del año pasado para todos los elementos y niveles del año siguiente, por ejemplo, todas las filas con datos del año 2024 muestran 678, que es el valor del hecho en el año anterior, 2023. Por su parte, el año 2025 muestra en todos sus niveles 960, que es el resultado del año 2024.
  - Los resultados son iguales, solo porque el nivel en PARALLELPERIOD es YEAR y el intervalo -1, con otros valores de parámetros no coincidirían.

Año	Cantidad	Año Pasado PREVIOUSYEAR	Año Pasado PARALLELPERIOD	Año Pasado SAMEPERIODLASTYEAR	Año Pasado DATEADD
⊞ 2023	**678**				
⊟ 2024	**960**	**678**	**678**	**678**	**678**
⊟ 1	**335**	**678**	**678**	**151**	**151**
⊞ Enero	116	678	678	28	28
⊞ Febrero	137	678	678	89	89
⊞ Marzo	82	678	678	34	34
⊞ 2	**287**	**678**	**678**	**131**	**131**
⊞ 3	**109**	**678**	**678**	**200**	**200**
⊞ 4	**229**	**678**	**678**	**196**	**196**
⊟ 2025	**1.122**	**960**	**960**	**960**	**960**
⊟ 1	**253**	**960**	**960**	**335**	**335**
⊞ Enero	57	960	960	116	116
⊞ Febrero	109	960	960	137	137
⊞ Marzo	87	960	960	82	82
⊞ 2	**785**	**960**	**960**	**287**	**287**

Figura 8.13. Resultados obtenidos al aplicar distintas funciones DAX para desplazar fechas un año hacia atrás.

- Las medidas `Año Pasado SAMEPERIODLASTYEAR` y `Año pasado DATEADD` muestran el mismo resultado.
  - El mes de enero de 2025 muestra los datos del mes de enero de 2024.
  - Cada trimestre de 2025 muestra el correspondiente valor de 2024.
  - A nivel de año, se cumple que el 2025 devuelve `960`, que es el hecho del año 2024.

Comparar con la semana anterior

En el lenguaje DAX no se ha integrado la función equivalente en la familia `PREVIOUS` o `NEXT` para la semana que servirían para mover el conjunto de fechas visibles para el cálculo una semana hacia el pasado o el futuro.

- Aunque no exista el intervalo `WEEK` en `DATEADD` se puede simular con la combinación de los valores `7` y `DAY` para los parámetros.

La medida `Semana anterior` utiliza esta técnica para solucionar el desafío.

```
Semana anterior =
  CALCULATE(
    [Cantidad],
    DATEADD(
      Calendario[Fecha],
      -7,
      DAY
    )
  )
```

La figura 8.14 muestra el resultado obtenido para la medida `Semana anterior`.

Año	Cantidad	Semana anterior
⊟ **2023**	**678**	**623**
⊞ **Enero**	**28**	**8**
⊞ **Febrero**	**89**	**49**
⊞ **Marzo**	**34**	**70**
⊞ **Abril**	**9**	**33**
⊟ **Mayo**	**48**	**48**
⊞ 19	11	
⊞ 20	25	11
⊞ 21	12	25
⊞ 22		12
⊟ **Junio**	**74**	**62**
⊞ 25	56	
⊞ 26	6	56
⊞ 27	12	6

Figura 8.14. Cálculo de una medida desplazando las fechas una semana.

En la figura 8.14 se puede ver que la medida `Semana anterior` para cada fila que filtra por un número de semana devuelve el resultado correspondiente a la semana anterior o un valor en blanco.

- La semana 22 devuelve el valor correspondiente a la semana 21.
- La semana 25 devuelve un valor en blanco porque no hubo actividad, es decir, no hay ningún hecho relativo al cálculo de la medida en toda la semana 24.

Comparar solo hasta una fecha

Al comparar periodos de tiempo, tiene sentido que sean de la misma duración. El objetivo es comparar los hechos de 2024 con los de 2025 hasta el 28 de julio, que es la última fecha con hechos en 2025.

La medida `Año Pasado DATEADD`, vista en este capítulo, calcula el acumulado anual. La expresión DAX que la define devuelve el valor de la medida calculada en el mismo periodo del año anterior para cada punto y nivel de la jerarquía del año actual. Aunque no haya actividad en el último trimestre, devuelve el valor para estos meses.

En la figura 8.15 se aprecia que no hay hechos registrados en el último trimestre del año 2025. La actividad en la tabla de hechos llega hasta algún punto del tiempo del tercer trimestre. La fecha o mes exacto no se aprecian en la figura 8.15.

- Si se reutilizan las medidas `Cantidad` y `Año Pasado DATEADD` en un cálculo que busque la diferencia entre ambas o el porcentaje de incremento o disminución, el cuarto trimestre no tiene valores para comparar.

Año	Cantidad	Año Pasado DATEADD
2023	**678**	
2024	**960**	**678**
1	**335**	**151**
2	**287**	**131**
3	**109**	**200**
4	**229**	**196**
Octubre	72	67
Noviembre	64	30
Diciembre	93	99
2025	**1.122**	**960**
1	**253**	**335**
2	**785**	**287**
3	**84**	**109**
4		**229**
Octubre		72
Noviembre		64
Diciembre		93
Total	**2.760**	**1.638**

Figura 8.15. Resultados que muestran los datos del año anterior en fechas que no hay resultados en el año actual.

Este comportamiento puede ser interesante y válido, o no, en dependencia del requisito que se analice y el escenario concreto que se evalúe.

- Si el resultado es válido, pues no hay que hacer nada adicional porque es el comportamiento predeterminado.
- Puede ser no válido, porque es injusto establecer comparativas en rangos de tiempo diferentes. Si se debe excluir del análisis el resultado del año anterior para el periodo no vivido en el año actual, hay que redefinir el cálculo.

Lo primero que se necesita es obtener el dato de la fecha tope en el análisis, que es el último día con actividad en la tabla de hechos que se recorre por la medida base, en este ejemplo se trata de la tabla Ventas, y su correspondiente valor del año anterior. Estas dos expresiones DAX devuelven los valores que se han requerido.

```
Última Fecha Hechos = MAX(Ventas[Fecha])
Última Fecha Año Anterior = EOMONTH([Última Fecha Hechos],-12)
```

La última fecha con actividad en el año 2025 es el 28 de julio.

Comparar hasta fin de mes

La función `EOMONTH` sirve para obtener la última fecha del mes correspondiente al año anterior, desplazando las fechas 12 meses. En este caso, es el último día de julio de 2024.

La figura 8.16 muestra los datos del mes de julio. La tabla de la izquierda expone la actividad de julio del 2024 y la tabla de la derecha una columna con la actividad de julio de 2025 y la medida `Año Pasado DATEADD` que se obtuvo para ese mes.

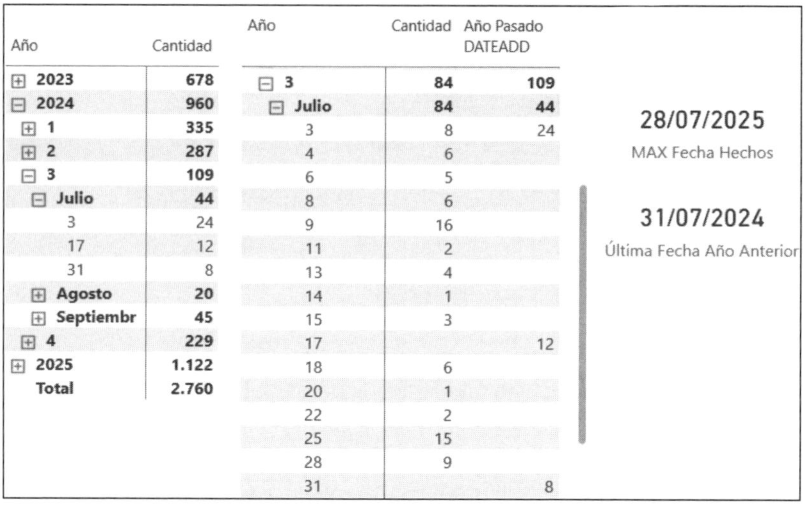

Año	Cantidad
2023	**678**
2024	**960**
1	**335**
2	**287**
3	**109**
Julio	**44**
3	24
17	12
31	8
Agosto	**20**
Septiembr	**45**
4	**229**
2025	**1.122**
Total	**2.760**

Año	Cantidad	Año Pasado DATEADD
3	**84**	**109**
Julio	**84**	**44**
3	8	24
4	6	
6	5	
8	6	
9	16	
11	2	
13	4	
14	1	
15	3	
17		12
18	6	
20	1	
22	2	
25	15	
28	9	
31		8

Figura 8.16. Resultados de los hechos y las fechas de julio de 2024 y 2025.

En la figura 8.16 se aprecian dos tarjetas con el resultado de las expresiones DAX que se han utilizado para definir las medidas: `Última Fecha Hechos` y `Última Fecha Año Anterior`.

- Hay datos hasta el 28 de julio de 2025, pero el último día de julio de 2024 es el 31, lo que explica el resultado devuelto por las medidas.

Se puede distinguir además que hubo tres días con actividad en julio de 2024 y hubo 14 días con hechos registrados en julio de 2025.

- El día 3 de julio es el único día del mes en el que hay datos en ambos años.
- El 17 de julio de 2024 reportó hechos.
- El día 31 de julio de 2024 es posterior al `28/07/2025`, que es el valor devuelto por la medida `Última Fecha Hechos`.

La expresión DAX para la medida `Año pasado Fin último Mes` resuelve el desafío de forma más eficiente.

- Elimina la necesidad de crear dos medidas para obtener las fechas.
- Aprovecha las ventajas del tratamiento con variables.

```
Año pasado Fin último Mes =
  VAR vUltimaFechaActual = MAX(Ventas[Fecha]) // Última fecha hechos
  VAR vUltimaFecha = EOMONTH(vUltimaFechaActual,-12) // Último día mes
  RETURN
    CALCULATE([Cantidad],
      SAMEPERIODLASTYEAR(
        Calendario[Fecha]
        ),
      // Filtro para fechas del año anterior
      // hasta la última fecha de los hechos
      Calendario[Fecha] <= vUltimaFecha
    )
```

El análisis de los hechos del año anterior solo se debe realizar hasta el último mes que ha reportado hechos en el momento actual. La figura 8.17 muestra los resultados de evaluar la expresión DAX para la medida `Año pasado Fin último Mes`.

Año	Cantidad	Año pasado Fin último Mes
⊞ 2023	**678**	
⊟ 2024	**960**	**678**
⊞ 1	**335**	**151**
⊞ 2	**287**	**131**
⊟ 3	**109**	**200**
⊞ Julio	44	28
⊞ Agosto	20	92
⊞ Septiembre	45	80
⊞ 4	**229**	**196**
⊟ 2025	**1.122**	**666**
⊞ 1	**253**	**335**
⊞ 2	**785**	**287**
⊟ 3	**84**	**44**
⊞ Julio	84	44
Total	**2.760**	**1.344**

Figura 8.17. Resultados que muestran los valores hasta el mes actual desplazados 12 meses.

En la figura 8.17, se aprecia el cambio, el filtro de valores admitidos para la matriz ha cambiado. El último trimestre no se muestra, no están los meses del año a partir del mes de agosto. Se pueden comparar los hechos del 2025 con lo ocurrido en el mismo periodo del 2024, teniendo en cuenta que la actividad en 2025 solo se ha registrado en la tabla de hechos hasta el mes de julio.

Comparar hasta última fecha

Si el objetivo es obtener el valor del año anterior no hasta fin de mes, sino hasta la fecha exacta del último día en los hechos, se trata de afinar la expresión hasta que cumpla exactamente con el objetivo que se ha planteado.

Se puede utilizar la función `EDATE` para obtener la última fecha exacta del año anterior; por eso, este valor es más preciso.

```
Año pasado hasta el día =
  VAR vUltimaFechaActual = MAX(Ventas[Fecha]) // Última fecha en Ventas
  VAR vUltimaFecha = EDATE(LASTDATE(Ventas[Fecha]),-12) // Última fecha del
año anterior
  RETURN
    CALCULATE([Cantidad],
      SAMEPERIODLASTYEAR(
        Calendario[Fecha]
        ),
    Calendario[Fecha] <= vUltimaFecha // Filtra las fechas para el cálculo
del año anterior, hasta la última fecha del año actual.
    , )
```

La figura 8.18 muestra el resultado obtenido cuando se necesitan los datos hasta la última fecha del año actual y no a nivel de todo el último mes.

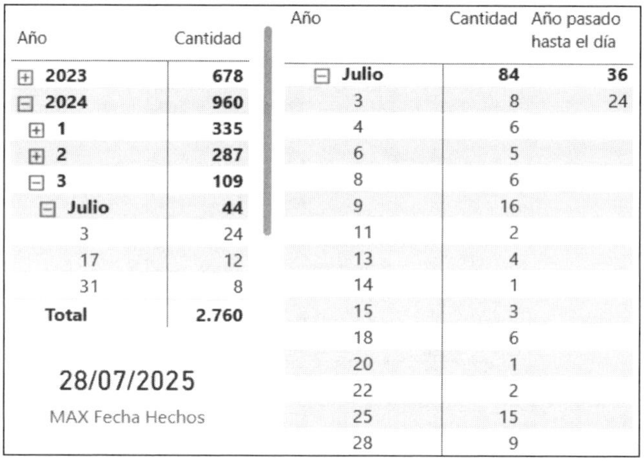

Año	Cantidad
⊞ 2023	678
⊟ 2024	960
⊞ 1	335
⊞ 2	287
⊟ 3	109
⊟ Julio	44
3	24
17	12
31	8
Total	2.760

28/07/2025
MAX Fecha Hechos

Año	Cantidad	Año pasado hasta el día
⊟ Julio	84	36
3	8	24
4	6	
6	5	
8	6	
9	16	
11	2	
13	4	
14	1	
15	3	
18	6	
20	1	
22	2	
25	15	
28	9	

Figura 8.18. Resultado del análisis hasta la última fecha de hechos en el año actual.

En la tabla de la izquierda de la figura 8.18, se muestran los hechos correspondientes al mes de julio del año 2024.

- El total a nivel de mes es `44` y se registraron hechos en tres días que fueron el `3`, el `17` y el `31`.

En la tarjeta se aprecia el valor de la última fecha en la que se registraron hechos en el año 2025, devuelta por la medida `MAX Fecha Hechos`.

En la tabla de la derecha los valores de fecha omiten aquellas fechas en las que no hay registros para el año actual.

- No hay filas para los días 1 y 2 de julio.
- Casualmente en esos días tampoco hubo actividad en 2024.

Es llamativo que no esté el dato correspondiente al día 17 de julio de 2024.

- Esto se debe a que la fecha 17 de julio de 2025 no tiene hechos, por tanto, no se analiza.

Sin embargo, a nivel de mes, el resultado está bien, suma 36.

- Contempla el valor 24 correspondiente al día 3, en el que existe actividad para ambos años.
- Agrega también el valor 12 correspondiente al día 17, porque a nivel de mes están visibles todas las fechas del rango admitido.
- Excluye el dato correspondiente al día 31 de julio de 2024. No se incluye por la misma razón que no se incluyen los meses de agosto hasta fin de año. Estos días y meses son posteriores a la última fecha del año actual.

La fecha límite para el análisis es 28 de julio, toda la actividad de la tabla de hechos para los días posteriores a esta fecha se ignora.

Comparar teniendo en cuenta los niveles de jerarquía

Al trabajar con fechas, se puede indicar qué nivel de jerarquía, se quiere utilizar en el cálculo o filtro. Hay varias formas para hacerlo con DAX.

Tener en cuenta el nivel actual de una jerarquía es bastante útil en muchos escenarios que van más allá de la inteligencia de tiempo. Se trata de decidir cuál es el cálculo que se quiere obtener para cada nivel.

- Suele ser habitual en niveles que tratan atributos relativos a datos de estructuras territoriales o geográficos, en estructuras organizativas jerárquicas y en segmentaciones analíticas de productos o materiales que incluyen niveles como categorías, subcategorías, grupos, elementos, etc.

Calcular solo en nivel año

Cuando lo importante es obtener los resultados para algún nivel en particular, se utilizan las funciones de inteligencia de tiempo, pero combinadas con condiciones que garanticen que el cálculo se define en dependencia del nivel.

La medida `Total solo nivel Año` es un ejemplo de expresión DAX que devuelve el valor correspondiente al año anterior únicamente si está activo en el objeto visual, es decir, si se filtra por la columna Año. Si se filtra por cualquier otro nivel no se calcula porque se estableció una condición que así lo define.

```
Total solo nivel Año =
 VAR vTotal =
  CALCULATE(
   [Cantidad],
   DATEADD(
    Calendario[Fecha], -1, YEAR
   )
  )
 RETURN
  IF( // Excluye el cálculo para los niveles Trimestre y Mes
   NOT ISFILTERED(Calendario[Mes])  &&
   NOT ISFILTERED(Calendario[Trimestre]),
  vTotal
  )
```

La expresión define una variable con el cálculo del hecho y se acompaña de un parámetro de filtro que se agrega a la función `CALCULATE`.

- El filtro se compone de la función `DATEADD` que desplaza el conjunto de fechas un año hacia atrás para devolver el cálculo de la medida filtrada por ese rango de fechas.
- En el bloque `RETURN` se utiliza la función `ISFILTERED` que genera una condición que evalúa el nivel que se filtra en cada caso y excluye del cálculo los niveles que representan las columnas Trimestre y Mes de la tabla Calendario.

Si se asume que en la visualización se exponen tres niveles de jerarquía: año, trimestre y mes, al evaluar la condición `NOT ISFILTERED` se excluyen los niveles para las columnas Trimestre y Mes y solo se calcula la medida si el nivel activo expone el valor de la columna Año de la tabla Calendario.

En el ejemplo de la medida `Total solo Nivel Año` se utiliza la función `DATEADD`. Como solo interesa el nivel año, sería válida cualquiera de las técnicas que se han visto en este capítulo para desplazar las fechas significativas al año anterior.

Definir el cálculo específico para cada nivel

El objetivo es calcular el periodo anterior, pero teniendo en cuenta el nivel del filtro que se aplica.

- Nada tiene que ver con mirar los datos de año en año.
- Los niveles correspondientes a las columnas Trimestre y Mes de la tabla Calendario se van a analizar en orden cronológico desplazando el cálculo tantos periodos como se necesite, aunque incluyan datos de otros años.

La expresión DAX que define la medida `Pasado` utiliza la función `SWITCH` para devolver la medida específicamente diseñada para cada nivel.

La función `ISINSCOPE` juega un papel muy relevante en este caso. Devuelve `Verdadero` si la columna especificada está en el nivel actual de la jerarquía.

- La función `HASONEVALUE` también devuelve `Verdadero` porque la columna tiene un único valor en el contexto de filtro actual.

```
Pasado =
  SWITCH(
    TRUE,
    ISINSCOPE(Calendario[Mes]),[Mes Pasado],
    ISINSCOPE(Calendario[Trimestre]),[Trimestre Pasado],
    [Total Año Pasado]
  )
```

Se pueden utilizar las funciones de inteligencia de tiempo `PREVIOUSYEAR`, `PREVIOUSQUARTER` y `PREVIOSMONTH` como filtros de la función `CALCULATE` en cada caso o cualquier otra técnica disponible que garantice el movimiento dentro de cada nivel y crear las medidas `Total Año pasado`, `Trimestre Pasado` y `Mes Pasado` que funcionan de forma análoga a partir del filtro aplicado.

Importancia del orden de evaluación en la función SWITCH

Es muy importante respetar el orden lógico de las opciones a evaluar por la función `SWITCH`, el cambio en el orden puede provocar resultados inesperados. La función `SWITCH` se evalúa paso a paso.

- Si la condición se cumple para el primer elemento, no evalúa el resto.
- Hay que definir el orden correcto del nivel más restrictivo al menos restrictivo, como el código que está definido para la medida `Pasado`.
- Primero, se evalúa la columna Mes; si está activa, ejecuta la medida `Mes Pasado`.
- Si la columna Mes no está en el filtro actual, se evalúa el siguiente nivel que se corresponde con la columna Trimestre para ejecutar la medida `Trimestre Pasado`.
- Si no se cumplen ninguna de las dos condiciones anteriores, entonces se ejecuta la medida `Total Año Pasado` correspondiente al nivel Año.

La relevancia del orden de las condiciones en la función `SWITCH` se debe a que, como ya se ha dicho, si la condición se cumple para el primer elemento, no evalúa el resto.

La expresión DAX definida para la medida `Pasado mal ordenado` sirve para explicar el efecto en el cambio de orden.

```
Pasado mal ordenado =
  SWITCH(
    TRUE,
      ISINSCOPE(Calendario[Año]), [Total Año Pasado],
      ISINSCOPE(Calendario[Trimestre]), [Trimestre Pasado],
      ISINSCOPE(Calendario[Mes]),[Mes Pasado]
    )
```

La medida `Pasado mal ordenado` evalúa el nivel Año en primer lugar.

- En todos los puntos o niveles de jerarquía se filtra por el año, por lo que, si se define en primer lugar, la condición que evalúa la columna Año para todas las filas de la tabla o matriz, el resultado será `Verdadero`.
- No se pasa en ningún caso al siguiente nivel.

Si se empieza por el nivel Trimestre, el resultado de la función `ISINSCOPE` será `Verdadero` para todos los niveles, menos el nivel Año.

El nivel más restrictivo es el nivel Mes, que únicamente devuelve `Verdadero` para el mes. Por eso, hay que preguntar primero por este nivel y seguir exponiendo las condiciones hasta llegar al nivel Año, que es el que se cumple para todos.

La figura 8.19 muestra los resultados obtenidos al aplicar las expresiones DAX para las medidas y se aprecian los siguientes resultados:

- La medida `Cantidad` muestra el resultado en el momento que se produce.
- La medida `Año Pasado DATEADD` muestra el resultado de desplazar un año las fechas para el cálculo; por eso, el valor del mes de enero del 2025 es `116`, que se corresponde con enero de 2024, y el primer trimestre de 2025 muestra `335`, que es el resultado del primer trimestre de 2024. Lo mismo ocurre a nivel de año.
- La medida `Pasado` es la más interesante en este ejemplo.
  - Cada mes dentro del año actual, exceptuando enero, devuelve el resultado del mes anterior.

    En febrero 2025 se obtiene el valor de enero 2025.

    En enero 2025 se obtiene `93`, que es el valor de diciembre de 2024.

Año	Cantidad	Año Pasado DATEADD	Pasado	Pasado mal ordenado	Total solo nivel Año
2024	**960**	**678**	**678**	**678**	**678**
1	**335**	**151**	**196**	**151**	
Enero	116	28	99	28	
Febrero	137	89	116	89	
Marzo	82	34	137	34	
2	**287**	**131**	**335**	**131**	
3	**109**	**200**	**287**	**200**	
4	**229**	**196**	**109**	**196**	
Octubre	72	67	45	67	
Noviembre	64	30	72	30	
Diciembre	93	99	64	99	
2025	**1.122**	**960**	**960**	**960**	**960**
1	**253**	**335**	**229**	**335**	
Enero	57	116	93	116	
Febrero	109	137	57	137	
Marzo	87	82	109	82	
Total	**2.760**	**1.638**	**1.638**		**1638**

Figura 8.19. Desplazar las fechas significativas en dependencia del nivel.

- Cada trimestre devuelve el valor del trimestre anterior.

  El primer trimestre de 2025 devuelve 229, que es el valor del último trimestre de 2024.

  Los trimestres 2, 3 y 4 de cada año devuelven el valor del trimestre anterior en el propio año.
- A nivel de año el resultado devuelve el valor total del año anterior.

Acumular y comparar, escenarios de uso

El último escenario que cubre este capítulo es una combinación de casos, porque las funciones de inteligencia de tiempo que sirven para crear los filtros que necesita `CALCULATE` para el contexto se pueden utilizar en las expresiones DAX por separado o se pueden combinar.

Acumulado del año anterior

El objetivo de la expresión que se expone en la medida `Acumulado Año pasado` es comparar el año actual con el año anterior, pero no el hecho que se calcula en la medida base, sino el total acumulado del año anterior a nivel de cada punto del dato.

Esta es la expresión DAX que se ha utilizado para la medida `Acumulado Año pasado`.

```
Acumulado Año pasado =
  CALCULATE(
    [Cantidad],
    SAMEPERIODLASTYEAR(
      DATESYTD(Calendario[Fecha])
      )
    )
```

La función `DATESYTD` es una función de inteligencia de tiempo que se ha utilizado para crear un conjunto de fechas diferentes al contexto que existe en cada fila del objeto visual y que será utilizado por otra función que la llama en la misma expresión.

- La función `SAMEPERIODLASTYEAR` recibe el conjunto de fechas devuelto por la función `DATESYTD` pasada como primer parámetro y, a su vez, desplaza las fechas y devuelve una tabla con una columna de tipo Fecha con el mismo conjunto de fechas del año anterior, hasta la fecha actual para cada fila en la matriz.

La función `SAMEPERIODLASTYEAR` ya no tiene en cuenta el punto actual de los datos, sino todo el rango de fechas pasado como parámetro.

El resultado de la expresión de la medida `Acumulado Año Pasado` se puede ver, junto a otras medidas, en la figura 8.20.

Año	Cantidad	Año Pasado DATEADD	Acumulado Año pasado
⊟ 2024	**960**	**678**	**678**
⊟ 1	**335**	**151**	**151**
⊞ Enero	116	28	28
⊞ Febrero	137	89	117
⊞ Marzo	82	34	151
⊞ 2	**287**	**131**	**282**
⊞ 3	**109**	**200**	**482**
⊞ 4	**229**	**196**	**678**
⊟ 2025	**1.122**	**960**	**960**
⊟ 1	**253**	**335**	**335**
⊞ Enero	57	116	116
⊞ Febrero	109	137	253
⊞ Marzo	87	82	335
⊞ 2	**785**	**287**	**622**

Figura 8.20. Total acumulado del año anterior.

En la figura 8.20 se aprecia que la fila correspondiente al mes de febrero de 2025 muestra los siguientes resultados:

- La medida `Cantidad` devuelve los cálculos para cada punto y nivel de la jerarquía de la tabla Calendario. En ese punto es `109`.
- La medida `Año Pasado DATEADD` devuelve el cálculo del hecho con las fechas desplazadas al mismo punto del año anterior.
    - El valor es `137`, que se corresponde con el valor devuelto en el mes de febrero del año 2024.
- La medida `Acumulado Año pasado` devuelve el hecho calculado como `Total Acumulado` del año anterior, es decir, la suma de los hechos registrados en los meses hasta la fecha.
    - En enero de 2024 hubo un resultado de `116`, que se acumularon a los `137` que se registraron de febrero de 2024, para hacer un total de `253` devueltos en febrero 2025.
- La misma medida devuelve `622` para el segundo trimestre de 2025. Este resultado es el acumulado a nivel de trimestre y se calcula a partir del valor `335`, del primer trimestre, que se acumula al valor `287`, del segundo trimestre mirando siempre al año 2024.

El uso de funciones DAX para inteligencia de tiempo como parámetros en `CALCULATE` nos abre un abanico enorme de posibilidades al crear informes analíticos con Power BI.

Comparar acumulado actual con año anterior

El desafío en este caso será comparar el resultado acumulado del año actual vs. el valor total alcanzado el año anterior. El objetivo es determinar qué porciento de cumplimiento se va alcanzando y en qué punto del año se iguala el resultado al del año anterior.

La expresión DAX para la medida `Diferencia Acumulados` se ha simplificado utilizando llamadas a las medidas. Otra posibilidad es asignar a las variables la misma expresión que está definida para cada medida.

Las variables `vAcumulado` y `vTotalPasado` se utilizan dos veces en el bloque `RETURN`. Al trabajar con variables se facilita la lectura del código y, además optimiza la expresión, ya que evita que se produzcan dobles llamadas a las medidas.

```
Diferencia Acumulados =
  VAR vAcumulado = [Total Acumulado]
  VAR vTotalPasado = [Año Pasado PREVIOUSYEAR]
  RETURN
    IF(
      NOT ISBLANK(vAcumulado) &&
      NOT ISBLANK(vTotalPasado),
      vAcumulado - vTotalPasado
    )
```

En la figura 8.21 se aprecian las siguientes medidas.

Año	Cantidad	Total Acumulado	Diferencia Acumulados
2024	**960**	**960**	**282**
2025	**1.122**	**1.122**	**162**
Enero	57	57	-903
Febrero	109	166	-794
Marzo	87	253	-707
Abril	162	415	-545
Mayo	186	601	-359
Junio	437	1.038	78
Julio	84	1.122	162

Figura 8.21. Acumulados y diferencias.

- La medida base `Cantidad` muestra el valor del hecho en cada punto de dato y nivel.
- La medida `Total Acumulado` muestra el valor incrementado mes tras mes, ya que acumula el resultado obtenido desde el inicio de cada año.
- La medida `Diferencia Acumulados` utiliza el resultado total para el año 2024, que es `960`, y se lo resta a cada valor acumulado, mes tras mes, del año 2025.
    - Cada valor negativo representa la cantidad que falta para llegar a lo alcanzado el año anterior.

      En enero de 2025 el hecho devuelve `57`, a este valor se resta `960`, que se obtuvo el año anterior, y se obtiene `-903`.
    - El primer valor positivo se obtiene en el mes de junio, quiere decir que en ese mes de 2025 se completó todo el resultado del 2024 y se alcanzó por primera vez un resultado que lo superaba.

A partir de este ejemplo, se pueden desarrollar otras muchas soluciones que realicen comparativas a diferentes niveles y que descubran, por ejemplo, porcientos de crecimiento y disminución. Bastaría con utilizar la función adecuada para crear el filtro necesario en cada caso.

Conclusiones

La inteligencia de tiempo analiza resultados de los hechos en diferentes niveles que pueden ser días, meses, trimestres y años.

Dos de las tareas más habituales que se realizan son: crear acumulados y comparativas en el tiempo.

La función `CALCULATE` y la tabla **Calendario** son dos elementos que, junto a las funciones especiales integradas en el lenguaje DAX, especialmente en el grupo de inteligencia de tiempo, permiten obtener el conjunto de fechas que se necesita para cada solución.

9 Los filtros visuales, las funciones y consultas DAX

En este capítulo aprenderás a:

- Identificar las acciones de filtro disponibles en Power BI Desktop.
- Recuperar las consultas en la vista de **Consultas DAX** y en DAX Studio.
- Utilizar las funciones DAX que se utilizan para filtrar los datos.
- Trabajar con funciones que sirven para documentar el estado de los filtros aplicados.

Los cálculos que se realizan con el lenguaje de expresiones DAX consumen filtros. Parten de un estado de filtros externos o filtros que reciben y que pueden crearse desde muchas funcionalidades de la herramienta cliente, que para este libro es Power BI.

Las expresiones DAX que sirven para ejecutar las medidas reciben los filtros que aportan los objetos visuales como parte del contexto de filtro externo y, a partir de los parámetros de filtro que se incorporen a la función `CALCULATE`, modifican el contexto agregando filtros nuevos, eliminando los existentes o estableciendo el valor de filtro que se necesita tener en cuenta.

Los filtros de informe y su efecto en DAX

En una página de informe, se combinan objetos de distintos tipos que aplican los filtros en dependencia de su diseño. Los objetos visuales en Power BI pueden contar con opciones específicas de filtro integrado.

La figura 9.1 muestra un ejemplo de página de informe en la que no se han realizado acciones de filtrado, pero que muestra las acciones de filtro individual de cada objeto.

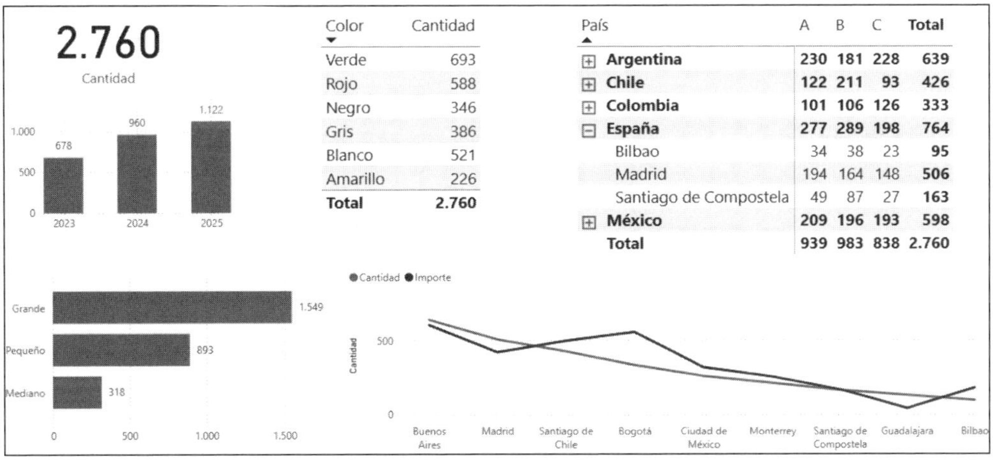

Figura 9.1. Ejemplo de página de informe que no se ha filtrado.

En la figura 9.1 se aprecian algunos elementos:

- La **tarjeta** sencilla no filtra, no segmenta el valor.
  - Expone el valor total, que es 2.760.

- En una **tabla** el filtro se ajusta a las filas del campo descriptivo. El valor que se muestra calculado es el obtenido al filtrar por cada elemento o estado de la columna descriptiva, que en este caso es Color de la tabla Productos.
    - El valor para el color Verde es 693 y para Rojo es 588.
    - En la fila Total no se aplica el filtro, porque todos los valores del campo descriptivo están visibles en el momento del cálculo, el valor es 2.760 porque no hay filtros.
- En una **matriz**, el valor de la celda dependerá de los campos integrados en las propiedades `Filas` y `Columnas`.
    - El resultado 230 se corresponde con el filtro aplicado a la columna País de Clientes y valor Argentina, además del valor A en la columna Categoría de Productos.
    - Los datos relativos a España se pueden ver desglosados por ciudades y también a nivel de país.
- Un **gráfico** filtra el valor para cada punto del dato. Según sea el tipo de gráfico y el campo seleccionado, habrá mayor o menor cantidad de puntos, lo que significa que hay más o menos puntos de filtro aplicados.
    - Al Año 2023 le corresponde 678, mientras que al Tamaño Grande le corresponde 1.549.

Tipos de acciones de filtrado en Power BI

Power BI es una herramienta que está dotada de muchas acciones y funcionalidades que pueden provocar efectos de filtro. Y todas estas acciones y funcionalidades repercuten en la consulta DAX que se crea para obtener los resultados calculados.

- Algunas acciones de filtro son evidentes, están visibles, pero hay otras que pueden pasar desapercibidas y provocar resultados inesperados en los datos.

A continuación, se ejemplifican algunas de estas opciones integradas.

Filtros aplicados por interacción entre objetos

En los entornos de Power BI Desktop, el Servicio Power BI y Microsoft Fabric, los objetos interactúan entre sí provocando acciones de filtro o resaltado de datos. La acción y el efecto dependen del objeto que filtra y el que recibe.

En la figura 9.1, la tarjeta muestra el valor total de la medida `Cantidad`, que es 2.760. No se ha realizado ninguna acción de filtro sobre los datos. La fila Total de la tabla y la matriz muestran el mismo valor y la suma de los valores de las barras y columnas en los gráficos también es igual a 2.760.

- El gráfico de líneas es menos perceptible en este sentido, pero se puede ver que la escala para la medida `Cantidad` indica 500.

En una página de informe se combinan objetos de distintos tipos que aplican y reciben los filtros interactivos en dependencia de su diseño. Se pueden aplicar varios filtros a la vez manteniendo pulsada la tecla **Control**. El botón de filtros indicará en cada caso el campo utilizado para filtrar y su valor.

- Una **tarjeta simple** no provoca acción alguna sobre el resto de los objetos de la página. La tarjeta de varias filas causa filtro al resto de tarjetas. Todos los gráficos de la página del informe provocan un filtro en las tarjetas de Power BI.
- La **tabla** provoca acción de filtrado sobre algunos visuales como otras tablas, tarjeta y gráfico de líneas. El filtro de tabla sirve para resaltar la propia tabla, sin filtrar las otras filas ni el valor Total. La acción desde la tabla provoca filtro sobre gráficos como barras, columnas, circulares, *treemap*, embudos y otros.
- En materia de filtros, una **matriz** se comporta igual que la tabla. La diferencia está en que, al seleccionar una celda, la cantidad de campos que filtran a la vez es mayor.
- Un **gráfico** provoca acción de filtro en tarjetas, tablas, matrices y gráficos de línea, entre otros. A la mayoría de los gráficos le provocan resaltado.

En la figura 9.2 se muestra un ejemplo de informe filtrado por la interactividad que se ha realizado entre los objetos. Se aprecia el efecto de filtrar por el valor 2023 de la columna Año de la tabla Calendario.

Al tocar la columna del gráfico que tiene el campo Año en la propiedad `Eje X`, se provoca el efecto de filtro o resalto para el resto de los elementos de la página.

- La tarjeta y los totales de la tabla y la matriz se filtran, mostrando el valor 678, que se corresponde con el año 2023.
- Las filas de la tabla y las celdas de la matriz se filtran por sus campos adicionales.
  - Verde = 200 porque está filtrando por Año = 2023 y Color = Verde.
  - En la matriz, el resultado 29 se corresponde con la combinación de filtros aportados por: Ciudad es Bilbao del País España, la Categoría es A y el Año es 2023.

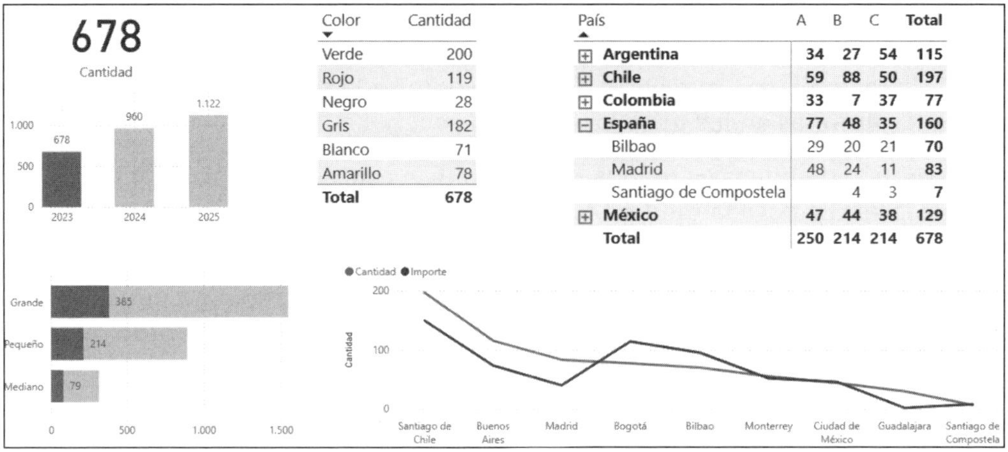

Figura 9.2. Ejemplo de informe que muestra el efecto de interactividad de visualizaciones.

- El gráfico de barras no filtra el campo Tamaño, no cambia la escala, solo resalta todas las barras para la parte proporcional a 2023.
- El gráfico de líneas se filtra, aunque no se percibe en la imagen. Se puede ver que la escala llega solo hasta 200 y no hasta 500, como antes.

Efecto del objeto de filtro de segmentación

El trabajo con los filtros de segmentación enriquece el informe y aporta dinamismo al proceso analítico.

Los objetos de filtro de segmentación son gráficos especiales que se utilizan para aplicar un filtro a todos los elementos visuales de la página actual. Nunca resaltan los datos. Se admiten sobre campos de tipo Número, Fecha y Texto.

Las segmentaciones se pueden sincronizar para extender la acción de filtro a otras páginas.

- Para activar el panel Sincronización de segmentaciones se debe seguir la ruta Ver>Mostrar paneles>Sincronización de segmentaciones.
- Un filtro puede estar a la vez sincronizado y no visible.

Mi recomendación es explorar las opciones de configuración habilitadas para la segmentación según el tipo de datos y el estilo elegido en el panel Formato.

La figura 9.3 muestra el efecto del filtro provocado desde las segmentaciones.

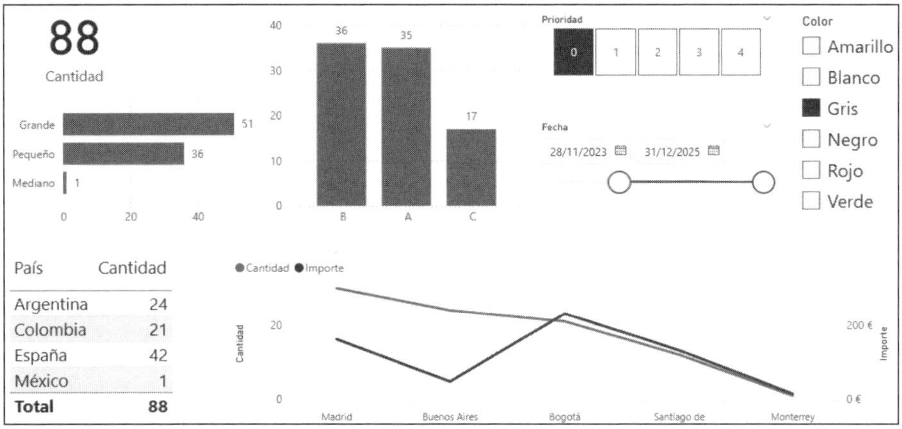

Figura 9.3. Efecto de la segmentación de los datos.

En el ejemplo que muestra la figura 9.3 hay tres segmentaciones:

- La columna Prioridad es de tipo Número y se ha configurado estilo Mosaico.
- La columna Color es de tipo Texto y se ha creado con estilo Lista.
- La columna Fecha es de tipo Fecha y se le aplicó un estilo Entre, que permite elegir un rango de valores.

Todos los objetos de la página se han filtrado por el valor Gris de Color, el valor cero de Prioridad y el rango de fechas desde el 28/11/2023.

Opciones disponibles desde el panel Filtros

El panel Filtros de visualización en Power BI incluye muchas opciones de configuración que incrementan su valor y utilidad. En el panel, aparecen todos los campos del modelo que se utilizan en cualquiera de las propiedades del objeto visual activo.

Es posible agregar uno o más campos para incorporar filtros extras al objeto o aplicar filtros a nivel de página o informe.

- Si se agrega un elemento de filtro con alcance a todas las páginas, se agrega automáticamente un filtro para cada objeto visual de cada página ya creada y también para cada nueva página que se cree en el informe.

Mi recomendación es revisar las opciones disponibles para cada tipo de datos, ya sea numérico o texto, y aprovechar toda la capacidad instalada.

El alcance de la acción de filtro configurada puede ser a nivel de objeto actual, página actual o todas las páginas del informe. Por eso, se divide en secciones, como se muestra en la figura 9.4.

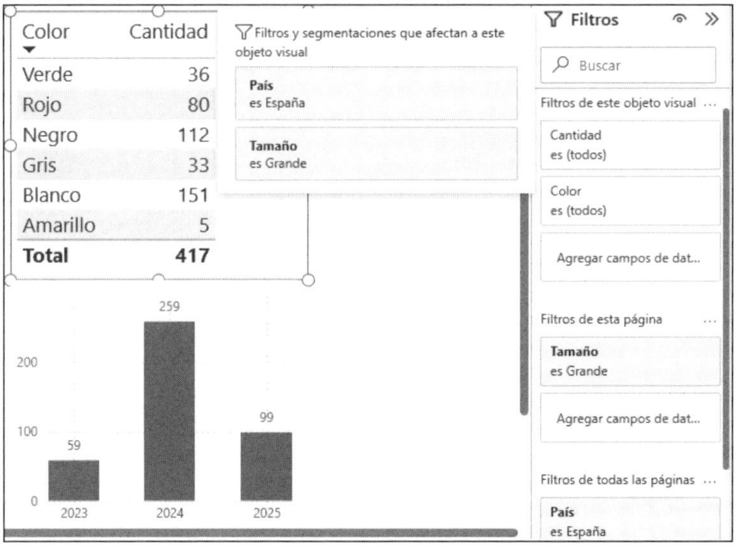

Figura 9.4. Panel Filtros en Power BI Desktop.

En la figura 9.4, se aprecia una página de informe y el panel Filtros expandido. Desde el panel Filtros se han aplicado dos filtros:

- A nivel de página actual por la columna Tamaño y el valor Grande.
- A nivel de informe por la columna País y el valor España.
- En cada bloque se aprecia la tarjeta con la opción Agregar campos de datos aquí.

El objeto activo es la tabla con el campo Color y la medida `Cantidad`.

- El botón de filtros expone los filtros que se aplican sobre la tabla.
- El panel Filtros muestra las tarjetas para configurar los filtros por los campos del objeto: Cantidad y Color.

Como se han configurado filtros por página e informe, todos los objetos de la página se filtran, el Total de la tabla es 417, que se corresponde con la suma de los valores individuales de las columnas del gráfico de columnas porque analiza los datos por el campo Año.

Obtener detalles aplicando filtros

En los gráficos de Power BI, los datos se muestran agregados o resumidos. Muchas veces se necesita una información más detallada, que muestre los datos fila a fila o punto a punto y que se filtre por el campo elegido. Una página configurada con el tipo Obtención de detalles es la solución. Es considerada una opción de filtro muy valiosa, ya que permite aplicar un filtro al valor actual agregado y exponer en otra página de informe el detalle de los datos.

Hay que crear una página nueva y preparar las visualizaciones para ver el detalle que se requiera de los datos. Para conseguir la funcionalidad Obtención de detalle se necesita realizar estos pasos:

- Desde el panel Formato, en el bloque Información de la página, seleccionar la opción Obtención de detalles en la propiedad Tipo.
- Asignar los campos del modelo a los que se activa esta acción.
    - En este ejemplo es la columna País de la tabla Clientes.

En una página normal del informe, la opción Obtención de detalles no aparece en una visualización, salvo que utilice el campo elegido para el detalle.

En el ejemplo aparece solo si se filtra por el campo País o por un campo como Ciudad, que implica a la vez el filtro por País si se muestra como nivel de jerarquía en una visualización, como se puede apreciar en la figura 9.5.

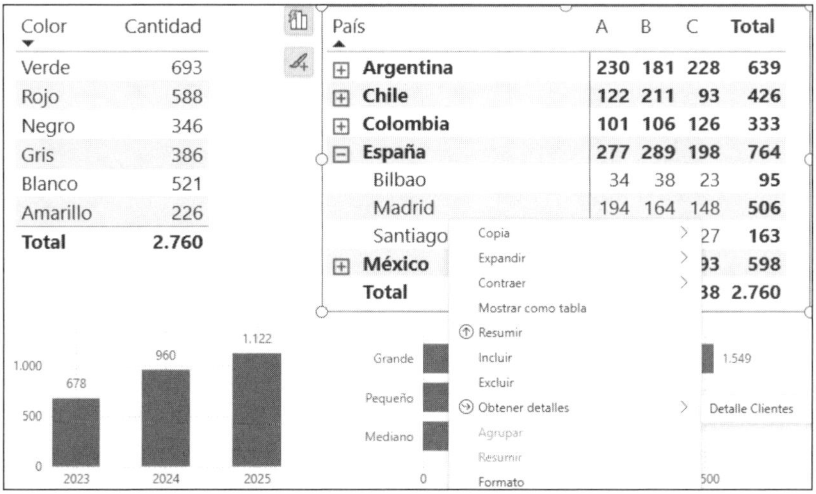

Figura 9.5. Opción Obtención de detalle en informe para una fila que filtra por Ciudad.

En la figura 9.5, se distingue que, ya sea por Ciudad o País, el menú contextual muestra la opción **Obtener detalles** para elegir una entre las páginas de detalle a las que se haya asignado el campo del modelo.

- Siempre que se filtre por Ciudad se filtra además por País, por eso se activa la opción.

La página Detalle Clientes es la que se corresponde con el ejemplo.

- La acción activa la página con todas las visualizaciones filtradas según el país elegido, en este caso, España.
- El icono de filtro de cada objeto en la página detalles indica la condición por la que se han filtrado los datos.

Filtros visuales en el *tooltip*

La información sobre herramientas o *tooltip* es una vía para exponer más datos sobre el elemento visual al que se apunta con el ratón.

Un *tooltip* es una acción de filtro que complementa con información adicional lo mostrado por el dato concreto. Las medidas `Importe` y `Operaciones` que se han agregado a la propiedad Información sobre herramientas facilitan la exploración, como se aprecia en la figura 9.6.

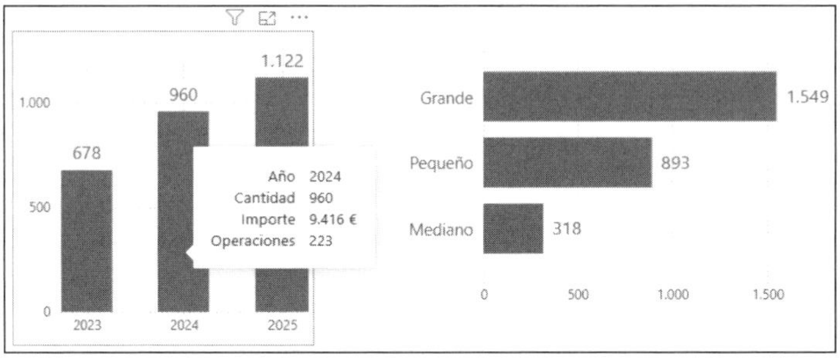

Figura 9.6. Información sobre herramientas aplicadas a las columnas del gráfico.

En la figura 9.6, hay dos gráficos que muestran los resultados para la medida `Cantidad`. En el gráfico de columnas se amplía la información filtrada para cada columna que incluye el Año actualmente elegido, que es 2024, y las medidas adicionales: `Importe` y `Operaciones`.

- Los valores de Año, `Importes` y `Operaciones` se filtran para cada punto del gráfico de columnas y se muestran filtrados cuando se pase el puntero del ratón sobre ellos.

Para saber si se ha creado *tooltip* para el gráfico de barras, hay que pasar el ratón o *mouse* y explorar qué información ofrece.

Otra vía para diseñar un *tooltip* es crear una página de informe y realizar las acciones siguientes:

- Configurar la propiedad `Tipo de página` con el valor Información sobre herramientas para la página en el panel Formato.
- Activar el menú Ver y ajustar la propiedad Vista de página a Tamaño real.
- Asignar el campo, o los campos, que se van a utilizar para filtrar con *tooltip*. Para este ejemplo he elegido Tamaño de la tabla Productos.
- Configurar las opciones de los gráficos que se van a mostrar en el *tooltip*.
  - Son gráficos muy sencillos, minimalistas, que se muestran como una imagen y que, a su vez, no admiten acciones adicionales.

Se pueden crear tantas páginas de tipo Información sobre herramientas como se necesite y asignarlas a uno o más campos para que se muestren estos resúmenes de datos filtrados.

La figura 9.7 muestra un ejemplo de página de informe configurada con el valor Información sobre herramientas en la propiedad `Tipo de página`.

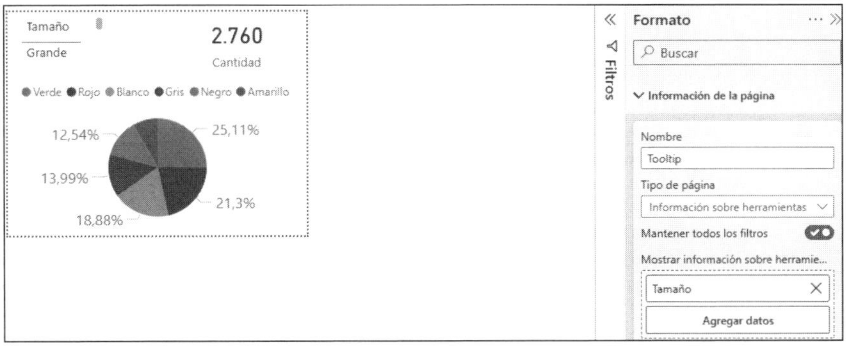

Figura 9.7. Diseño de página con tipo Información sobre herramientas.

En la figura 9.7, se aprecia el panel Formato con la configuración de la página y que el campo elegido ha sido Tamaño. En el panel de informe se observa que se han diseñado tres gráficos, una tabla con una sola fila visible, una tarjeta sencilla y un gráfico circular con leyenda.

De regreso al informe, el efecto del diseño mostrado en la figura 9.7 se verá siempre que se utilice el campo Tamaño y se pase el cursor del ratón, como muestra la figura 9.8.

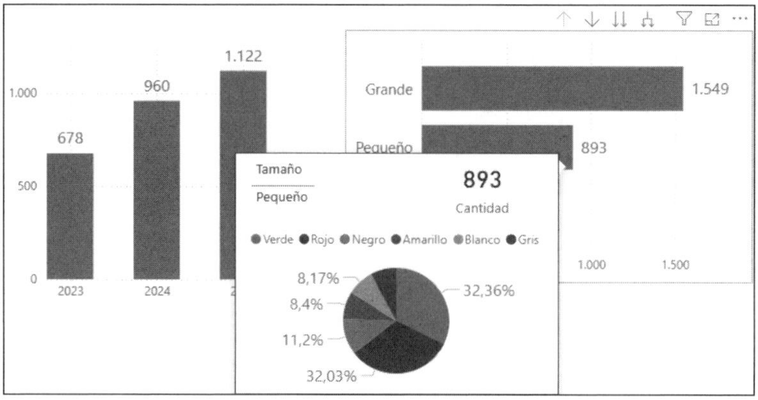

Figura 9.8. Efecto de la página *tooltip* que filtra para cada valor de la barra sobre el campo Tamaño.

En la figura 9.8 se aprecia el efecto que provoca pasar el puntero del ratón sobre el valor Pequeño del campo Tamaño de la tabla Productos. El gráfico, que fue configurado en la página de la figura 9.7, muestra los datos filtrados para los productos de tamaño Pequeño.

- La tabla muestra el valor Pequeño de columna Tamaño.
- La medida `Cantidad` muestra 893 en la tarjeta, porque es el valor de la medida filtrada por el campo Tamaño y el valor Pequeño.
- El gráfico circular muestra el valor porcentual de la distribución del valor 893 por la columna Color.

El resto de los campos del modelo que se utilicen en esta o cualquier otra página no mostrarán el efecto de la Información sobre herramientas con estilo gráfico.

- Siempre que se utilice el campo Tamaño para segmentar en una visualización y se pase el puntero del ratón sobre ella se mostrará el diseño creado en la página configurada con Tipo = Información sobre herramientas.

Efecto de filtro al explorar en profundidad desde una jerarquía

Muchos elementos visuales como gráficos y matrices admiten analizar los datos desde varios niveles de jerarquía. La opción Explorar en profundidad, que se encuentra en forma de flecha que apunta hacia abajo, provoca acción de filtro sobre el elemento actual y sobre todos los elementos visuales de la página. Este efecto está visible en la figura 9.9.

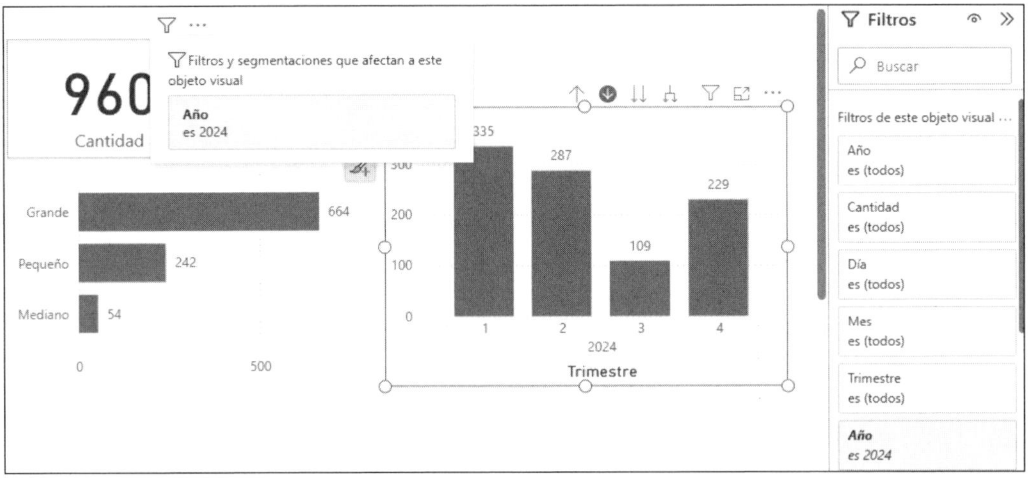

Figura 9.9. Filtro provocado por la acción **Explorar en profundidad** en el gráfico con niveles de jerarquía.

En la figura 9.9 se aprecian los siguientes elementos:

- El botón Explorar en profundidad, con aspecto de flecha hacia abajo, está activo en el gráfico de columnas que tiene cuatro niveles de jerarquía que se corresponden con estos campos de la tabla Calendario: Año, Trimestre, Mes, Día.
- El gráfico muestra los datos del nivel Trimestre porque, tras activar la Exploración en profundidad de una jerarquía, al tocar un elemento, en el ejemplo el Año 2024, se pasa al siguiente nivel, Trimestre, y muestra únicamente los valores correspondientes a los trimestres de 2024.
- La tarjeta muestra en su botón de filtro que se filtra por el Año 2024 y el valor 960 se corresponde con el total para 2024.
- Es el mismo valor total que se muestra filtrado si se suma cada punto del gráfico de barras por el campo Tamaño y las columnas del nivel Trimestre.
- En el panel Filtros aparece un filtro adicional, que se muestra en formato de letra cursiva, para todas las visualizaciones de la página. Se puede ver la tarjeta que indica Año 2024.
    - El filtro aparece y desaparece automáticamente según se navegue por los niveles. Si se pasa del nivel Trimestre al nivel Mes se agrega una condición de filtro adicional a todos los elementos.

Para desactivar la opción Explorar en profundidad se recomienda subir hasta el primer nivel de la jerarquía y tocar el icono.

- Con la opción desmarcada los gráficos se comportan de forma habitual filtrando o resaltando elementos visuales de la página sin referenciar en modo alguno esta acción en el panel de filtros.

Los filtros en DAX y los tipos de datos

Cada acción de filtro sobre una página de informe implica un cambio en la consulta que se realiza al modelo tabular. Los datos están almacenados en el modelo tabular o en otro motor de almacenamiento, pero, en todos los casos, se lanza una consulta a los valores almacenados que tiene en cuenta el estado de los filtros.

Se puede ver qué se tiene en cuenta en la consulta; es más, se recomienda ver lo que ocurre internamente, especialmente si hay dudas en el resultado obtenido.

- Quizás se aplica un filtro adicional y ha pasado desapercibido.

Power BI cuenta con dos opciones integradas que se pueden aprovechar con este objetivo: el panel Analizador de rendimiento y la vista de Consultas DAX.

Panel Analizador de rendimiento

El panel Analizador de rendimiento es una herramienta integrada en Power BI Desktop para conocer qué ocurre cada vez que se interactúa con el informe, ya sea porque hay un paso de página, una acción de filtro por segmentación o interactividad por cualquiera de sus opciones.

Expone el tiempo que demora visualizar cada objeto de la página de informe. Desde este panel se puede conocer además la expresión de consulta DAX que se invoca para obtener el resultado calculado para cada objeto visual.

Para activar el panel se puede seguir las rutas:

- Ver>Mostrar paneles>Analizador de rendimiento.
- Optimizar>Revisión>Analizador de rendimiento.

El panel se muestra a la derecha. En la parte superior, hay un grupo de botones para las siguientes tareas:

- **Iniciar:** Activa el inicio de la grabación del registro de las acciones en el Analizador de rendimiento.

- **Actualizar:** Simula la carga de la página actual. Se realizan todas las tareas necesarias para obtener todas las visualizaciones de la página.
- **Detener:** Detiene o desactiva la grabación.
- **Borrar:** Limpia los pasos registrados, no detiene la grabación, solo limpia lo que hay hasta ese momento.
- **Exportar:** Copia todo el registro al portapapeles para pegarlo en una herramienta como DAX Studio y continuar desde allí el análisis.

La figura 9.10 muestra una página de informe con el panel Analizador de rendimiento activo.

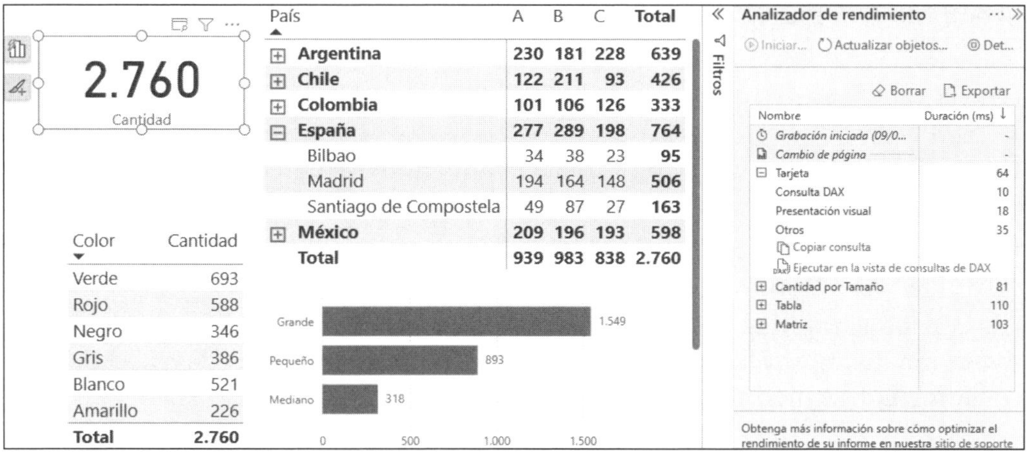

Figura 9.10. Panel Analizador de rendimiento activo para una página de informe.

La secuencia de pasos realizados para obtener el resultado que se muestra en la figura 9.10 es el siguiente:

1. Se activó el panel Analizador de rendimiento.
2. Se inició la grabación.
3. Está seleccionado el objeto Tarjeta y se aprecia un botón extra, junto al botón de filtros.
4. El panel Analizador de rendimiento muestra el informe de lo ocurrido tras un cambio de página, es decir, la actualización de todos los objetos. Se distinguen los cuatro elementos que hay en la página.

5. Se ha expandido el informe para la tarjeta que muestra:
   - Duración en milisegundos de estos elementos: Consulta DAX, Presentación visual y Otros procesos.
   - Dos accesos directos para explorar la expresión DAX que se ha utilizado para la consulta de este objeto:
     a. Copiar consulta al portapapeles para pegarla luego en una herramienta que puede ser DAX Studio.
     b. Ejecutar consulta en la vista de consultas DAX que abre la vista de Consultas DAX, crea una nueva consulta con la expresión utilizada para obtener el resultado que muestra la tarjeta y ejecuta la consulta.

El entorno está preparado para explorar la consulta DAX.

Vista de Consultas DAX

Una de las opciones para explorar la consulta que devuelve el panel Analizador de rendimiento es la vista de Consultas DAX en Power BI Desktop.

Esta vista, accesible desde el panel lateral a la izquierda, permite escribir y editar consultas DAX facilitando la depuración y el rápido desarrollo de consultas.

Las consultas rápidas desde los elementos del modelo de datos son muy efectivas para distinguir la lógica de las medidas, especialmente de las medidas que consumen otras medidas.

- Dada la relevancia del tema, en este libro se dedica un capítulo a las consultas DAX a los datos y metadatos del modelo.

Según la versión de Power BI Desktop con que se trabaje, puede estar desactivada la vista.

- Si ese es el caso, para activarla hay que seguir la ruta: Archivo>Opciones y configuración>Opciones>Características de versión preliminar>Vista de consultas DAX.

La vista de consultas tiene un panel central destinado en su parte superior a las consultas al modelo de datos y, en su parte inferior, a mostrar el resultado devuelto tras ejecutar la consulta.

Para que sea más cómodo el movimiento por el código, especialmente cuando hay mucho código, se dispone, a la derecha del panel central, de un panel que muestra una miniatura del contenido.

A la derecha del todo de la vista de Consultas DAX se encuentra el panel Datos. Este panel se puede contraer para dejar más espacio a la consulta y tiene dos pestañas: Tablas y Modelo.

La figura 9.11 expone un ejemplo de la vista de Consultas DAX en Power BI Desktop.

Figura 9.11. Vista de Consultas DAX.

En la figura 9.11 se aprecian los siguientes elementos:

- Una banda de menú de opciones en la parte superior, que se muestra contraída para dar más visibilidad al contenido de la consulta. Está formada por dos grupos de opciones: Edición y Copilot.
- El panel central expone la definición de dos medidas y el código para su posterior evaluación.
    - Más adelante, en este libro, se dedica tiempo y espacio a tratar en detalle las partes de la consulta.
- En el panel inferior se puede ver el resultado devuelto por ambas medidas y las opciones de copia disponibles. Este panel Resultados se puede contraer.
- El panel Datos muestra la pestaña Tablas con parte del contenido del modelo utilizado en este libro en el capítulo dedicado a inteligencia de tiempo.

Filtros en DAX si se aplican a columnas de texto

Cuando ocurre una acción de filtro desde de los objetos visuales en una página de informe sobre columnas de tipo Texto, hay consecuencias en la consulta DAX que devuelve el resultado del dato calculado.

Aprovechar las ventajas y posibilidades que aportan el panel Analizador de rendimiento y la vista de Consultas DAX ayudan a descubrir qué es lo que ocurre para obtener el valor que aparece en la tarjeta. La figura 9.12 muestra una página de informe en la que se han aplicado filtros interactivos sobre los objetos. Se muestra el panel Analizador de rendimiento activo con la grabación iniciada.

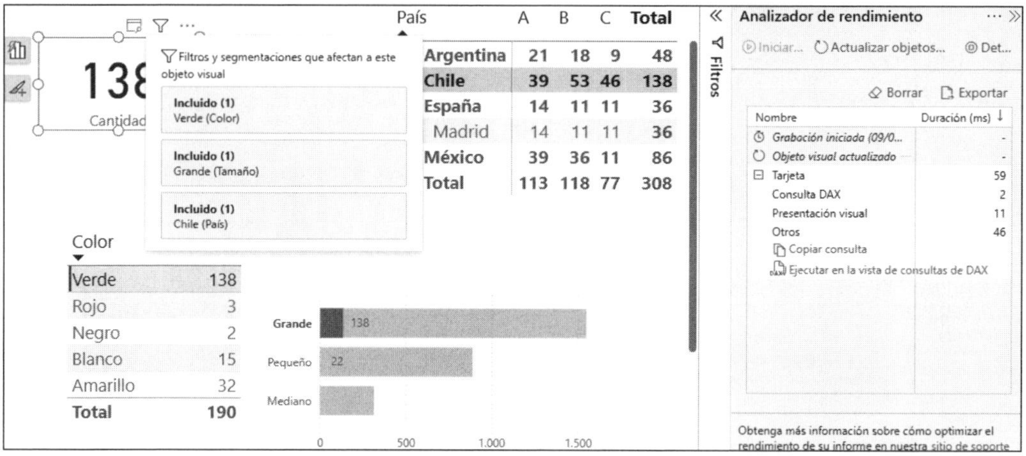

Figura 9.12. Vista de una página de informe con panel Analizador de rendimiento y el informe sobre una tarjeta.

La tarjeta que se aprecia en la figura 9.12 expone el valor 138, que es el resultado que se obtuvo después de aplicar los filtros.

- Se seleccionó la fila Verde en la tabla que filtra por el campo Color. Esta acción provoca resalto en la tabla y el gráfico de barras y filtra el resto de los objetos.
- Se activó la barra Grande por el campo Tamaño del gráfico de barras, lo que provoca resalto sobre este gráfico y filtra el resto de los objetos.
- Se eligió el País es Chile en el objeto matriz, por lo que se filtran o resaltan los objetos de la página.
    - Si se marca una celda de la matriz, se provoca una doble acción de filtro, por el campo de fila y columna.
    - En este caso, se eligió un valor concreto de fila, Chile, por lo que el filtro no aplica ningún efecto por el campo de columna de la matriz.

Sobre la tarjeta se aplican todos los filtros que provienen del resto de los objetos de la página, por lo que su botón de filtro expone la información sobre todas las columnas del modelo y los valores que se han utilizado para crear el contexto de filtro externo para calcular el dato.

- Para aplicar varios filtros a la vez sobre el mismo objeto u objetos diferentes, se debe mantener pulsada la tecla **Control**.

Se activó el botón Analizar este objeto visual de la tarjeta, que permite analizar la consulta DAX, que se aplica a la tarjeta de forma individual para conseguir un resultado específico y un análisis enfocado en un elemento.

En el panel Analizador de rendimiento se aprecia un bloque del informe dedicado específicamente a la tarjeta. El siguiente paso es activar el acceso directo en la opción Ejecutar en la vista de consultas de DAX.

La figura 9.13 muestra la vista de Consultas DAX con la consulta DAX aplicada a la tarjeta.

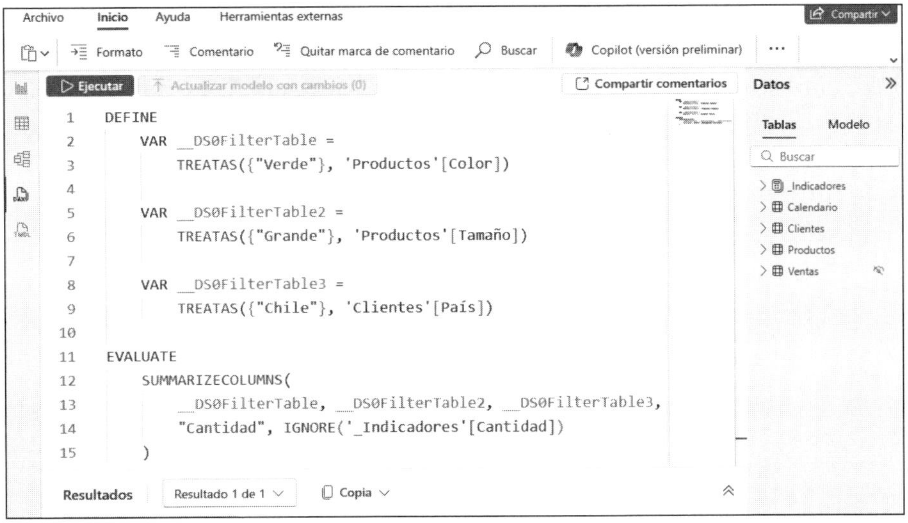

Figura 9.13. Vista de Consultas DAX con el código de la expresión DAX que calcula el valor de la tarjeta.

En la expresión de código expuesto en la Vista de consultas DAX se aprecia, en primer lugar, la definición de las tres variables que exponen los tres filtros externos.

- La función `TREATAS` crea una tabla con los valores válidos en el filtro y los compara con los valores que existen en cada columna que se utiliza.

- Si se activa más de un valor para una columna, la función `TREATAS` crea una tabla con una columna que incluye todos los valores elegidos, diseñando el entorno para que ocurra una condición de `OR` lógica.

Luego, se calcula la medida `Cantidad` a partir del contexto de filtro aportado por las variables. Como se trata de columnas diferentes del modelo, la condición lógica del filtro que se aplica se anida con operadores `AND`.

En el espacio dedicado a exponer los **Resultados** de las consultas se aprecia el valor `138`, que es el que se muestra en la tarjeta de la página del informe.

Ya sean varios valores de la misma columna, un valor de varias columnas o cualquier combinación de filtro que se aplique sobre las columnas de tipo **Texto**, la consulta DAX que define el resultado utiliza la función `TREATAS` para crear las expresiones de filtro que definen las variables que forman el contexto de filtro externo sobre la medida que se calcula.

Filtros en DAX si se aplican a columnas numéricas

Al filtrar por columnas de tipo número o fecha, que permiten elegir intervalos de datos, el resultado de las medidas con DAX se afecta, porque tiene en cuenta estos filtros. En la figura 9.14 se muestra una página de informe con filtros aplicados. El detalle de las columnas y rangos de valores admitidos se expone en el botón de filtro de la tarjeta.

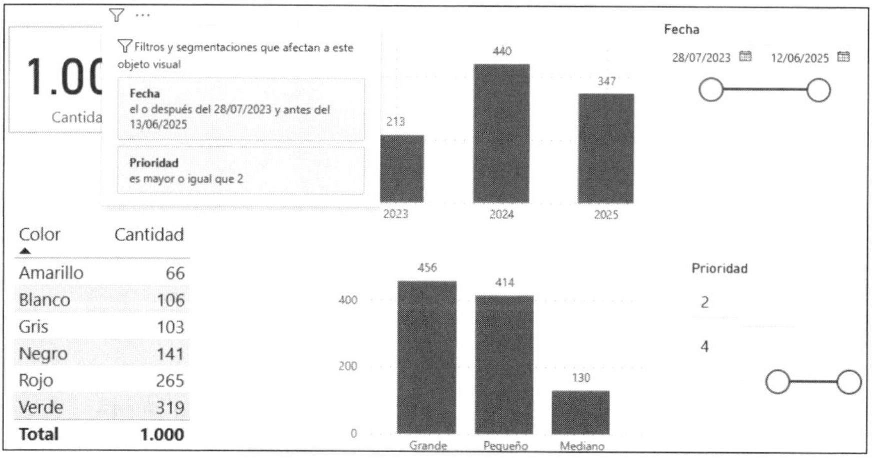

Figura 9.14. Filtros aplicados desde segmentaciones de tipo **Número** y **Fecha**.

Se repiten los pasos para explorar la consulta DAX resultante, que se expone en la figura 9.15.

```
DEFINE
    VAR __DS0FilterTable =
        FILTER(
            KEEPFILTERS(VALUES('Calendario'[Fecha])),
            AND('Calendario'[Fecha] >= DATE(2023, 7, 28),
            'Calendario'[Fecha] < DATE(2025, 6, 13))
        )

    VAR __DS0FilterTable2 =
        FILTER(KEEPFILTERS(VALUES('Productos'[Prioridad])),
        'Productos'[Prioridad] >= 2)

EVALUATE
    SUMMARIZECOLUMNS(__DS0FilterTable, __DS0FilterTable2,
    "Cantidad", IGNORE(' Indicadores'[Cantidad]))
```

Resultados   Resultado 1 de 1   Copia

	[Cantidad]
1	1000

Figura 9.15. Consulta DAX resultante tras filtrar por rangos de números y fechas.

Se puede distinguir en la figura 9.15 que la expresión DAX para consultar una medida a la que se aplican filtros desde columnas de tipo Número y Fecha es diferente.

- En ambos casos se crea una variable de tipo Tabla con la función `FILTER` que tiene dos parámetros: tabla y condición.
    - La tabla se forma por la función `VALUES`.
    - La condición expone el filtro que se aplicó en el informe.
- La función `KEEPFILTERS` agrega la condición de filtro que se aplica a la tabla que crea la función `VALUES`. Por ejemplo, recorre la columna Prioridad y filtra si el valor es mayor o igual que dos.
    - Lo mismo aplica a la columna Fecha de la tabla Calendario, filtra según el rango de valores admitidos en la segmentación.

La medida se evalúa a partir de las filas visible de la tabla de hechos tras aplicar los filtros definidos en las variables.

Ver filtros desde DAX Studio

La herramienta externa DAX Studio, que ya ha sido presentada en este libro, se puede utilizar para explorar y ejecutar la consulta DAX. La herramienta DAX Studio aporta funcionalidades adicionales que permiten ir más allá del texto de la consulta, porque resulta muy conveniente aprovechar todas sus ventajas.

Las páginas de informes en Power BI combinan columnas de tipo Texto, Fecha y Número, por lo que las funciones DAX que se utilizan para definir los filtros que se aplican a las expresiones de cálculo de las medidas DAX dependen del tipo de columna y también de la configuración de la segmentación.

- Si la segmentación de una columna de tipo Número se configura como Lista vertical, Mosaico o Menú desplegable, el valor numérico no se considera un rango numérico, sino un valor discreto.

La figura 9.16 expone una página de informe con filtros aplicados sobre columnas de distintos tipos.

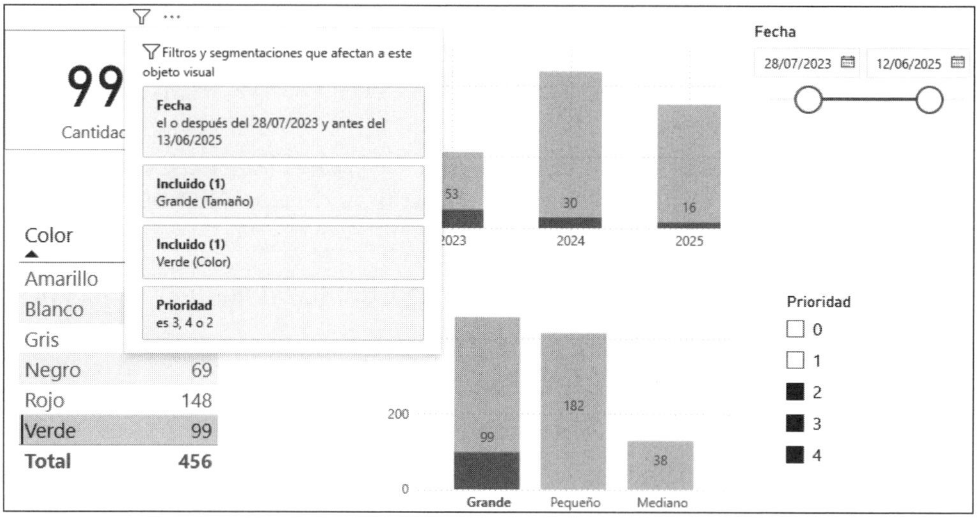

Figura 9.16. Página de informe con filtros aplicados sobre distintos tipos de columnas.

La información sobre los filtros expuesta en la tarjeta que se aprecia en la figura 9.16 muestra que se tiene en cuenta la configuración de la segmentación sobre una columna de tipo Número.

- Aunque se trata de un número y la condición de filtro sigue siendo mayor o igual que dos, al haberse configurado la segmentación con tipo Lista trata el dato como si tuviera tipo Texto.
- Trata la selección como si se hubieran elegido tres valores de una columna de tipo Texto, 2, 3 y 4, no una condición de rango numérico de mayor o igual que 2.
- La consulta DAX utiliza la función TREATAS para crear el filtro.

Desde el panel **Analizador de rendimiento** se inicia la grabación para analizar la consulta y el resultado específico para la tarjeta.

En este caso, en lugar de ver la consulta en la vista de **Consultas DAX**, la acción será **Copiar consulta**, que copia el texto al portapapeles para explorarla y ejecutarla en la herramienta externa DAX Studio.

La ruta para activar DAX Studio es **Menú Herramientas externas>DAX Studio**, se abre la página de inicio, que ya se ha conectado al modelo de datos activo en Power BI con el entorno preparado para pegar la consulta desde el portapapeles al **Editor de consultas** de DAX Studio.

La figura 9.17 muestra el entorno de la página de inicio en DAX Studio con la consulta DAX pegada en el **Editor de consultas**.

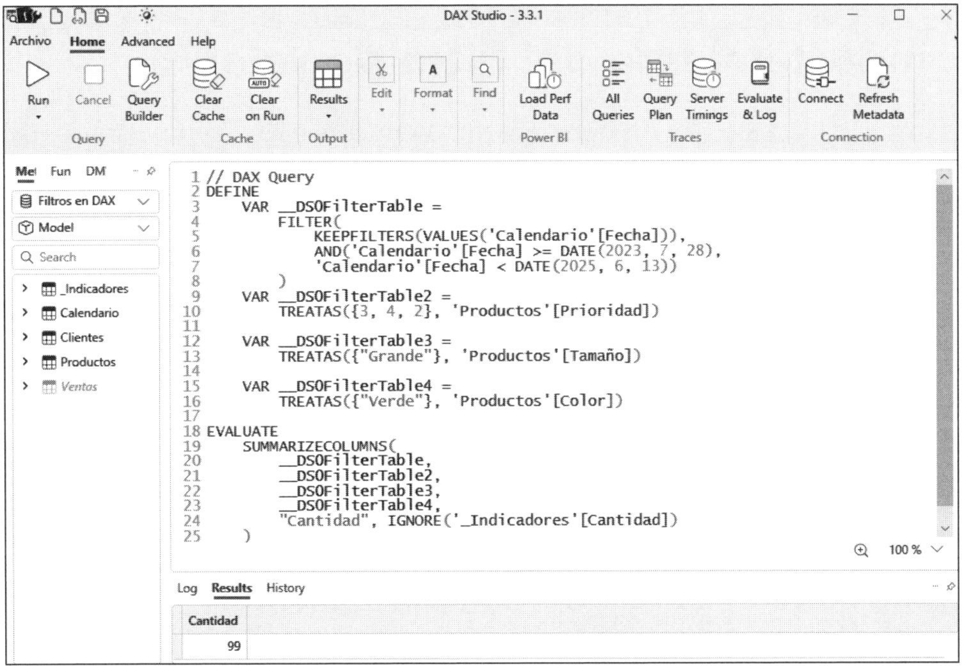

Figura 9.17. Consulta DAX vista en el **Editor de consultas** de DAX Studio.

La consulta DAX de la figura 9.17 refleja los filtros aplicados.

- La columna **Fecha** de la tabla **Calendario** se filtra por un rango de valores, como es habitual en las columnas de tipo **Fecha**.
- La columna **Prioridad** de la tabla **Productos** es una columna numérica con los valores de **Prioridad** elegidos para el filtro mayor o igual que 2.

    - Aplica un filtro de columna discreta utilizando la función TREATAS debido a la configuración elegida para la segmentación.
- El resto de los filtros se diseñan con la función TREATAS sobre columnas de tipo Texto como es habitual.

Esta consulta se puede ejecutar para obtener el resultado como se puede ver en el panel Resultados de la figura 9.17. El resultado devuelto por la consulta es 99, que coincide con la tarjeta de la figura 9.16.

La herramienta dispone de opciones avanzadas que se pueden aprovechar para explorar en profundidad la consulta DAX que se escriba o pegue en el Editor de consultas de DAX Studio.

Comportamiento del filtro de valor

En Power BI Desktop hay un elemento relativamente nuevo que se conoce como Comportamiento del filtro de valor, cuya configuración puede llevar a resultados inesperados.

¿En qué consiste Comportamiento del filtro de valor?

Cuando se aplican filtros a varias columnas de la misma tabla, Power BI puede interpretar que algunas combinaciones de valores no son válidas. Por esta razón, el comportamiento predeterminado para el filtro de valor es que el filtro que se aplica tiene en cuenta la combinación de filtros aplicados sobre todas las columnas de la tabla.

¿Cómo se ve el estado de Comportamiento del filtro de valor?

Para conocer cuál es el valor actual para la configuración del filtro de valor, hay que seguir la ruta Vista Modelo>Panel Datos>Pestaña Modelo.

En este punto hay que elegir la opción Modelo semántico, activar el panel Propiedades y desplazar la barra lateral hasta la última opción actualmente definida, que es Comportamiento del filtro de valor.

En la figura 9.18 se muestran los paneles Propiedades y Datos para mostrar dónde se encuentra el punto para configurar el filtro de valor.

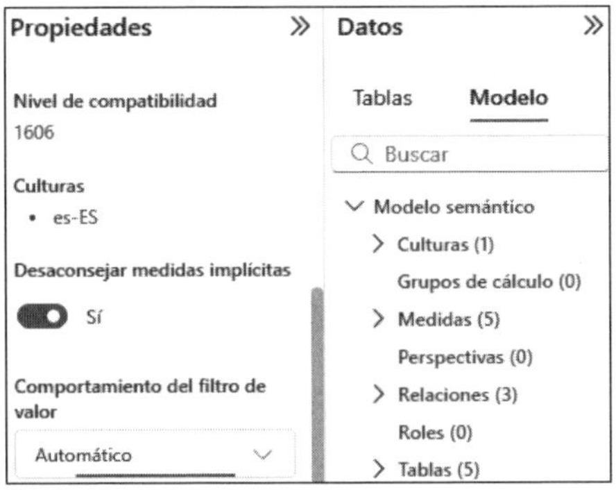

Figura 9.18. Paneles en la vista Modelo para configurar la propiedad Comportamiento del filtro de valor.

¿Qué estados puede tener la propiedad Comportamiento del filtro de valor?

El filtro de valor se puede configurar con los valores Automático, Independiente y Unidos.

- Si el valor es Independiente, no hay ningún cambio al comportamiento que había antes. Cada columna aplica su filtro y su resultado se combina con el resto de los filtros desde una condición concatenada con un operador `AND` lógico. Cada filtro es, como indica su nombre, independiente.
- Si el valor es Automático, se trata de la configuración predeterminada que activa el modo Combinado, por ahora.
  - Se prevé que si no se ha cambiado la configuración de esta propiedad es porque no se desean cambios de comportamiento y los modelos definidos con el comportamiento Automático pasen a ser de comportamiento Independiente.
- Si el valor es Unidos, entonces se fuerza la coincidencia de la combinación de valores en las columnas.

Punto de partida para explorar el efecto de Comportamiento del filtro de valor sobre la consulta DAX

El escenario que se presenta es una página de informe en la que se aplican filtros sobre columnas de una misma tabla.

En la página hay tres tarjetas con las medidas `Cantidad`, `Gris` y `Semáforo`. La medida `Cantidad` es la medida base que se utiliza en muchos capítulos del libro, que devuelve la suma de los valores en las filas visibles de la columna **Cantidades** de la tabla **Ventas**.

Las expresiones DAX para calcular las medidas `Gris` y `Semáforo` modifican el contexto de filtro de la columna **Color** de la tabla **Productos** sobre el que se evalúa la medida base `Cantidad`.

```
Gris =
  CALCULATE(
    [Cantidad],
    Productos[Color]="Gris"
    )

Semáforo =
  CALCULATE(
    [Cantidad],
    Productos[Color] IN {"Rojo", "Amarillo", "Verde"}
    )
```

La figura 9.19 muestra el punto de partida para analizar el efecto que tiene el filtro de valor sobre la consulta DAX.

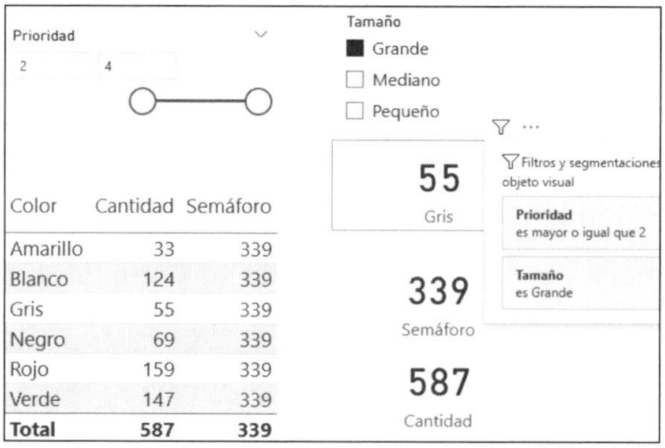

Figura 9.19. Página de informe con filtros y tarjetas creadas con medidas DAX.

En el escenario inicial que se muestra en la figura 9.19, se aprecia que las tarjetas están afectadas por dos filtros de columnas de la tabla **Productos**, las columnas **Prioridad** y **Tamaño**. El único filtro que se aplica a la columna **Color** es el que aporta cada fila del objeto visual tabla.

- La medida `Cantidad` reacciona a ese valor de filtro por **Color** para cada fila del objeto visual.

- Si se filtra por Color es Gris en la tabla devuelve `55`, que es lo mismo que se obtiene con la medida `Gris` que filtra ese valor de Color como parte de la expresión que la define.

- La medida `Semáforo` anula el filtro aportado por el visual por el efecto del filtro que se establece como modificador de contexto en el parámetro de la función `CALCULATE` en la expresión DAX.
  - Al incorporar la medida `Semáforo` a la tabla solo se persigue mostrar el efecto.
  - No trata en ningún caso de incorporar una medida como esta a una tabla de informe.
  - El valor que aporta la medida `Semáforo` tanto en las filas de la tabla como en la tarjeta es el mismo, `339`.

Filtros de valor: Unidos

Si el valor asignado a la propiedad Comportamiento de filtro de valor es Unidos, de inicio no se nota ninguna diferencia hasta que se filtre por alguno de los valores de la columna Color en el objeto visual Tabla, como se aprecia en la figura 9.20.

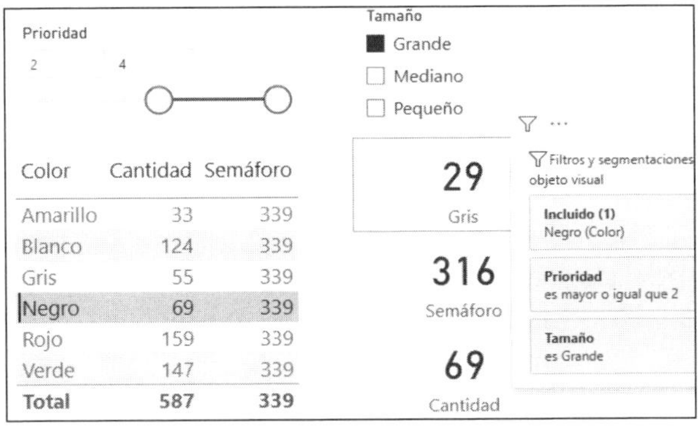

Figura 9.20. Incongruencia en los resultados tras aplicar un filtro en la columna Color del objeto visual Tabla.

La figura 9.20 muestra unos resultados que pueden ser inesperados, pero que sin duda son incongruentes. Basta con mirar el resultado de la medida `Semáforo` en la tabla que no coincide con el de la tarjeta. Algo ha cambiado también en la tarjeta que muestra la medida `Gris`.

Efectos en el objeto visual tabla

El valor de la medida `Cantidad` para Color Gris en la tabla sigue siendo 55 y el valor para `Semáforo` en todas las filas del objeto visual tabla sigue siendo 339.

- La tabla no se filtra en ningún caso por elegir una fila u otra.
  - Se resalta la opción elegida, los colores en las filas quedan más destacados para la fila elegida y nada más ocurre en la tabla.
  - No hay ninguna afectación en los cálculos.
  - Ni siquiera aparece la opción resaltada en el icono que expone los filtros activos.
- Para la tabla, los filtros activos son los que se aplican por los campos del modelo Prioridad y Tamaño.

Efectos en las tarjetas

Las tarjetas que exponen el resultado de evaluar las medidas `Gris` y `Semáforo` incorporan un filtro adicional por la columna Color con el valor Negro, que es el valor seleccionado en el objeto visual tabla.

- El valor devuelto por la medida `Gris` es `29`, en lugar del `55` que muestra la tabla.
- El valor devuelto por la medida `Semáforo` es `316`, en lugar del `339`, que aparece en la tabla.

¿Cómo se obtiene el valor 29 para la tarjeta Gris?

La primera acción para entender el resultado es filtrar la tabla Productos desde la vista Datos aplicando las tres condiciones expuestas en la tarjeta: Color = Negro, Tamaño = Grande y Prioridad es mayor o igual que 2.

- Este es el contexto de filtro externo que recibe la tarjeta; por tanto, es el contexto de filtros sobre el que se calcula el resultado.

La figura 9.21 muestra las filas que cumplen con las condiciones de filtro aplicadas.

IdProducto	Categoría	Color	Tamaño	Prioridad
153	A	Negro	Grande	4
79	A	Negro	Grande	2
27	C	Negro	Grande	2
18	B	Negro	Grande	2

Figura 9.21. Resultado de aplicar los filtros según el contexto de filtro externo a la tabla Productos.

A partir del resultado de la figura 9.21 y como el comportamiento del filtro de valor tiene la propiedad establecida como Unidos, los valores combinados de las columnas Tamaño y Prioridad son: Grande, 2 y Grande, 4 respectivamente.

- El valor de Prioridad igual a 3 no existe en los productos de Tamaño Grande y de Color Negro, por lo que se pierde como valor combinado cuando la propiedad Comportamiento de filtro de valor para el modelo es igual a Unidos.

Este contexto de filtro externo se modifica desde la medida `Gris`, porque la expresión DAX sobre la columna Color define el valor Gris como valor del filtro que se aplica, por lo que habría que filtrar la tabla Productos con las nuevas condiciones: Color = Gris, Tamaño = Grande y Prioridad es mayor o igual que 2.

El resultado obtenido por la nueva condición de filtro aplicado sobre la tabla Productos se puede ver en la figura 9.22.

IdProducto	Categoría	Color	Tamaño	Prioridad
152	A	Gris	Grande	2
131	B	Gris	Grande	4
96	C	Gris	Grande	3
85	C	Gris	Grande	2
61	A	Gris	Grande	3
44	A	Gris	Grande	4

Figura 9.22. Filtro sobre la tabla Productos cambiando el valor de filtro de la columna Color.

De los productos que se listan en la figura 9.22 se descartan los números 96 y 61 porque la Prioridad es tres y, según el filtro externo combinado para las columnas Tamaño y Prioridad que se muestra en la figura 9.21, no hay ninguna Prioridad con valor 3.

- Hay que destacar que los productos 152 y 131 no tienen operaciones en la tabla de hechos. Son irrelevantes para este análisis.
- Los únicos productos que se tienen en cuenta son el 85 y el 44.

El resultado de agregar los valores para las filas de la tabla Ventas donde se cumplan las condiciones de filtro propagado desde la tabla Productos es 29.

Los filtros que se aplican son: el Color es Gris, el Tamaño es Grande y la Prioridad es 2 o 4. La figura 9.23 muestra el resultado obtenido para la tabla Ventas tras filtrar por la columna IdProducto con los dos valores: 85 y 44.

IdProducto	IdCliente	Fecha	Cantidades
85	1	12/05/2025	10
44	1	07/07/2023	10
85	3	07/12/2023	4
85	1	28/11/2023	4
44	4	15/03/2024	1

Figura 9.23. La suma de los valores de la columna Cantidades es 29.

En la tabla de la figura 9.23 es muy fácil distinguir que, si se suman los valores de la columna Cantidades de la tabla Ventas, que es la expresión que se utiliza para la medida `Cantidad`, se obtiene 29.

- Las filas visibles en Ventas que provocan este valor, 29, son el resultado de un contexto de filtro externo aplicado con estas condiciones: el Color es Gris, el Tamaño es Grande y la Prioridad es 2 o 4.

¿Cómo se obtiene el valor 55 para la fila de color Gris de la tabla?

El valor devuelto por la tabla de las figuras 9.19 y 9.20 para la fila del color Gris es 55.

Como la tabla no recibe el contexto de filtro externo sobre la columna Color = Negro filtra las condiciones: Color = Gris, Tamaño = Grande y Prioridad es mayor o igual que 2 y devuelve la tabla que muestra la figura 9.22.

Esta vez no se excluyen los productos con Prioridad igual a 3 y el resultado de agregar la columna Cantidades para las filas visibles de Ventas es 55.

- Es el resultado que se obtiene también para las tarjetas si el Comportamiento del filtro de valor está configurado como Independiente, lo que significa que cada columna se evalúa por separado.
    - El valor 55 se muestra en la tarjeta de la figura 9.19.
- Como el valor 3 de Prioridad es válido, además de las filas con IdProducto igual a 85 y 44 que se consideraban antes, se tienen en cuenta las filas con IdProducto igual a 96 y 61, como se muestra en la tabla de la figura 9.24.

En la tabla de la figura 9.24, se aprecia que son más las filas visibles en la tabla Ventas, porque son más las filas de la tabla Productos que cumplen con la condición de filtro que no excluye el valor de Prioridad = 3.

El filtro se propaga desde Productos a la tabla expandida de Ventas y el resultado de la medida `Cantidad` en estas condiciones es 55.

IdProducto	IdCliente	Fecha	Cantidades
85	1	12/05/2025	10
96	9	04/02/2025	10
61	9	04/02/2025	10
44	1	07/07/2023	10
96	3	20/05/2025	3
61	3	20/05/2025	3
85	3	07/12/2023	4
85	1	28/11/2023	4
44	4	15/03/2024	1

Figura 9.24. Tabla Ventas filtrada por los productos que devuelve la suma 55.

Ver Consulta en DAX Studio y el Comportamiento del filtro de valor

El juego de datos que utilizo tiene pocas filas y ha sido muy sencillo demostrar el escenario; en la vida real, hay mucha información que analizar y no es posible, práctico, viable ni seguro ir fila a fila buscando las coincidencias.

Hay que decir que el Comportamiento del filtro de valor puede pasar desapercibido, porque, incluso con el juego de datos preparado para las demostraciones de este libro, si en lugar del Color Negro hubiera escogido Blanco, no habría existido diferencia, porque para Color = Blanco, Tamaño = Grande, en mis datos hay valores de Prioridad que son 2, 3 y 4, por lo que la tarjeta devuelve 55.

La recomendación es validar la consulta con la herramienta externa DAX Studio.

Con independencia de la propiedad Configuración del filtro de valor, la consulta DAX en el Editor de consultas en DAX Studio tiene este aspecto.

Al ejecutar la consulta en DAX Studio, el resultado puede ser 55 o 29 en dependencia del valor de la Configuración del filtro de valor.

```
// DAX Query
DEFINE
  VAR __DS0FilterTable =
    TREATAS({"Grande"}, 'Productos'[Tamaño])

  VAR __DS0FilterTable2 =
    FILTER(KEEPFILTERS(VALUES('Productos'[Prioridad])),
'Productos'[Prioridad] >= 2)

  VAR __DS0FilterTable3 =
    TREATAS({"Negro"}, 'Productos'[Color])
```

```
EVALUATE
  SUMMARIZECOLUMNS(
    __DS0FilterTable,
    __DS0FilterTable2,
    __DS0FilterTable3,
    "Gris", IGNORE('_Indicadores'[Gris])
  )
```

Es interesante que la consulta DAX no muestre ninguna diferencia. Se necesita seguir investigando. Y para ello hay que activar más opciones en DAX Studio.

- Más adelante, en este libro, hay un capítulo entero dedicado a la optimización de consultas DAX con constantes referencias a la herramienta DAX Studio.

De momento, dejo estas pautas para localizar las diferencias que existen en la consulta en dependencia de la propiedad Configuración del filtro de valor.

1. Pegar la consulta en el Editor de consultas de DAX Studio.
2. Desde el menú, seguir la ruta Home>Traces>Server Timings. Se activa un panel debajo del Editor de consultas, pero no se abre, hay que seleccionarlo para verlo.
   - Una vez seleccionado, el panel se muestra vacío.
3. Para ver el proceso de ejecución de la consulta, hay que realizar dos acciones para ejecutar con consulta DAX.
   - Desde el menú Home y grupo Cache, elegir Clear on Run para limpiar la memoria caché en cada ejecución.
   - Sin salir del menú Home, ejecutar la consulta desde el botón Run.

En la figura 9.25, se aprecia el entorno de DAX Studio con el panel Server Timings activado y la consulta ejecutada.

Se aprecia una consulta que no está en lenguaje DAX, sino en un lenguaje xmSQL, que es similar a una consulta SQL, por lo que es bastante fácil de entender de forma general por todas las personas que tengan alguna base de consultas sobre bases de datos relacionales.

- Existen algunas diferencias entre xmSQL y SQL, pero basta con entender qué columnas se utilizan, cómo se crean las combinaciones y cuáles son las condiciones de los filtros que se aplican.

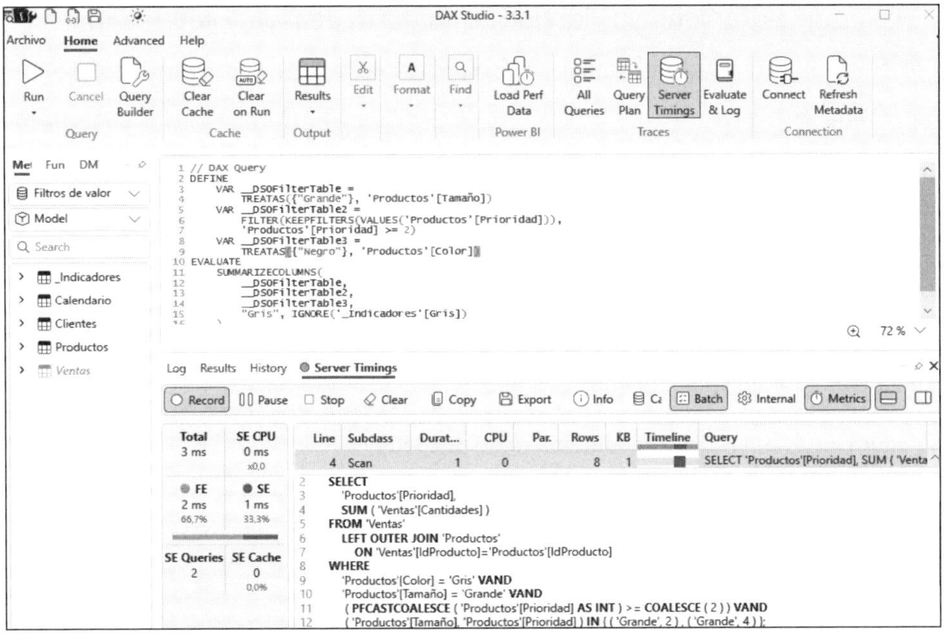

Figura 9.25. Aspecto del entorno en DAX Studio cuando se ha ejecutado una consulta.

Configuración del filtro de valor: Independiente

Si la propiedad está configurada como Independiente, para el filtro de valor la consulta que expone DAX Studio tiene este aspecto donde se aprecia que cada columna evalúa su condición de filtro por separado y luego se anidan los filtros con un operador AND lógico.

```
SET DC_KIND="AUTO";
SELECT
  SUM ( 'Ventas'[Cantidades] )
FROM 'Ventas'
  LEFT OUTER JOIN 'Productos'
  ON 'Ventas'[IdProducto]='Productos'[IdProducto]
WHERE
  'Productos'[Color] = 'Gris' VAND
  'Productos'[Tamaño] = 'Grande' VAND
  (PFCASTCOALESCE ('Productos'[Prioridad] AS INT) >= COALESCE ( 2 ));
```

Configuración del filtro de valor: Unidos

Si la propiedad está configurada como Unidos, para el filtro de valor la consulta que expone DAX Studio tiene este aspecto donde se aprecian dos puntos relevantes para la consulta:

- Las columnas Tamaño y Prioridad se analizan de forma combinada.
- No se tiene en cuenta el valor de Prioridad = 3.

```
SET DC_KIND="AUTO";
SELECT
  'Productos'[Prioridad],
  SUM('Ventas'[Cantidades])
FROM 'Ventas'
  LEFT OUTER JOIN 'Productos'
  ON 'Ventas'[IdProducto]='Productos'[IdProducto]
WHERE
  'Productos'[Color] = 'Gris' VAND
  'Productos'[Tamaño] = 'Grande' VAND
  (PFCASTCOALESCE('Productos'[Prioridad] AS INT)>= COALESCE (2)) VAND
  ('Productos'[Tamaño], 'Productos'[Prioridad])
  IN {('Grande',2), ('Grande',4)};
```

La recomendación final es aprender las técnicas de exploración de consultas DAX, porque, cuando el resultado no es el esperado, puede ser por varias razones:

- No se ha entendido la lógica del cálculo a aplicar, es lo primero a validar con las personas que mejor conocen la actividad.
- El código de la expresión de medida esté mal definido.
- El resultado se ve afectado por el contexto de filtro externo que afecta a la medida.
- No se ha tenido en cuenta la acción de filtro o resalto que recibe y provoca cada objeto visual.
- Queda por ver el estado de la propiedad Configuración de filtro de valor.

Las opciones integradas en Power BI (panel Analizador de rendimiento y la vista de Consultas DAX, así como la potencia aportada por la herramienta externa DAX Studio) son el mejor aliado para enfrentar todos estos desafíos.

Trabajar con expresiones de filtro en DAX

Explorar el trabajo con expresiones de filtros de tipo Boolean

Crear una expresión de filtro para un cálculo DAX puede basarse en una columna y la regla para filtrar; la regla se compone del nombre de la columna, el operador de comparación y el valor; el resultado devuelto fila a fila es `Verdadero` o `Falso`.

Esta estructura permite recorrer la columna y a su vez la tabla que la contiene y filtrar los valores admitidos para calcular la expresión a partir de esos filtros.

Se puede trabajar con las funciones CALCULATE o con FILTER; en ambos casos, la condición booleana se aplica a cada fila de la tabla.

La medida FILTER_ALL_Color_Verde utiliza la función FILTER.

```
FILTER_ALL_Color_Verde = CALCULATE(
     [Cantidad],
     FILTER(
       ALL(Productos[Color]),
       Productos[Color] = "Verde"
     )
   )
```

El primer parámetro requerido es una referencia a una tabla para filtrar, puede ser una tabla física del modelo semántico o una expresión que devuelva una tabla.

- La expresión booleana es el segundo parámetro que puede utilizar cualquier columna de la tabla pasada como primer parámetro.
- Se pueden utilizar, además, columnas de tablas relacionadas, si se utilizan las funciones de relación o navegación RELATED o RELATEDTABLE.

La función CALCULATE aplica los filtros booleanos de otra forma y no requiere el uso de las funciones de relación o navegación para referenciar columnas de tablas relacionadas como se aprecia en la expresión para la medida Verde_España.

```
Verde_España = CALCULATE(
     [Cantidad],
     Productos[Color] = "Verde",
     Clientes[País] = "España"
   )
```

En realidad, la función CALCULATE solo soporta filtros basados en expresiones de tabla. El filtro booleano se convierte internamente en una expresión de tabla que utiliza la función FILTER. Se podrían agregar nuevas condiciones que se evaluarían como Verdadero o Falso.

Crear filtro de tabla para filtrar por más de un valor de columna

Cuando se aplica una condición de filtro que incluye más de un posible valor para una columna, como la medida Semáforo tratada antes en este capítulo, se activa una acción de filtro en forma de tabla.

Este tipo de filtro se utiliza como argumento de filtro en las funciones CALCULATE y CALCULATETABLE y ofrece la posibilidad de filtrar por una lista de valores de una columna.

Crear filtro de tabla para comprobar más de una columna a la vez

Al trabajar con expresiones de filtro en DAX, puede ser útil aplicar condiciones distintas a columnas distintas.

Es posible crear condiciones de filtro que se enlazan con un operador AND lógico, y también crear operaciones que evalúen una condición con operador OR lógico como en la medida Verde_O_Grande.

```
Verde_O_Grande = CALCULATE(
      [Cantidad],
      Productos[Color] = "Verde" || Productos[Tamaño] = "Grande"
   )
```

Este escenario se puede plantear con la función FILTER. El primer parámetro es la tabla para filtrar y el segundo es la condición de filtro, que está compuesto por los filtros que se realizan de tipo columna, operador y valor para cada columna enlazando las distintas condiciones con operadores OR lógico.

- Con FILTER y CALCULATE para combinar filtros con OR lógico, las columnas deben ser de la misma tabla.
- No se puede trabajar con tablas diferentes en una única expresión de filtros.

Filtrar tablas no relacionadas con TREATAS

Hay muchos casos de uso para la función TREATAS, porque permite filtrar tablas no relacionadas. Es la función que se expone en las consultas DAX que aplican filtros en columnas de tipo Texto desde los objetos visuales, como se ha visto en las figuras 9.13 y 9.17 en este capítulo.

La función TREATAS se puede utilizar como sintaxis alternativa a un filtro con CALCULATE y tiene muy buen rendimiento. Un ejemplo de uso se expone en la medida Años 2024-2025 TREATAS.

La tabla para la función TREATAS se crea mediante el uso de las llaves de apertura y cierre, {}. La tabla está compuesta por una columna y tiene dos valores: 2024 y 2025.

```
Años 2024-2025 TREATAS =
  CALCULATE(
    [Cantidad],
    TREATAS(
      {2024, 2025},
      Calendario[Año]
    )
  )
```

La función TREATAS toma esta tabla como primer parámetro y la asocia a la columna que ha de ser filtrada, en el ejemplo es la columna Año de la tabla Calendario.

- El tipo de validación que se realiza parte de la base que reconoce como válidos los valores de la tabla creada al vuelo para filtrar la columna Año de la tabla Calendario.
- Este tipo de condición se puede solucionar con una expresión DAX que utilice el operador IN. En otros escenarios no es tan sencillo.

Un caso de filtro que se puede solucionar de forma sencilla gracias a la función TREATAS es el que se muestra en la medida Fin 2024 - Inicio 2025 TREATAS.

```
Fin 2024 - Inicio 2025 TREATAS =
  CALCULATE(
    [Cantidad],
    TREATAS(
      {(2024, 12),(2025, 1)},
      Calendario[Año], Calendario[Num Mes]
    )
  )
```

La expresión crea una tabla de dos columnas y dos filas de datos. La primera fila contiene los valores 2024 y 12, y la segunda contiene los valores 2025 y 1.

El número de columnas especificado para filtrar debe coincidir con el número de columnas de la expresión de tabla y estar en el mismo orden. Hay dos columnas en la tabla creada con las llaves y dos columnas que se pasan como parámetros de TREATAS.

- Es un caso específico al que no le valen soluciones habituales como crear una condición con el operador IN, porque solo se desea un par de combinaciones muy específicas.

La primera columna para la búsqueda, que es el segundo argumento de TREATAS, es Año de la tabla Calendario.

- A partir del tercer parámetro son todos opcionales.
- En el ejemplo se crea un tercer parámetro, para indicar una segunda columna de la búsqueda, que es la columna Num Mes.

El resultado del cálculo devuelto por la medida `Fin 2024 - Inicio 2025 TREATAS` se aprecia en la figura 9.26.

Figura 9.26. Ejemplo de uso de la función TREATAS.

En la figura 9.26 se muestra una página de informe con dos objetos visuales:

- Un objeto tipo tarjeta que muestra el resultado de la medida `Fin 2024 - Inicio 2025 TREATAS`.
- Un objeto visual tipo matriz que muestra el resultado obtenido para la medida `Cantidad`. El resultado está siendo filtrado para cada fila de los últimos meses de 2024 y los primeros meses de 2025.
- El valor de la tarjeta es 150, que se corresponde con la suma de 93 + 57, que son los valores de "Diciembre 2024" y "Enero 2025", respectivamente.

Funciones DAX y filtros

La función `EVALUATE` es la base de la consulta DAX y su resultado siempre es una tabla que se puede crear combinando llaves o con funciones DAX que devuelven una tabla.

La vista de Consultas DAX es el entorno ideal para realizar consultas manuales al modelo de datos.

- En este libro se dedica un capítulo a detallar los aspectos relativos a las consultas a datos y metadatos del modelo.

Obtener primeros y últimos con TOPN

En muchos escenarios de análisis, interesa obtener las primeras o las últimas *n* filas que pueden estar ordenadas por un criterio definido.

La función DAX `TOPN` facilita esa acción de filtro en una expresión DAX. Sirve para devolver un número determinado de filas superiores según una expresión y orden especificada.

La función `TOPN` es del tipo de filtro iterador que itera la tabla o expresión de tabla que recibe como segundo parámetro, ordena las filas según el criterio de la expresión pasada como tercer parámetro y devuelve una tabla con la cantidad de filas según se indique en el número pasado como primer parámetro. El cuarto parámetro es opcional y sirve para definir el sentido del orden.

`TOPN` se puede utilizar en una medida, expresión de cálculo con DAX o en una consulta DAX.

Un ejemplo de uso de `TOPN` en una medida es la que se muestra a continuación.

```
TOP3 Productos =
  VAR vTop3 =
    TOPN (3,
    'Productos',
    [Cantidad])
RETURN
  CALCULATE (
    [Cantidad],
    vTop3)
```

La figura 9.27 muestra un ejemplo de uso de la función `TOPN` en una medida con DAX.

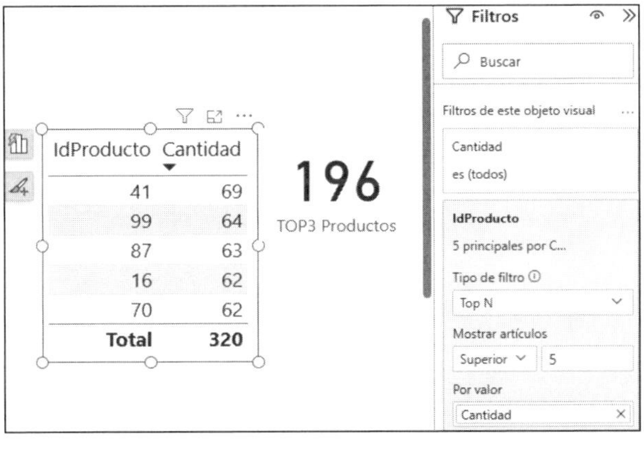

Figura 9.27. Uso de la función `TOPN`.

En la figura 9.27, se expone un ejemplo simplificado. La tabla muestra los 5 productos con más cantidades vendidas. El único objetivo de presentar una tabla como esta con la columna IdProducto es comprobar la efectividad del cálculo.

El objeto visual tabla se filtra desde el panel Filtros.

- Aplica un filtro de tipo `TOP N`.
- Elige los 5 primeros resultados de la columna IdProducto.
- Establece el orden descendente, ya que pide el nivel Superior.
- Se basa en el valor devuelto por la medida `Cantidad`.

La tarjeta devuelve la suma de la medida `Cantidad` para los tres primeros productos, ya que ejecuta la expresión de la medida `TOP3 Productos` y devuelve 196 que se corresponde con la suma de los tres primeros: 69 + 64 + 63.

El uso de las funciones `TOPN` y `TOPNSKIP` para crear filtros en las consultas se puede apreciar en los siguientes ejemplos:

- Consulta que utiliza `TOPN` para obtener las primeras 15 filas de la tabla de hechos, Ventas, sin ordenar.

  ```
  EVALUATE TOPN(15, 'Ventas')
  ```

- Consulta que utiliza la función `TOPNSKIP` para excluir las 5 primeras filas, devolver las siguientes 10 filas de datos, sin aplicar orden de salida.

  ```
  EVALUATE TOPNSKIP(10, 5, 'Ventas')
  ```

Trabajar con el iterador FILTER

La función `FILTER` es un iterador de filtro que sirve para obtener las filas que cumplan con una condición de filtro pasada como segundo parámetro de una tabla que se pasa como primer parámetro.

La expresión `Filtro tabla` sirve para crear una tabla calculada con DAX.

```
Filtro Tabla =
  FILTER(
    Ventas,
    Ventas[Cantidades] * Ventas[Precio] >=200
  )
```

Cuando se utiliza el nombre de la tabla como primer parámetro de `FILTER`, como en la expresión DAX para `Filtro tabla`, la tabla resultante mantiene todas las columnas que existen en la tabla original.

Las filas se filtran por la condición.

- En la tabla que se recorre, Ventas, hay 597 filas y en la tabla creada con la expresión DAX que utiliza la función `FILTER` hay 20 filas.

La expresión `Filtro columnas` también sirve para crear una tabla calculada con DAX.

```
Filtro columnas =
  FILTER(
    ALL(
      Ventas[Cantidades], Ventas[Precio]
    ),
    Ventas[Cantidades] * Ventas[Precio] >=200
  )
```

En este caso, no se utiliza el nombre de la tabla, sino que se crea una tabla con la función `ALL`, a la que se pasan dos nombres de columnas. Devuelve una tabla de dos columnas y tantas filas como valores distintos haya tras combinar ambas columnas.

- La tabla resultante tiene 16 filas. Es mucho más eficiente aplicar el filtro sobre las columnas.

Estas expresiones de filtro se pueden utilizar en cálculos que, aunque devuelven el mismo resultado, no tienen igual desempeño. El uso correcto de la función `FILTER` es fundamental para obtener consultas eficientes.

- Cuando se utiliza dentro de una medida, ya sea como parámetro de `CALCULATE`, o no, hay que recordar que la función `FILTER` no modifica el contexto, reconoce el contexto de filtro externo, evalúa fila a fila y devuelve un resultado.
- `FILTER` crea una tabla temporal que necesita para interactuar con los filtros externos que recibe. Hay que prestar atención a la complejidad de la expresión, medir el rendimiento y valorar el uso de `CALCULATE` con filtros por columnas.

La función `FILTER` se puede utilizar en consultas.

```
EVALUATE
  FILTER(
    SUMMARIZECOLUMNS(
      Ventas[IdProducto],
      Ventas[IdCliente],
      Ventas[Cantidades]),
      Ventas[Cantidades] >=15)
```

Esta expresión de consulta DAX devuelve una tabla que se crea a partir de la expresión pasada como primer parámetro y que utiliza la función `SUMMARIZECOLUMNS`.

- Las tres columnas devueltas son: IdProducto, IdCliente y Cantidades.
- Las 9 filas devueltas cumplen con la condición expresada en el segundo parámetro de la función `FILTER`, el valor de la columna Cantidades es mayor o igual que 15.

Filtrar un resultado ordenado con ORDER BY y START AT

Las consultas DAX pueden contar con un modificador de salida `ORDER BY`, que garantiza que el resultado se obtenga ordenado en un sentido determinado por una o más columnas, como se muestra en la expresión de consulta siguiente.

```
EVALUATE
  SUMMARIZECOLUMNS(
    Ventas[IdProducto],
    Ventas[IdCliente],
    Ventas[Cantidades])
  ORDER BY Ventas[Cantidades]
    START AT 15
```

Si el modificador de salida `ORDER BY` se vincula a una expresión `START AT` como en el ejemplo, entonces se crea una condición de filtro a los datos.

Se indica en la consulta que devuelva el resultado comenzando por el valor de la columna Cantidades de la tabla Ventas igual a 15 y el sentido del orden es ascendente, que es el predeterminado si no se indica otra cosa; por tanto, se excluyen todas las filas de la tabla Ventas, cuyo valor sea menor que 15 en la columna Cantidades.

El resultado obtenido gracias a la combinación `ORDER BY` y `START AT` es el mismo que se obtuvo con la función `FILTER` utilizada en una consulta DAX en el apartado anterior. Existe una importante diferencia entre estas funciones.

- `FILTER` se puede utilizar en consultas y expresiones de medidas y columnas calculadas.
- `ORDER BY` solo se puede utilizar como modificador de salida en consultas DAX, como parte integrante de la función `EVALUATE`.

Consultar y filtrar el modelo con EVALUATE y FILTERS

En el proceso de exploración de datos almacenados en el modelo tabular, la función `FILTERS` es muy utilizada. En la consulta que se expone a continuación la expresión devuelve dos valores: Rojo y Negro entre los valores almacenados en la columna Color.

- Si ninguno de los colores existe, la consulta DAX no devuelve un error. Lo que devuelve es una tabla vacía.

```
EVALUATE
  CALCULATETABLE(
    FILTERS(Productos[Color]),
    Productos[Color] IN {"Rojo","Negro"}
  )
```

La consulta que se muestra a continuación plantea el uso de dos columnas de la misma tabla, pero no hace efectiva ninguna acción de filtro.

- No provoca error ni tiene efecto alguno sobre el resultado. Devuelve todos los valores que existen en la columna País.
- Ocurriría lo mismo si se agrega una columna de otra tabla.

```
EVALUATE
  CALCULATETABLE(
    FILTERS(Clientes[País]),
    Clientes[Ciudad] = "Madrid"
  )
```

El siguiente ejemplo de consulta DAX filtra la columna País en dependencia de la condición de filtro interno. La función `FILTER` es un iterador que recorre la tabla Clientes y devuelve las filas de clientes cuya Ciudad es Madrid y es a esa tabla a la que se le aplica el filtro sobre la columna País, por lo que devuelve un único valor que es España.

```
EVALUATE
  CALCULATETABLE(
    FILTERS(Clientes[País]),
    FILTER(
      Clientes,
      Clientes[Ciudad] = "Madrid"
    )
  )
```

Con independencia de la utilidad que tiene la función `FILTERS`, mi sugerencia es valorar el rendimiento en cada consulta.

Por ejemplo, se puede sustituir la complejidad anterior por la siguiente expresión que utiliza la función `VALUES`, que devuelve los valores visibles de la columna País, una vez que se ha filtrado la columna Ciudad de la tabla Clientes por el valor Madrid.

```
EVALUATE
  CALCULATETABLE(
    VALUES(Clientes[País]),
    Clientes[Ciudad] = "Madrid"
  )
```

CALCULATE, la función más importante en DAX

La función CALCULATE es muy importante en la gestión de filtros, ya que puede cambiar el contexto y garantizar las condiciones que den respuesta a los requisitos de negocio.

- En este libro hay un capítulo íntegramente dedicado al trabajo con la función CALCULATE.

La función CALCULATE en DAX es muy compleja y versátil, admite modificadores que alteran el comportamiento de los filtros externos, modifican las condiciones de filtro que se reciben de los objetos visuales y otras expresiones DAX.

Los filtros en CALCULATE siempre son tablas

Los argumentos de filtro de CALCULATE son tablas; cuando se plantea una condición de filtro, el motor convierte la expresión en una tabla creada por la siguiente combinación de funciones:

```
FILTER(ALL(nombre de columna, o columnas))
```

Sobre esa tabla evalúa la condición. Esta combinación deja sin efecto cualquier filtro existente en el contexto de filtro externo, porque la función ALL devuelve todos los valores existentes en la columna involucrada e ignora, por tanto, cualquier condición de filtro previa que exista sobre esa columna. Así funciona cada filtro que se incluya como parámetro en una función CALCULATE.

La función ALL más allá del modificador en CALCULATE

La función ALL sirve para borrar filtros y crear cálculos y tablas sobre todas las filas de una tabla, omitiendo los filtros que se puedan haber aplicado por el objeto actual o por otros objetos externos.

- Todos los parámetros que admite son opcionales. Es válida la expresión ALL(), pero con dos apuntes:
  - Solo como modificador de CALCULATE o CALCULATETABLE.
  - Sirve para limpiar los filtros sin crear la tabla, por lo que no duplica.

- El primer parámetro de la función ALL admite un nombre de tabla o columna.
    - Al pasar un nombre de tabla como parámetro, se crea una tabla calculada que contiene todas las filas y todas las columnas de la tabla original.
    - Al pasar una columna como parámetro, el resultado es una tabla de una sola columna con todos los valores distintos de esta columna
- Cuando hay dos o más parámetros con nombres de columnas, devuelve todas las combinaciones únicas de los valores en las columnas que se están indicando como parámetros.
    - Todos los parámetros deben ser columnas de la misma tabla.
- Siempre devuelve tabla.
- Agrega una fila extra con valores en blanco para todas las columnas en caso de que no se cumpla la integridad referencial de las relaciones.

La expresión `Atributos` devuelve una tabla con la combinación de los valores de las columnas Tamaño y Color de la tabla Productos.

```
Atributos =
  ALL(
    Productos[Tamaño], Productos[Color]
  )
```

Los filtros, las tablas expandidas y las relaciones no regulares

Un caso menos frecuente es la necesidad de utilizar la función ALLCROSSFILTERED para tratar los filtros de tablas cuando existen relaciones limitadas, que ocurre en casos de modelos compuestos y relaciones de varios a varios.

Si se utilizan los modificadores ALL o REMOVEFILTERS, el motor elimina los filtros de la tabla que se pasa como parámetro y de cualquier tabla vinculada con una relación regular que aporten sus columnas a la tabla expandida.

- Las tablas expandidas solo aprovechan las relaciones regulares.
- La expansión de tablas no se produce cuando las tablas se conectan a través de una relación limitada.

ALLCROSSFILTERED acude al rescate en el resto de los casos porque elimina todos los filtros de las columnas y tablas que realizan filtros cruzados en la tabla debido a relaciones limitadas o a filtros cruzados bidireccionales establecidos en relaciones conectadas directa o indirectamente a la tabla expandida.

Funciones de ventana

Las funciones de ventana abren nuevas posibilidades a la creación de filtros y navegación por una tabla ordenada. Son funciones complejas y hay que prestar atención a su rendimiento.

Mi recomendación es revisar atentamente la documentación del fabricante y los referentes para identificar las buenas prácticas y los mejores casos de uso que se van definiendo para estas funciones.

Las tres funciones más importantes en el grupo de ventanas son `INDEX`, `OFFSET` y `WINDOWS`.

Crear filtros específicos con INDEX y ORDERBY

La función `INDEX` es una función integrada en el lenguaje DAX, en el grupo de funciones de tipo ventana que devuelve la enésima fila de una tabla, y es muy útil cuando se quiere obtener un filtro específico como resultado de la consulta.

Los cuatro primeros parámetros de la función `INDEX` son:

1. La posición a buscar, un número. Es el único parámetro que no es opcional.
    - El número positivo ubica la posición desde la primera fila de la tabla ordenada.
    - El número negativo ubica la posición desde la última fila de la tabla ordenada.
2. Tabla de origen. Puede ser una tabla del modelo, una expresión de tabla o una variable de tipo Tabla.
3. Columna y el sentido del orden a utilizar para determinar la posición.
4. Indica cómo ordenar los valores en blanco. El comportamiento predeterminado es:
    - Para los números, se colocan entre el cero y los valores negativos.
    - Para las cadenas, se colocan antes de las cadenas vacías, es decir, al principio del orden.

Por ejemplo, si se desea recuperar el tercer valor de la columna IdProducto tras ordenar según la suma de la columna Cantidades de Ventas, o dicho de forma más coloquial el tercer producto en el ranking según las cantidades vendidas, se puede crear una expresión con la función `INDEX` con el siguiente código:

```
EVALUATE
  VAR vTabla =
    ADDCOLUMNS(
      ALL(Ventas[IdProducto]),
      "Vendidos", [Cantidad]
    )
RETURN
  INDEX(
    3,
    vTabla,
    ORDERBY([Vendidos],DESC)
  )
```

El objetivo es acceder a la tercera fila de la tabla almacenada en la variable `vTabla` tras ser ordenada la tabla por el valor de la columna Cantidad de la tabla Ventas en sentido descendente. Para conseguir el objetivo se realizan varios pasos:

- Se crea una variable de tipo Tabla que devuelve una lista de productos y sus ventas, es decir, las cantidades vendidas agrupadas para cada valor distinto de IdProducto de la tabla Ventas.
- La segunda columna invoca la medida `Cantidad`, que es la suma de los valores de la columna Cantidades.
- El filtro ocurre en la sección `RETURN` de la consulta. Se ordenan los resultados de salida con una cláusula `ORDERBY` en sentido descendente.
    - Presta atención porque, cuando se utiliza como parámetro de la función `INDEX`, el parámetro `ORDERBY` no lleva espacio intermedio.
- Se accede directamente al producto que se ha vendido en tercer lugar.

Desplazar el contexto de filtro en un atributo del modelo con la función OFFSET

La función `OFFSET` pertenece al grupo de funciones de ventana y devuelve una fila relativa a la fila actual.

Recibe como parámetros el número de filas que se deben mover hacia adelante o hacia atrás, la tabla de origen y, finalmente, las secciones `ORDERBY` y `PARTITIONBY`, habituales para definir el orden de las filas.

- Si la función `OFFSET` se acompaña de `ORDERBY` para ordenar la tabla, controla qué es lo que se considera como la fila anterior que se devuelve.

La figura 9.28 muestra un ejemplo de expresión DAX que utiliza la función `OFFSET` y el resultado.

```
Anterior con OFFSET =
    CALCULATE(
        [Cantidad],
        OFFSET(
            -1,
            ALLSELECTED(Productos[Tamaño])
        )
    )
```

Tamaño	Cantidad	Anterior con OFFSET
Grande	1.549	
Mediano	318	1.549
Pequeño	893	318
Total	**2.760**	**1.867**

Figura 9.28. Uso de la función de ventana `OFFSET` y efecto en el objeto visual del informe.

En la figura 9.28 se aprecia el efecto de uso de la función `OFFSET`. La medida `Anterior con OFFSET` desplaza el conjunto de filas visibles para el cálculo y devuelve el valor de la fila anterior.

- El valor que se obtuvo para Tamaño = Mediano es 1.549 y se corresponde con la fila anterior que es Grande, y el valor que se obtuvo para Pequeño, que es 318, se corresponde con la fila anterior que es Mediano.

En el capítulo anterior de este libro, se analizó el uso de las funciones de inteligencia de tiempo para desplazar el rango de fechas y modificar el contexto de filtro para el análisis de comparativas y acumulados. En aquel escenario se necesitó la tabla de tipo Calendario.

El uso de la función `OFFSET` permite desplazar uno o más puestos en el análisis dinámico de atributos que nada tienen que ver con una serie de tiempo, facilitando de esta forma la solución a comparativas sobre categorías que pueden tener lógica en su orden.

Crear agregados por bloques de filas con WINDOW

Entre las funciones de ventana, `WINDOW` es la más compleja. Sirve para devolver una tabla con un rango de filas dentro de la partición especificada que define una ventana basada en la fila actual, utilizando desplazamientos relativos o referencias absolutas. Es una función muy potente para calcular totales acumulados, promedios móviles o totales complejos.

En DAX, las medidas crean agregados sobre las filas visibles. Cuando se exploran las medidas con expresiones de agregados en los objetos visuales, el valor del atributo filtra, por lo que el agregado se evalúa teniendo en cuenta únicamente el grupo de filas visibles.

Lo que ocurre con la función WINDOW es que puede crear el agregado en función del valor de la partición sin que exista el objeto visual, aportando una solución eficiente a escenarios complejos.

Un ejemplo de uso de la función WINDOW es el que se muestra a continuación en la expresión para crear la medida Clientes_Países.

```
Clientes_Países =
  CALCULATE(
    [Total Clientes],
    WINDOW(
      1, ABS, // En positivo, desde la primera fila
      -1, ABS, // En negativo, hasta la última fila
      SUMMARIZE(
        ALLSELECTED(Clientes),
        Clientes[IdCliente],
        Clientes[País]
      ), ,
      PARTITIONBY(Clientes[País]))
    )
```

La medida base que se utiliza es Total Clientes, y esta es la expresión que la define, el conteo simple de las filas visibles de la tabla Clientes.

```
Total Clientes = COUNTROWS(Clientes)
```

El uso de la función CALCULATE que recibe una medida como primer parámetro es lo habitual. Lo novedoso es el uso de la función WINDOW como parámetro de filtro en CALCULATE.

- Lo primero que se indica es desde qué fila hasta qué fila se desea recorrer la tabla.
    - Admite números, el valor en positivo se refiere al inicio de la tabla: si es 1 es la primera fila según el orden definido, y si es negativo empieza por el final, -1 es la última fila.
- El valor REL o ABS está reservado para el tipo de referencia que se hace sobre la fila. El predeterminado es REL, que indica referencia relativa, y en el ejemplo se utiliza ABS para indicar una referencia absoluta a la fila de la tabla.
- El parámetro Relación en la función WINDOW es una expresión de tabla.
    - La función SUMMARIZE se utiliza para crear la tabla que se recorre, incluye las columnas que se necesiten para definir la agrupación.
    - La columna IdCliente se necesita para no perder el detalle de la tabla.
- El parámetro de cierre utiliza la función DAX PARTITIONBY para establecer los segmentos.

El resultado es la cantidad de clientes por cada país. Si se trata de una medida para agregar a un visual, el trabajo con las funciones de agregación y los filtros nativos que aportan los objetos visuales es suficiente.

Si se necesita el cálculo para completar una lógica en una expresión DAX que no se pueda beneficiar de las ventajas que aportan los filtros nativos desde los objetos visuales, el trabajo con la función `WINDOW` puede ser muy beneficioso.

Documentar los filtros activos

Mostrar los filtros seleccionados y activos en páginas de informes en Power BI simplifica la experiencia de quien consuma el informe, ya que aporta la información necesaria para la toma de decisiones a partir de los campos del modelo filtrados y los valores admitidos en cada filtro de columna.

Comprobar el contexto que existe con VALUES

En los casos en que haya que comprobar el contexto actual bajo determinadas condiciones, la sugerencia es utilizar la función `VALUES` para aplicar un filtro adicional o conocer los elementos visibles en el contexto actual de una columna.

Esta función devuelve los valores distintos visibles de una columna evaluada en el contexto de filtro actual. El valor devuelto por la función es una tabla de una columna y tantas filas como elementos visibles haya.

La función admite columna o tabla como parámetro, siempre devuelve tabla y puede contener los valores distintos que están visibles en el contexto actual para una columna o una copia de la tabla actual que incluye filas duplicadas.

Un ejemplo de uso de la función `VALUES` para documentar el estado de visibilidad de las columnas es la expresión de la medida `VALUES País`.

```
VALUES País =
  CONCATENATEX(
    VALUES(
      Clientes[País]
    ),
      Clientes[País],
      ", "
  )
```

Si se utiliza esta expresión en un informe es muy útil, como se muestra en la figura 9.29.

Figura 9.29. Ejemplo de uso de la función **VALUES** para indicar los valores visibles de una columna.

En la figura 9.29 hay dos ejemplos. Con el objetivo de exponer a la vez los dos ejemplos, se han bloqueado las interacciones entre las segmentaciones y tarjetas, para que no se afecten entre ellas.

- En el bloque de la **izquierda** hay un filtro con dos valores elegidos. En la tarjeta se expone el resultado devuelto por la medida `VALUES País`. El resultado es una cadena de texto con los dos nombres de los países incluidos en el filtro.
  - Los países no seleccionados no están visibles, han quedado excluidos.
- En el bloque de la **derecha** no hay ningún elemento elegido en la segmentación para filtrar, lo que significa que están todos los países visibles y, por eso, se ven todos los nombres de los países en la tarjeta de la derecha que muestra el resultado de la medida `VALUES País`.

Comprobar el alcance con ISINSCOPE

En la definición de cálculos con DAX, es importante tener en cuenta el nivel actual del filtro cuando existe una jerarquía de niveles. La función `ISINSCOPE` devuelve `True` si la columna especificada está en el nivel actual de la jerarquía.

```
A Nivel Año = ISINSCOPE(Calendario[Año])
A Nivel Trimestre = ISINSCOPE(Calendario[Trimestre])
A Nivel Mes = ISINSCOPE(Calendario[Mes])
```

Si se utilizan estas medidas como valores en una matriz que se segmenta por la jerarquía Fechas, que tiene cuatro niveles que se corresponden con las columnas: Año, Trimestre, Mes y Día.

- La expresión de la medida `A Nivel Mes` devuelve `True` a nivel Mes y Día, porque es el nivel más interno. El resto de los niveles no está en el alcance del filtro sobre la columna y devuelven `False`.

- La medida `A Nivel Trimestre` solo devuelve `False` para el nivel Año.
- La medida `A Nivel Año` devuelve `True` en todas las filas del cuerpo de la matriz, porque cada día, mes, trimestre y año forman parte de un año.

La utilidad de la función puede verse mejor si se utiliza en una medida como la que se presenta a continuación. La medida `Pasado` evalúa el resultado devuelto por la función `ISINSCOPE` y asigna una medida base como cálculo para cada fila de una matriz, en dependencia del nivel de la jerarquía que esté visible en cada caso.

```
Pasado =
  SWITCH(
    TRUE,
    ISINSCOPE(Calendario[Mes]),[Mes Pasado],
    ISINSCOPE(Calendario[Trimestre]),[Trimestre Pasado],
    [Año Pasado]
  )
```

La información devuelta para cada nivel por la medida `Pasado` utiliza la función `ISINSCOPE` de forma muy efectiva para realizar los cálculos específicos según el nivel.

- No se trata de una acción relativa a la inteligencia de tiempo, esta forma de proceder apoyándose en el resultado devuelto por `ISINSCOPE` puede ser la solución para especificar cálculos en los niveles de todo tipo de jerarquías.

Evaluar los elementos filtrados con HASONEVALUE y HASONEFILTER

Toda acción de filtro provoca que los elementos o valores visibles de una columna sean los que cumplen con los requisitos aplicados por los filtros. La función `HASONEVALUE` devuelve `True` si hay un único valor distinto visible en la columna.

```
Un valor Año = HASONEVALUE(Calendario[Año])
Un valor Trimestre = HASONEVALUE(Calendario[Trimestre])
```

La medida `Un valor Año` devuelve `True` porque para cada elemento y nivel de jerarquía en el cuerpo de la matriz el año es único. La medida `Un valor Trimestre` en la fila correspondiente al nivel Año hay más de un valor visible para el nivel Trimestre y, por eso, devuelve `Falso`.

La función `HASONEFILTER` devuelve `True` cuando el número de valores filtrados en una columna es uno. Solo tiene en cuenta los filtros directos sobre la columna.

```
Un filtro Año = HASONEFILTER(Calendario[Año])
Un filtro Trimestre = HASONEFILTER(Calendario[Trimestre])
```

La medida `Un filtro Trimestre` devuelve `False` a nivel Año porque al filtrar por la columna Trimestre hay cuatro valores disponibles.

Ambas funciones se pueden combinar con otras expresiones DAX hasta conseguir solucionar los desafíos que se presenten, teniendo en cuenta las filas visibles y filtradas en cada momento.

Evaluar si el filtro es directo con ISFILTERED

La función `ISFILTERED` sirve para identificar que la columna o la tabla se filtra directamente. Tiene un único parámetro que es el nombre del elemento a evaluar, ya sea tabla o columna.

```
Nivel Año = ISFILTERED(Calendario[Año])

Solo Nivel Año =
  NOT ISFILTERED(Calendario[Mes]) &&
  NOT ISFILTERED(Calendario[Trimestre])

Solo Nivel Mes = ISFILTERED(Calendario[Mes])
```

La medida `Solo Nivel Año` realiza una exploración que excluye los niveles Mes y Trimestre y devuelve `True` únicamente si se aplica el filtro a nivel Año.

La medida `Nivel Año` devuelve `True` para todos los niveles, porque todos los niveles filtran por año.

La medida `Solo Nivel Mes` consulta la columna Mes, y devuelve que tanto a nivel Mes como a nivel Día, que es un nivel interno, se filtra la columna.

Las dos últimas funciones `ISFILTERED` y `HASONEFILTER` se utilizan frecuentemente como parte de expresiones que establecen la lógica en función del nivel de jerarquía y el punto de dato actualmente visible.

Documentar el filtro con ISFILTERED

Un ejemplo de uso de la función `ISFILTERED` puede verse a continuación, en la expresión de la medida `ISFILTERED País`, que es casi igual a la que vio antes que utilizaba la función `VALUES`, pero que mostrará un resultado muy diferente.

```
ISFILTERED País =
  IF(
    ISFILTERED(Clientes[País]),
    VAR vfiltros = FILTERS(Clientes[País])
    VAR vcadena = CONCATENATEX(vfiltros,Clientes[País],", ")
    RETURN
      vcadena
  )
```

La figura 9.30 muestra el uso de la función `ISFILTERED` para documentar filtros activos en una página de informe.

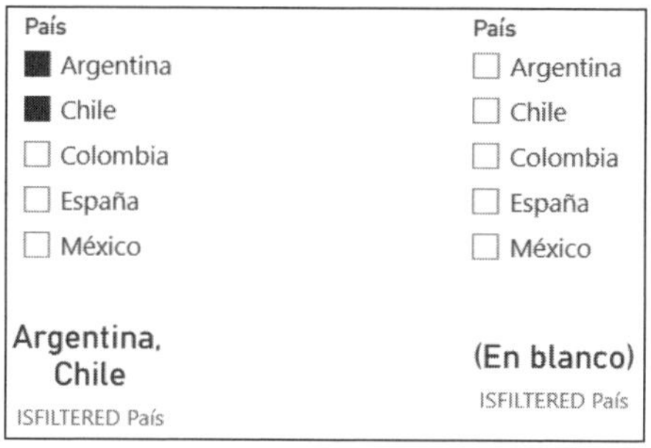

Figura 9.30. Ejemplo de uso de `ISFILTERED` para documentar filtros.

En la figura 9.30 hay dos ejemplos. Con el objetivo de exponer a la vez los dos ejemplos, se han bloqueado las interacciones entre las segmentaciones y tarjetas, para que no se afecten entre ellas.

- En el bloque de la **izquierda** hay un filtro con dos valores elegidos. En la tarjeta se expone el resultado devuelto por la medida `ISFILTERED País`. El resultado es una cadena de texto con los dos nombres de los países incluidos en el filtro.
    - Los países no seleccionados no están visibles, han quedado excluidos.
    - El bloque de la izquierda devuelve el mismo resultado si se utiliza la función `VALUES` o la función `ISFILTERED`.
- En el bloque de la **derecha** no hay ningún elemento elegido en la segmentación para filtrar, lo que significa que no se han aplicado filtros sobre la columna País; por eso, la tarjeta devuelve el resultado En blanco.
    - Este comportamiento es muy diferente al que se obtiene si se evalúan las filas visibles con la función `VALUES`.

Estas funciones DAX ayudan a exponer cadenas de texto con información sobre los filtros aplicados y se pueden combinar con otras funciones como `CONCATENEX`, que es un iterador que recorre la tabla devuelta por la función y devuelve toda la cadena informativa separada por un delimitador especificado.

- En el ejemplo de la medida `ISFILTERED País`, el resultado concatena la cadena formada por todos los países filtrados y el delimitador es la coma.

Evaluar el filtro indirecto con ISCROSSFILTERED

La función `ISCROSSFILTERED` sirve para evaluar si la columna o la tabla están afectadas por una acción de filtro cruzado. No admite expresión de definición de objeto. La tabla o columna tienen que existir en el modelo.

La figura 9.31 muestra varios ejemplos de casos de uso de la función `ISFILTERED` y la función `ISCROSSFILTERED` en consultas DAX.

```
EVALUATE
    CALCULATETABLE (
        {
            ( "Filtra Productos[Categoría]", ISFILTERED ( Productos[Categoría] ) ),
            ( "Filtra Ventas[Cantidades]", ISFILTERED ( Ventas[Cantidades] ) ),
            ( "Filtro cruzado [Color]", ISCROSSFILTERED ( Productos[Color] ) ),
            ( "Filtro cruzado en Productos", ISCROSSFILTERED ( Productos ) ),
            ( "Filtro cruzado en Ventas", ISCROSSFILTERED ( Ventas ) )
        },
        'Productos'[Categoría] = "A"
    )
```

Resultados | Resultado 1 de 1 | Copia

	[Value1]	[Value2]
1	Filtra Productos[Categoría]	True
2	Filtra Ventas[Cantidades]	False
3	Filtro cruzado [Color]	True
4	Filtro cruzado en Productos	True
5	Filtro cruzado en Ventas	True

Figura 9.31. Ejemplos de uso de funciones DAX para ver el estado de los filtros.

En la figura 9.31, se muestra el código de una consulta DAX que se basa en crear una tabla con la función `CALCULATETABLE`, que recibe como condición de filtro la columna Categoría de la tabla Productos y el valor A.

A partir de un filtro aplicado a la columna Categoría de la tabla Productos, se evalúan primero dos condiciones de filtro con `ISFILTERED`:

- Si se ha filtrado la columna Categoría:
    - Es `True`, porque es la columna que se filtra.
- Si se ha filtrado la columna Cantidades de la tabla Ventas:
    - Devuelve `False`, porque no se aplica ningún filtro directo sobre esa columna, Cantidades.

Luego se comprueba los filtros cruzados que se aplican:

- Si recibe filtro cruzado la columna Color que es de la tabla Productos:
    - Es `True` porque, al filtrar por una columna, se filtran todas las columnas de la tabla Productos.
- La tabla Productos:
    - Es `True` por la misma razón anterior. Se filtra toda la tabla Productos.
- La tabla Ventas:
    - Es `True` por la relación que existe entre las tablas.
    - El extremo 1 de la relación está en la tabla Productos; por tanto, la tabla Ventas en su forma expandida contiene las columnas de la tabla Productos y se filtra al completo en correspondencia al filtro aplicado sobre la tabla Productos.

El modelo tabular aplica el filtro en el extremo Uno de la relación y se propaga al extremo Varios; por eso, al filtrar por Categoría la columna Cantidad, no se filtra directamente; pero la tabla Ventas y todas las columnas de las tablas que estén en el extremo Varios de la relación sí reciben acción de filtro cruzado.

Documentar el filtro con TOCSV y TOJSON

Una de las opciones para documentar los filtros activos es utilizar la función `TOJSON`. Esta función convierte los registros de una tabla en un texto JSON. Admite dos parámetros, la tabla o expresión de tabla que se recorre y la cantidad máxima de elementos a mostrar, que es opcional.

La expresión DAX para la medida `ISFILTERED TOJSON País` muestra un ejemplo de uso.

```
ISFILTERED TOJSON País =
  IF(
    ISFILTERED(Clientes[País]),
    TOJSON(
      FILTERS(Clientes[País])
    )
  )
```

La figura 9.32 muestra el resultado que se obtiene en una tarjeta que calcula la expresión de la medida `ISFILTERED TOJSON País` que utiliza la función `TOJSON` para documentar los filtros aplicados sobre una columna de una tabla.

Figura 9.32. Ejemplo de uso de la función **TOJSON** para documentar la información de los filtros sobre las columnas.

En la figura 9.32 se distinguen tres valores filtrados en la segmentación y en el texto devuelto en formato JSON.

Una función parecida que también se puede utilizar para documentar filtros es `TOCSV`, que convierte los registros de una tabla en un texto CSV (valores separados por comas).

- La función `TOCSV` admite cuatro parámetros, solo el valor de la tabla que se pasa como primer parámetro es obligatorio. Los otros parámetros definen la máxima cantidad de filas a mostrar, el delimitador y si se incluye o no el encabezado.

Conclusiones

Las expresiones DAX se evalúan sobre la base del estado de los filtros que reciben y la gestión que sobre el contexto de filtro se realice en cada caso. Se suele decir que en DAX todo va de filtros; por eso, es tan importante entender cómo funcionan y cómo se puede sacar la mayor ventaja posible.

Power BI cuenta con muchas funcionalidades y opciones para crear filtros sobre los objetos visuales que luego influyen sobre el resultado en los cálculos.

Es muy importante aprender las técnicas de exploración de consultas DAX desde las opciones integradas en Power BI: panel Analizador de rendimiento, la vista de Consultas DAX y la herramienta externa DAX Studio.

La documentación de filtros es muy relevante, ya que expone el estado de filtro aplicado a una o más columnas de una tabla y puede provocar acciones adicionales de desarrollo del código o de toma de decisiones.

10 El lenguaje de consultas DAX para explorar el modelo de datos

En este capítulo aprenderás a:

- Identificar la estructura de una consulta DAX cuando se explora un elemento visual.
- Trabajar con la vista **Consultas DAX** en Power BI Desktop.
- Trabajar con funciones, variables y medidas de consultas.
- Explorar los metadatos del modelo.

Introducción a consultas DAX

El lenguaje de expresiones DAX sirve para consultar los datos almacenados en el modelo y permite enriquecer el modelo de datos con cálculos y análisis que dan respuesta a los requisitos de negocio.

¿Qué es una consulta?

Es una pregunta, es una acción cotidiana en cualquier esfera de la vida, una consulta suele responder a una o varias de las clásicas preguntas: ¿qué?, ¿cómo?, ¿cuándo?, ¿dónde?, ¿cuánto? o ¿por qué?

¿Qué es una consulta al modelo de datos?

Es la forma en la que se pregunta sobre el contenido al modelo de datos. El lenguaje que se utiliza para hacer preguntas al modelo depende del propio modelo y de la estructura de la base de datos que almacene los datos. Es como la vida misma; según el entorno y a la persona que se pregunta, se utiliza un estilo e idioma u otro.

En el capítulo dedicado a los filtros hubo ejemplos de consultas DAX de dos tipos:

- Las consultas que el motor DAX genera para extraer la información según los filtros aplicados y las expresiones DAX definidas.
- Las consultas que se diseñan para extraer datos e información sobre el contenido del modelo.

El modelo de datos es el almacén y la consulta define qué hay que extraer del almacén para preparar el resultado según la petición que hacen la visualización y la expresión de cálculo definida con DAX. Según sea el almacén y la herramienta, así será el tipo de conversación, la sintaxis y los requisitos de las consultas.

Importancia de las consultas DAX

El motor DAX necesita consultar los datos; se ha hecho desde siempre, aunque puede que quien se maneje con el informe no sepa lo que ocurre por detrás.

En Power BI, las fórmulas DAX se utilizan para definir distintos tipos de cálculos, como medidas o columnas calculadas. Por otro lado, las consultas DAX pueden utilizarse para devolver datos del modelo semántico.

- Una consulta es diferente a las fórmulas DAX utilizadas para crear medidas y columnas calculadas.

Cuanto mejor se entienda qué es una consulta DAX, qué partes la integran, cómo se puede ver y qué funciones se utilizan para exponer de forma óptima los datos, será mejor para avanzar en la creación de informes analíticos con Power BI.

Puede llegar el día en que el informe muestre un dato inesperado, algo que no concuerda con el objetivo trazado o que no se entienda el dato devuelto.

- Es entonces cuando la consulta DAX y las herramientas, integradas y externas, vienen al rescate.

En capítulos anteriores, hay ejemplos de cómo acceder a la vista Consultas DAX desde el panel Analizador de rendimiento para ver la consulta que genera el motor sobre los objetos visuales.

Dada la gran importancia que tiene conocer la estructura y funcionamiento de las consultas, este capítulo está dedicado a explorar a fondo las consultas sobre los visuales, destacar las funciones que se utilizan y prestar atención a las consultas sobre los metadatos del modelo semántico.

Vista Consultas DAX

La vista Consultas DAX permite escribir, editar y ver los resultados de consultas DAX al modelo semántico. Es una forma eficaz de interactuar con el modelo en Power BI. La vista Consultas DAX aporta ventajas al trabajo con las consultas DAX.

Se pueden ver varias medidas a la vez, realizar los cambios, ejecutar la o las consultas, para hacer pruebas y finalmente actualizar el modelo. Y todo desde el mismo sitio.

La figura 10.1 muestra un ejemplo de la vista Consultas DAX y los paneles que la integran, además de parte del código escrito en lenguaje DAX para definir las medidas del modelo y consultarlas.

La vista Consultas DAX surge como un puente muy necesario entre el contenido del modelo de datos y los resultados que se obtienen para tomar decisiones. Es de gran importancia porque aporta la comodidad del entorno integrado sin necesidad de activar otras herramientas.

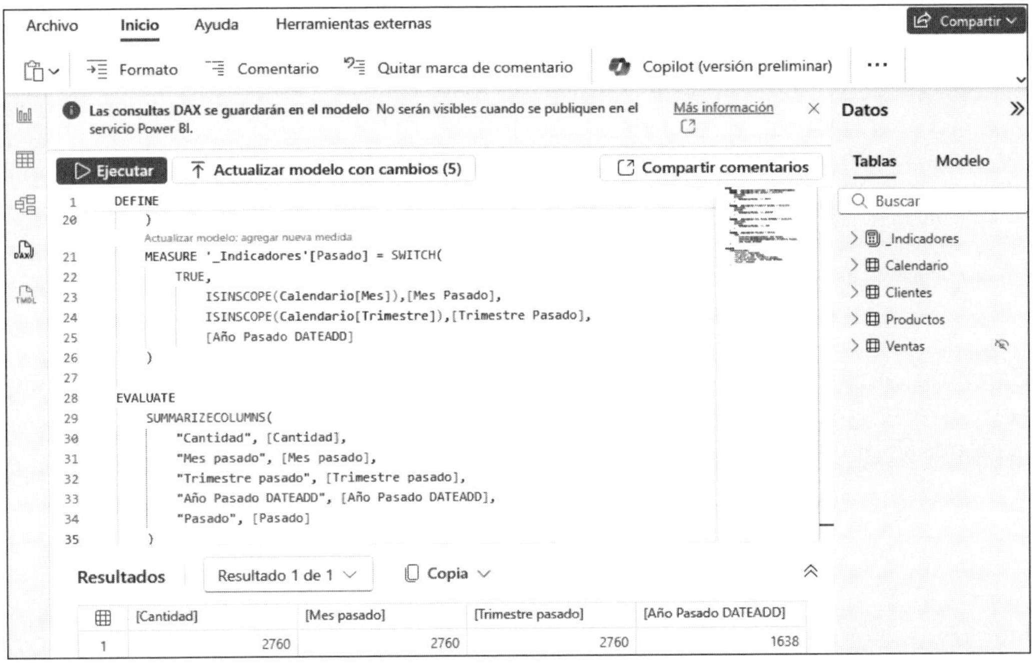

Figura 10.1. Vista Consultas DAX.

Entorno de trabajo de la vista Consultas DAX

La vista Consultas DAX es la cuarta vista que se abre desde el panel lateral situado más a la izquierda. Está dividida en paneles.

Banda de menú de opciones. Contiene las acciones más comunes que ayudan a escribir DAX con más facilidad:

- Ofrece un conjunto de accesos directos a acciones de edición del código.
- Cuenta con opciones para dar formato a la consulta, trabajar con comentarios y acceder a acciones de buscar y reemplazar con comodidad.
- El botón Paleta de comandos ofrece una lista con múltiples acciones disponibles y sus combinaciones de teclas de acceso directo.

En la figura 10.2 se muestran todas las opciones de la banda de menú en la vista Consultas DAX. Los botones Buscar y Reemplazar abren una ventana auxiliar con opciones que facilitan mucho el movimiento por el texto y la localización de la cadena. Se incluyen botones para controlar la coincidencia de mayúsculas y minúsculas, buscar coincidencias exactas y elegir entre el reemplazo puntual o el reemplazo de todas las apariciones del texto que se ha buscado.

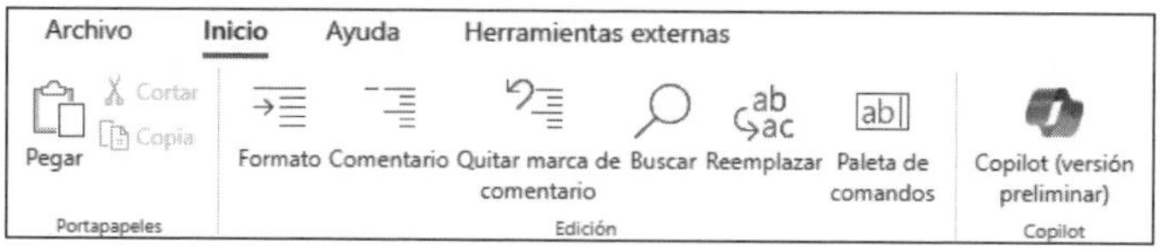

Figura 10.2. Banda de menú de opciones.

Barra de comandos. Acciones necesarias para poder ejecutar las consultas y actualizar el modelo que dependen del código y los cambios hechos. Estas acciones se pueden distinguir en la figura 10.3.

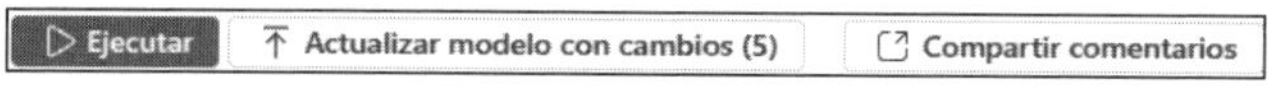

Figura 10.3. Acciones disponibles en la barra de comandos.

Hay tres acciones disponibles en la barra de comandos en el momento de escribir este libro.

- Ejecutar está siempre disponible. Se trata de ejecutar las consultas seleccionadas o todas las consultas de la pestaña activa.
  - Este botón cambia su texto y finalidad por Cancelar mientras se está ejecutando la consulta.
- Actualizar modelo con cambios es una acción que aparece deshabilitada hasta que se proponga algún cambio en la expresión DAX que afecte al modelo semántico.
- Compartir comentarios nada tiene que ver con el modelo tabular ni el trabajo colaborativo desde Power BI. Se trata de enviar una valoración o comentario al fabricante.

Editor de consultas. Área principal de la vista Consultas DAX. En este espacio se puede escribir, explorar, modificar y eliminar contenido.

- Es este panel en el que se desarrolla toda la acción.
  - Está dotado de opciones rápidas de teclado.
  - Ofrece información sobre las funciones del tipo *tooltip*.
  - Cuenta con la funcionalidad Autocompletar.

- El panel de consultas brinda un recurso de ayuda.
    - Cuando se accede por primera vez, expone una consulta de ejemplo y muestra un enlace que conecta al contenido de Microsoft Learn con ayuda para dar los primeros pasos en la creación de consultas DAX.

La figura 10.4 expone el panel Editor de consultas.

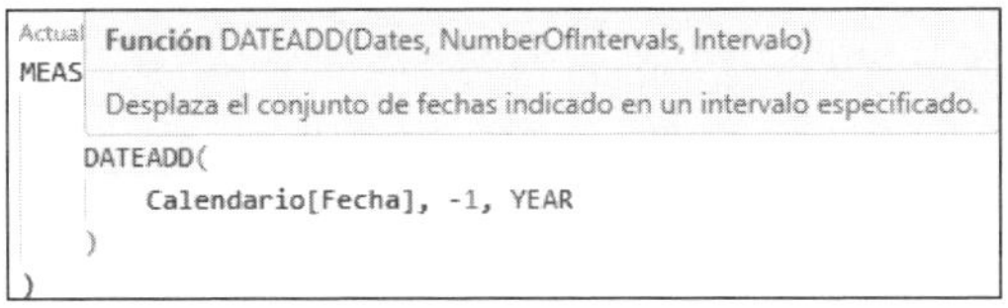

Figura 10.4. Editor de consultas con la opción de información sobre las funciones activa.

En la figura 10.4, se observa la ayuda que se ofrece al pasar el puntero del ratón por la función DAX `DATEADD`. Se aprecian los parámetros que se esperan en la función y la finalidad de su uso. Este tipo de ayuda también aparece si se pasa el puntero sobre el nombre de una medida existente en el modelo.

Panel Vista Miniatura. Es un panel lateral con la vista en miniatura que facilita el movimiento por el código cuando ocupa muchas líneas o se ha reservado más espacio para el panel Resultados.

- Si no se ve todo el código, aporta una vía rápida para acceder al trozo que se necesite utilizando la barra de desplazamiento de la vista Miniatura.

La figura 10.5 muestra un ejemplo de código en una consulta larga visto desde el panel de vista Miniatura.

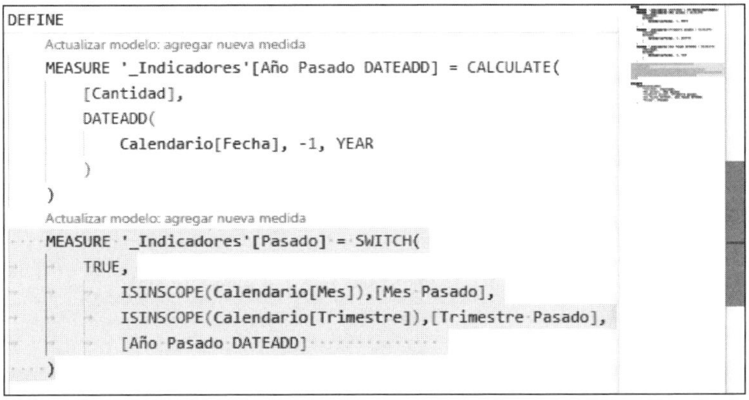

Figura 10.5. Panel de vista Miniatura.

En la figura 10.5, se puede ver la vista Miniatura que resalta el trozo de código seleccionado en el editor de consultas.

Se distingue, además, el código DAX utilizado para definir medidas y el texto que precede a cada definición de medida que indica que si hubo cambios existe la posibilidad de actualizar el modelo.

Panel Resultados. Muestra los resultados de las consultas.

- Solo se activa si se ha ejecutado al menos una consulta.
- El botón Copiar lleva al portapapeles el resultado que incluye las cabeceras de las columnas y las filas de datos.
    - Existe la opción de seleccionar un rango específico de celdas para copiar.
- Se puede contraer para dar más espacio al Editor de consultas.
- Si se han ejecutado varias consultas, se brinda información adicional, como se aprecia en la figura 10.6.

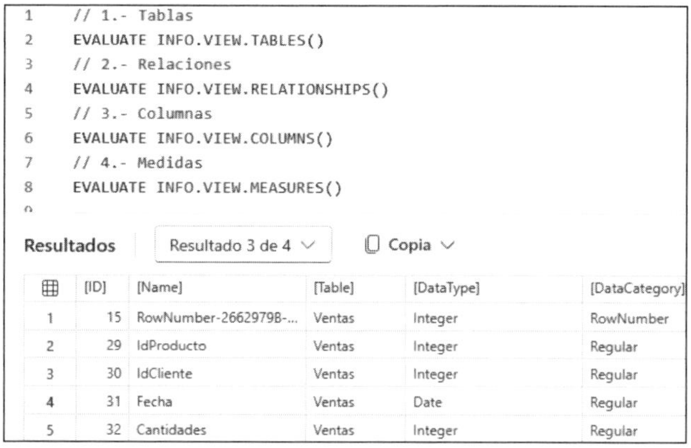

Figura 10.6. Panel Resultados en la vista Consultas DAX.

En la figura 10.6, el panel Resultados muestra la información precisa sobre la cantidad de consultas que se ejecutaron, que son cuatro, y la consulta actualmente activa.

- Para cambiar a otro resultado, basta con desplegar el botón y elegir la consulta que se desea en el orden en el que aparecen en el editor de consultas.

Está expuesto el resultado de la tercera consulta, es decir, la tercera función `EVALUATE` utilizada; por tanto, se trata de la información de los metadatos de las columnas del modelo.

Pestañas para consultas. Sirven para crear tantas consultas como se desee.

- Se trata de una fila que muestra el nombre de las consultas existentes. Todas las consultas se nombran automáticamente.
- Las consultas DAX en Power BI Desktop se guardan en el modelo al guardar el archivo PBIX.
    - Al abrir el libro de Power BI sobre el modelo, se pueden examinar las consultas previamente guardadas.
- Las pestañas son la vía ideal para mantener las consultas bien nombradas y organizadas para acceder a ellas siempre que se necesiten.
- Dispone del botón más + para agregar consultas nuevas, como se aprecia en la figura 10.7.

Figura 10.7. Pestañas para consultas.

En el ejemplo de la figura 10.7 se muestra la Consulta 1 sin renombrar. Cada nueva consulta recibe el nombre "Consulta" más un número consecutivo. Se deben renombrar como se hizo con la segunda y tercera pestaña del ejemplo para garantizar la mejor comprensión y acceder eficazmente al contenido.

Panel Datos. Este panel está activo en otras vistas en Power BI Desktop. Suele ser ya conocido, aunque trae algunas sorpresas:

- Se divide en Tablas y Modelo.
- Se puede contraer y expandir como es habitual.
- Una de las acciones más interesantes del panel es la activación del menú contextual y la opción Consultas rápidas.

La figura 10.8 muestra la pestaña Modelo en el panel Datos de la vista Consultas DAX.

Consultas rápidas. Este es uno de los aspectos más relevantes de la vista Consultas DAX. No es como tal un panel, es una opción de menú, pero la destaco por su gran importancia y para que de ninguna manera pase desapercibida.

Las opciones integradas en el menú Consultas rápidas aportan una nueva vía para explorar de forma sencilla las expresiones, los cálculos existentes y para entender el contenido de los datos en el modelo.

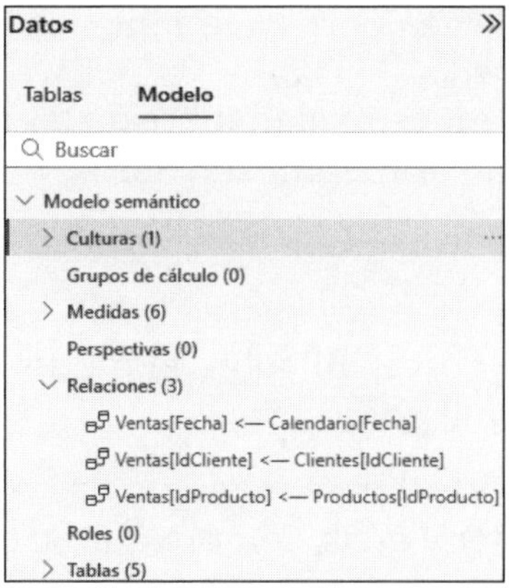

Figura 10.8. Panel **Datos** en la vista **Consultas DAX**.

- Se activan en el menú contextual de las tablas, columnas o medidas en el panel **Datos** de la vista **Consultas DAX**.
- Facilitan la creación de una consulta DAX.
- Ofrecen una vista previa de los datos.
- Las opciones relativas a estadísticas resumidas son muy importantes para entender la composición y distribución de la muestra de datos.

Más adelante, se detallan las opciones disponibles en un apartado dedicado al completo a las **Consultas rápidas** desde la vista **Consultas DAX** en Power BI Desktop.

La figura 10.9 muestra la pestaña **Tablas** del panel **Datos** y el menú desplegado de opciones disponibles para consultas rápidas de una tabla que solo contiene medidas y que, por tanto, no puede activar las dos primeras opciones.

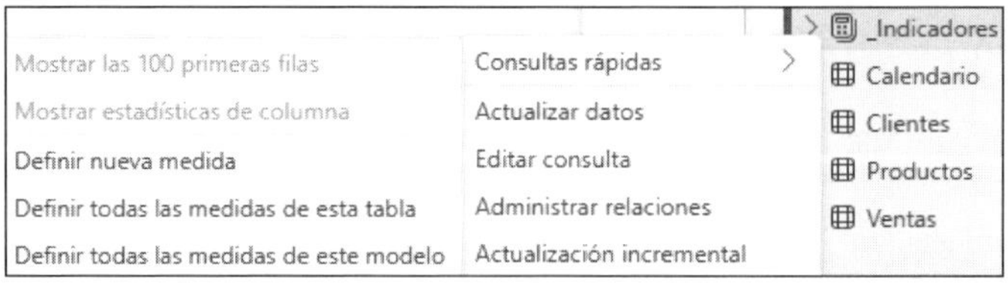

Figura 10.9. Opciones disponibles desde **Consultas rápidas** de una tabla contenedora de medidas.

Barra de estado. Está situada en la parte inferior. Ofrece información valiosa antes y después de la ejecución de una consulta o un grupo de consultas.

Tras ejecutar una consulta, se muestran los datos de la ejecución.

- Tiempo en milisegundos.
- Cantidad de ventanas o pestañas de consultas activas.
    - Tiene en cuenta todas las veces que se ha creado una nueva pestaña para consultas, aunque no haya ningún contenido.
    - Si no se ha ejecutado ninguna consulta en la pestaña activa, se limita a indicar este dato.
- El resultado se muestra entre todos los disponibles según sean las consultas evaluadas en la ejecución, que puede o no, coincidir con las consultas que haya en la página.
- Cantidad de filas y columnas devueltas por la consulta que muestra el resultado actual.

La figura 10.10 muestra un ejemplo de la barra de estado que refleja los datos de ejecución de una consulta.

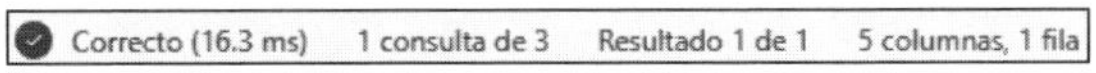

Figura 10.10. Barra de estado.

El Editor de consultas y las acciones de definición de las medidas

La opción de información sobre las medidas dispone de una funcionalidad adicional que pudiera pasar desapercibida y es muy interesante.

Si, además de pasar el puntero del ratón y leer el *tooltip*, como se muestra en la figura 10.4 para una función, se selecciona la medida, aparece un indicador a la izquierda de la fila de código que se corresponde con la medida seleccionada. A este indicador se le ha llamado Bombilla de acciones rápidas de las medidas.

- Solo aparece si no se ha definido la medida.
- El indicador invita a realizar acciones adicionales, como se aprecia en la figura 10.11.

Hay dos acciones disponibles; pueden mostrarse las dos o solo una en dependencia del tipo de medida activa.

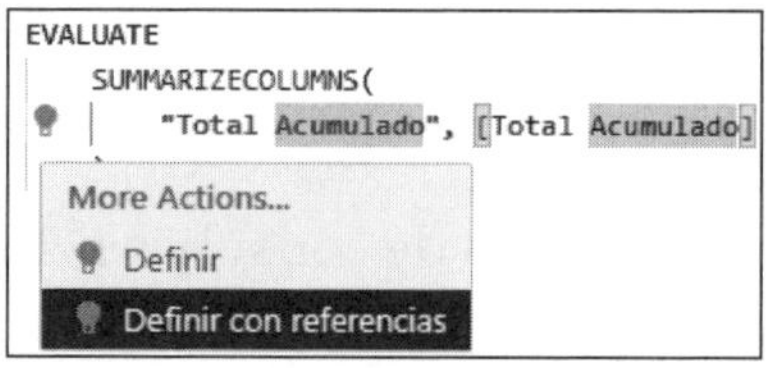

Figura 10.11. Acciones para expandir el código y mostrar las referencias.

Resultado de la acción Definir

La acción Definir aparece para todas las medidas que se utilicen en una consulta y que no hayan sido definidas previamente.

La expresión DAX que se muestra a continuación contiene un ejemplo de código de definición de una medida.

```
DEFINE
  MEASURE '_Indicadores'[Total Acumulado] = CALCULATE(
    [Cantidad],
    DATESYTD(Calendario[Fecha]
    )
  )
```

Resultado de la acción Definir con referencias

La acción Definir con referencias solo aparece cuando la medida activa no es una medida base, sino una medida que utiliza otras medidas en su expresión de cálculo.

El siguiente ejemplo de código destaca una función `DEFINE`, que inicia el bloque en el que se definen tantas medidas como sean necesarias según sean la expresión que se explore, la medida activa y la complejidad existente.

```
DEFINE
  MEASURE '_Indicadores'[Cantidad] = SUM(Ventas[Cantidades])
  MEASURE '_Indicadores'[Total Acumulado] = CALCULATE(
    [Cantidad],
    DATESYTD(Calendario[Fecha]
    )
  )
```

Exponer el código de las medidas referenciadas es de gran utilidad para comprender la lógica del cálculo y porque hay medidas que en su definición pueden modificar el estado de los contextos y, por tanto, afectar o alterar el resultado de la medida que la referencia.

En estos dos ejemplos solo se ha expuesto la definición de las medidas, falta la evaluación que es el bloque que realiza la consulta como tal.

Las consultas rápidas desde la vista Consultas DAX

El menú contextual para tablas, columnas y medidas ofrece opciones adicionales dentro de un elemento que se llama Consultas rápidas.

A nivel de **medida**, se puede evaluar el resultado, que es lo que se corresponde con la opción Calcular. Es posible definir la medida y evaluarla o elegir definir la medida con las referencias y luego evaluarla. La figura 10.12 muestra las opciones disponibles para las consultas rápidas a nivel de medida.

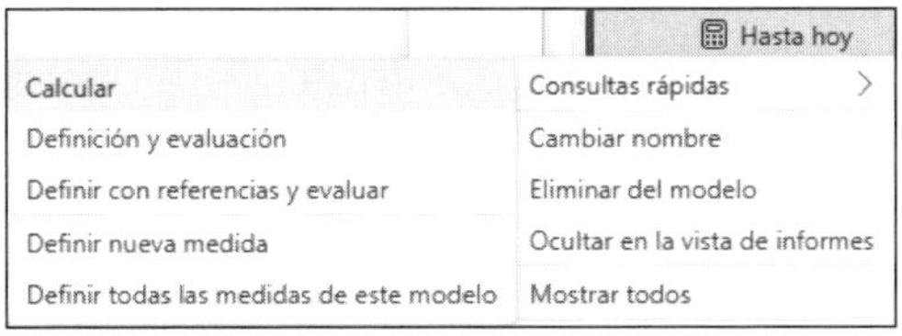

Figura 10.12. Opciones disponibles para consultas rápidas de medidas.

La expresión de consulta DAX que se muestra a continuación es el resultado de la opción Definir con referencias y evaluar.

```
DEFINE
  MEASURE '_Indicadores'[Cantidad] = SUM(Ventas[Cantidades])
  MEASURE '_Indicadores'[Hasta hoy] =
    CALCULATE(
      [Cantidad],
      DATESBETWEEN(
        Calendario[Fecha],
        BLANK(),
        TODAY()),
      Ventas)
EVALUATE
  SUMMARIZECOLUMNS(
    "Cantidad", [Cantidad],
    "Hasta hoy", [Hasta hoy]
    )
```

El bloque que comienza con la palabra `DEFINE` se encarga de mostrar el código para cada medida que esté involucrada, ya sea porque es la medida principal, sobre la que se activó la acción que en el ejemplo es la medida `Hasta Hoy` o porque sea la medida referenciada que es la medida `Cantidad`.

A nivel de **columnas**, es muy interesante porque la primera opción de consultas rápidas ofrece la Vista previa de los datos utilizando para ello la función `DISTINCT`, que sirve para evaluar los valores distintos de la columna como en el siguiente ejemplo de consulta:

```
EVALUATE
  DISTINCT('Clientes'[País])
```

El menú Consultas rápidas para columnas ofrece una opción muy útil, que es Mostrar estadísticas de columna. Esta opción devuelve un perfil sobre la composición del contenido de la columna. La estructura del perfil depende del tipo de columna.

Estadística de columna de texto

Si se activa la opción Estadísticas de columna sobre una columna de tipo Texto como la columna País de la tabla Clientes, la consulta DAX devuelta es la siguiente:

```
EVALUATE
  ROW(
    "Table", "Clientes",
    "Column", "País",
    "Count", COUNT('Clientes'[País]),
    "Distinct Values", DISTINCTCOUNTNOBLANK('Clientes'[País]),
    "Null Count", COUNTROWS('Clientes') - COUNT('Clientes'[País]),
    "Min", MIN('Clientes'[País]),
    "Max", MAX('Clientes'[País])
  )
```

En la expresión se utiliza la función `ROW`, que sirve para crear una tabla con una fila y un grupo de columnas de salida de la consulta que contienen las funciones estadísticas más comunes que se aplican a columnas de tipo Texto.

Estadísticas de columna de tipo Número

Las columnas de tipo Número tienen una estadística más completa. Además de la información que aparece en la expresión para columnas de tipo Texto, el código para la estadística de columnas numéricas contiene el cálculo de la media, la mediana, desviación estándar, ceros, pares, impares, percentil 25 y percentil 75.

Estadísticas de columnas de tipo Fecha

Además de la información de la columna de Texto, el código para la estadística de columnas de tipo Fecha incluye ceros y el rango de datos existentes en día, meses y años que se calcula como la diferencia entre las fechas mínima y máxima en cada nivel, como se puede ver en la figura 10.13.

[Min]	[Max]	[Zeros]	[Range in Days]	[Range in Months]	[Range in Years]
1/3/2023 ...	7/28/2025 ...	0	937	30	2

Figura 10.13. Parte de las estadísticas que se detallan sobre una columna de tipo Fechas.

Mi sugerencia es aprovechar las ventajas que ofrece esta opción, que se exploren los perfiles de columna porque ofrecen mucha información estadística sobre el contenido en cada caso y también aporta ejemplos de uso de las funciones de agregación y estadísticas que pueden ser de utilidad en la solución de desafíos relativos a cálculos con DAX.

Para una **tabla**, hay dos grupos de opciones diferentes en dependencia del tipo de contenido de la tabla.

- **Tabla con contenido de datos**.
  - Mostrar las 100 primeras filas. Utiliza las funciones `TOPN` y `SELECTCOLUMNS`.
  - Mostrar las estadísticas de las columnas. Se obtienen los resultados estadísticos de cada columna en dependencia del tipo de columnas, como se muestra en la figura 10.14.

	[Table]	[Column]	[Count]	[Distinct Values]	[Null Count]	[Min]	[Max]	[Median]	[Mean]
1	Productos	IdProducto	159	159	0	1	159	80	80
2	Productos	Categoría	159	3	0	A	C	N/A	N/A
3	Productos	Color	159	6	0	Amarillo	Verde	N/A	N/A
4	Productos	Tamaño	159	3	0	Grande	Pequeño	N/A	N/A
5	Productos	Prioridad	159	5	0	0	4	2	1,79874213836478

Figura 10.14. Estadísticas de tabla que evalúa cada columna según su tipo.

- Los cálculos estadísticos propios de columnas de tipo Número o Fecha, como media y mediana, aparecen reflejados como N/A para las columnas de Texto.
- Si las tablas son **tablas contenedoras de medidas**, no están disponibles las dos primeras opciones.
  - Si la tabla contiene al menos una medida, se activa la opción Definir todas las medidas de esta tabla.
- Para todas las tablas está disponible la opción Definir todas las medidas del modelo.
- Las tablas contenedoras de medidas no almacenan contenido y no aparecen en el informe Vertipaq Analyzer, como ya se vio en el capítulo 2 del libro.

En cada caso, con independencia del tipo de objeto y opción de consulta rápida elegida, se crea una nueva pestaña de consulta con la expresión de código DAX correspondiente. Las pestañas se pueden eliminar o renombrar y mantener para futuras exploraciones.

Accesos directos para trabajar con DAX

El editor de consultas que se ha integrado en la vista Consultas DAX permite escribir, leer y modificar las expresiones DAX utilizadas en las consultas. El uso de accesos directos es muy beneficioso para conseguir mayor productividad en el proceso de creación y modificación de código.

Se pueden explorar desde el menú contextual y la opción Paleta de comandos, como muestra la figura 10.15.

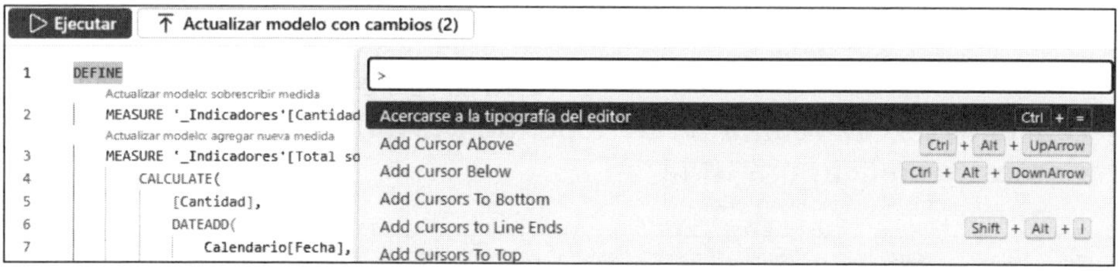

Figura 10.15. Accesos directos desde la Paleta de comandos.

Algunos de los ejemplos más destacados son:

- Seleccionar todo el contenido de una línea de código, aunque ocupe más de una línea en el editor de consultas (**Control-L**).
- Selección múltiple de una palabra o frase en todo el código incluidos los comentarios (**Control-Mayús-L**).
- Comentar las líneas seleccionadas:
  - **Control-K-C**.
  - Botón Comentario desde la banda de opciones.
- Eliminar los comentarios en las líneas seleccionadas (**Control-K-U**).
- Copiar línea (**Alt-Mayús-Flecha arriba**).
- Ejecutar consulta.
  - **F5**.
  - **Control-Mayús-E**.

Formato de medidas desde la vista Consultas

Las buenas prácticas de escritura de expresiones DAX son válidas para las consultas a los datos y metadatos del modelo.

La vista Consultas DAX es una vía excelente para validar el formato de todas las medidas del modelo y ajustar lo que se haya quedado pendiente.

Hay que ejecutar los siguientes pasos:

1. Seguir la ruta Vista Consultas>Panel Datos>Pestaña Tablas.
2. Activar la opción Consultas rápidas en el menú contextual sobre una medida o tabla contenedora de medidas.
3. Elegir Definir todas las medidas del modelo.
4. Activar el botón Formato en el grupo Edición en la banda de opciones de la vista Consultas DAX, como muestra la figura 10.16.

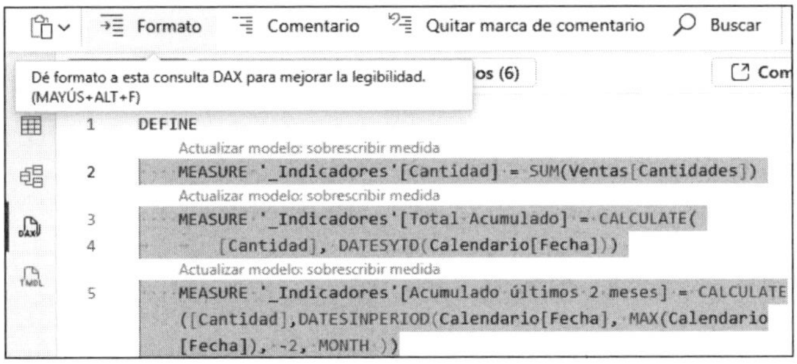

Figura 10.16. Dar formato a todas las medidas del modelo.

Vista Consultas DAX en la web

Aunque el contenido de este libro está centrado en el trabajo desde Power BI Desktop, el lenguaje de expresiones DAX está disponible en todos los entornos de bases de datos tabulares y modelos semánticos como el Servicio Power BI y Microsoft Fabric. Se pueden escribir consultas DAX con la vista Consultas DAX para web desde modelos semánticos publicados en un área de trabajo.

- La mayoría de las funciones son las mismas para la web, con algunas diferencias.
- Actualmente, la vista Consultas DAX en la web no muestra ninguna consulta DAX previamente guardada que pueda existir en el modelo semántico, y las consultas creadas en la web no se conservan al cerrar el navegador.

Para escribir consultas DAX en la vista Consultas DAX en la web, se debe habilitar una configuración en el área de trabajo.

- Desde un área de trabajo donde haya al menos un modelo semántico, hay que seguir la ruta Configuración del área de trabajo>Power BI>General>Configuración del modelo de datos y activar la casilla Los usuarios pueden editar modelos de datos en el servicio Power BI (versión preliminar).

Para acceder a la vista Consultas DAX desde la web hay dos rutas posibles:

- Elegir la opción Escribir consultas DAX desde el menú contextual del modelo semántico en el área de trabajo.
- Abrir la ventana de detalle del modelo semántico y elegir el botón Escribir consultas DAX en la barra de opciones situada en la parte superior.

La vista Consultas DAX en la web se puede usar en modelos semánticos en modo de importación, DirectQuery y Direct Lake. Los clientes de Microsoft Fabric pueden acceder a las nuevas funciones de edición de medidas de la vista Consultas DAX a través de la experiencia web.

- Para escribir consultas DAX se requiere permiso de escritura en el modelo semántico.

Estructura de la consulta

La consulta DAX tiene una estructura de solo tres partes: definición, evaluación y modificación de la salida.

Si la consulta se escribe directamente en la vista Consultas DAX y no se vincula a ningún objeto visual, suele ser más sencilla porque no hay contexto de filtro que provenga de la página de informe y tampoco existe ninguna estructura del gráfico que añade complejidad. Por muy compleja que sea una consulta, solo se compone de las tres partes antes mencionadas. Dos de esas tres partes son opcionales y podrían no aparecer si no son necesarias.

- Solo la evaluación es obligatoria; por eso, se puede plantear que la evaluación es como tal la consulta.

Definición

La definición de las medidas o las variables se pueden entender como la fórmula DAX que hay detrás de cada cálculo definido y materializado en el modelo o definido solo para que sea utilizado en la consulta.

- Es una sección opcional, tiene que ir siempre antes de la evaluación de la consulta.
- De existir comienza con la palabra reservada `DEFINE` y tiene que existir al menos un elemento definido.
- Cada elemento que se defina en esta sección tiene alcance de consulta, con independencia de que exista o no en el modelo.
  - Si ya existe, se puede modificar a nivel de la consulta DAX.
  - Una vez validado el cambio, se puede actualizar el modelo con los cambios aplicados para una consulta.
- El uso de variables, que es una buena práctica en la creación de expresiones DAX, también lo es aquí. Las variables pueden llamar a otras variables creadas previamente en el mismo bloque de definición de consulta y se pueden consumir o referenciar en el bloque evaluación.
- Se pueden definir tantos elementos como se necesite en este bloque.

Evaluación

La evaluación es la consulta DAX.

- Es la única sección que es obligatoria. Comienza con la palabra reservada `EVALUATE`.
- La evaluación utiliza todos los recursos que hayan sido definidos para construir el resultado deseado y siempre devuelve una tabla.
- Si la expresión indicada en la sección `EVALUATE` no es capaz de construir una tabla, entonces devuelve un error.

Modificación de salida

La tercera sección en una consulta es la destinada a los modificadores de salida. Son modificadores de resultado que proporcionan un control adicional al organizar la salida de la consulta. Esta sección es opcional.

- Para ordenar la salida de los datos obtenidos en la consulta se utiliza el modificador `ORDER BY`. Hay que indicar la columna que gobierna en el orden de la consulta y el sentido o tipo del orden que puede ser `ASC`, que indica ascendente y es el predeterminado, o `DESC`, que significa descendente.

    - Se puede ordenar por más de una columna y cada columna puede tener un orden de salida específico.
    - Si hay más de una columna, la prioridad se define por el orden en que se listen las columnas.
    - Solo admite las columnas que se utilizan en la consulta.
- En este grupo está el modificador `STAR AT`, que sirve para filtrar los datos e indicar en qué punto se desea iniciar la salida. Solo se puede incluir si ya existe el modificador `GROUP BY` para la consulta.

Un modificador de salida de una consulta DAX es una función que altera la forma en que se presentan los resultados. Los modificadores de salida de la función `EVALUATE` son muy potentes. Solo hay que seguir las reglas de sintaxis, utilizar el nombre correcto de las palabras reservadas y el orden y tipo de parámetros a indicar.

- El modificador entra en juego solo al final del proceso, después de que se aplicaron los filtros definidos por el contexto de filtro externo y se crearon los cálculos.
- El filtro definido por la función `TOPN` requiere de la previa ordenación de los datos.

Una consulta desde un visual

Para ver el efecto diferenciador del objeto visual en la complejidad de la consulta que se ejecuta en cada caso, propongo un informe sencillo con una tarjeta, una tabla, un gráfico de columnas y una matriz.

En la página del informe hay dos segmentaciones, una que actúa sobre una columna numérica, Prioridad, y la otra sobre una columna de texto, Tamaño, ambas de la tabla Productos. Esta configuración se muestra en la figura 10.17.

El procedimiento para ver la consulta de cada visual ya está explicado en este libro. Lo resumo brevemente:

- Abrir el panel Analizador de rendimiento.
- Iniciar grabación.
- Para cada objeto, elegir el botón Analizar este objeto visual o Actualizar objetos visuales en el panel Analizador de rendimiento para que genere el informe de todos los elementos.
- En el informe del Analizador de rendimiento del objeto, elegir el enlace Ejecutar en la vista Consultas de DAX.

Figura 10.17. Ejemplo de página de informe con filtros aplicados.

El motor DAX tiene su forma de construir la consulta que depende del objeto.

Desde tarjeta

La consulta que devuelve el resultado a un objeto tipo tarjeta es la más sencilla. La evaluación de la consulta es tan sencilla como la llamada a la medida.

En el ejemplo del informe de la figura 10.17, se aplican dos filtros y, por tanto, para crear el contexto de filtro externo que afecta a la ejecución de la medida, se agrega una sección de definición que comienza con la palabra reservada `DEFINE` y sirve para asignar la expresión DAX asociada a ambas variables, una por cada campo que filtra.

- Se utiliza la palabra reservada `VAR`.
- La columna numérica se filtra desde la combinación `FILTER`, `KEEPFILTERS` y el rango de valores admitido.
- La columna de texto se filtra con la función `TREATAS`.

Esta es la expresión de la consulta:

```
DEFINE
  VAR __DS0FilterTable =
    FILTER(KEEPFILTERS(
      VALUES('Productos'[Prioridad])),
      'Productos'[Prioridad] >= 2)
  VAR __DS0FilterTable2 =
    TREATAS({"Grande"}, 'Productos'[Tamaño])
EVALUATE
  SUMMARIZECOLUMNS(__DS0FilterTable, __DS0FilterTable2,
  "Cantidad", IGNORE('_Indicadores'[Cantidad]))
```

Si no existieran filtros aplicados al objeto tarjeta, la expresión de consulta sería muy sencilla:

```
EVALUATE
  ROW(
    "Cantidad", '_Indicadores'[Cantidad]
  )
```

Desde gráfico

El gráfico filtra los datos por la columna Año de la tabla Calendario; además, los datos están ordenados por año. Estos dos elementos hacen la diferencia.

Hay un tercer añadido: en los gráficos se limita la cantidad de elementos a mostrar. En este caso, limita las columnas que se pueden mostrar y esto también se tiene en cuenta en la consulta.

- La definición de las variables `__DS0FilterTable` y `__DS0FilterTable2` es la misma, se filtran las mismas columnas utilizando las mismas funciones y expresiones DAX.
- La variable `__DS0Core` representa la tabla resultante de la consulta que luego se dibuja como gráfico.
  - Utiliza la función `SUMMARIZECOLUMNS` para dar forma a la tabla.
  - Utiliza las variables de filtro para definir las filas visibles para el cálculo.
  - Invoca la medida asociada con el gráfico.
- La variable `__DS0BodyLimited` es la que aporta el límite de objetos de salida, se lo aplica a la columna Año de la tabla Calendario y termina de crear el resultado.
- Se evalúa la consulta devuelta por la variable `__DS0BodyLimited`.
- Tiene un modificador de salida que utiliza `ORDER BY` para ordenar por la columna Año de la tabla Calendario en orden ascendente.
- Se aplica el concepto de variables que referencian a otras variables aportando un código coherente y fácil de recorrer.

Esta es la expresión de la consulta.

```
DEFINE
  VAR __DS0FilterTable
  VAR __DS0FilterTable2
  VAR __DS0Core =
    SUMMARIZECOLUMNS(
      'Calendario'[Año],
      __DS0FilterTable,
      __DS0FilterTable2,
      "Cantidad", '_Indicadores'[Cantidad]
      )
  VAR __DS0BodyLimited =
    SAMPLE(3502, __DS0Core, 'Calendario'[Año], 1)
EVALUATE
  __DS0BodyLimited
ORDER BY 'Calendario'[Año]
```

De no existir filtros, la expresión se simplifica como es natural. El cambio está en la definición de la variable `__DS0Core` por la ausencia de los filtros.

```
DEFINE
  VAR __DS0Core =
    SUMMARIZECOLUMNS(
      'Calendario'[Año],
      "Cantidad", '_Indicadores'[Cantidad]
      )
```

Desde tabla

El objeto tabla filtra por la columna Color de la tabla Productos. Aplica orden de salida por tres elementos diferentes. Agrega la complejidad de la fila Total que se crea como parte del cuerpo de la tabla de salida, pero tiene su propio agregado y opción de ordenación.

- La definición de las variables `__DS0FilterTable` y `__DS0FilterTable2` es la misma, se filtran las mismas columnas utilizando las mismas funciones y expresiones DAX.
- La variable `__DS0Core` representa la tabla resultante de la consulta que luego se dibuja como una tabla del informe.
    - Utiliza la función `SUMMARIZECOLUMNS` para dar forma a la tabla.
    - Utiliza la función `ROLLUPADDISSUBTOTAL` para crear la fila Total de la tabla agrupando el cálculo para todos los colores visibles.

- Utiliza las variables de filtro para definir las filas visibles para el cálculo.
- Invoca la medida asociada con el gráfico.

- La variable `__DS0PrimaryWindowed` es la que aporta el límite de objetos de salida. Para una tabla son las filas admitidas, se lo aplica a la columna Color de la tabla Productos y termina de crear el resultado agregando la fila Total.
    - Utiliza la función `TOPN` para restringir las filas.
- Se evalúa la consulta devuelva por la variable `__DS0PrimaryWindowed`.
- Tiene un modificador de salida que utiliza `ORDER BY` para ordenar por los siguientes elementos:
    - La fila Total en orden descendente para que sea la última en aparecer.
    - La medida `Cantidad` en orden descendente porque así se ha definido en la cabecera de la tabla. Es totalmente dependiente de la configuración del objeto visual.
    - La columna Color de la tabla Productos en orden ascendente.

Esta es la definición de la expresión DAX:

```
DEFINE
  VAR __DS0FilterTable
  VAR __DS0FilterTable2
  VAR __DS0Core =
    SUMMARIZECOLUMNS(
      ROLLUPADDISSUBTOTAL(
        'Productos'[Color], "IsGrandTotalRowTotal"),
      __DS0FilterTable,
      __DS0FilterTable2,
      "Cantidad", '_Indicadores'[Cantidad]
    )
  VAR __DS0PrimaryWindowed = TOPN(
    502, __DS0Core,
    [IsGrandTotalRowTotal], 0,
    [Cantidad], 0, 'Productos'[Color], 1)
EVALUATE
  __DS0PrimaryWindowed

ORDER BY
  [IsGrandTotalRowTotal] DESC,
  [Cantidad] DESC, 'Productos'[Color]
```

Sin aplicar filtros se simplifica la definición de la variable `__DS0Core` tal y como ocurre en los gráficos.

Desde matriz

La matriz es uno de los objetos que devuelven la consulta más compleja.

- Se añade una tercera variable, `__DM3FilterTable`, para filtrar por los países Chile y España porque en la matriz ambos países se muestran desglosados por ciudades.
- La variable `__DS0Core` es más compleja, porque en la matriz hay subtotales y totales por filas.
    - Esto se debe a que hay dos campos del modelo asociados a la propiedad **Filas** de la matriz, que son las columnas **País** y **Ciudad**.
    - Podría haber también subtotales por columnas, pero solo hay un campo del modelo, **Categoría**, asignado a la propiedad **Columnas**.
- La variable `__DS0PrimaryWindowed` es más compleja porque ajusta la ventana de datos por filas y columnas.
- También es más compleja la variable `__DS0BodyLimited`, que crea el cuerpo de la tabla de salida que luego se va a convertir en un objeto visual de tipo matriz.
- Finalmente, se crean dos evaluaciones de datos y dos ordenaciones también para tratar el cuerpo de las filas de la matriz y la columna **Total** agrupada por **Categoría** para cada fila de datos.

El objetivo no es ir paso a paso por la consulta, sino destacar que cada pieza del rompecabezas es importante. Cada propiedad que aporte complejidad o que referencie un campo del modelo en un gráfico repercute en la definición de la consulta.

La figura 10.18 muestra los pasos que se realizan para consultar los datos en la matriz. Para ver el detalle de cada paso, hay que desplegar cada bloque que se muestra contraído en la figura.

```
  DEFINE
>     VAR __DS0FilterTable = ···
>     VAR __DS0FilterTable2 = ···
>     VAR __DM3FilterTable = ···
>     VAR __DS0Core = ···
>     VAR __DS0PrimaryWindowed = ···
>     VAR __DS0SecondaryBase = ···
>     VAR __DS0Secondary = ···
>     VAR __DS0BodyLimited = ···
> EVALUATE···
> ORDER BY···
> EVALUATE···
> ORDER BY···
```

Figura 10.18. Consulta DAX para objeto visual contraída.

La consulta para un objeto visual tipo matriz también se simplifica si no existen filtros externos.

Consultas desde medidas implícitas

Una medida implícita es una medida creada automáticamente cuando se elige o arrastra una columna del modelo a la propiedad valor de un elemento visual. Se escribe en el lenguaje de expresiones DAX y cumple con los requisitos de sintaxis.

- No se recomienda trabajar con medidas implícitas porque se pierde el control de la definición personalizada de la medida y no se puede reutilizar el código ni el formato.

Si se elige la columna base como puede ser Cantidades de la tabla Ventas, en lugar de una medida cuya expresión DAX calcule el agregado, la medida rápida se crea y se puede ver en la vista Consultas DAX.

Por ejemplo, se utiliza la columna Cantidades en una tarjeta del informe que no recibe filtros adicionales y se elige como agregado la suma. La expresión que se obtiene para calcular el resultado a partir de la medida implícita es la siguiente:

```
EVALUATE
  ROW(
    "SumCantidades",
    CALCULATE(
      SUM('Ventas'[Cantidades])
    )
  )
```

Funciones de la consulta

La consulta DAX admite las mismas funciones que el resto del lenguaje, se aplica la misma sintaxis y se siguen las mismas buenas prácticas. Algunas funciones DAX cumplen un rol destacado en la consulta.

Agregar columnas con ADDCOLUMNS

La función `ADDCOLUMNS` agrega una columna a la tabla que devuelve la consulta. Es una función muy útil porque se puede validar el resultado creando, a nivel de consulta, una especie de columna calculada.

- La columna calculada a nivel de consulta no se materializa en el modelo.

Sobre la función `ADDCOLUMNS` se recomienda tener en cuenta varios aspectos:

- Devuelve una tabla con nuevas columnas especificadas por la expresión DAX.
- Itera por la tabla pasada como primer parámetro.

- Crea las columnas pasadas en los parámetros siguientes definidas en dos partes, el nombre para la nueva columna y la expresión a evaluar.
- Se evalúa fila a fila, ya que `ADDCOLUMNS` crea un contexto de fila como parte de su rol como iterador.
- Se puede aplicar a una tabla ya existente, en cuyo caso se obtendrán las columnas nativas de la tabla más las agregadas por la expresión.

Un ejemplo de uso de la función `ADDCOLUMNS` se vio en el capítulo 8 como función base para la creación de una tabla Calendario con DAX.

Seleccionar columnas con SELECTCOLUMNS

La función `SELECTCOLUMNS`, en cierta medida, es una función parecida a la función `ADDCOLUMNS`, itera la tabla que se pasa como primer parámetro para seleccionar las columnas que se vayan indicando. Es una función de manipulación de tablas. Como resultado, devuelve una tabla con columnas seleccionadas de la tabla del modelo y nuevas columnas especificadas por las expresiones DAX.

- La pareja de argumentos puede ser más sencilla.
- Si se hace una referencia a una columna existente puede no indicarse el nombre, por no ser repetitivo.
- Si se indica el nombre, hay que seguir el patrón de nombre y expresión.
  - El nombre elegido no tiene que coincidir con el de la columna a la que se hace referencia, se trata como un alias de salida de la consulta.

Se puede combinar con `CALCULATETABLE` para crear una condición de filtro que se aplique a la tabla sobre la que se quieren traer las columnas.

- La función `SELECTCOLUMNS` mantiene el linaje de los datos, admite las funciones de navegación como `RELATED` para acceder a las columnas de tablas relacionadas.
  - Si no se indica bien la referencia a una columna de la tabla recorrida o una columna relacionada, se rompe la consulta.

Devuelve una tabla con el mismo número de filas que la tabla especificada como primer parámetro. La tabla devuelta tiene una columna para cada par de elementos: nombre y expresión, y cada expresión se evalúa en el contexto de una fila de la tabla pasada como primer parámetro.

Un ejemplo muy simplificado de uso de la función `SELECTCOLUMNS` es el siguiente:

```
EVALUATE
  SELECTCOLUMNS(
    Productos,
    "Nivel de Prioridad", Productos[Prioridad],
    "Total Cantidad", [Cantidad])
ORDER BY "Nivel de Prioridad", "Total Cantidad"
```

El resultado de utilizar `SELECTCOLUMNS` para esta consulta es una tabla con dos columnas. La primera columna contiene los datos de la columna Prioridad de la tabla Productos y todas las filas de la tabla que itera, que es Productos. La segunda columna contiene el resultado de evaluar la medida `Cantidad`.

- Para cada fila de Productos se calcula la medida `Cantidad`.
- Si hay varias filas con los mismos valores, se mostrarán todas, incluyendo duplicados.
  - Se debe utilizar la función `SUMMARIZECOLUMNS` cuando el objetivo sea eliminar las filas duplicadas y crear una agrupación por la columna Prioridad.
- Los datos se muestran ordenados de forma ascendente por las columnas de salida de la consulta que son Nivel de Prioridad, Total Cantidad.

Construir la salida con las funciones GENERATE y ROW

Una alternativa a `ADDCOLUMNS` cuando se combinen filas de dos tablas es la pareja de funciones `GENERATE` y `ROW`.

La función `GENERATE` es una función iteradora que manipula filas de dos tablas. Evalúa la expresión de la tabla pasada como segundo parámetro (que es la tabla evaluada en un contexto de fila), en cada fila de la tabla que se recorre o itera, es decir, la tabla iterada que se pasa como primer parámetro.

- Se trata solo de las filas admitidas según la condición evaluada.
- Si la evaluación de las filas de la tabla evaluada en el contexto de fila actual definido por la tabla iterada devuelve una tabla vacía, la fila actual de la tabla iterada no se incluirá en los resultados.
- Si se sustituye `GENERATE` por `GENERATEALL` se devuelven tantas filas como haya en la primera tabla y tantas coincidencias como haya en la segunda y, si no cumple la condición, la segunda columna devuelve un valor `BLANK`.

Con GENERATE y ROW, se pueden definir tantas variables como se desee en el contexto de fila antes de la expresión ROW, y las variables son accesibles en todas las columnas de la función ROW.

Por su parte, la función ROW es constructora, devuelve una tabla de una sola fila con nuevas columnas especificadas por las expresiones DAX.

- Respeta el contexto de filtro actual.
- Se indica el nombre de la columna y la expresión de valor.

Un ejemplo de combinación de estas funciones se puede ver en la siguiente expresión DAX que puede servir para crear una tabla calculada de tipo **Calendario**.

```
Calendario GENERATE =
  VAR vCalendarioBase = CALENDAR(DATE(2025,1,1), DATE(2025,12,31))
  RETURN
    GENERATE(vCalendarioBase,
    VAR vFecha = [Date]
    VAR vAnio = YEAR(vFecha)
    VAR vMes = MONTH(vFecha)
    VAR vDia = FORMAT(vFecha,"d")
    RETURN
      ROW(
        "Año", vAnio, "Mes", vMes, "Día", vDia)
      )
```

El trabajo con variables ayuda a organizar el código y trata como constante algunos puntos de la expresión para evitar que sean evaluados más de una vez.

Crear agrupaciones y agregados con SUMMARIZECOLUMNS

La función SUMMARIZECOLUMNS es una de las funciones que más utiliza el motor DAX para construir las tablas de datos que se devuelven en las consultas a los objetos visuales en una página de informe. En los ejemplos mostrados en este mismo capítulo, se puede ver el uso de la función.

- Se utiliza para generar una estructura de tabla a partir de las columnas que se pasan como parámetros, ya sean columnas de agrupación, agregación o filtro.
- La función crea los cálculos agregados en dependencia de las columnas que se seleccionen para crear las agrupaciones.

- SUMMARIZECOLUMNS combina todos los filtros de la misma tabla en uno solo y devuelve las filas que cumplen con la combinación de filtros aplicados y las columnas pasadas como parámetro de agrupación o filtro.
    - Ocurre así por el comportamiento de autoexistencia, más conocido como *auto-exist* en el motor de base de datos tabular.

Los cuatro parámetros de la función SUMMARIZECOLUMNS son opcionales:

1. Columna o columnas para crear **agrupaciones**. Si no se indica nada más, devuelve los valores distintos de las combinaciones de las columnas.
    - Se puede combinar con las funciones ROLLUPGROUP y ROLLUPADDISSUBTOTAL para especificar una lista de columnas que se agrupan en subtotales, como en los objetos visuales tabla y matriz.
2. Expresión de **filtro**. Se aplica a las columnas utilizadas para agrupar y las medidas. Se construye utilizando varias técnicas.
    - Se ha visto antes, en los ejemplos de consultas sobre visuales cómo los filtros se definen previamente en variables.
    - Otra opción es utilizar los modificadores KEEPFILTERS o REMOVEFILTERS.
    - Se puede combinar con la función NONVISUAL, que marca un filtro de valor para que no afecte a los valores de la medida y solo se aplique a las columnas agrupadas.

      En el ejemplo que se muestra a continuación, la función NONVISUAL marca el filtro definido en la variable __DM3FilterTable, que se ha creado previamente por esta expresión:

```
VAR __DM3FilterTable =
  TREATAS(
    {"España","Chile"},
    'Clientes'[País]
  )
```

3. **Nombre** de la nueva columna. Es un parámetro opcional que sirve para distinguir sobre todo la columna que expone el valor calculado. Es un parámetro de salida de la consulta que en nada perjudica al modelo.
    - Se pueden definir tantas columnas como se deseen.
    - Para cada nombre hay que definir una expresión de cálculo.
4. **Expresión** de columna. Suele ser el agregado que acompaña a la agrupación.

- Puede ser una medida o expresión de cálculo que utiliza funciones de agregación.
- Hay tantas expresiones como nombres de columnas.

El siguiente fragmento de código muestra la forma de construir el objeto matriz del ejemplo de la figura 10.17, a partir de la función `SUMMARIZECOLUMNS` y sus parámetros.

```
VAR __DS0Core =
  SUMMARIZECOLUMNS(
    ROLLUPADDISSUBTOTAL(
      'Clientes'[País], "IsGrandTotalRowTotal",
      'Clientes'[Ciudad], "IsDM1Total",
      NONVISUAL(__DM3FilterTable)
    ),
    ROLLUPADDISSUBTOTAL(
      'Productos'[Categoría], "IsGrandTotalColumnTotal"),
      __DS0FilterTable,
      __DS0FilterTable2,
      "Cantidad", '_Indicadores'[Cantidad]
    )
```

Gestionar subtotales con ROLLUPGROUP y ROLLUPADDISSUBTOTAL

Las funciones `ROLLUPGROUP` y `ROLLUPADDISSUBTOTAL` especifican las columnas que se deben utilizar en un subtotal.

- Estas funciones no realizan los cálculos ni devuelven un valor.
- Ambas se pueden utilizar como parámetro de entrada en la función `SUMMARIZECOLUMNS` como se ha visto en los ejemplos.

Limitar los puntos de salida con TOPN

En el capítulo anterior, se dedicó un apartado al uso de la función de filtro `TOPN`.

En las consultas DAX generadas sobre objetos visuales, hay que limitar la cantidad de filas, columnas o puntos de datos a mostrar. De eso se encarga el motor de consultas y para establecer el filtro o límite utiliza la función `TOPN`.

- Es una función iteradora en DAX que pone el límite de elementos de salida en la consulta a partir de la definición de columnas a ordenar y sentido del orden establecido en la sección `ORDER BY` de la consulta.

- El uso de TOPN en una consulta DAX controla el número de filas devueltas. En una consulta DAX, la función TOPN no utiliza la ordenación establecida por ORDER BY antes de seleccionar el número de filas.
- TOPN tiene su propia ordenación que se puede especificar opcionalmente. Esto aumenta su rendimiento y ofrece mayor flexibilidad.
    - En el próximo capítulo, que se dedica a explorar los datos del modelo desde consultas que se comparan con consultas SQL, hay un ejemplo que ilustra este planteamiento.

Trabajar con medidas desde consultas

Las medidas del modelo semántico creadas con expresiones DAX son la vía para enriquecer el modelo, ya que permiten aportar la lógica de negocio, tratamiento de filtros y agregaciones para obtener los cálculos e indicadores que cada proyecto o acción requiera.

Definir medidas desde cero con DEFINE MEASURE

En la escritura de consultas DAX, un rol muy importante se juega en la sección de definición, ya que permite crear las expresiones necesarias para definir los elementos que luego se van a utilizar en la consulta.

Una consulta puede ayudar a crear una medida en un ambiente de la vista Consultas DAX, que es mucho mejor que el de la barra de fórmulas DAX.

- Recientemente se ha mejorado el funcionamiento de la tecla **Tab**, ahora hace justo lo que se espera de ella sin preseleccionar texto.

Se puede crear la medida y probarla sin depender del objeto visual y se pueden agregar las columnas que luego irán al objeto visual para tener una vista previa de los resultados, validar si se corresponden con el requisito y, dado el momento, eliminar la medida que se ha consultado o agregarla al modelo.

No se puede cambiar el nombre de una medida desde la consulta. Cambiar el nombre de una medida en el bloque DEFINE MEASURE significa crear una nueva medida.

- Desde el panel Datos se puede cambiar el nombre de una medida del modelo haciendo doble clic en ella o utilizando la acción Cambiar nombre en el menú contextual de la medida.

Para crear una medida nueva, se puede utilizar la opción Definir nueva medida del menú de opciones de Consultas rápidas para cualquier objeto del modelo, ya sea medida, columna o tabla, como se muestra en la figura 10.19.

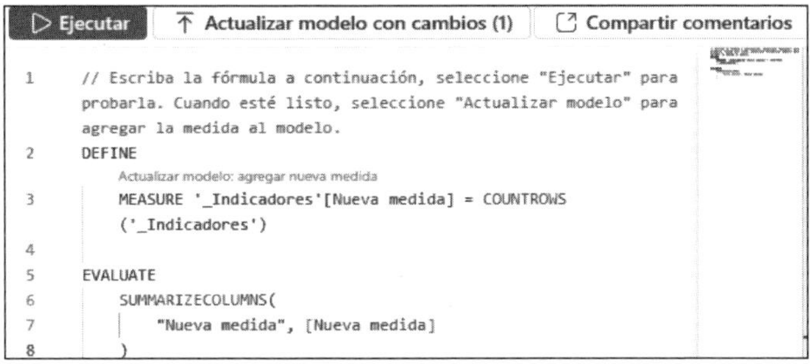

Figura 10.19. Esquema de definición de una medida.

Hay que entender que la plantilla crea una medida cuya expresión es el conteo de filas de la tabla desde donde se invoque la acción. En el ejemplo se utiliza la tabla _Indicadores.

- Si es una tabla contenedora de medidas, devuelve error porque no hay ni filas ni columnas.
- Si es una tabla del modelo, por ejemplo, Clientes, la expresión es válida. La propuesta sería:

```
DEFINE
  MEASURE 'Clientes'[Nueva medida] = COUNTROWS('Clientes')
```

Otra opción es crear una consulta vacía y empezar a escribir cada trozo de código directamente en el panel Editor de consultas. Para comenzar a escribir desde cero una consulta que defina y consuma una medida de consulta, se puede utilizar este patrón.

```
DEFINE
  MEASURE '_Indicadores'[MiMedida] = 0
EVALUATE {[MiMedida]}
```

La combinación `DEFINE MEASURE` inicia la definición de una medida en la consulta.

La tabla '_Indicadores' es el contenedor de medidas utilizado en el modelo de ejemplo. Vale cualquier nombre de tabla y, a la vez, no se puede omitir.

- Esta es la tabla donde se guardará la expresión DAX si posteriormente se decide incluir la medida en el modelo de datos.

`MiMedida` es el nombre de la medida que se define que viene seguido de la expresión de medida que, en este caso, se ha sustituido por un cero, porque no es la expresión DAX para la definición de la medida lo relevante en el ejemplo.

- Se crea una medida de consulta que de inicio no es una medida del modelo.
- La medida se puede consumir en cualquier otra expresión de la propia consulta.

`EVALUATE MiMedida` hace lo que se espera, evalúa la expresión y devuelve el resultado.

Puede resultar curioso el uso de las llaves `{}` en el bloque de evaluación de la consulta.

- Las llaves en una consulta DAX construyen una tabla.
- Toda consulta DAX tiene que devolver una tabla y, si no existe, hay dos formas para crearla: uso de llaves `{}` o la función `ROW`.

Un paso más sería combinar una expresión de medida más interesante con una columna del modelo tal y como se haría en un visual.

```
DEFINE
  MEASURE '_Indicadores'[Importes] = CALCULATE(
      SUMX(
        Ventas,
        Ventas[Cantidades] * Ventas[Precio]
      )
    )
EVALUATE
  SUMMARIZECOLUMNS(
    Productos[Color],
    "Total Importes", [Importes]
  )
```

Dentro de los parámetros de `SUMMARIZECOLUMNS` que se definan, hay que tener en cuenta la siguiente convención de nombres:

- Si la columna existe, como es el caso de la columna Color de la tabla Productos, no necesita ningún alias adicional.
- Si se trata de la medida que se ha definido o cualquier expresión de cálculo que se indique directamente en `SUMMARIZECOLUMNS`, se necesita un alias para la columna como, en este caso, `Total Importes`.

Para utilizar la medida en la consulta, basta con llamar a esta función. No haría falta nada más.

- Si se define una medida de consulta y se utiliza el nombre de una medida del modelo, la definición para la medida en la consulta tiene prioridad para la evaluación que se realiza durante la consulta.
- Ninguna referencia utilizada en la consulta puede dañar el modelo.
- La definición de una medida de consulta solo se utiliza en otras medidas de la consulta actual.
- Al pasar el cursor del ratón por encima de la definición o elegir cualquier punto, no ocurre nada.
- No hay accesos directos ni acciones adicionales.

La medida definida, en el ejemplo, `Importes`, se convierte en una medida del modelo cuando se elija la opción Actualizar modelo Agregar una nueva medida.

La vista Consultas DAX incluye una característica de productividad integrada que se llama CodeLens, que muestra información contextual sobre el código y que reacciona a los cambios directamente en el editor.

- Permite a los desarrolladores ver referencias, cambios en el código, errores vinculados, revisiones de código y estado de pruebas unitarias, sin necesidad de salir del editor.
- Es esta característica la que permite que se active la opción para actualizar el modelo. No requiere de ningún esfuerzo de configuración y es muy beneficiosa.

Antes de cambiar nada en el modelo, aparece un mensaje que pide confirmar la acción, como se muestra en la figura 10.20.

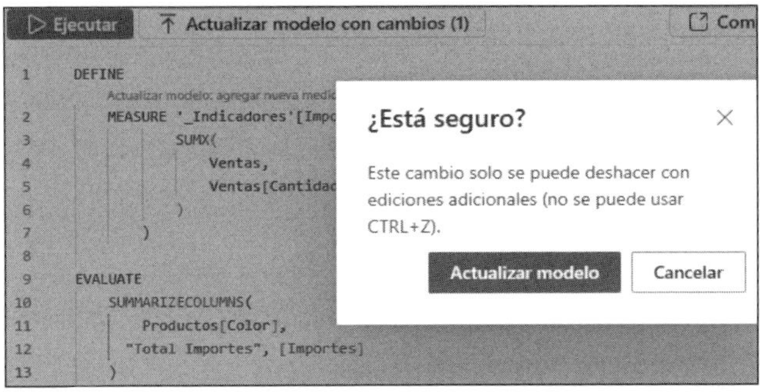

Figura 10.20. Mensaje de confirmación para modificar el modelo de datos.

En la figura 10.20, al inicio de la imagen en la barra de comandos, se aprecia que hay un cambio pendiente en el modelo. Este mensaje es muy útil porque evita modificar el modelo por error.

Al elegir Actualizar el modelo, la medida `Importes` que se creó originalmente como medida de consulta se convierte entonces en una medida del modelo, desaparece el mensaje con el acceso directo porque ya se ha realizado la acción de actualización, y la medida está lista, como cualquier otra, para ser utilizada por otra medida, una consulta, un visual, y se puede configurar para darle formato de salida.

Si la medida que se evalúa en la consulta ya existe, hay información sobre la definición de la medida y acciones disponibles, como se ha visto antes en este capítulo.

Modificar la definición de las medidas y actualizar el modelo

Uno de los grandes aportes de la vista Consultas DAX es la capacidad de modificar el modelo de datos al crear o editar la definición de las medidas a partir de las pruebas realizadas desde una consulta, sin necesidad de pasar por la barra de fórmulas ni de utilizar herramientas externas. Si se trata de una medida que ya existe en el modelo de datos, por ejemplo, la medida `Cantidad`, cuya expresión original se ha utilizado con frecuencia en este libro.

```
[Cantidad] = SUM(Ventas[Cantidades])
```

Y, si se decide aplicar cualquier cambio, por sencillo que sea, por ejemplo, multiplicar la expresión por dos, inmediatamente aparece el mensaje Actualizar modelo: sobrescribir la medida.

Al actualizar el modelo, cambia la definición de la medida que se creó para esta consulta y se materializa en el modelo.

- Si es una medida base, todas las medidas que dependan de esta definición se verán evidentemente afectadas.

Se pueden editar tantas medidas como se necesite y actualizar todos los cambios con una única acción.

Ver dependencias entre medidas

Las medidas base se reutilizan para crear lógicas más complejas. Puede resultar complicado definir la dependencia entre las medidas y las tablas y las columnas de las que dependen.

Hay herramientas, como Tabular Editor y DAX Studio, que ofrecen ayuda en ese sentido.

DAX Studio

En la página de inicio de DAX Studio desde el panel **Navegador**, hay que elegir la medida y, desde su menú contextual, elegir la opción **Definir y expandir**.

Aparece el código para la medida y las medidas referenciadas, como se aprecia en la figura 10.21. La medida elegida fue `Total Acumulado`.

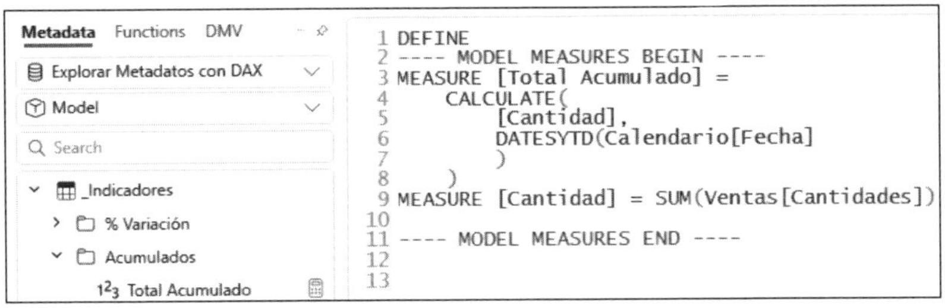

Figura 10.21. Dependencia de medidas en DAX Studio.

Se trata solo de la sección de definición, la sección que comienza con la palabra reservada `DEFINE`.

- Para ver el resultado falta la consulta como tal, la sección que comienza con el bloque `EVALUATE`.

Tabular Editor

El Tabular Editor cuenta con la opción **Ver dependencias** que se asocia a cada elemento del modelo. Se muestra una ventana adicional con los objetos dependientes de la medida y los objetos de los que la medida depende.

Está disponible también para columnas del modelo lo que facilita la identificación de aquellos elementos del modelo semántico que:

- Tienen mayor relevancia porque son los más referenciados.
- O no se referencian en ninguno de los cálculos.

La figura 10.22 muestra la ventana de dependencias para la medida `Total Acumulado` que se activó desde el panel **Navegador** en Tabular Editor.

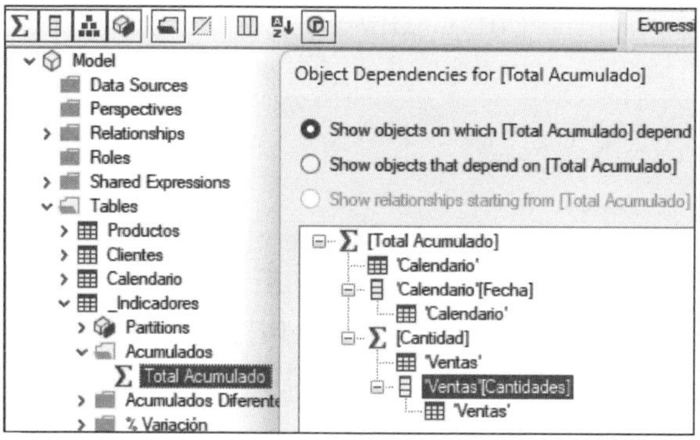

Figura 10.22. Dependencia de objetos vista desde Tabular Editor.

En la figura 10.22, se destacan los elementos de los que depende la medida `Total Acumulado` y son:

- La tabla Calendario.
- La columna Fecha que depende de la tabla Calendario.
- La medida `Cantidad` que depende de la tabla Ventas.
- La columna Cantidades que depende de la tabla Ventas.

La opción Consultas rápidas para medidas en la vista Consultas DAX aporta la solución integrada en Power BI para conocer la dependencia entre las medidas; pero no ilustra la dependencia a elementos del modelo como hace Tabular Editor.

Exploración de metadatos con las funciones VIEW.INFO

En Power BI se puede mirar a los metadatos del modelo desde muchas opciones.

- En la vista Modelo se puede consultar la estructura de las tablas, relaciones, columnas y los cálculos que lo integran.
    - Ofrece una vista general del modelo semántico existente y la posibilidad de analizar los componentes y sus propiedades.
- La vista Tablas ayuda a examinar los datos y admite opciones de filtrado interactivo sobre las columnas que, si bien no filtran el modelo, ayuda a identificar escenarios.

- Se puede trabajar además desde la vista TMDL, que es muy interesante, pero que está fuera del alcance de este libro.
- El lenguaje de expresiones DAX dispone de funciones específicas para estas tareas.

Las funciones `INFO` en DAX proporcionan toda la información sobre el modelo semántico. Además, las tablas obtenidas con funciones `INFO.VIEW` se pueden añadir a cualquier modelo como tablas calculadas.

- Los cambios que se realicen en el modelo quedan automáticamente documentados al tratarse de tablas calculadas.

Las funciones DAX del grupo `INFO` en general y las cuatro funciones `INFO.VIEW` en particular son funciones nativas en DAX que heredan sus propiedades de las vistas de administración dinámica, DMV o *Dynamic Management Views*.

- Las vistas dinámicas son consultas que devuelven información sobre los objetos del modelo, las operaciones del servidor y el estado del servidor. Facilitan la visualización de cómo están conectadas las tablas, especialmente en modelos complejos. Exploran y exponen los metadatos del modelo.
- Estas vistas existen desde hace mucho en entornos de bases de datos relacionales y multidimensionales, lo que favorece que al menos una parte de las personas que desarrollan tengan una base de conocimiento previo.

Las funciones `INFO.VIEW` son funciones de tabla que devuelven una tabla y se pueden consultar y combinar con otras funciones DAX. Aparecen en la funcionalidad AutoCompletar al escribir `INFO`.

- La familia de funciones `INFO.VIEW` no admite parámetros de entrada y crea una tabla como salida.
- Estas funciones incorporan una columna `ID` que contiene números y una columna con un nombre descriptivo para cada elemento que facilita la exploración y comprensión del modelo.
- Existen cuatro funciones en la familia `INFO.VIEW`.

Función INFO.VIEW.TABLES

La función `INFO.VIEW.TABLES` devuelve una tabla con 13 columnas y tantas filas como tablas haya en el modelo, teniendo en cuenta todo tipo de tablas: nativas y calculadas, incluidas las tablas creadas a partir de las funciones de la familia `INFO.VIEW`.

- Expone información sobre las tablas del modelo, como el nombre de la tabla, su descripción, la visibilidad y el modo de almacenamiento.
- Si existe alguna tabla marcada como tabla de fechas en el modelo, lo que debe ocurrir con la tabla Calendario devuelve el valor Time en la columna DataCategory. Es muy efectivo porque permite identificar la existencia de este tipo de tablas.
  - El resto de las tablas tienen una categoría definida como Regular.
- La columna TableStorage permite distinguir el tipo de tabla calculada.
  - Muestra el nombre de las tablas nativas.
  - Asigna la palabra `Tabla` para las tablas calculas con expresiones DAX.
  - Muestra el nombre del parámetro para las tablas creadas por la acción de parámetros de campo.

Función INFO.VIEW.RELATIONSHIPS

La función `INFO.VIEW.RELATIONSHIPS` devuelve una tabla de 15 columnas y tantas filas como relaciones haya en el modelo.

- Expone información relevante sobre las relaciones, por ejemplo, el origen y destino, si es una relación activa o no y el comportamiento de la doble dirección de filtro.
- La columna Relationship informa sobre las características más importantes de la relación en una vista esquemática en la que identifica:
  - El nombre de la columna y la tabla de origen y destino.
  - El sentido de la dirección de filtro. Si existe una doble dirección de filtro está bien identificada.
  - La cardinalidad en cada extremo de la relación.
- La columna CrossFilteringBehavior admite dos valores: `OneDirection` y `BothDirections`.

Función INFO.VIEW.COLUMNS

La función `INFO.VIEW.COLUMNS` devuelve una tabla de 24 columnas y tantas filas como columnas haya en el modelo, ya sean de tablas nativas o de tablas calculadas, incluidas las tablas creadas a partir de las funciones de la familia `VIEW.INFO`.

- Entre las columnas devueltas hay información relevante como el nombre de la tabla contenedora, la visibilidad, el tipo de datos y la categoría del dato.
    - Las columnas categorizadas como de tipo geográfico no se identifican.
- La columna Type admite valores como: `RowNumber`, `Data`, `Calculated` y `CalculatedTableColumn`. Esta segmentación ayuda a explorar el modelo, ya que permite filtrar cómodamente por el tipo de columna que se necesite.
    - Las columnas que guardan los datos del modelo se identifican en la columna Type con valor `Data`.
- La columna IsUnique informa sobre la unicidad de la columna.
    - Si la columna tiene valores únicos es apta para usarse en el extremo Uno de la relación, por eso es muy relevante poderlas identificar.
- La columna SummarizeBy devuelve información sobre el tipo de agregación asignada. Resulta muy cómodo verificar este resultado para acciones posteriores que involucren las columnas.
- La columna SortbyColumn permite identificar rápidamente las columnas que están siendo ordenadas por otras columnas del modelo y esto es relevante por el comportamiento que existe en algunas funciones DAX.

Función INFO.VIEW.MEASURES

La función `INFO.VIEW.MEASURES` devuelve una tabla con 16 columnas y tantas filas como medidas haya en el modelo semántico.

- Contiene información sobre las medidas del modelo, como el nombre de la medida, la expresión y la cadena de formato.
- Solo tiene en cuenta las medidas materializadas en el modelo.
- Una medida definida como parte de una consulta DAX no se muestra en el resultado devuelto por la función hasta que no se haya incorporado al modelo.
- La columna State admite dos valores: `Valid` e `InvalidExpression` para identificar las medidas que contienen errores.

Cualquiera de los resultados devueltos por estas funciones se puede copiar desde el panel Resultados y pegar para explorarlo cómodamente en la herramienta preferida.

Crear tablas en el modelo

Con el uso de las funciones DAX que pertenecen a la familia `INFO.VIEW` se pueden crear tablas calculadas con la información sobre los metadatos para documentar la estructura del modelo. Como las tablas calculadas se actualizan ante cualquier cambio de los elementos referenciados, si cambia una propiedad de los metadatos del modelo, la tabla que referencia esta propiedad refleja el cambio y se mantiene actualizada.

Existe una diferencia importante entre las funciones del grupo `INFO` y el grupo `INFO.VIEW`.

Si se intenta crear una tabla calculada utilizando la expresión `INFO.TABLES()`, devuelve un error, como se muestra en la figura 10.23.

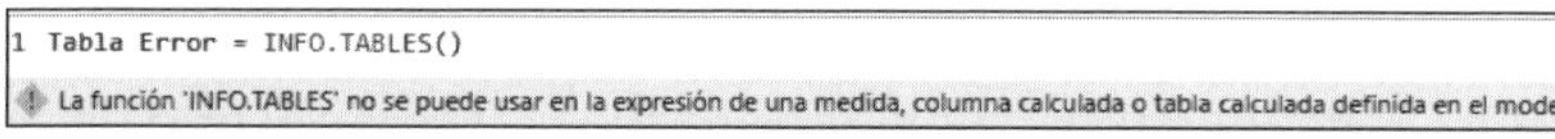

Figura 10.23. Error al intentar crear una tabla desde la función `INFO.TABLES`.

Al utilizar la función `INFO.VIEW.TABLES` en la expresión DAX para crear la tabla calculada, el resultado es una tabla del modelo que contiene los metadatos de la propia tabla creada y del resto de las tablas del modelo, como se muestra en la figura 10.24.

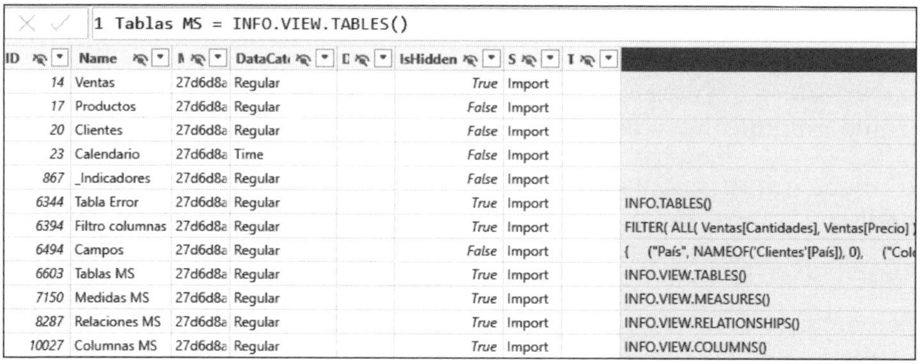

1 Tablas MS = INFO.VIEW.TABLES()

ID	Name	N	DataCat	D	IsHidden	S	T	
14	Ventas	27d6d8a	Regular		True	Import		
17	Productos	27d6d8a	Regular		False	Import		
20	Clientes	27d6d8a	Regular		False	Import		
23	Calendario	27d6d8a	Time		False	Import		
867	_Indicadores	27d6d8a	Regular		False	Import		
6344	Tabla Error	27d6d8a	Regular		True	Import		INFO.TABLES()
6394	Filtro columnas	27d6d8a	Regular		True	Import		FILTER(ALL(Ventas[Cantidades], Ventas[Precio]
6494	Campos	27d6d8a	Regular		False	Import		{ ("País", NAMEOF('Clientes'[País]), 0), ("Col
6603	Tablas MS	27d6d8a	Regular		True	Import		INFO.VIEW.TABLES()
7150	Medidas MS	27d6d8a	Regular		True	Import		INFO.VIEW.MEASURES()
8287	Relaciones MS	27d6d8a	Regular		True	Import		INFO.VIEW.RELATIONSHIPS()
10027	Columnas MS	27d6d8a	Regular		True	Import		INFO.VIEW.COLUMNS()

Figura 10.24. Tabla calculada con DAX que contiene los metadatos de las tablas del modelo.

En la figura 10.24, se aprecia en la columna resaltada, el código utilizado para crear las tablas calculadas que contienen los metadatos de las tablas, medidas, relaciones y columnas que son: Tablas MS, Medidas MS, Relaciones MS y Columnas MS.

Personalizar el uso de las funciones DAX INFO.VIEW

La función `INFO.VIEW.TABLES` devuelve una tabla con 13 columnas. Se puede realizar un análisis más personalizado y que la consulta devuelva solo algunas de estas columnas, y también se pueden filtrar los resultados, como muestra el siguiente código, que tiene como objetivo devolver solo las tablas calculadas y diferenciar el tipo.

```
EVALUATE
  FILTER(
    SELECTCOLUMNS(
      INFO.VIEW.TABLES(),
      "Tabla", [Name],
      "Almacenamiento", [TableStorage]),
    OR (
        FIND("Tabla (",
        [Almacenamiento], 1, 0) <> 0,
        FIND("Campos",
        [Almacenamiento], 1, 0) <> 0
      )
    )
```

El resultado de la expresión se puede ver en la figura 10.25.

	[Tabla]	[Almacenamiento]
1	Tabla Error	Tabla (6344)
2	Filtro columnas	Tabla (6394)
3	Campos	Campos (6494)
4	Tablas MS	Tabla (6603)
5	Medidas MS	Tabla (7150)
6	Relaciones MS	Tabla (8287)
7	Columnas MS	Tabla (10027)

Figura 10.25. Tablas del modelo filtradas por una condición.

Para personalizar la información sobre las relaciones existentes devuelta por la función `INFO.VIEW.RELATIONSHIP` en el modelo se puede realizar la consulta:

```
EVALUATE
  SELECTCOLUMNS(INFO.VIEW.RELATIONSHIPS(),
    "Relaciones",[Relationship],
    "Estado", [IsActive]
  )
```

La figura 10.26 muestra un ejemplo de cómo personalizar la consulta desde la función `INFO.VIEW.MEASURES` para obtener información sobre las medidas cuando lo que se busca sea la expresión que define la medida, así como la tabla y la carpeta donde está ubicada.

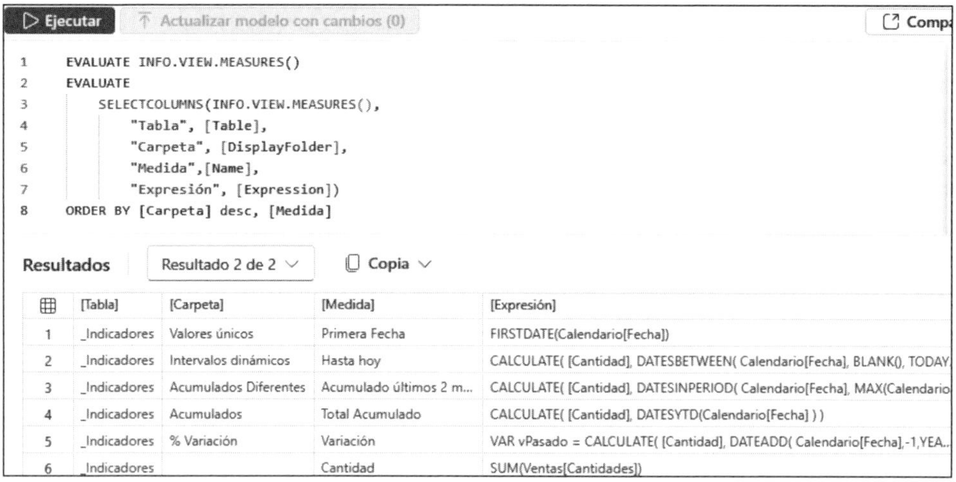

Figura 10.26. Resultado de una consulta personalizada sobre medidas.

Dependencia entre columnas y consultas

Las funciones DAX del grupo `INFO` son muy importantes en muchos aspectos relativos a los metadatos del modelo. Hay una acción que se realiza con frecuencia mientras se desarrolla con DAX para enriquecer el modelo de datos, y es localizar las columnas y medidas que dependen de otros elementos contenidos en el modelo.

Puede ocurrir que una medida contradiga la expresión de otra y deshaga condiciones de filtros, por ejemplo. Otra posibilidad es que se elimine una columna del modelo por no identificar que estaba siendo utilizada.

La función DAX `INFO.CALCDEPENDENCY` proporciona una lista de todas las columnas utilizadas directamente en una consulta DAX y también de todas las columnas necesarias para todas las medidas utilizadas en una consulta DAX.

Para obtener todas las dependencias del modelo se puede crear la consulta con este código en DAX.

```
EVALUATE
  INFO.CALCDEPENDENCY()
```

Un ejemplo de uso más específico puede ser:

```
EVALUATE
  FILTER(
    INFO.CALCDEPENDENCY(),
    [REFERENCED_OBJECT]="Cantidades"
  )
```

El resultado de esta expresión en el informe utilizado en el capítulo "Inteligencia de tiempos" devuelve 169 filas porque se trata de la columna que se referencia en la medida base más importante del modelo.

En este ejemplo tan resumido, creado para este capítulo apenas se obtienen tres filas, como se aprecia en la figura 10.27.

[OBJECT_TYPE]	[TABLE]	[OBJECT]	[EXPRESSION]	[REFERE...	[REFERENCED_TABLE]	[REFERENCED_OBJECT
MEASURE	_Indicadores	Cantidad	SUM(Ventas[Cantidades])	COLUMN	Ventas	Cantidades
MEASURE	_Indicadores	Importes	CALCULATE(SUMX(Ventas, Ventas[Cantidades...	COLUMN	Ventas	Cantidades
CALC_TABLE	Filtro columnas	Filtro columnas	FILTER(ALL(Ventas[Cantidades], Ventas[Precio]...	COLUMN	Ventas	Cantidades

Figura 10.27. Información sobre la dependencia entre objetos del modelo.

Tener esta información ayuda a prevenir errores, ya que se puede detectar qué consulta fallaría o devolvería un resultado diferente al eliminar una columna del modelo.

Otro ejemplo puede ser la expresión DAX que utiliza la función `INFO.EXPRESSIONS`, que devuelve información de las expresiones de Power Query que están en el grupo **Otras consultas**.

```
EVALUATE INFO.EXPRESSIONS()
```

Se recomienda revisar el resto de las funciones `INFO` porque pueden ser de utilidad al cubrir otros aspectos del modelo no cubierto por las funciones `INFO.VIEW`.

Conclusiones

Las consultas DAX son el motor que permite que funcione el proceso analítico que se desarrolla con Power BI.

La vista **Consultas DAX** es un entorno para explorar los datos y metadatos del modelo y para desarrollar nuevas expresiones que permitan enriquecer el modelo semántico.

La función `EVALUATE` es la más importante para crear consultas que respondan a los desafíos y se acompaña de un conjunto de palabras reservadas y funciones DAX.

Las funciones de la familia `INFO.VIEW` representan un gran salto de avance en la exploración de metadatos del modelo semántico.

11 Lenguajes de consulta DAX vs. SQL

En este capítulo aprenderás a:

- Consultar datos almacenados en bases de datos relacionales con T-SQL.
- Crear consultas con DAX al modelo tabular a partir de las consultas más frecuentes al modelo relacional.

Introducción al lenguaje de consultas SQL

SQL es un acrónimo de "lenguaje de consulta estructurado" (en inglés, *Structured Query Language*). SQL se utiliza para comunicarse con bases de datos relacionales. Hay un estándar del lenguaje SQL definido por el American National Standards Institute (ANSI). Cada proveedor agrega sus propias variaciones y extensiones.

Preparar el entorno

El objetivo de este capítulo es ayudar a las personas que trabajan habitualmente con SQL, en cualquiera de sus variaciones, o que conocen al menos la base del lenguaje para que se apoyen en su experiencia y puedan realizar las consultas al modelo tabular con DAX.

Si ya están instalados el motor y los servicios de SQL Server, la herramienta de desarrollo SQL Server Management Studio y se cuenta con la base de datos de ejemplo AdventureWorksDW2022 u otra base de datos propia sobre la que replicar los ejemplos, este apartado carece de utilidad.

La idea es ayudar a las personas que no cuentan con estos recursos instalados a crear un entorno para probar y aprender a consumir bases de datos, vía SQL para el relacional y DAX para el tabular.

Descargar SQL Server

Los ejemplos de este capítulo se basan en consultar una base de datos alojada en un servidor local SQL Server.

El motor SQL Server se ofrece de forma gratuita en su versión local por Microsoft, específicamente se recomienda descargar **SQL Server 2022 Developer**, que es la edición gratuita completa para entornos de desarrollo y pruebas. Se puede descargar desde este enlace: `https://www.microsoft.com/es-es/sql-server/sql-server-downloads`.

Descargar base de datos de ejemplo

La base de datos que se consulta se llama AdventureWorksDW2022 y se puede descargar desde este enlace: `https://learn.microsoft.com/es-es/sql/samples/adventureworks-install-configure?view=sql-server-ver17&tabs=ssms`.

Recomiendo revisar todo el artículo, que forma parte de la documentación del fabricante en Microsoft Learn porque instruye sobre cómo descargar y restaurar la base de datos. El archivo para restaurar la base de datos es `AdventureWorksDW2022.bak`.

Se debe copiar en la carpeta que se dedica a guardar las copias de seguridad de las bases de datos. La ruta donde se encuentran los archivos `.bak` de SQL Server puede parecerse a esta, en dependencia del servidor: `C:\Program Files\Microsoft SQL Server\MSSQL16.MSSQLSERVER\MSSQL\Backup`.

SQL Server Management Studio

SQL Server Management Studio es un entorno integrado para administrar cualquier infraestructura de SQL. En este capítulo, se muestra cómo ejecutar una consulta T-SQL sobre la base de datos de ejemplos. Para descargar SQL Server Management Studio, se puede acceder a este enlace: `https://learn.microsoft.com/es-es/ssms/install/install`.

- La herramienta SQL Server Management Studio cumple muchas y variadas funciones. Permite acceder a todos los componentes de todos los tipos de SQL Server que existen para realizar las tareas de configuración, administración y desarrollo de bases de datos.
- El capítulo aborda solo una mínima funcionalidad de SQL Server Management Studio. El resto de las ventajas y opciones integradas están fuera del alcance de este libro.

Te recomiendo buscar en Microsoft Learn y la biblioteca de contenidos de Anaya Multimedia temas relativos a las bases de datos SQL Server y las herramientas disponibles que permiten a desarrolladores y administradores de bases de datos de todos los niveles desarrollar sus tareas.

Conocer el lenguaje de consultas SQL crea las bases para consultar datos en entornos afines, ya que existen más bases de datos de distintos fabricantes que utilizan SQL. En entornos Microsoft, sirve para consultar datos almacenados en SQL Server, Microsoft Access, Azure SQL Database, SQL Fabric y otros entornos. Algunos sistemas de administración de bases de datos relacionales habituales que utilizan SQL incluyen, además, MySQL, PostgreSQL, MariaDB y Oracle.

¿Qué es Transact-SQL?

Transact-SQL o T-SQL es una extensión del lenguaje SQL estándar desarrollada por Microsoft para su sistema de gestión de bases de datos SQL Server.

- Es un lenguaje de programación que permite la manipulación y consulta de datos, así como la creación y gestión de bases de datos.

- Incluye, además, funcionalidades adicionales para la programación, como el manejo de variables, estructuras de control de flujo y funciones definidas por el usuario.
- En este libro todos los ejemplos utilizan lenguaje T-SQL porque consultan una base de datos alojada en un servidor SQL Server.

Por simplificar la narrativa y para que en modo general sirva para todos los entornos SQL, en los ejemplos y explicaciones me refiero a SQL en lugar de T-SQL.

Consulta SQL

Las instrucciones SQL que interesan en este capítulo son las que se usan para recuperar datos con expresiones de consulta SQL a una base de datos.

La única cláusula obligatoria en la consulta SQL es la cláusula `SELECT`, que se usa para consultar la base de datos y devolver un conjunto de filas y columnas o un valor escalar. La figura 11.1 muestra la imagen de una consulta escrita en lenguaje T-SQL y ejecutada en el entorno de SQL Server Management Studio.

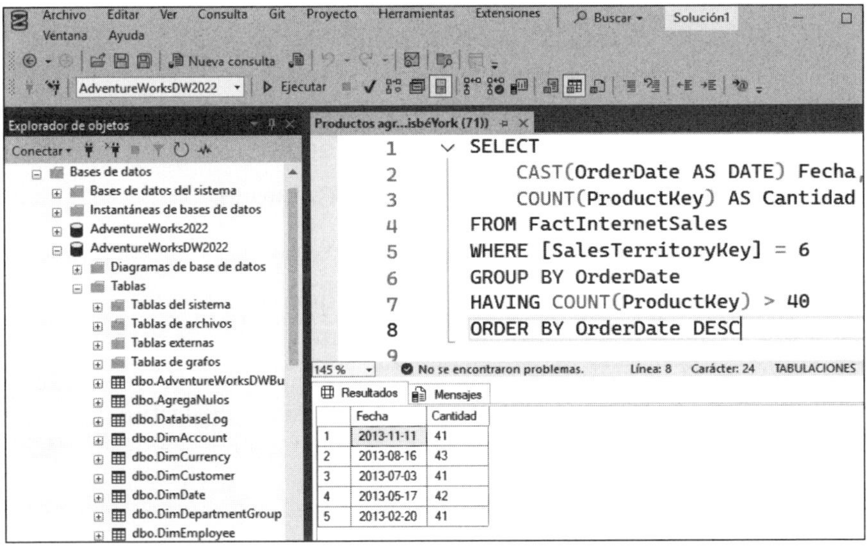

Figura 11.1. Consulta T-SQL vista desde SQL Server Management Studio.

En la figura 11.1, se aprecia el entorno de trabajo de SQL Server Management Studio. A la izquierda, se encuentra el panel Explorador de objetos y, a la derecha, el panel está dividido en dos: arriba se aprecia la consulta en el Editor de consulta y debajo se distingue la pestaña Resultados.

Encima del panel Explorador de objetos se puede apreciar que la base de datos activa es AdventureWorksDW2022. Antes de ejecutar una consulta, hay que asegurarse de que está activa la base de datos.

Se puede activar la base de datos utilizando el siguiente código:

```
USE AdventureWorks2022
```

El código de la consulta T-SQL refleja estas características:

- Se apoya en una leyenda de colores que aporta SQL Server Management Studio.
  - Las cláusulas van en color azul y las funciones de agregación y conversión van en color magenta.
- Se puede dar formato a la consulta en varias líneas, tantas como se desee, aunque funciona igual de bien si está en una sola línea.
- El código no distingue entre mayúsculas y minúsculas.
  - La utilización de mayúsculas para las palabras clave es una buena práctica que facilita la búsqueda de cláusulas y funciones.
- Algunos elementos del lenguaje T-SQL son opcionales:
  - La palabra clave AS para el alias.

    No se ha incluido para asignar el alias Fecha.

    Sí se distingue en la definición del alias Cantidad.
  - El punto y coma al final de una instrucción, que no aparece en este ejemplo.

La consulta consta de una instrucción `SELECT`, que se compone de varias cláusulas, cada una de las cuales define una operación específica que se debe aplicar a los datos que se recuperan.

La consulta que se muestra en la figura 11.1 se puede describir de la siguiente manera:

1. La cláusula `SELECT` devuelve dos columnas:
   - La columna OrderDate a la que se ha aplicado una función de conversión, `CAST`, para recuperar el dato convertido a tipo Fecha y se le ha asignado un alias de salida igual a Fecha.
   - La columna ProductKey envuelta en una función de agregación, `COUNT`, que cuenta la cantidad de productos y tiene un alias asignado con la cláusula `AS` que es `Cantidad`.

2. La cláusula `FROM` identifica qué tabla es el origen de las filas de la consulta: FactInternetSales.
    - Se puede indicar solo el nombre de la tabla, como en la figura 11.1, o toda la ruta, por ejemplo: `AdventureWorksDW2022.[dbo].[FactInternetSales]`, donde el orden de los elementos es: nombre de la base de datos, nombre del esquema y nombre de la tabla.
3. La cláusula `WHERE` filtra las filas de la tabla y devuelve solo las filas que cumplen la condición especificada; en este caso, SalesTerritoryKey = 6.
    - El filtro, provocado por la cláusula `WHERE`, se aplica a cada fila de la tabla FactInternetSales.
4. La cláusula `GROUP BY` toma las filas que cumplen la condición del filtro y las agrupa por OrderDate.
    - Cada valor de fecha en la columna `OrderDate` ocupa una única fila en el resultado de la consulta, ya que es la columna elegida para agrupar.
    - Para cada único valor de fecha se cuentan los productos.
5. La cláusula `HAVING` filtra los grupos según su propio predicado. Solo las fechas con más de 40 productos se incluyen en los resultados.
    - El filtro que se provoca por la cláusula `HAVING` se aplica al grupo.
6. La cláusula `ORDER BY` ordena la salida en orden descendente de la columna OrderDate.

La ejecución de la consulta SQL por el motor de base de datos no se realiza en el orden antes expuesto. Aunque depende del motor de base de base de datos, el orden de ejecución de las cláusulas suele ser: `FROM`, `JOIN`, `WHERE`, `GROUP BY`, `HAVING`, `SELECT`, `DISTINCT` y `ORDER BY`. Pueden existir otras cláusulas.

- El comportamiento interno de una consulta SQL está fuera del alcance de este libro.

Modelo semántico

El modelo de datos está integrado por cuatro tablas importadas de la base de datos relacional AdventureWorksDW2022, que está almacenada en un servidor local SQL.

No se han cambiado los nombres de las tablas y columnas para poder establecer fácilmente la analogía de las consultas en ambos entornos.

La figura 11.2 muestra el diagrama del modelo de datos.

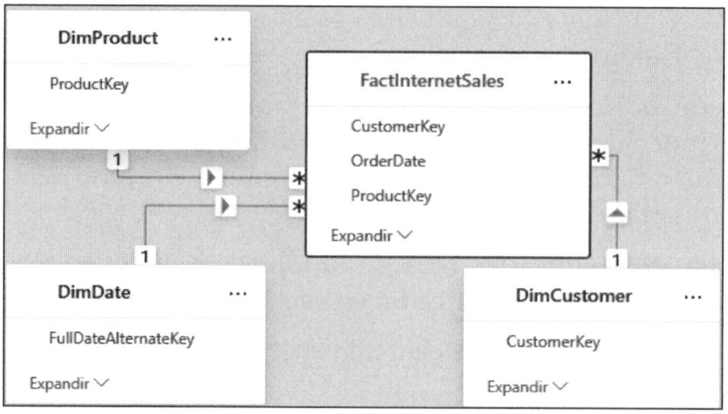

Figura 11.2. Modelo de datos visto desde Power BI Desktop.

En el modelo de datos que aparece en la figura 11.2, hay cuatro tablas. La tabla de hechos es la tabla FactInternetSales y las tres tablas de dimensiones son: DimProduct, DimCustomer y DimDate.

El modelo se corresponde con un escenario habitual de venta de productos a clientes y gestión de inteligencia de tiempos gracias a una dimensión de tipo calendario.

Consulta DAX

Una consulta DAX es la vía para obtener los datos y metadatos del modelo.

- El objetivo es el mismo: preguntar al contenedor de base de datos la información que se precisa sobre los datos. La consulta DAX es muy versátil.
- La consulta DAX es similar a la consulta SQL, ya que puede mostrar los datos detallados o agregados, filtrados por filas o grupos específicos y filtrados también por columnas.

Estructura de la consulta DAX

La consulta DAX tiene como máximo tres secciones o bloques.

- **Definición**. Se introduce por la palabra clave `DEFINE`. Permite la definición de tablas, columnas, variables y medidas. Las medidas pueden existir en el modelo o no. Es un bloque opcional. Puede haber una única sección de definición para una o más medidas en una consulta y para una o más consultas en una pestaña de la vista de Consultas DAX.

- **Evaluación**. Se introduce por la función `EVALUATE`, que es la única función imprescindible para ejecutar una consulta DAX. Introduce el bloque que constituye como tal la consulta a los datos. La consulta DAX explora el modelo de datos con independencia de si la columna, o incluso la tabla, está oculta o visible en la vista de informes.
- **Modificadores de salida o resultados**. La tercera sección es opcional. Se introduce con la palabra reservada `ORDER BY` y su objetivo es dar forma a la salida de los datos.

Filtrar columnas de texto con DAX

Hay que prestar atención al escenario en el que se va a ejecutar la acción de filtro sobre una columna de tipo texto con DAX.

- Los modelos de Power BI suelen crearse sin distinguir entre mayúsculas y minúsculas.
- Un modelo semántico puede crearse con distinción entre mayúsculas y minúsculas.
- Los modelos de Direct Lake creados desde un punto de conexión SQL suelen distinguir entre mayúsculas y minúsculas.
- Los modelos semánticos de DirectQuery convierten DAX a SQL y luego se ejecutan en la base de datos SQL, que también podría distinguir entre mayúsculas y minúsculas.

Consultas a los datos con SQL y DAX

Si bien las consultas SQL y DAX permiten crear tablas a partir de los datos extraídos de las tablas de bases de datos, utilizan una lógica diferente y se conectan a distintos tipos de modelos de bases de datos.

- T-SQL se conecta a modelos relaciones en una base de datos relacional transaccional o base de datos Data Warehouse.
  - Se consulta a nivel de fila.
  - Las columnas de salida se nombran con alias por la cláusula `AS`.
- DAX se conecta a modelos tabulares en bases de datos SQL Server Analysis Services.
  - Se consulta a nivel de columna.
  - Los nombres de las columnas de salida se muestran antes de definir la expresión y se encierran entre comillas dobles.

Obtener todas las filas y columnas de una tabla

En ambos casos, se trata de la consulta más sencilla. Se considera ineficiente por el coste que puede significar una petición de este tipo al motor de base de datos. Por lo general, la pregunta o consulta que se hace sobre los datos es específica; por eso, carece de valor una consulta que devuelva todo el contenido de una o más tablas del modelo.

En el entorno Microsoft Fabric, con estructura medallón puede ser diferente. En la capa Oro, la base de datos ya está lista para el informe y solo contiene las columnas y las filas que se necesitan.

Estas consultas a la tabla DimProduct devuelven en ambos casos 35 columnas y 606 filas.

- **SQL:** Utiliza asterisco para indicar que se desea obtener un resultado con todas las filas y las columnas.

```
SELECT * FROM [dbo].[DimProduct]
```

- **DAX:** Para obtener todas las filas y columnas de una tabla basta con la función `EVALUATE` y el nombre de la tabla.

```
EVALUATE DimProduct
```

Filtros

Las buenas prácticas indican aplicar filtros por filas y columnas al consultar datos, con independencia del entorno.

Filtrar por columnas

Se trata de reducir la cantidad de columnas devueltas por la consulta, es muy útil para restringir la información para acotarla al escenario concreto.

- **SQL:** Nombra las cuatro columnas elegidas que se deben devolver como resultado de la consulta. Los nombres de las columnas van separados por comas. Esta expresión devuelve todas las filas de la tabla DimProduct para las cuatro columnas elegidas.

```
SELECT ProductKey AS IdProducto, Color, StandardCost, ListPrice
FROM DimProduct
```

- **DAX:** En DAX existen varias vías para filtrar por columnas.

  La siguiente expresión utiliza la función SELECTCOLUMN y devuelve el mismo resultado que SQL.

```
EVALUATE
  SELECTCOLUMNS(
    DimProduct,
    "IdProducto",DimProduct[ProductKey],
    DimProduct[Color],
    [StandardCost],
    [ListPrice])
```

  Otra opción que se debe explorar es esta expresión que utiliza SUMMARIZECOLUMNS como función principal.

```
EVALUATE
  SUMMARIZECOLUMNS(
    DimProduct[ProductKey],
    DimProduct[Color],
    DimProduct[StandardCost],
    DimProduct[ListPrice]
    )
```

Una diferencia muy importante entre las funciones SELECTCOLUMNS y SUMMARIZECOLUMNS es que la primera se limita a mostrar las filas, mientras que la segunda crea una fila por cada valor distinto de la combinación de columnas.

En el ejemplo visto antes, ambas consultas DAX devuelven los mismos datos, porque se incluye la columna ProductKey, que tiene valor único y que garantiza que la combinación sea única en todas las filas.

Si a la expresión anterior se le elimina la columna ProductKey:

- La consulta que utiliza SELECTCOLUMNS devuelve todas las filas de la tabla, como antes, 606, porque no agrupa las filas. Puede contener y, en este caso, contiene filas duplicadas.
- La consulta que utiliza SUMMARIZECOLUMNS devuelve 156, porque esta función crea una agrupación. Devuelve la cantidad de filas con valores distintos tras realizar la combinación de las columnas Color, StandardCost y ListPrice.

Hay diferencias de sintaxis que merecen ser destacadas.

La función SELECTCOLUMNS admite definir un alias para la columna, mientras que SUMMARIZECOLUMNS no lo admite. Ocurre un error, como se puede ver en la figura 11.3.

```
EVALUATE
SUMMARIZECOLUMNS(
    " IdProducto", DimProduct[ProductKey],
    DimProduct[Color],
    "Precio Mínimo Fila", CALCULATE(
        MIN(DimProduct[ListPrice]))
)
```

Figura 11.3. Error al intentar pasar un alias a la función SUMMARIZECOLUMNS.

En la figura 11.3 se destaca el error que provoca intentar asignar un alias a una columna nativa en el bloque de columnas de agrupación.

- El primer grupo de parámetros en SUMMARIZECOLUMNS está integrado por las columnas de agrupación y no admiten alias.
- El bloque de agregados calculados admite el par de elementos: nombre y valor.

Por su parte, la figura 11.4 muestra el comportamiento de la función SELECTCOLUMNS.

```
EVALUATE
    SELECTCOLUMNS(
        DimProduct,
        "IdProducto", DimProduct[ProductKey],
        DimProduct[Color],
        "Precio Mínimo Fila",
        CALCULATE(
            MIN(DimProduct[ListPrice])
            )
        )
```

Figura 11.4. Estructura de parámetros que recibe la función SELECTCOLUMNS.

La figura 11.4 permite distinguir las siguientes características de una consulta que utiliza la función SELECTCOLUMNS.

- El primer parámetro en SELECTCOLUMNS es la tabla o expresión de tabla que se recorre y no existe en SUMMARIZECOLUMNS.
- En la función SELECTCOLUMNS tras el parámetro inicial se sucede una lista de elementos pares: nombre y valor.
    - El nombre o alias es obligatorio para cada nueva expresión que se defina.
    - El alias es opcional y admisible para los casos en los que la expresión es un nombre de columna del modelo.

Ambas funciones devuelven tabla y se pueden anidar. Si fuese importante indicar el alias para una columna nativa, se puede envolver el resultado devuelto por `SUMMARIZECOLUMNS` en una función `SELECTCOLUMNS` y plantear la tabla devuelta por `SUMMARIZECOLUMNS` como primer parámetro de la función `SELECTCOLUMNS`.

Filtrar columnas y filas devueltas en la vista Consultas DAX

La vista Consultas DAX en Power BI Desktop puede aplicar un límite de filas en la salida de las consultas para proteger los recursos del motor de almacenamiento. Si la tabla que se está consultando tiene muchas filas, las columnas tienen muchos valores distintos o la consulta es muy compleja, el motor limita la cantidad de filas en la salida evitando sobrecargar el servidor externo.

A medida que se reduce el número de columnas elegidas, aumenta el número de filas que devuelve la consulta. Para este ejemplo se consulta la tabla FactInternetSales, que tiene 60.398 filas en la base de datos y 26 columnas.

- No es una tabla demasiado grande; de hecho, puede considerarse que tiene pocas filas.

Caso 1. No hay filtro. La consulta pide todas las filas y columnas. La consulta devuelve un resultado limitado a 38.461 filas como resultado de esta expresión.

```
EVALUATE FactInternetSales
```

Caso 2. Se limitan las columnas. La consulta expone una lista de columnas elegidas. En cada caso se trata de una consulta DAX creada con las funciones `EVALUATE` y `SELECTCOLUMNS`. Se listan los nombres de columnas separados por comas.

- Si son 23 columnas, se obtienen 43.478 filas.
- Si son 19 columnas, se obtienen 52.631 filas.
- Si son 14 columnas, el resultado devuelve todas las filas de la tabla.

Si se utiliza `SUMMARIZECOLUMNS`, el resultado puede ser el mismo o diferente, depende de las columnas que se incluyan. Ya se ha visto el efecto que tiene esta función al poder agrupar, eliminar filas repetidas y devolver solo los valores distintos de la combinación de columnas.

Si, en la pestaña de consulta actual, hay varias consultas y se elige el botón Ejecutar en la barra de comandos de la vista Consultas DAX, no se ejecutan todas como es habitual.

- La acción respeta el orden en que aparecen las consultas y, si encuentra una evaluación a la que aplica el límite de filas, no ejecuta nada más.
- Si en los ejemplos anteriores las consultas estuvieran en la misma pestaña, solo se ejecutaría la primera consulta, la que no filtra y evalúa todo el contenido de la tabla FactInternetSales.

Filtrar por filas para eliminar duplicados

Aunque las filas de una tabla siempre deben ser únicas, al seleccionar solo un subconjunto de las columnas, es posible que las filas de resultados no sean únicas, aunque las filas originales sí lo sean.

- Es lo que ocurre con la combinación de columnas Color y SafetyStockLevel de la tabla DimProduct.

SQL

Devuelve todos, `606` con duplicados en estos dos casos.

```
SELECT DimProduct.Color, DimProduct.SafetyStockLevel
FROM DimProduct

SELECT ALL DimProduct.Color, DimProduct.SafetyStockLevel
FROM DimProduct
```

De manera predeterminada, la cláusula `SELECT` incluye una palabra clave `ALL` implícita; por eso, se obtiene el mismo resultado en ambos casos.

La figura 11.5 muestra las filas duplicadas devueltas por la consulta SQL en el entorno de SQL Server Management Studio.

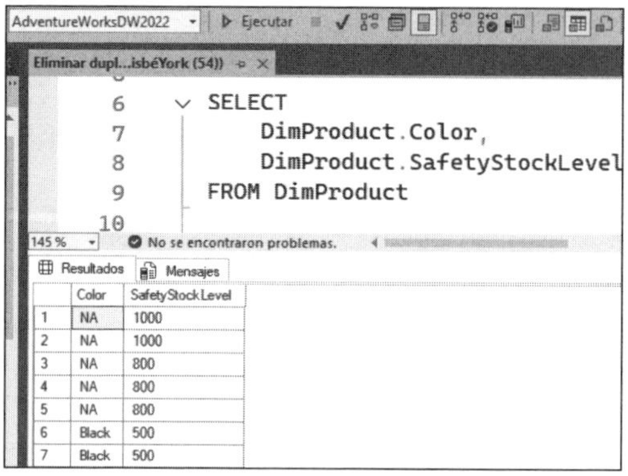

Figura 11.5. Filas duplicadas en un resultado de consulta SQL.

Para eliminar duplicados, se puede utilizar la palabra reservada `DISTINCT`, que quita las filas de resultados duplicadas y devuelve 27 filas con los valores únicos de la combinación.

```
SELECT DISTINCT DimProduct.Color, DimProduct.SafetyStockLevel
FROM DimProduct
```

DAX

Una forma de filtrar por filas y columnas es crear una proyección de la columna envuelta en una función que devuelve una tabla desde una acción sobre una columna.

Se pueden utilizar las funciones:

- `VALUES` o `DISTINCT`: Devuelven una tabla, el resultado depende del parámetro que se pase a la función:
    - Si es una columna, la tabla devuelta tiene una sola columna que contiene tantas filas como valores únicos tenga la columna.
    - Si es un nombre o expresión de tabla, la tabla devuelta contiene todas las columnas de la tabla original y elimina las filas duplicadas.
- `VALUES`: Devuelve una fila extra si hay problemas de integridad referencial.
- `ALL`: Devuelve una o más columnas en dependencia de los parámetros que recibe y devuelve tantas filas como combinaciones de valores único.
    - Si se pasa más de una columna, deben ser todas de la misma tabla.

A continuación, se exponen algunos ejemplos de consultas DAX que sirven para obtener el resultado eliminando las filas con valores duplicados.

```
EVALUATE VALUES(DimProduct[Color])
EVALUATE DISTINCT(DimProduct[Color])
EVALUATE ALL(DimProduct[Color])
EVALUATE ALL(DimProduct[Color], DimProduct[SafetyStockLevel])
```

Filtrar filas por condición

El requisito es obtener, en ambos entornos, las filas de la tabla DimProduct con valores en la columna ListPrice que sean iguales o mayores que 3.000.

SQL

La cláusula `WHERE` es la encargada de gestionar el filtro por filas de la tabla.

La cláusula WHERE en SQL está compuesta de una o varias condiciones de búsqueda, cada una de las cuales debe evaluarse como TRUE, FALSE o desconocido para cada fila de la tabla.

- Solo se devolverán las filas cuando la cláusula WHERE se evalúe como TRUE.
- Las condiciones individuales actúan como filtros en los datos y se conocen como predicados.
  - Cada predicado incluye una condición que se prueba, por lo general, mediante los operadores básicos de comparación, como se muestra en la siguiente expresión de consulta:

```
SELECT ProductKey, Color, StandardCost, ListPrice
FROM DimProduct
WHERE ListPrice >= 3000
```

DAX

Hay varias opciones para crear una condición de filtro análoga a la mostrada en SQL.

1. Aplicar un filtro de inicio en el modificador de salida que ordena los datos.

```
EVALUATE
  SUMMARIZECOLUMNS(
    DimProduct[ProductKey],
    DimProduct[Color],
    DimProduct[StandardCost],
    DimProduct[ListPrice])
ORDER BY DimProduct[ListPrice]
START AT 3000
```

El modificador de salida ORDER BY ordena las filas resultantes en la consulta según sea el valor de la columna ListPrice. El sentido de orden predeterminado es ascendente. El menor valor aparece en la primera fila.

La función DAX START AT actúa como filtro, ya que indica a partir de qué valor ordenado en la columna ListPrice debe comenzar a mostrarse el resultado de la consulta.

La consulta filtra; por tanto, excluye todos los productos con precio menor a 3.000.

2. Utilizar la función FILTER sobre la tabla creada con SUMMARIZECOLUMNS.

```
EVALUATE
  FILTER(
    SUMMARIZECOLUMNS(
      DimProduct[ProductKey],
      DimProduct[Color],
      DimProduct[StandardCost],
      DimProduct[ListPrice]),
    DimProduct[ListPrice] >=3000)
```

   La función SUMMARIZECOLUMNS devuelve una tabla con los valores únicos combinados de las columnas. Esta tabla es el primer parámetro de la función FILTER, y el segundo parámetro es el filtro como tal, la condición que evalúa la columna ListPrice.

3. Agregar un parámetro con la condición de filtro a la función CALCULATEDTABLE.

```
EVALUATE
  CALCULATEDTABLE(
    SUMMARIZECOLUMNS(
      DimProduct[ProductKey],
      DimProduct[Color],
      DimProduct[StandardCost],
      DimProduct[ListPrice]),
    DimProduct[ListPrice] >=3000)
```

   Es muy parecida a la expresión anterior, pero puede ser muy diferente en su resultado porque la función CALCULATEDTABLE evalúa una expresión en un contexto modificado por filtros.

- Es una función hermana de CALCULATE, por lo que es muy útil y versátil.
- A nivel de consulta DAX es menos relevante su peculiaridad, salvo que se indiquen filtros externos y se modifiquen por la acción de la función.

En todas las expresiones DAX que se han visto en este apartado se resuelve el requisito al igual que se planteó en SQL.

Una variante sencilla que es válida para FILTER y CALCULATEDTABLE sería cuando se consulta la tabla completa y solo interesa filtrar por filas, como se expone en estas dos consultas de ejemplo en los que no hay filtro por columnas.

```
EVALUATE
  FILTER(
    DimProduct,
    DimProduct[ListPrice] >=3000
  )
```

```
EVALUATE
  CALCULATETABLE(
    DimProduct,
    DimProduct[ListPrice] >=3000
  )
```

Hay otros ejemplos de predicados que se pueden necesitar.

- `BETWEEN` en SQL sirve filtrar para un límite superior e inferior del valor, en lugar de usar dos condiciones con el operador `AND`.
  - En DAX no existe la función `BETWEEN`.
  - Para crear los límites, hay que utilizar los operadores de comparación y la función `AND`.
- `LIKE` en SQL es el operador de comparación final que solo se puede usar para los datos de caracteres y admite uso de caracteres comodín y patrones de expresiones regulares.
  - No existe en DAX.
  - Se puede simular con funciones como `SEARCH` y `CONTAINSSTRING` combinadas con `IFERROR`, pero es mejor evitarlas todo lo posible porque hasta ahora tienen muy mal rendimiento.

Filtrar por filas por una condición que afecta a más de una columna

Es muy frecuente que el desafío incluya crear condiciones de filtro por más de una columna y crear condiciones de validación a través de las estructuras del lenguaje que exijan que se cumplan todas las condiciones o parte de ellas.

El requisito para esta consulta, expresado en lenguaje de negocio, es obtener los productos de color negro con un nivel de seguridad de 100 y los productos de color azul con un nivel de seguridad de 500.

SQL

El predicado de la cláusula `WHERE` puede crear varias condiciones y enlazarlas con operadores como `AND` y `OR`, como se puede apreciar en la siguiente expresión de consulta:

```
SELECT ProductKey, Color, SafetyStockLevel
FROM DimProduct
WHERE (Color='Black' AND SafetyStockLevel = 100) OR
  (Color='Blue' AND SafetyStockLevel = 500)
```

DAX

Hay varias formas de solucionarlo:

1. Utilizar FILTER. El segundo parámetro de la función FILTER en DAX se comporta como el predicado en WHERE en SQL.

    - La función FILTER admite varias condiciones de filtro enlazadas con operadores lógicos.
    - Las funciones AND y OR limitan la combinación lógica a dos elementos, si son más de dos hay que anidar y los operadores && y || son más cómodos.

    La siguiente expresión muestra la solución utilizando la función FILTER y los operadores lógicos && y ||:

```
EVALUATE
  FILTER(
    SUMMARIZECOLUMNS(
      DimProduct[ProductKey],
      DimProduct[Color],
      DimProduct[SafetyStockLevel]
    ),
      (DimProduct[Color]="Black" &&
      DimProduct[SafetyStockLevel] = 100)
    ||
      (DimProduct[Color]="Blue" &&
      DimProduct[SafetyStockLevel] = 500)
  )
```

2. Utilizar tuplas y el operador IN. Una tupla es una lista ordenada de valores separados por comas y delimitados por paréntesis.

    Un constructor de tabla puede ser una llave de apertura y cierre, {}, o una función ROW, que contenga tuplas para describir el contenido de una fila.

    La expresión de filtro anterior se puede simplificar utilizando el operador IN y las tuplas.

```
EVALUATE
  FILTER(
    SUMMARIZECOLUMNS(
      DimProduct[ProductKey],
      DimProduct[Color],
      DimProduct[SafetyStockLevel]),
  (DimProduct[Color], DimProduct[SafetyStockLevel])
  IN {("Black",100),("Blue",500)}
)
```

Las columnas que se evalúan se incluyen en la tupla antes del operador `IN`.

- En el ejemplo se trata de las columnas Color y SafetyStockLevel de la tabla DimProduct.

Los valores de combinación válidos se describen en el constructor de la tabla.

- Hay dos combinaciones color negro y nivel 100 y color azul y nivel 500.
- Cada combinación se encierra entre paréntesis y se compone de tantos valores como columnas haya encerradas entre paréntesis antes del operador `IN`.
- Se pueden definir tantas combinaciones como sean necesarias. En este caso hay solo las dos antes mencionadas.

Este enfoque es útil si la condición de anidación de los filtros es la que se genera con un operador `OR`.

- Se puede crear la lista de valores denegados si se envuelve la condición en un operador `NOT`.

Filtrar por filas superiores

Cuando el requisito es obtener las primeras *N* filas como resultado de una consulta, se recomienda:

- Establecer la condición y el sentido del orden.
- Respetar la sintaxis y configuración existente.
- Cumplir estos requisitos para las funciones `TOP` y `TOPN` en SQL y DAX respectivamente.

El requisito es en lenguaje de negocio, obtener datos de los cinco productos del catálogo con menos precio y que sean de la línea R.

SQL

Cláusula `TOP` y desempates con `WITH TIES`.

La cláusula `TOP` sirve para especificar cuántas filas se van a devolver.

- Se puede indicar un número entero positivo o un porcentaje de todas las filas admitidas.
- Esta cláusula se suele utilizar combinada con `ORDER BY`, pero se puede usar con datos no ordenados.

Esta expresión SQL cumple con el desafío planteado.

```
SELECT
  TOP (5) WITH TIES
  [ProductKey],
  [Color],
  [ListPrice],
  [ProductLine]
FROM [DimProduct]
WHERE ProductLine='R'
ORDER BY ListPrice
```

La opción `WITH TIES` regula si se consideran o no los empates, recupera las filas con los mismos valores de las primeras *N* filas seleccionadas.

- Si hay dos filas empatadas significa que los campos que se utilizan en la cláusula `ORDER BY` fuerzan ese empate.
- Si se omite la cláusula `WITH TIES`, devuelve las cinco filas con menos precio. El orden predeterminado es ascendente.
- Si se agrega la cláusula `WITH TIES`, devuelve seis filas porque, en este juego de datos, el empate ocurre en el quinto valor del precio ordenado de menor a mayor.

DAX

Se utiliza la función de filtro `TOPN`.

En una consulta DAX, la función `TOPN` no utiliza la ordenación establecida por `ORDER BY` antes de seleccionar el número de filas.

`TOPN` tiene su propia ordenación que se puede especificar opcionalmente.

- Esto aumenta su rendimiento, ofrece mayor flexibilidad y plantea un funcionamiento muy diferente al previsto en el entorno de SQL.
- Es importante distinguir este aspecto diferenciador en DAX.

Caso 1. El filtro se aplica según el orden pasado como parámetro a la función `TOPN`.

Si se pasa un parámetro de orden a la función `TOPN`, es el que regula el orden para filtrar. Un ejemplo se puede ver en la siguiente expresión de consulta. La cláusula `ORDER BY` tiene expresamente indicado el sentido del orden `ASC` para indicar un orden ascendente, aunque es el predeterminado y, por tanto, no hay que especificarlo.

- El objetivo es mostrar la diferencia de sintaxis al indicar el sentido del orden en `TOPN` y `ORDER BY`.

```
EVALUATE
  TOPN(5,
    FILTER(
      SUMMARIZECOLUMNS(
        DimProduct[ProductKey],
        DimProduct[Color],
        DimProduct[ListPrice],
        DimProduct[ProductLine]),
      DimProduct[ProductLine]="R"
    ),
    DimProduct[ListPrice], ASC // Orden definido por TOPN
  )
ORDER BY DimProduct[ListPrice] ASC
```

La figura 11.6 muestra el resultado obtenido por la consulta en DAX.

	DimProduct[ProductKey]	DimProduct[Color]	DimProduct[ListPrice]	DimProduct[ProductLine]
1	210	Black		R
2	211	Red		R
3	529	NA	3.99	R
4	482	White	8.99	R
5	481	White	8.99	R
6	479	NA	8.99	R

Figura 11.6. Resultado de la consulta que incluye el parámetro de orden en la función `TOPN`.

Se obtienen seis filas porque, aunque el parámetro *N* es cinco, hay empate en la quinta posición.

- El comportamiento predeterminado cuando se ordena desde un parámetro de `TOPN` es mostrar los empates.
  - Es el comportamiento de `TOP N WITH TIES` de SQL.

Si aumenta la cantidad de columnas en la cláusula `ORDER BY`, se podría desempatar.

- No está garantizado, porque depende de las columnas que se utilicen y de los datos coincidentes. En este ejemplo, las filas empatadas:
  - Tienen el mismo valor en la columna Color, por lo que no ayudaría.

    Las filas con ProductKey igual a 481 y 482.
  - La columna ProductLine es la que filtra; por tanto, también es igual el valor.
  - Solo queda, para desempatar, la columna ProductKey.

Esta expresión está ordenada también por Color y devuelve el mismo resultado, seis filas, no desempata.

```
EVALUATE
  TOPN(5,
    FILTER(
      SUMMARIZECOLUMNS(
        DimProduct[ProductKey],
        DimProduct[Color],
        DimProduct[ListPrice],
        DimProduct[ProductLine]),
      DimProduct[ProductLine]="R"
    ),
    DimProduct[ListPrice], ASC, DimProduct[Color],
  )
ORDER BY DimProduct[ListPrice], DimProduct[Color]
```

Estos ejemplos muestran que `TOPN` y `ORDER BY` usan las mismas columnas para definir el orden, pero pueden usar columnas o fórmulas DAX completamente diferentes.

- `TOPN` incluye una coma antes de especificar el sentido del orden y se ordena en sentido **descendente** de forma predeterminada.
- `ORDER BY` no necesita separar el sentido del orden de la columna por una coma y se ordena en sentido **ascendente** de forma predeterminada.

Caso 2. El orden de salida lo define la expresión del modificador `ORDER BY`.

Ocurre si no se define el tercer parámetro que es la expresión de orden en la función `TOPN` como el ejemplo siguiente:

```
EVALUATE
  TOPN(5,
    FILTER(
      SUMMARIZECOLUMNS(
        DimProduct[ProductKey],
        DimProduct[Color],
        DimProduct[ListPrice],
        DimProduct[ProductLine]),
      DimProduct[ProductLine]="R"
    )
  )
ORDER BY DimProduct[ListPrice] ASC
```

La figura 11.7 muestra el resultado obtenido al aplicar el filtro `TOPN` sobre unos datos que tienen empate, pero que no es efectivo porque no se define el orden como parámetro de `TOPN`.

	DimProduct[ProductKey]	DimProduct[Color]	DimProduct[ListPrice]	DimProduct[ProductLine]
1	403	NA	40.49	R
2	404	NA	44.54	R
3	405	NA	56.29	R
4	406	NA	61.92	R
5	407	NA	109.34	R

Figura 11.7. Resultado que incluye el parámetro de orden solo en la cláusula ORDER BY.

La figura 11.7 muestra que se obtienen cinco filas, porque se ordena por ORDER BY.

- Se pidieron cinco filas y no hay empate con la sexta fila.
- Se puede comprobar cambiando el valor del parámetro *N*.

Conteos

Conteo de filas de una tabla

Contar filas es un tipo de agregado frecuente en todos los entornos. Lo más eficiente es no especificar el nombre de una columna porque ambos lenguajes disponen de funciones que devuelven las filas de una tabla.

SQL

SQL no tiene problemas por devolver un valor escalar.

```
SELECT COUNT(*) FROM [dbo].[DimProduct]
```

DAX

En DAX, el conteo de filas que se utiliza en una medida está afectado por el contexto de filtro y es muy beneficioso que así sea. Se realiza el conteo de las filas visibles de la tabla en el momento del cálculo.

- En una consulta no hay contexto de filtro externo.
- Los filtros se definen explícitamente en la propia expresión de la consulta o en el bloque DEFINE.
- Los filtros definidos se consumen en la consulta.

En DAX, la función EVALUATE y, por tanto, la consulta necesita construir y devolver una tabla.

- Este ejemplo de conteo de filas no funciona sin un constructor de tabla: envolviendo la expresión entre llaves { } o la función ROW disponible en versiones anteriores del motor tabular.

El nombre de la columna creada con la llave es Value, el nombre de la columna creada con ROW hay que indicarlo como reflejan las siguientes expresiones:

```
EVALUATE {COUNTROWS(DimProduct)}
EVALUATE
  ROW("Conteo", COUNTROWS(DimProduct))
```

Conteo distinto

Cuando se realiza un conteo distinto, el objetivo es contar todos los elementos que aparecen al menos una vez en la columna. No tiene importancia ni se conoce la cantidad de veces que se repiten.

El requisito es contar la cantidad de elementos de la columna Color de la tabla DimProduct sin tener en cuenta los repetidos.

SQL

Utiliza DISTINCT en una cláusula SELECT para quitar filas duplicadas.

Cuando se usa con una función de agregado, DISTINCT quita los valores duplicados de la columna de entrada antes de calcular el valor de resumen.

```
SELECT COUNT(DISTINCT([Color])) FROM [DimProduct]
```

DAX

Utiliza la función DISTINCTCOUNT para este caso que se pide contar filas.

- Para otro agregado, hay que crear primero una tabla con los valores distintos de la columna, utilizando una de las funciones que ya se han visto: VALUES, DISTINCT y ALL y, luego, recorrer esa columna para aplicar la correspondiente función de agregado.

Además, como el conteo devuelve un valor escalar, se necesita un constructor de tabla.

```
EVALUATE
  ROW("ColorDistinto", DISTINCTCOUNT(DimProduct[Color]))
```

Agregados

Crear un agregado de consulta es utilizar una función que tome uno o varios valores de entrada y devuelva un único valor de salida. Un cálculo frecuente en consultas es agregar los valores de una columna. En los lenguajes de desarrollo y consultas, existen funciones de agregación para calcular máximos, mínimos, promedios, conteos, primeros y últimos, medias, medianas, desviaciones y más.

SQL

Las funciones de agregado devuelven un único valor, un valor escalar y se pueden usar en algunas cláusulas de la consulta SQL como `SELECT`, `HAVING` y `ORDER BY`, pero no se pueden usar en la cláusula `WHERE`. El bloque `GROUP BY` incorpora las columnas que se encargan de segmentar el agregado.

- Todas las columnas listadas en la cláusula `SELECT` deben estar envueltas en una función de agregación o ser referenciadas en la cláusula `GROUP BY` de la consulta.
- Estas funciones no tienen un encabezado de columna, salvo que se les asigne un alias.

```
SELECT
  MAX([ListPrice]) AS 'Precio Máximo',
  MIN([StandardCost]) AS 'Coste Mínimo'
FROM [DimProduct]
```

Se utiliza la cláusula `GROUP BY` para subdividir el contenido en grupos de filas. Todas las filas con el mismo valor para la columna que se indique en `GROUP BY`, en el ejemplo Color, se agruparán y se devolverán en una sola fila de resultado.

```
SELECT Color,
    MAX([ListPrice]) AS 'Precio Máximo',
    MIN([StandardCost]) AS 'Coste Mínimo'
  FROM [DimProduct]
  GROUP BY Color
```

DAX

En DAX no se puede devolver un valor escalar en una consulta. La consulta siempre devuelve una tabla y necesita un constructor como llaves `{}`, la función `ROW` y otras funciones constructoras en DAX.

Una consulta puede solicitar más de un agregado por columna a la vez.

```
EVALUATE
  ROW(
    "Precio Máximo", MAX(DimProduct[ListPrice]),
    "Coste Mínimo", MIN(DimProduct[StandardCost])
  )
```

Para agregar un cálculo a la consulta, se puede utilizar el bloque `DEFINE` al inicio de la consulta para crear medidas, columnas, variables y tablas. La expresión de definición del agregado cumple las mismas normas de sintaxis.

```
DEFINE
  MEASURE DimProduct[Precio Máximo] = MAX(DimProduct[ListPrice])
  VAR vCosteMin = MIN(DimProduct[StandardCost])
EVALUATE
  ADDCOLUMNS(VALUES(DimProduct[Color]),
  "Precio Máximo", [Precio Máximo],
  "Coste Mínimo", vCosteMin)
ORDER BY DimProduct[Color]
```

Agregar una columna fila a fila y la función CALCULATE

Una consulta DAX admite crear agregados sobre columnas y sobre expresiones de cálculo. Las columnas calculadas en la consulta requieren un alias.

- Si no se incluye la función `CALCULATE`, no convierte el contexto de fila en contexto de filtro y calcula el resultado evaluando toda la columna y devolviendo el mismo valor para todas las filas.
- Si se incluye la función `CALCULATE`, el contexto de fila que provoca el iterador `SELECTCOLUMNS` se convierte en contexto de filtro y solo se ve la fila actual. El valor mínimo de la fila actual es el mismo valor.

```
EVALUATE
  SELECTCOLUMNS(
    DimProduct,
    "IdProducto",DimProduct[ProductKey],
    DimProduct[Color],
    [StandardCost],
    [ListPrice],
    "Precio Mínimo Total",
      MIN(DimProduct[ListPrice]),
    "Precio Mínimo Fila", CALCULATE(
      MIN(DimProduct[ListPrice]))
  )
```

Este escenario no se cumple si se utiliza en la consulta la `SUMMARIZECOLUMNS`, porque la expresión de cálculo se ejecuta en un contexto de filtro del grupo especificado. La figura 11.8 muestra un ejemplo de consulta DAX ejecutada en la vista Consultas DAX con un agregado por filas que no utiliza la función `CALCULATE` y que se ejecuta bien.

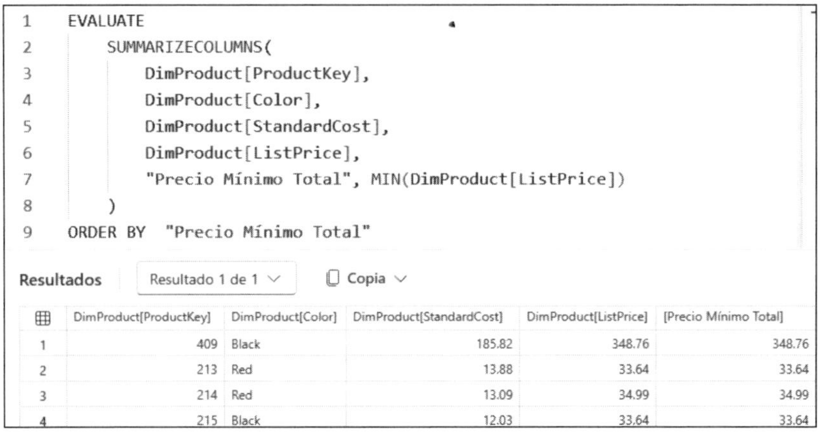

```
EVALUATE
    SUMMARIZECOLUMNS(
        DimProduct[ProductKey],
        DimProduct[Color],
        DimProduct[StandardCost],
        DimProduct[ListPrice],
        "Precio Mínimo Total", MIN(DimProduct[ListPrice])
    )
ORDER BY "Precio Mínimo Total"
```

Resultados | Resultado 1 de 1 | Copia

	DimProduct[ProductKey]	DimProduct[Color]	DimProduct[StandardCost]	DimProduct[ListPrice]	[Precio Mínimo Total]
1	409	Black	185.82	348.76	348.76
2	213	Red	13.88	33.64	33.64
3	214	Red	13.09	34.99	34.99
4	215	Black	12.03	33.64	33.64

Figura 11.8. Columna calculada devuelta por `SUMMARIZECOLUMNS`.

Agregar una expresión de cálculo

El requisito es obtener un valor escalar con el resultado de aplicar una función de agregación que ejecute la expresión de cálculo que recibe como parámetro sobre todas las filas de la tabla. Es el escenario habitual de realizar un cálculo fila a fila y luego una agregación sobre el resultado calculado.

SQL

No tiene requisitos especiales, la misma función de agregación sirve para cualquier expresión, ya sea un nombre de columna o cualquier combinación de expresiones.

```
SELECT SUM([ListPrice]-[StandardCost])
FROM[DimProduct]
```

DAX

Existe mayor complejidad. Se necesita una función de agregación iteradora.

Cuando se calculan agregados sobre expresiones en DAX se mantiene la necesidad de construir la tabla de salida.

- Las funciones DAX de agregación que actúan sobre una única columna no son válidas.
  - En lugar de `SUM` hay que utilizar `SUMX`.
- Otras funciones disponibles son: `MAXX`, `MINX`, `COUNTX` o `AVERAGEX`.
- Todas estas funciones calculan agregados iterando por la tabla o expresión de tabla que se pasa como primer parámetro.

```
EVALUATE
  ROW(
    "TotalDif",
    SUMX(
      DimProduct,
      (DimProduct[ListPrice] - DimProduct[StandardCost])
    )
  )
```

Agregar una expresión fila a fila

El objetivo es crear una columna calculada con el agregado sobre una expresión calculado y devuelto fila a fila. Se puede combinar con el filtro por columnas para reducir la cantidad de columnas y conseguir un mejor resultado.

SQL

No hay requisitos adicionales, basta con definir la expresión de cálculo y se recomienda agregar un alias de salida.

```
SELECT *, ([ListPrice]-[StandardCost]) as 'Diferencia' FROM[DimProduct]
```

DAX

Se pueden crear columnas calculadas con `ADDCOLUMNS`, que garantiza que salen todas las filas, aunque haya valores de filas repetidas.

DAX necesita de una función como `ADDCOLUMNS` para crear una columna que no es una columna calculada del modelo, sino una columna extra de salida de la consulta. Devuelve fila a fila el resultado y todas las columnas de la tabla original. Se obtiene el mismo resultado que en SQL.

```
EVALUATE
  ADDCOLUMNS(
    DimProduct,
    "Resta",
    DimProduct[UnitPrice] - DimProduct[UnitCost]
  )
```

Agregados y valores NULL en SQL

Las funciones de agregado omiten los valores `NULL`, excepto cuando se usa `COUNT(*)`.

- La función `SUM` agrega valores que no son `NULL`.
- Los valores `NULL` no se evalúan como cero.
- La expresión `COUNT(*)` cuenta todas las filas, independientemente de si hay un valor significativo o un valor `NULL` en la columna.

Para mostrar el efecto de los valores `NULL`, agregué una tabla a la base de datos AdventureWorksDW2022 a la que llamé AgregaNulos. Este es el código que utilicé:

```
CREATE TABLE [dbo].[AgregaNulos](
  [ID] [int] NOT NULL,
  [Cantidad] [int] NULL
) ON [PRIMARY]
GO
```

Para insertar las filas de datos utilicé este patrón de código:

```
INSERT INTO [dbo].[AgregaNulos]
    ([ID],[Cantidad])
  VALUES
    (<ID, int,>,<Cantidad, int,>)
```

La figura 11.9 muestra una consulta que devuelve el contenido de la tabla AgregaNulos.

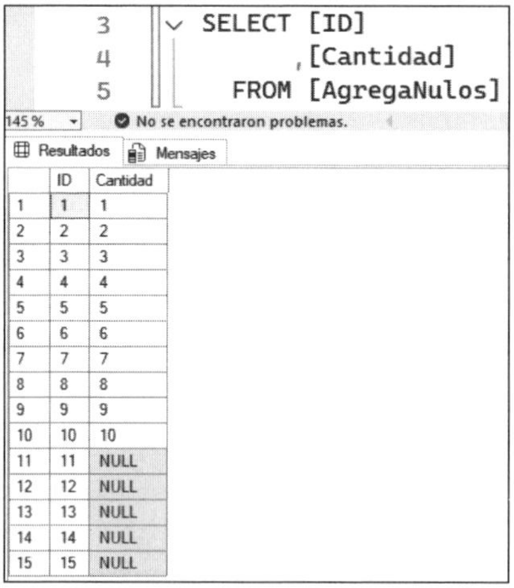

Figura 11.9. Contenido de la tabla de ejemplo para ver el efecto de los valores nulos.

Esta es la consulta aplicada a la tabla que contiene varias funciones de agregación.

```
SELECT
  SUM(Cantidad) AS 'SumaNoNulos',
  COUNT(*) AS 'CuentaNulos',
  COUNT(Cantidad) AS 'CuentaNoNulos',
  AVG(Cantidad) AS 'PromedioNoNulos',
  (SUM(Cantidad)/COUNT(*)) 'PromedioNulos'
FROM dbo.[AgregaNulos]
```

La figura 11.10 muestra el resultado obtenido con el efecto que provocan las filas con valores NULL.

SumaNoNulos	CuentaNulos	CuentaNoNulos	PromedioNoNulos	PromedioNulos
55	15	10	5	3

Figura 11.10. Resultado obtenido tras agregar una columna con valores NULL.

DAX

Existen funciones de agregación específicas como COUNTBLANK que sirve para contar las filas con valores en blanco. El resto de las funciones se pueden aprovechar para calcular los agregados y, como en SQL, no tienen en cuenta las filas con valores nulos.

La función COUNTROWS cuenta todas las filas de la tabla con independencia del valor que contenga la columna.

La figura 11.11 muestra una consulta con el cálculo análogo que se presentó antes para SQL. Se consulta la misma tabla que se agregó a la base de datos SQL.

```
EVALUATE
ROW(
    "SumaNoNulos", SUM(AgregaNulos[Cantidad]),
    "CuentaNulos", COUNTROWS(AgregaNulos),
    "CuentaNoNulos", COUNT(AgregaNulos[Cantidad]),
    "PromedioNoNulos", AVERAGE(AgregaNulos[Cantidad]),
    "PromedioNulos", DIVIDE(
                        SUM(AgregaNulos[Cantidad]),
                        COUNTROWS(AgregaNulos)
                        )
)
```

Resultados   Resultado 1 de 1   Copia

	[SumaNoNulos]	[CuentaNulos]	[CuentaNoNulos]	[PromedioNoNulos]	[PromedioNulos]
1	55	15	10	5.5	3.67

Figura 11.11. Cálculo de agregados con filas en blanco con DAX.

Filtrar grupos con HAVING en SQL

Las cláusulas HAVING y WHERE filtran los datos con una gran diferencia:

- Una cláusula WHERE filtra las filas antes de que se forme cualquier grupo.
- Una cláusula HAVING filtra los grupos previamente creados, después del filtro inicial por filas y normalmente examina los resultados de una agregación.
    - La condición de filtro de la cláusula HAVING es muy similar al predicado de una cláusula WHERE.

En el ejemplo siguiente ocurren estos procesos:

- Se cuentan las líneas de ventas, que es la tabla de hechos.
- Se agrupa el conteo por el número identificador de cada producto.
- Hay tantos grupos como valores en la columna ProductKey.
- Se filtran los grupos para devolver como resultado en la consulta solo los productos que hayan generado más de 2.000 operaciones.

SQL

Se realiza una consulta muy completa que incluye las cláusulas GROUP BY y HAVING.

```
SELECT
  FactInternetSales.ProductKey,
  COUNT(*) AS 'Cantidad'
FROM FactInternetSales
GROUP BY ProductKey
HAVING COUNT(*) > 2000
```

DAX

Se crea un agregado al vuelo en una columna calculada y función FILTER se aplica sobre el valor del agregado.

DAX no tiene una sintaxis que corresponda a la condición HAVING.

- El motor de fórmulas evalúa los filtros aplicados al resultado de un cálculo. Cuando sea posible, es mejor aplicar un filtro con CALCULATE o CALCULATETABLE
- El resultado de una agregación no puede formar parte de un argumento de filtro en CALCULATE o CALCULATETABLE.
    - Por esta razón es necesario usar FILTER.

```
EVALUATE
  FILTER(
    ADDCOLUMNS(
      VALUES(FactInternetSales[ProductKey]),
      "Cantidad", CALCULATE(COUNTROWS(FactInternetSales))
      ),
    [Cantidad] >2000
    )
```

Ordenar

En este capítulo, se han visto varios ejemplos de uso de ORDER BY para establecer el orden de salida tanto en SQL como en DAX. En ambos casos, la dirección de orden es ascendente de forma predeterminada y se indica con la palabra reservada ASC. En caso de una ordenación descendente se utiliza DESC.

SQL

ORDER BY admite los siguientes elementos:

- **Nombres nativos** de columnas. Las columnas no tienen que estar en la cláusula SELECT, basta que estén en las tablas referenciadas en la cláusula FROM.
    - Si la consulta usa una opción DISTINCT, las columnas de la lista ORDER BY deben incluirse en la lista SELECT.
- **Alias** que se utilicen en columnas de la cláusula SELECT.
    - ORDER BY es el paso final en la ejecución, por lo que los alias se crean después de GROUP BY y, antes de ORDER BY, ya se pueden referenciar.
- **Posición** de las columnas. Suele ser más complejo de leer y más difícil de mantener; pero puede ser útil en muchos escenarios.

DAX

ORDER BY ordena los resultados de la consulta, admite únicamente las columnas de la consulta, aunque no existan en el modelo.

Expresión de cálculo en la cláusula ORDER BY

En el ejemplo que se muestra a continuación, se combina el uso de la función CALCULATE dentro de la cláusula ORDER BY. Su uso es relevante, porque garantiza el orden correcto.

- Solo si se incluye la función CALCULATE el contexto de fila que provoca el iterador SELECTCOLUMNS se convierte en contexto de filtro y solo se ve la fila actual. El valor mínimo de la fila actual es el mismo valor.

Caso 1. Columnas calculadas y ORDER BY con alias.

La consulta base, sin ordenar es la siguiente:

```
EVALUATE
  SELECTCOLUMNS (
    DimProduct,
    DimProduct[ProductKey],
    DimProduct[Color],
    DimProduct[StandardCost],
    DimProduct[ListPrice],
    "Precio Mínimo Total", MIN(DimProduct[ListPrice]),
    "Precio Mínimo Fila", CALCULATE(MIN(DimProduct[ListPrice]))
  )
```

Si se agrega una cláusula que ordena por el alias de la columna calculada Precio Mínimo Fila, que utiliza la función CALCULATE en su expresión, ordena bien las filas.

```
ORDER BY "Precio Mínimo Fila"
```

Pero, si se utiliza el alias de la columna calculada Precio Mínimo Total ordena mal, porque todas las filas de la columna tienen el mismo valor que se corresponde con el mínimo entre todas las filas.

```
ORDER BY "Precio Mínimo Total"
```

Caso 2. No se crean columnas calculadas y se crea la expresión de orden directamente en la cláusula ORDER BY. El resultado es el mismo, ya que vuelve a depender de la existencia de la función CALCULATE para establecer el contexto de fila adecuado.

La consulta base, sin ordenar, es la siguiente:

```
EVALUATE
  SELECTCOLUMNS (
    DimProduct,
    DimProduct[ProductKey],
    DimProduct[Color],
    DimProduct[StandardCost],
    DimProduct[ListPrice],
  )
```

La siguiente expresión garantiza que se ordenen bien las filas a la salida de la consulta.

```
ORDER BY CALCULATE( MIN(DimProduct[ListPrice]))
```

La siguiente expresión no puede ordenar las filas, porque todos los valores son iguales, ya que no pudo aplicar un contexto de filtro a la expresión.

```
ORDER BY MIN(DimProduct[ListPrice])
```

Ordenar por columna en la consulta vs. ordenar por columna en el modelo

En un modelo semántico, las columnas de texto se ordenan alfabéticamente. Si el orden alfabético no se corresponde con el orden lógico, se debe configurar la propiedad Ordenar con el nombre de otra columna, que sea numérica, y que esté preparada para gestionar el orden funcional de la columna de texto.

- La propiedad Ordenar cumple su función cuando la columna ordenada se utiliza en un objeto visual. Sin embargo, hay que tenerla en cuenta para el buen funcionamiento de los cálculos con algunas medidas DAX y también cuando se diseñan las consultas.

Cuando se utiliza una columna en la cláusula `ORDER BY` siempre se ordena por la propia columna.

- La función `ORDER BY`, que actúa como modificador de salida en la consulta DAX, no conoce el valor de la propiedad Ordenar en la columna del modelo.

La siguiente consulta utiliza la columna SpanishMonthName para ordenar. Es una columna de texto con el nombre del mes. Se debe ordenar por el número del mes que está almacenado en la columna MonthNumberOfYear de la tabla DimDate y así está en el modelo, pero no se aplica el orden correcto y se ordenan los meses en orden alfabético.

```
EVALUATE
  SUMMARIZECOLUMNS(
    DimDate[SpanishMonthName],
    "Cantidad", SUM(FactInternetSales[OrderQuantity]))
ORDER BY DimDate[SpanishMonthName]
```

Para que en una consulta sea efectivo el orden que se define por otra columna del modelo, hay que utilizar la columna numérica, esa columna que garantiza el orden, en lugar de la columna de texto, que es la columna ordenada. Además, tiene que formar parte del conjunto de las columnas de salida de la consulta como se muestra en el siguiente ejemplo:

```
EVALUATE
  SUMMARIZECOLUMNS(
    DimDate[SpanishMonthName],
    DimDate[MonthNumberOfYear],
    "Cantidad", SUM(FactInternetSales[OrderQuantity]))
ORDER BY DimDate[MonthNumberOfYear] -- Orden Numérico
```

Combinar tablas

El tipo más frecuente de operación JOIN en las consultas SQL es INNER JOIN, especialmente en entornos de base de datos muy normalizados para recuperar datos que se han almacenado en varias tablas. La palabra clave INNER opcional está implícita en la cláusula JOIN.

Caso 1. El objetivo es obtener la suma de las cantidades que están en la columna OrderQuantity de la tabla de hechos, FactInternetSales, y agrupar la salida por la columna Color de la tabla DimProduct.

SQL

Utiliza el tipo de unión INNER JOIN entre dos tablas del modelo relacional y la cláusula ON para la condición de unión.

```
SELECT
  Color,
  SUM(FactInternetSales.[OrderQuantity]) as Cantidad
FROM FactInternetSales
  INNER JOIN DimProduct ON
  FactInternetSales.ProductKey = DimProduct.ProductKey
GROUP BY Color
ORDER BY 2 DESC
```

DAX

Es más sencillo, se puede crear la agrupación con SUMMARIZECOLUMNS.

La vía con mejor rendimiento para unir tablas en DAX y obtener el comportamiento JOIN de SQL es aprovechar las **relaciones físicas** creadas entre las tablas del modelo de datos.

- El código DAX es más sencillo y rápido.

Existen otras técnicas para unir **tablas no relacionadas** en DAX que pueden ser útiles para generar tablas calculadas o tablas pequeñas en expresiones complejas.

- Estas técnicas son más costosas en términos de rendimiento.
- El código DAX es más complejo de leer y de mantener.

Si las tablas están bien relacionadas en el modelo, el requisito planteado se puede solucionar con una expresión de consulta como la que se muestra a continuación:

```
EVALUATE
  SUMMARIZECOLUMNS(
    DimProduct[Color],
    "Cantidad", SUM(FactInternetSales[OrderQuantity])
    )
ORDER BY [Cantidad] DESC
```

Caso 2. El requisito que se puede plantear para este desafío por alguien de negocio es: "Necesito una lista de los códigos de los productos de color blanco para cada operación de ventas con el código de cliente y el precio de venta".

Es necesario combinar tablas del modelo, porque:

- La columna Color es un atributo de la tabla de dimensiones, DimProduct.
- Las columnas ProductKey, CustomerKey y UnitPrice están en la tabla de hechos, FactInternetSales.

SQL

Utiliza el tipo de unión `INNER JOIN` y condición de filtro en `WHERE`.

```
SELECT
  FactInternetSales.ProductKey,
  FactInternetSales.CustomerKey,
  FactInternetSales.UnitPrice
FROM FactInternetSales
INNER JOIN DimProduct ON
  FactInternetSales.ProductKey = DimProduct.ProductKey
WHERE Color = 'White'
```

DAX

Usa las funciones `CALCULATEDTABLE` sobre `SELECTCOLUMNS` y la condición de filtro creada con `TREATAS`.

```
EVALUATE
  CALCULATETABLE(
    SELECTCOLUMNS(
      FactInternetSales,
      FactInternetSales[ProductKey],
      FactInternetSales[CustomerKey],
      FactInternetSales[UnitPrice]),
  TREATAS(
    {"White"}, DimProduct[Color]
    )
  )
```

La combinación de tablas y SUMMARIZECOLUMNS

La función SUMMARIZECOLUMNS es la más recomendada para crear una consulta combinando columnas de varias tablas. Es una función muy potente que puede realizar varias tareas, ya que admite conjuntos de parámetros diferentes y opcionales.

- El primer conjunto son las columnas agrupadas.
- El segundo conjunto son los filtros con funciones como FILTER o TREATAS.
- El tercer conjunto son las columnas adicionales que se añaden al conjunto de resultados y que se acompañan de una expresión que las define.

En la consulta DAX que se muestra a continuación se exponen todos estos conjuntos pasados como parámetros a la función SUMMARIZECOLUMNS.

```
EVALUATE
  SUMMARIZECOLUMNS(
    DimProduct[Color],
    DimCustomer[EnglishOccupation],
    DimProduct[SafetyStockLevel],
    FILTER(
      ALL(DimProduct[SafetyStockLevel]),
      DimProduct[SafetyStockLevel]>100),
    TREATAS({2011,2012}, DimDate[CalendarYear]),
    "Cantidad", SUM(FactInternetSales[OrderQuantity])
    )
ORDER BY [Cantidad] DESC
```

En la consulta intervienen las 4 tablas del modelo de datos y cuenta con los tres grupos de parámetros:

1. Columnas agrupadas: Color y SafetyStockLevel de DimProduct y EnglishOccupation de DimCustomer.
2. Filtros aplicados con las funciones FILTER y TREATAS:
   - FILTER actúa sobre la columna SafetyStockLevel y TREATAS sobre la columna CalendarYEAR de la tabla Calendario.
3. Columnas adicionales que se añaden al conjunto de resultados. La columna Cantidad no existe en el modelo de datos, es una columna calculada desde la consulta.

La figura 11.12 muestra el resultado de la consulta. Expone el valor agregado para cada grupo que se crea con la combinación de valores de tablas diferentes.

	DimProduct[Color]	DimCustomer[EnglishO...	DimProduct[SafetyStock...	[Cantidad]
1	NA	Professional	500	12
2	NA	Skilled Manual	500	7
3	NA	Clerical	500	6
4	NA	Manual	500	5

Figura 11.12. Resultado obtenido tras combinar tablas en consulta DAX.

Combinar consultas con EXIST

La función `EXISTS` en SQL es importante para probar de manera eficiente si existe al menos una fila en una subconsulta correlacionada.

SQL

Subconsultas, una consulta dentro de otra.

La primera consulta devuelve todos los valores de la columna Color, son 10 filas.

```
SELECT DISTINCT Color FROM DimProduct
```

La segunda consulta devuelve una columna con los valores de la columna Color, que se corresponden con aquellos productos que aparezcan al menos una vez en la tabla de hechos, FactInternetSales.

```
SELECT DISTINCT Color FROM DimProduct p
WHERE EXISTS
  (SELECT NULL
  FROM FactInternetSales s
  WHERE s.ProductKey = p.ProductKey)
ORDER BY Color
```

DAX

Se utilizan las funciones `CALCULATETABLE` o `RELATEDTABLE` combinadas con `NOT ISEMPTY`.

En DAX es mucho más sencillo, porque las relaciones entre las tablas garantizan la visibilidad de las columnas gracias a la existencia de las tablas expandidas.

- Una de las vías para solucionar este desafío es utilizar la combinación del operador `NOT` y la función `ISEMPTY`.
- Se pueden utilizar las funciones `CALCULATETABLE` y `RELATEDTABLE` que tiene el mismo comportamiento y rendimiento, y es más fácil de leer el código como se distingue en la siguiente expresión:

```
EVALUATE
  FILTER(
    VALUES(DimProduct[Color]),
    NOT ISEMPTY(
      RELATEDTABLE(FactInternetSales)
    )
  )
ORDER BY DimProduct[Color]
```

Usar parámetros en consultas DAX desde DAX Studio

Una de las características únicas que aporta DAX Studio para la evaluación de consultas es la compatibilidad con consultas parametrizadas. De momento esta funcionalidad no está integrada en la vista Consultas DAX.

Para agregar un parámetro a una consulta DAX, la recomendación es escribir la consulta filtrando por un valor válido de la columna. El ejemplo que se presenta es una consulta sencilla que filtra por la columna Color de la tabla DimProduct.

La sencillez o complejidad de la consulta es irrelevante para mostrar cómo emplear el parámetro en la consulta DAX.

```
EVALUATE
  FILTER(
    ALL(
    DimProduct[ProductKey],
    DimProduct[ListPrice],DimProduct[Color]
    ),
  DimProduct[Color] = "Black"
  )
```

Una vez creada la consulta de forma habitual, se puede reemplazar la expresión de filtro, en este caso el valor `Black` de la columna Color, por un parámetro que es una expresión precedida por el carácter arroba `@`. En el ejemplo se ha utilizado el parámetro `@Color`.

```
EVALUATE
  FILTER(
    ALL(
    DimProduct[ProductKey],
    DimProduct[ListPrice],DimProduct[Color]
    ),
  DimProduct[Color] = @Color
  )
```

Cuando ejecuta una consulta con un parámetro, DAX Studio abre una ventana que pide el valor que se quiere asignar al parámetro, como se aprecia en la figura 11.13.

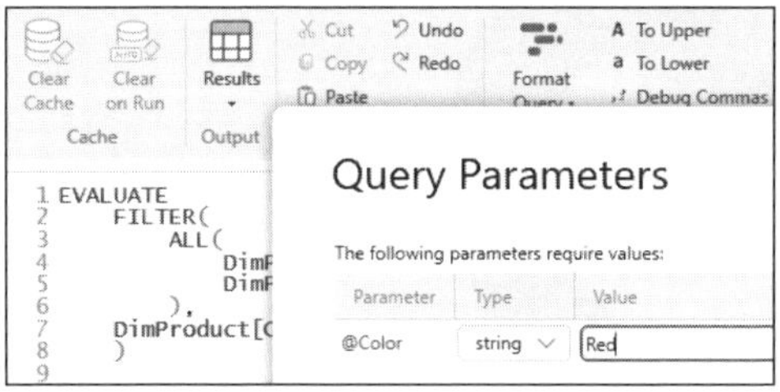

Figura 11.13. Consulta DAX con parámetro desde DAX Studio.

Cuando se asigna el valor `Red` al parámetro `@Color` se ejecuta la consulta imponiendo como condición que el valor de la columna Color de la tabla DimProduct debe ser `Red`.

Un fragmento del resultado devuelto por la consulta al asignar el valor `Red` al parámetro `@Color` se puede ver en la figura 11.14.

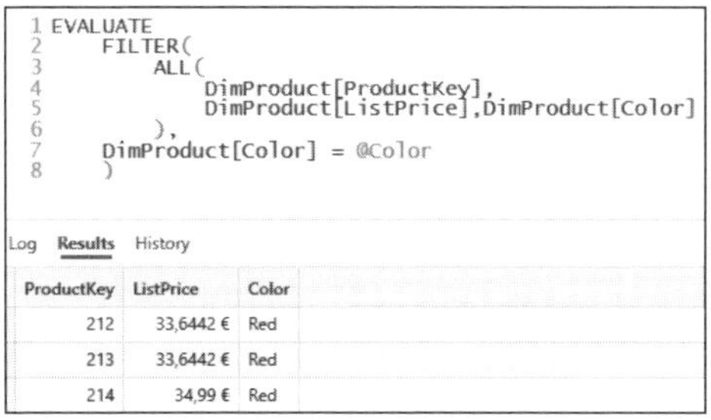

Figura 11.14. Resultado de la consulta parametrizada.

DAX Studio es una gran herramienta que acude al rescate para muchas tareas cotidianas relativas al lenguaje de expresiones DAX.

Conclusiones

Saber crear consultas a los datos es imprescindible para poder extraer de forma óptima su contenido y valor. Existen muchas analogías entre el proceso de consultas a las bases de datos relacionales y las bases de datos tabular.

Los entornos existentes en las herramientas SQL Server Management Studio y la vista Consultas DAX en Power BI Desktop y el Servicio Power BI son ideales para crear y modificar consultas a los datos y, de paso, actualizar la composición de los modelos de datos.

12 Optimización de consultas DAX

En este capítulo aprenderás a:

- Identificar escenarios que tienen problemas de rendimiento y se pueden mejorar y comprender las ventajas del uso de variables y la preferencia de uso de unas funciones sobre otras.
- Introducir los temas relativos a los motores que intervienen en la solución de las consultas.
- Utilizar el informe aportado por DAX Studio para entender el proceso de solución de cada consulta.

Objetivos

La optimización de consultas DAX es una preocupación permanente en el desarrollo de expresiones DAX, especialmente para las medidas y tablas calculadas. Es válido para las columnas calculadas, pero el planteamiento de base es evitar las columnas calculadas todo lo que sea posible.

Quedará mucho por decir en este tema. No se abordarán temas teóricos, de motores y arquitecturas porque es un tema muy amplio que da para mucho y, sobre todo, porque va mucho más lejos de la esencia de este libro.

El objetivo de abordar la optimización de consultas es aportar algunos ejemplos de proyectos y la vida real que se pueden presentar con frecuencia y ofrecer soluciones que, si bien son puntuales y pudiera tratarse de una de tantas, lo cierto es que indican que se puede mejorar.

Es un tema importante, se recomienda prestarle mucha atención. La búsqueda de la verdad en el proceso de optimización de consultas es muchas veces vital, porque permite explicar por qué demoran los procesos o por qué el resultado no es el esperado.

Animo a investigar el código, detectar los problemas y buscar las soluciones.

El objetivo en este capítulo no está en centrarse tanto en la duración de la consulta porque el juego de datos es muy pequeño y puede mostrar un resultado que no es interesante analizar y quizás las mismas expresiones con miles o millones de registros muestren que las diferencias en el rendimiento de las consultas son más evidentes. El análisis comparativo se va a centrar en el bloque destinado a los pasos que se necesitan para resolver la consulta y la expresión en cada uno de ellos.

La optimización de consultas trata de conseguir la información en menos tiempo. Hay conceptos, como diseño del modelo en estrella o copo de nieve, granularidad y cardinalidad, motores de almacenamiento y fórmulas, así como memoria caché, segmentos y particiones, con los que vale mucho la pena estar familiarizados si la tarea consiste en crear un buen modelo tabular y conseguir el rendimiento óptimo de consultas en el lenguaje de expresiones DAX.

Conceptos y puesta a punto

Herramientas y pasos

Para medir el efecto que ocasionan algunas acciones sobre las consultas DAX se recomienda utilizar el Analizador de rendimiento incluido en Power BI Desktop y explorar el informe que se expone en la herramienta DAX Studio, que ya ha sido utilizada y recomendada antes en este libro.

El procedimiento para ver la consulta de cada visual es el siguiente:

- Abrir el panel Analizador de rendimiento.
- Iniciar grabación.
- Para cada objeto elegir el botón Analizar este objeto visual o Actualizar objetos visuales en el panel Analizador de rendimiento para que genere el informe de todos los elementos.
    - Los detalles del funcionamiento y las opciones del panel Analizador de rendimiento han sido expuestos antes en este libro.
- En el informe del Analizador de rendimiento del objeto, elegir el enlace Copiar consulta.

La figura 12.1 muestra un ejemplo de objeto visual con el informe creado en el panel Analizador de rendimiento.

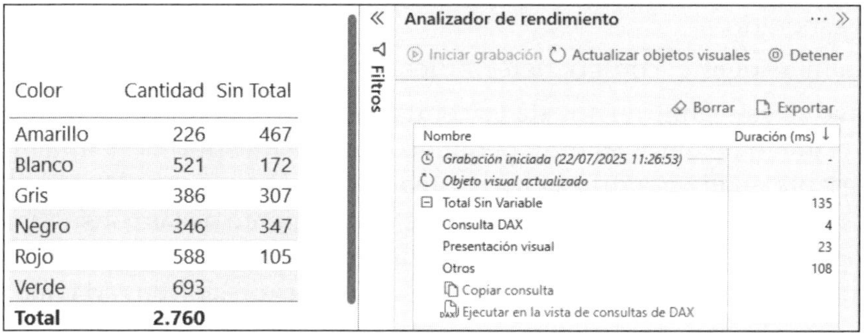

Figura 12.1. Informe de ejecución de la consulta en el panel Analizador de rendimiento.

- Activar la herramienta DAX Studio desde el menú Herramientas externas.
- Pegar la consulta en el panel Editor de consultas de DAX Studio.
- Activar la opción Server Timings desde el menú Home en DAX Studio.
    - Esta opción activa una nueva pestaña en el panel Resultados en DAX Studio.
- Limpiar la caché y volver a ejecutar la medida.

La figura 12.2 muestra el entorno de trabajo de DAX Studio con las opciones que interesan para este capítulo activas y visibles.

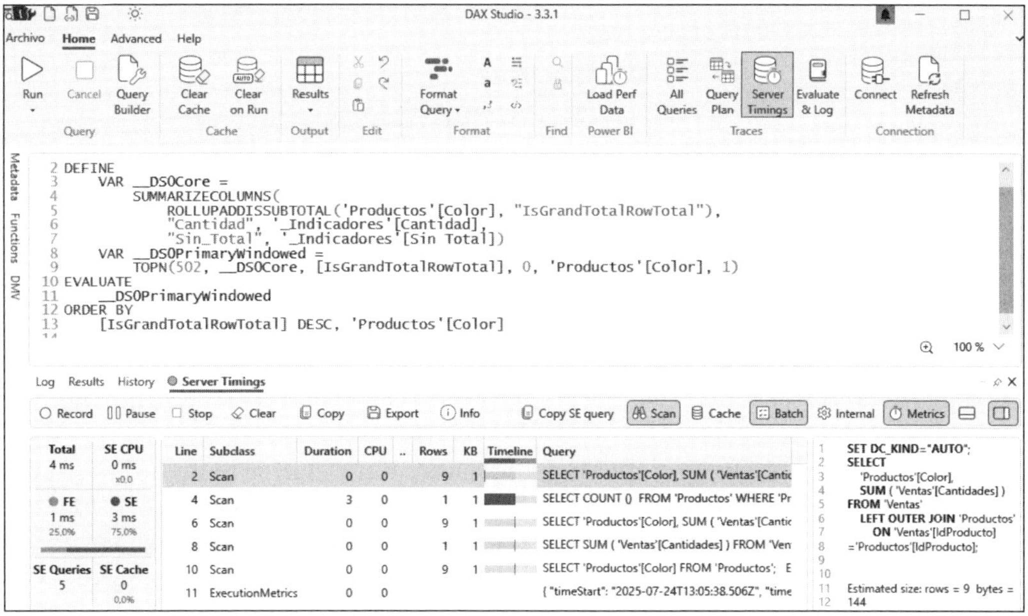

Figura 12.2. Entorno de DAX Studio que muestra el **Editor de consultas** y el panel de uso de los motores de consulta.

Estos son los pasos para llegar al punto del informe que muestra el uso de los motores de consulta y la cantidad de pasos o procesos necesarios para ejecutar esta consulta. En cada ejemplo de este capítulo se parte de este punto.

Obtener el código de toda la expresión de la medida DAX

En la figura 12.2, se observa que en las líneas 6 y 7 del **Editor de expresiones DAX** de DAX Studio se invocan las medidas, pero no se muestra la lógica que hay detrás de las mismas. DAX Studio cuenta con opciones para que en el código aparezcan todas las definiciones y llamadas previas y así tener a mano toda la lógica del cálculo.

La figura 12.3 muestra un fragmento del menú contextual de la medida en la vista **Metadatos** del panel **Navegador** de DAX Studio. Estas son las opciones que permiten describir la definición de la medida `Sin Total` y sus medidas referenciadas.

1. La opción **Define Measure** se limita a definir la medida como tal, es menos interesante.

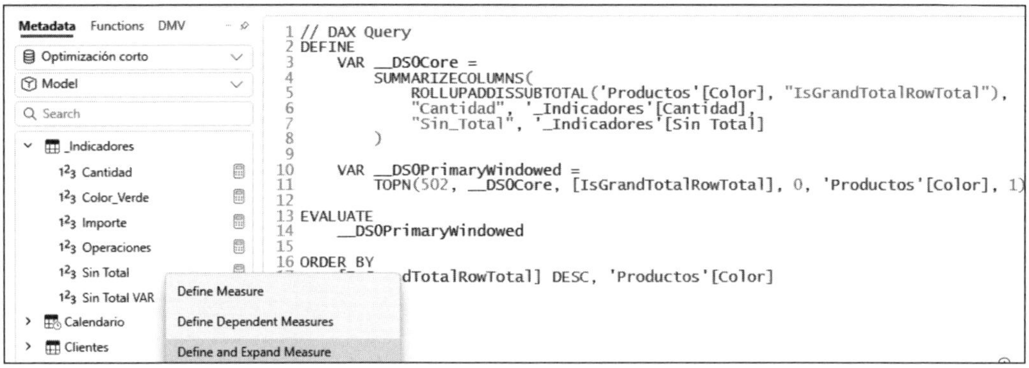

Figura 12.3. Opciones del menú en DAX Studio para una medida del modelo de datos.

2. La opción Define Dependent Measures sirve para definir la medida actual y las medidas que son llamadas por la medida actual. En este ejemplo, la medida actual es `Sin Total` y depende de las medidas `Cantidad` y `Color_Verde`. Se definen las tres en el bloque `DEFINE` de la consulta DAX, como se aprecia en la figura 12.4.

```
// DAX Query
DEFINE

---- MODEL MEASURES BEGIN ----
MEASURE [Sin Total] =
    IF(
        HASONEVALUE(Productos[Color]) &&
        NOT ISBLANK([Cantidad]) &&
        NOT("Verde") IN VALUES(Productos[Color]),
        [Color_Verde] - [Cantidad]
        )
MEASURE [Cantidad] = SUM(Ventas[Cantidades])

MEASURE [Color_Verde] = CALCULATE(
            [Cantidad],
            Productos[Color] = "Verde"
        )
---- MODEL MEASURES END ----
```

Figura 12.4. Definición de todas las medidas en el bloque `DEFINE` de la consulta.

3. La opción Define and Expand Measure expande toda la expresión de cada medida que se invoca y lo inserta en el código de la medida principal sustituyendo la referencia del nombre de la medida invocada. Un ejemplo de medida expandida se puede ver en la figura 12.5.

El texto de la definición de la medida `Sin Total`, que se muestra expandido del todo en la figura 12.5, quizás parezca más complejo de leer y no lo dudo, pero, al mismo tiempo, la ventaja es que con toda la expresión expuesta es más fácil de detectar los trozos de código que se repiten y que se podrían extraer y consumir como una o más variables. No se puede siempre, pero valorar su posibilidad ya es un paso.

```
// DAX Query
DEFINE

---- MODEL MEASURES BEGIN ----
MEASURE _Indicadores[Sin Total] =
    IF(
        HASONEVALUE(Productos[Color]) &&
        NOT ISBLANK( CALCULATE ( SUM(Ventas[Cantidades])
    )) &&
        NOT("Verde") IN VALUES(Productos[Color]),
         CALCULATE ( CALCULATE(
             CALCULATE ( SUM(Ventas[Cantidades])
    ),
            Productos[Color] = "Verde"
        )) -  CALCULATE ( SUM(Ventas[Cantidades])
    )
        )
---- MODEL MEASURES END ----
```

Figura 12.5. Medida expandida en el bloque `DEFINE` de la consulta DAX.

Sea cual sea la opción elegida y preferida, es muy útil poder analizar el rendimiento de una consulta con toda la información de los elementos que la conforman.

Motor de fórmulas y motor de almacenamiento

El proceso de resolución de una consulta al modelo tabular es bastante completo. En él intervienen varios actores. Voy a intentar explicarlo brevemente.

Cuando se realiza una acción de informe que influye en los cálculos que se muestran, ocurre un proceso interno que da forma a la consulta DAX. Se realiza por un motor llamado ***Data Shape Engine***, conocido también como DSE. Si en la página del informe hay varios objetos visuales afectados, el motor DSE da forma a tantas consultas DAX como sean necesarias para actualizarlos a todos.

El motor de fórmula o ***Formula Engine*** (FE) es el que recibe la fórmula DAX preparada por el DSE y comprueba qué es lo que va a necesitar para resolver el cálculo.

El motor de fórmulas envía la o las peticiones al motor de almacenamiento o ***Storage Engine*** (SE).

Cuando recibe una petición, el motor de almacenamiento lanza un hilo para cada segmento almacenado en el modelo. A menos segmentos, se lanzan menos hilos y se obtiene mayor efectividad en la consulta. Por eso, el motor de almacenamiento actúa rápidamente si son cálculos sencillos. El motor de almacenamiento se encarga de buscar los datos almacenados, guardarlos en memoria caché, siempre que pueda utilizarla, y enviarlos al motor de fórmula para que realice el cálculo.

- Es el músculo que puede realizar mucho trabajo al mismo tiempo.

Si los cálculos no son sencillos, no se resuelven en el motor de almacenamiento y pasan al motor de fórmulas, capaz de evaluar situaciones complejas que se ejecutan en un único hilo y sin caché. Es el motor que detecta el dato que necesita para dar respuesta y garantizar el resultado a visualizar.

- Es el cerebro, que actúa más despacio y que soluciona escenarios complejos.

Como resultado, se obtiene una tabla de filas y columnas que se expone en el objeto visual correspondiente según sea su tipo y sus propiedades.

A continuación, resumo algunas de las características de estos dos motores.

- **Motor de fórmulas:**
    - Es el primer motor que se pone en función para ejecutar una consulta DAX.
    - No dispone de memoria caché.
    - Por lo general, cuenta con un único hilo de procesamiento, por lo que es más lento.
    - Utiliza los datos devueltos por el motor de almacenamiento para realizar las operaciones más complejas, como pueden ser agregaciones, uniones y relaciones entre tablas, filtros con condiciones de evaluación entre varias columnas, etc.
    - Si la expresión incluye funciones de texto, lógicas o de estadísticas, por ejemplo, se gestionan desde este motor.
    - Evalúa la condición establecida en la seguridad a nivel de fila, para inyectarla luego en cada consulta del motor de almacenamiento que corresponda, asegurando el acceso a los datos para las personas con los permisos adecuados.
    - No tiene acceso directo a los datos, puede gestionar los cálculos únicamente con lo que recibe del motor de almacenamiento.
- **Motor de almacenamiento:**
    - Es el segundo motor que se pone en funcionamiento a partir de las indicaciones y peticiones que recibe del motor de fórmulas.
    - Extrae y descomprime los datos almacenados.
    - Dispone de memoria caché que puede aprovechar, salvo que la expresión de consulta DAX no lo permita.
    - Es multiproceso, lo que es muy conveniente porque permite que haya procesos en paralelo.

- Se encarga de solucionar los cálculos sencillos como suma, resta, multiplicación y división.
- El tipo de motor de almacenamiento depende del tipo de almacenamiento. Así se pueden distinguir los motores para almacenamiento tipo Importar, DirectQuery, que se pueden usar de forma independiente o juntos a través del modo de almacenamiento Dual.

En este libro solo se describen escenarios con almacenamiento tipo Importar. Los datos se extraen de la base de datos tabular con datos almacenados y comprimidos con tecnología Vertipaq.

La regla básica que se debe intentar cumplir cuando se busque optimizar una consulta es que las consultas pasen más tiempo en el motor de almacenamiento, ya que es multiproceso y puede realizar más operaciones en paralelo. El motor de fórmula, por otro lado, es monoproceso y no puede utilizar varios núcleos de CPU.

En todo caso, no es posible que una consulta se gestione al 100 % en el motor de almacenamiento, ya que el motor de fórmula se encuentra por encima del motor de almacenamiento. El motor de fórmula es quien emite las solicitudes al motor de almacenamiento y también serializa el conjunto de resultados antes de enviarlo de vuelta al cliente.

Server Timings en DAX Studio

En el menú Inicio o Home de DAX Studio hay un grupo, Traces, que sirve para obtener informes con el rastro del código que se necesita para resolver la consulta; según la opción, el informe es más verboso o concreto.

Entre las opciones disponibles, en este capítulo se analiza la opción Server Timings, que abre una pestaña adicional que expone el tiempo total que el servidor dedicó a procesar la consulta, el tiempo empleado en el motor de almacenamiento y el número de solicitudes realizadas al motor de almacenamiento para resolver la consulta. Las partes de este informe exponen diferentes elementos.

A la izquierda hay un panel de resumen que se muestra en la figura 12.6.

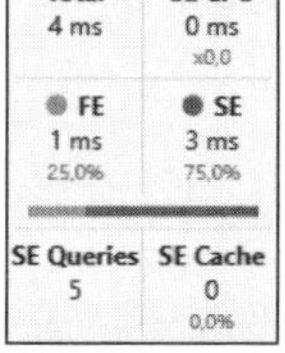

Figura 12.6. Información sobre el uso de los motores en la ejecución de una medida.

Los tiempos se corresponden con el tiempo registrado por DAX Studio para responder a la consulta DAX que pueden verse afectados por la velocidad de la red y el tamaño del conjunto de resultados.

- **Total:** Duración total de la consulta en milisegundos. Es el tiempo total que el servidor tardó solo en procesar la consulta.
- **SE CPU:** Tiempo de la unidad central de procesamiento conocido por CPU, por sus siglas en inglés de *Central Processing Unit*. Es el tiempo dedicado a las consultas del motor de almacenamiento o SE. El texto en azul es un indicador aproximado del promedio de operaciones paralelas que el SE estaba ejecutando y se calcula sumando la duración de la CPU de los eventos del motor. En este ejemplo es cero.
- **FE:** Tiempo empleado en el motor de fórmula. Es la resta del total, menos lo que ha demorado el SE. Por eso es 1 en este caso, que representa el 25 %.
- **SE:** Tiempo empleado por el motor de almacenamiento, calculado sumando la duración de todas las consultas del motor de almacenamiento, que es 75 % cuando se calcula el porcentaje de SE/Total.
- **SE Queries:** Número de consultas del motor de almacenamiento realizadas durante el procesamiento de la consulta. En el ejemplo, son 5 consultas.
- **SE CACHE:** Cantidad de veces que se ha utilizado la memoria caché del motor de almacenamiento.

¿Qué son los eventos de métricas de ejecución?

En el espacio dedicado a las consultas al motor de almacenamiento, que también se conocen como los pasos para resolver la consulta DAX, hay un paso especial. Su valor en la columna Subclass es `ExecutionMetrics`.

Las métricas muestran información sobre la ejecución de los eventos de consulta capturados por los tiempos del servidor en el informe Server Timings.

La figura 12.7 muestra el informe ofrecido por las métricas de ejecución.

Quizás, algunos de los elementos más interesantes de este informe, aunque no se detallan en los ejemplos del capítulo son:

- Número de filas procesadas para consultas y actualizaciones.
- Tiempo de retraso de una solicitud debido a la limitación de capacidad.
- Tiempo para establecer una conexión con la fuente de datos.
- Consumo aproximado de memoria y CPU.

Property	Value
timeStart	24/07/2025 9:49:5
timeEnd	24/07/2025 9:49:5
durationMs	4
vertipaqJobCpuTimeMs	0
queryProcessingCpuTimeMs	0
totalCpuTimeMs	0
executionDelayMs	0
approximatePeakMemConsumptionKB	0
commandType	Statement
queryDialect	DAX
queryResultRows	7

Figura 12.7. Informe de métricas de ejecución.

¿Qué es el lenguaje xmSQL?

El pseudocódigo que ofrece DAX Studio está escrito en el lenguaje xmSQL, que es un lenguaje de solo lectura similar a SQL que existe como representación textual de las solicitudes que el motor de fórmulas envió al motor de almacenamiento.

- No es un lenguaje de consulta ejecutable.
- Su función es que se pueda comprender las operaciones que se realizan por el motor de almacenamiento cuando ocurre un evento de escaneo y se ejecuta la consulta contra el modelo en modo de importación.

Un ejemplo que permite describir lo que ocurre en uno de los pasos de la figura 12.2 es este código escrito en xmSQL:

```
SET DC_KIND="AUTO";
SELECT
  'Productos'[Color],
  SUM ('Ventas'[Cantidades])
FROM 'Ventas'
  LEFT OUTER JOIN 'Productos'
  ON 'Ventas'[IdProducto]='Productos'[IdProducto]
WHERE
  'Productos'[Color] IN ('Rojo','Blanco','Negro','Amarillo','Gris' ) ;

Estimated size: rows = 9 bytes = 144
```

Esta expresión de consulta se puede entender por alguien que se ha relacionado con SQL. Por eso, es similar a SQL, para que se pueda entender.

Escenarios

Uso de variables en expresiones DAX

El uso de variables es una de las vías más útiles para optimizar una consulta DAX. Para analizar la diferencia en cuanto al rendimiento y los pasos que se requieren para resolver las consultas, se analiza el informe desde DAX Studio para cada caso.

Caso 1. Comparativa entre no utilizar y sí utilizar variables

Explicar el resultado devuelto por la fila Total de la tabla puede ser un desafío cuando la medida no es una suma o un conteo sencillo.

Las medidas base que se utilizan son `Cantidad` y `Color_Verde` y estas son sus expresiones de cálculo:

```
Cantidad = SUM(Ventas[Cantidades])

Color_Verde =
  CALCULATE(
    [Cantidad],
    Productos[Color] = "Verde"
  )
```

Si la medida tiene algún cálculo como una simple diferencia de valores, el resultado que se obtiene desde el punto de vista de la consulta DAX es correcto, pero desde el objeto visual no se entiende, como se muestra en el ejemplo de la figura 12.8.

Color	Cantidad	Diferencia_Verde
Amarillo	226	467
Blanco	521	172
Gris	386	307
Negro	346	347
Rojo	588	105
Verde	693	0
Total	**2.760**	**-2.067**

Figura 12.8. Ejemplo de resultado aparentemente incoherente en la fila Total.

El objetivo de la siguiente expresión de medida es devolver un valor en blanco si se cumple una de estas tres condiciones:

- El cálculo se realiza sobre la fila Total de la tabla.
- La fila actual es el color verde.
- El valor devuelto por cantidad no es un valor en blanco.

Sin variables

En la siguiente expresión DAX no se utilizan variables, sino una doble llamada a la medida `Cantidad`:

```
Sin Total =
  IF(
    HASONEVALUE(Productos[Color]) &&
    NOT ISBLANK([Cantidad]) &&
    NOT("Verde") IN VALUES(Productos[Color]),
    [Color_Verde] - [Cantidad]
  )
```

Esta expresión devuelve una tabla con la columna Color y las medidas `Cantidad` y `Sin Total` sin utilizar variables y con doble llamada de la medida `Cantidad`.

Si un cálculo se repite en una expresión, ya sea desde la expresión o desde la referencia a una medida, la recomendación es trabajar con variables.

La figura 12.9 muestra el informe que se obtiene para la medida `Sin Total`.

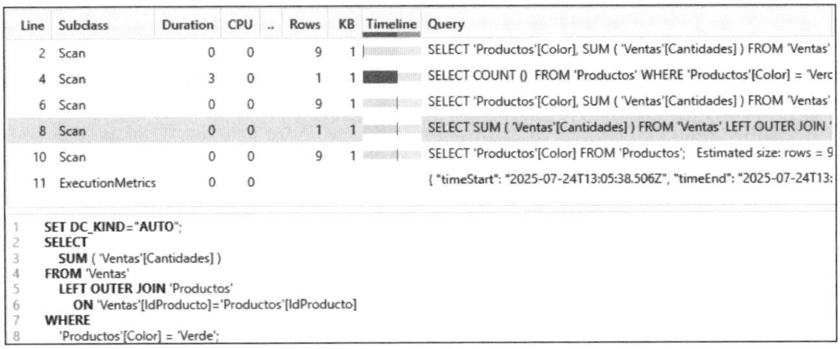

Figura 12.9. Informe del proceso de consulta sin utilizar variables.

Cada paso es una petición que se hace al motor de almacenamiento y se registra en el informe la cantidad de filas que devuelve el motor de almacenamiento al motor de fórmula.

- Reducir los pasos es reducir el número de peticiones que se lanzan al motor de almacenamiento y, por tanto, mejorar el rendimiento de la consulta.

Con variables

La medida `Sin Total VAR` muestra un ejemplo de expresión DAX que utiliza la definición y consumo de las variables:

```
Sin Total VAR =
  VAR vCantidad = [Cantidad]
  VAR vVerde = [Color_Verde]
  RETURN
    IF(
      HASONEVALUE(Productos[Color]) &&
      NOT ISBLANK([Cantidad]) &&
      NOT("Verde") IN VALUES(Productos[Color]),
      vVerde - vCantidad
    )
```

Se obtiene una tabla con las filas de resultados y tres columnas: la columna Color y las medidas `Cantidad` y `Sin Total VAR`. El informe emitido por DAX Studio es el que se muestra en la figura 12.10.

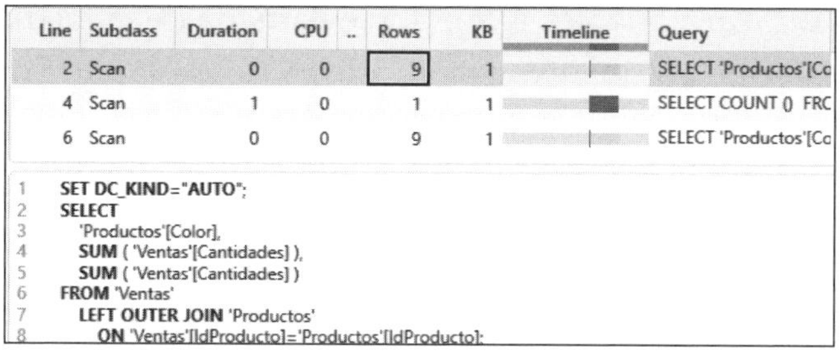

Figura 12.10. Informe del proceso de la consulta utilizando variables.

La diferencia en la ejecución es evidente. La primera consulta, que no utiliza las variables y que llama dos veces a la medida es ineficiente.

- Como se aprecia en la figura 12.9, se necesitan cinco pasos, porque se recorre dos veces la tabla de hechos, Ventas, para el cálculo.
- En uno de los casos, la cláusula `WHERE` evalúa la condición en una lista de todos los productos que tienen al menos una venta, todos menos el verde.
- Para obtener el dato del color verde se ejecuta una consulta aparte.

A nivel de objeto visual de página de informe de cara al resultado de la herramienta cliente, no hay diferencia, el resultado es el mismo.

- La eficiencia y rendimiento de las consultas es diferente.

La figura 12.11 muestra el resultado que se obtuvo tras calcular ambas medidas.

Color	Cantidad	Diferencia_Verde	Sin Total	Sin Total VAR
Amarillo	226	467	467	467
Blanco	521	172	172	172
Gris	386	307	307	307
Negro	346	347	347	347
Rojo	588	105	105	105
Verde	693	0		
Total	**2.760**	**-2.067**		

Figura 12.11. Cálculos para solucionar el desafío de la fila Total.

Caso 2. Posición de las variables en el cálculo

El lugar donde estén ubicadas las variables también es importante para el rendimiento de la consulta. No basta con utilizar la variable, es importante mirar si se usa de forma eficiente.

El ejemplo muestra una expresión de cálculo que obtiene la diferencia entre dos agregaciones que iteran sobre la tabla de hechos.

Variables que recorren la tabla dos veces

En este ejemplo, se define cada variable por separado, se recorre la misma tabla dos veces y luego se calcula la diferencia. Esta es la expresión DAX para la medida `Diferencia 2 Iteraciones`:

```
Diferencia 2 Iteraciones =
  VAR vImp = SUMX(Ventas,Ventas[Cantidades] * Ventas[Precio])
  VAR VImpCat = SUMX(Ventas,Ventas[Cantidades] *
    RELATED(Productos[Precio Catálogo]))
  RETURN vImpCat - vImp
```

El único paso que se necesita en la consulta expone este código:

```
WITH
  $Expr0 := ( PFCAST ( 'Ventas'[Cantidades] AS INT ) *
    PFCAST ( 'Productos'[Precio Catálogo] AS INT ) ) ,
  $Expr1 := ( PFCAST ( 'Ventas'[Cantidades] AS INT ) *
    PFCAST ( 'Ventas'[Precio] AS INT ) )
SELECT
  SUM ( @$Expr0 ),
  SUM ( @$Expr1 )
FROM 'Ventas'
  LEFT OUTER JOIN 'Productos'
    ON 'Ventas'[IdProducto]='Productos'[IdProducto];
```

Variables definidas dentro del iterador

En la expresión de la medida `Diferencia 1 Iteración` se aprecia que se definen las variables dentro de la función iteradora:

```
Diferencia 1 Iteración =
SUMX(
  Ventas,
  VAR vImp = Ventas[Cantidades] * Ventas[Precio]
  VAR VImpCat = Ventas[Cantidades] *
    RELATED(Productos[Precio Catálogo])
  RETURN vImpCat - vImp
  )
```

El único paso que se necesita en la consulta expone este código:

```
WITH
  $Expr1 := ( PFCAST ( 'Ventas'[Cantidades] AS INT ) *
    PFCAST ( 'Productos'[Precio Catálogo] AS INT ) ) ,
  $Expr2 := ( PFCAST ( 'Ventas'[Cantidades] AS INT ) *
    PFCAST ( 'Ventas'[Precio] AS INT ) )
  $Expr0 := ( @$Expr1 - @$Expr2 )
SELECT
  SUM ( @$Expr0 )
FROM 'Ventas'
  LEFT OUTER JOIN 'Productos'
    ON 'Ventas'[IdProducto]='Productos'[IdProducto];
```

La fórmula para resolver la consulta es más eficiente en el segundo caso cuando se itera solo una vez por la tabla Ventas y se realizan los dos cálculos.

Es interesante que, en ambos casos, haya un único paso para resolver la consulta. La razón para que este sea el comportamiento de la consulta es que se produce la fusión en DAX.

¿Qué es la fusión en DAX?

La fusión en DAX es posible en consultas sobre el mismo objeto. La optimización comprueba si los eventos del motor de almacenamiento pueden combinarse en un solo evento. Si el motor detecta la necesaria similitud entre los eventos del motor de almacenamiento, los fusiona en un solo evento para reducir el número de pases.

Cada objeto visual se trata como una consulta independiente, por lo que no se pueden fusionar los pasos de la consulta. La primera recomendación es intentar utilizar objetos visuales que acepten múltiples medidas como las tarjetas múltiples, tablas y matrices.

- La fusión de DAX no es una propiedad, configuración ni sugerencia sobre la que exista un control directo.
- Se activa o no, dependiendo de cómo se haya escrito la expresión DAX que invoca la consulta.

Va a provocar una reducción de pasos que es provocar una reducción en los eventos de escaneo y, por tanto, del número de peticiones que se lanzan al motor de almacenamiento.

En general, la fusión de DAX debería acelerar la ejecución de las consultas cuando se puede aplicar. Reducir el número de eventos de escaneo del motor de almacenamiento es lo más efectivo para un mejor rendimiento.

Esta consulta aprovecha la fusión y se ejecuta en un solo paso.

```
EVALUATE
  SUMMARIZECOLUMNS(
    Productos[Color],
    "Suma", SUM(Ventas[Cantidades]),
    "Promedio", AVERAGE(Ventas[Cantidades]),
    "Mínimo", MIN(Ventas[Precio]),
    "Máximo", MAX(Ventas[Precio]),
    "Conteo", COUNTROWS(Ventas)
  )
```

Este es el código xmSQL que se obtiene, todo en un paso:

```
SELECT
  'Productos'[Color],
  COUNT ( ),
  SUM ( 'Ventas'[Cantidades] ),
  SUM ( 'Ventas'[Cantidades] ),
  SUM ( ( PFDATAID ( 'Ventas'[Cantidades] ) <> 2 ) ),
  MIN ( 'Ventas'[Precio] ),
  MAX ( 'Ventas'[Precio] )
FROM 'Ventas'
  LEFT OUTER JOIN 'Productos'
    ON 'Ventas'[IdProducto]='Productos'[IdProducto];

Estimated size: rows = 9  bytes = 432
```

Si cambia al menos una condición de filtro, se agrega un paso. En el siguiente ejemplo se agregan dos condiciones de filtro que son diferentes, por eso se agregan dos pasos adicionales:

```
EVALUATE
  SUMMARIZECOLUMNS(
    Productos[Color],
    "Suma", SUM(Ventas[Cantidades]),
    "Promedio",
      CALCULATE(
        AVERAGE(Ventas[Cantidades])
        ,Ventas[Cantidades]>10),
    "Mínimo",
      CALCULATE(
        MIN(Ventas[Precio]),
        Ventas[Cantidades]>15),
    "Máximo", MAX(Ventas[Precio]),
    "Conteo", COUNTROWS(Ventas)
    )
```

La figura 12.12 muestra los pasos necesarios para la ejecución de la consulta anterior.

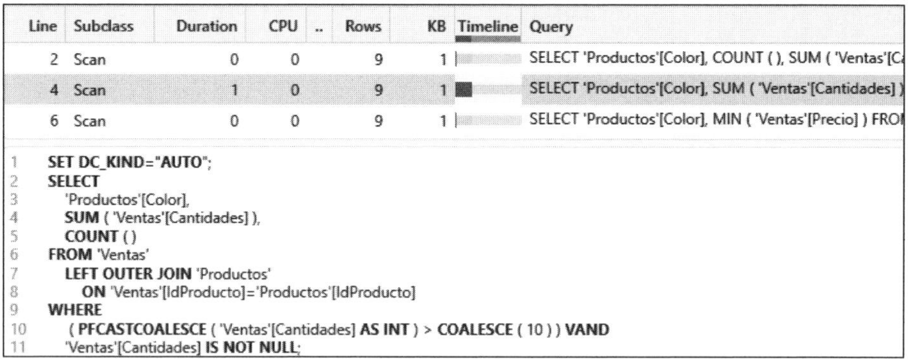

Figura 12.12. Ejemplo de consulta con fusión parcial de los pasos.

Se interrumpe la fusión. Ya no se obtiene todo el cálculo en un único paso. Se dividen los bloques que se pueden fusionar. Los cálculos para suma, máximo y conteo se fusionan, promedio y mínimo provocan dos pasos independientes adicionales.

- No se pueden fusionar todos porque se aplican lógicas de filtro diferentes.

Hay muchos escenarios y muchas combinaciones que se pueden fusionar. El objetivo de incluir este apartado es ayudar a entender la respuesta que en materia de informe de ejecución de consulta se obtiene desde DAX Studio.

Panel de filtro vs. medidas con DAX

Con mucha frecuencia, el panel Filtros en Power BI Desktop se utiliza para gestionar los filtros y la lógica de las visualizaciones. En este libro se ha visto que existen muchas opciones integradas para crear acciones de filtro, algunas de ellas no son tan evidentes y visibles.

- Controlar la lógica únicamente desde el panel de filtros tiene sus riesgos.

En la figura 12.13 aparece un ejemplo de informe con una tarjeta controlada por filtros y una tarjeta controlada por DAX.

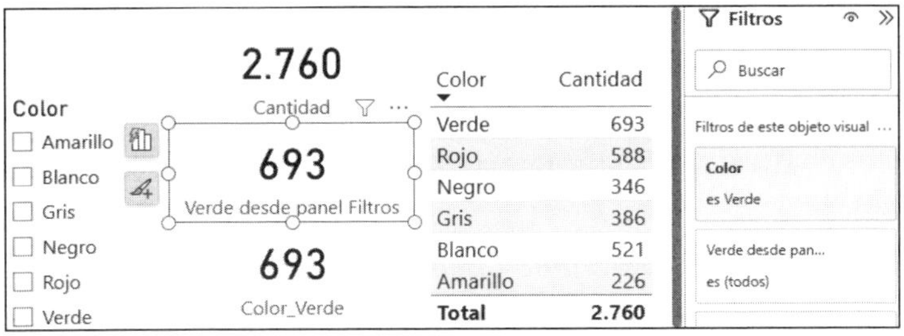

Figura 12.13. Ejemplo de informe con filtros en el panel y en cálculos con DAX.

En la figura 12.13 hay varios elementos visuales de izquierda a derecha:

- Filtro por columna Color desde una segmentación.
- Tres tarjetas:
  - `Cantidad`: Muestra 2.760, que es la suma de la columna Cantidades de la tabla Ventas sin aplicar filtros.
  - `Verde` desde panel Filtros: Es la tarjeta resaltada. Muestra la misma medida, `Cantidad`, a la que se le ha aplicado un filtro desde el panel por la columna Color de la tabla Productos y el valor `Verde`, por esa razón muestra `693`.
  - `Color_Verde`: Muestra `693`, que es la cantidad filtrada por la columna Color de la tabla Productos y el valor `Verde` en este caso desde el código DAX. A la función `CALCULATE` se le ha pasado la condición del filtro por columna.
- Tabla con la columna Color y la medida `Cantidad` filtrada para cada valor de Color.

Si se aplica un filtro desde la segmentación, la tarjeta que depende del panel de filtros muestra el valor en blanco, como se aprecia en la figura 12.14.

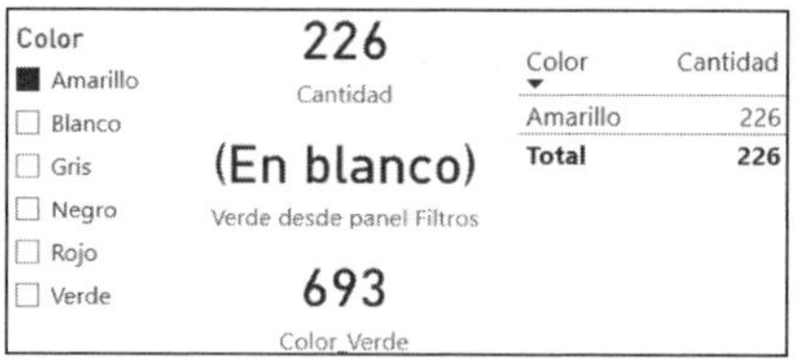

Figura 12.14. Efecto en la página de informe tras agregar un filtro desde una segmentación.

En la figura 12.14 se aprecian los siguientes resultados en las tarjetas:

- `Cantidad`: Muestra 226, que se corresponde al resultado filtrado por color amarillo.
- `Verde` desde panel Filtros: Está filtrada desde el panel Filtro y muestra un valor `En blanco`.
- `Color_Verde`: Muestra `693`, que se corresponde con el resultado filtrado por color Verde.

DAX Studio desvela las claves de los resultados.

Tarjeta Cantidad

Para la medida `Cantidad` se ejecuta este código en el que se recibe el filtro externo de por color amarillo y se expone en la definición de variable de filtro con la función `TREATAS`.

```
DEFINE VAR __DS0FilterTable =
  TREATAS({"Amarillo"}, 'Productos'[Color])
EVALUATE
  SUMMARIZECOLUMNS(__DS0FilterTable, "Cantidad", IGNORE('_
Indicadores'[Cantidad]))
```

El resultado tiene en cuenta el contexto de filtro externo y devuelve el valor de `Cantidad` filtrado por color amarillo.

La consulta que se expone en DAX Studio es la siguiente:

```
SELECT
  SUM ( 'Ventas'[Cantidades] )
FROM 'Ventas'
  LEFT OUTER JOIN 'Productos'
  ON 'Ventas'[IdProducto]='Productos'[IdProducto]
WHERE
  'Productos'[Color] = 'Amarillo';
```

Se trata de un filtro muy sencillo, que responde a la propagación de filtro desde la tabla Productos a la tabla Ventas gracias a la relación física que existe entre ellas.

Tarjeta Verde desde panel Filtros

Para esta tarjeta se ejecuta el código DAX de la medida `Cantidad`.

El resultado está afectado por un contexto de filtro externo que llega por dos vías a la columna Color.

- Filtro aplicado por la segmentación que elige el color amarillo.
- Filtro aplicado en el panel Filtros que elige el color verde.

La figura 12.15 muestra el efecto del doble filtro sobre la tarjeta.

Figura 12.15. Doble condición de filtro que afecta la tarjeta.

Esta combinación de filtros provoca una condición de `AND` lógico, lo que significa que el valor de color debe ser al mismo tiempo amarillo y verde, lo que no se cumple en ninguno de los productos. La tabla Productos se filtra, devuelve un conjunto vacío que se propaga a la tabla Ventas y no ocurre, por tanto, ningún proceso de consulta.

La figura 12.16 muestra la consulta devuelta por el motor y el panel vacío al no producirse cálculo alguno.

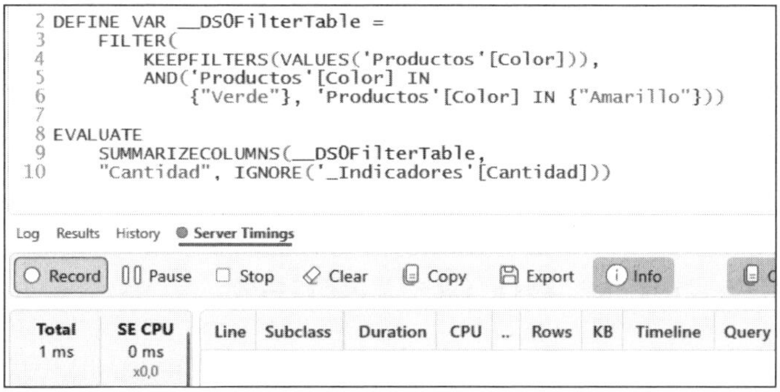

Figura 12.16. Informe desde DAX Studio con la consulta sin cálculo.

Tarjeta Color_Verde

La expresión DAX de la consulta muestra que se recibe el filtro externo:

```
DEFINE VAR __DS0FilterTable =
  TREATAS({"Amarillo"}, 'Productos'[Color])
EVALUATE
  SUMMARIZECOLUMNS(
    __DS0FilterTable,
    "Color_Verde",
    IGNORE('_Indicadores'[Color_Verde])
  )
```

Sin embargo, la consulta a los datos devuelta por DAX Studio muestra que se ignora el filtro externo recibido y se utiliza el filtro aportado por la expresión DAX que define la medida `Color_Verde`:

```
SELECT
  SUM ( 'Ventas'[Cantidades] )
FROM 'Ventas'
  LEFT OUTER JOIN 'Productos'
  ON 'Ventas'[IdProducto]='Productos'[IdProducto]
WHERE
  'Productos'[Color] = 'Verde';
```

Es posible concluir lo siguiente en este caso:

- Si se regresa al escenario que muestra la figura 12.9 y se aplica el filtro sobre una fila de la tabla, y se elige, por ejemplo, el color amarillo, el proceso para cada una de las consultas sería exactamente el mismo y sería exactamente igual el resultado que se obtiene en las tarjetas.
- La esencia del ejemplo está en que el filtro desde el panel Filtros sobre una medida base es únicamente válido si se puede garantizar que por ninguna acción se podrá aplicar el filtro a la tarjeta por el mismo campo o columna del modelo que se ha utilizado para filtrar desde el panel.
- Sin embargo, cuando la condición de filtro se crea con DAX, se sostiene y permanece, con independencia de la gestión externa y la interacción que haya entre los elementos visuales del informe.

Efecto de ceros en las tablas

En los objetos visuales se aplica una técnica de optimización que se utiliza por los mecanismos de filtrado de DAX con el objetivo de reducir el esfuerzo de cálculo de valores.

Esa técnica, que se llama *auto-exist*, se aplica con mucha efectividad especialmente cuando se imponen varias condiciones de filtro sobre columnas de la misma tabla.

La figura 12.17 muestra un ejemplo dos tablas, a la izquierda se ven todos los colores y a la derecha los colores de los productos que tienen operaciones en la tabla de hechos.

Color
Amarillo
Azul
Blanco
Gris
Multicolor
Naranja
Negro
Rojo
Verde

Sin Ceros

Color	Cantidad
Amarillo	226
Blanco	521
Gris	386
Negro	346
Rojo	588
Verde	693
Total	**2.760**

Figura 12.17. Comportamiento predeterminado en DAX, no mostrar las filas sin resultados.

La consulta a los datos es la siguiente. Se aprovecha la relación entre las tablas y se propaga el filtro provocado por cada fila del objeto visual.

```
SELECT
  'Productos'[Color],
  SUM ( 'Ventas'[Cantidades] )
FROM 'Ventas'
  LEFT OUTER JOIN 'Productos'
  ON 'Ventas'[IdProducto]='Productos'[IdProducto];
```

En muchas ocasiones, el requisito impone que se vean todos los valores, aunque no haya actividad sobre algunos de ellos. Si no se necesitan los ceros en la columna `Cantidad`, hay una opción que se puede configurar en la propia visualización.

La figura 12.18 muestra cómo configurar la columna descriptiva de la tabla para que aparezcan los colores que no tienen datos asociados.

Este cambio, que en apariencia es inocente y no provoca un cálculo extra, provoca un paso y una consulta extras que devuelve todos los valores de la columna Color para poder mostrarlos en la tabla:

```
SELECT 'Productos'[Color]
FROM 'Productos';
```

El resto del proceso es el mismo.

El requisito puede ser más exigente desde el punto de vista de la optimización de consultas y es cuando se requiere mostrar un cero allí donde no hubo actividad.

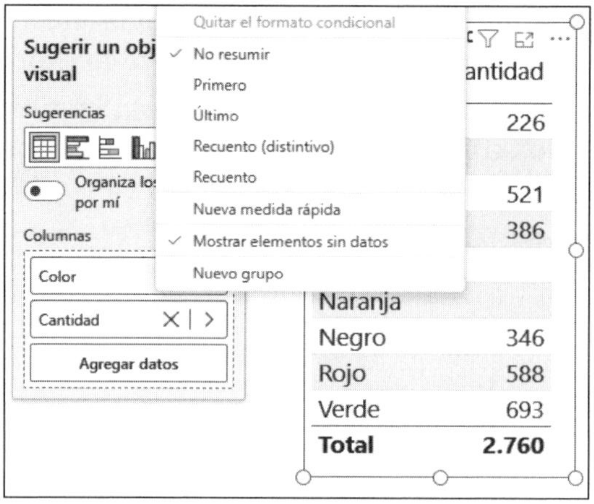

Figura 12.18. Configurar la tabla para mostrar los elementos sin datos.

Medida Blanco Cantidad

La fórmula para esta medida es la siguiente:

```
Blanco Cantidad =
  IF(
    ISBLANK([Cantidad]),0,
    [Cantidad]
  )
```

Esta fórmula tiene muchos problemas, falta la variable, se invoca dos veces la medida; en fin, ya se han visto estas malas prácticas. Lo que ocurre es que es muy fácil de escribir, no requiere de comprensión sobre cómo funciona el motor y abunda en los proyectos porque soluciona el desafío, aunque, como se aprecia en la figura 12.19, es dañino para el rendimiento.

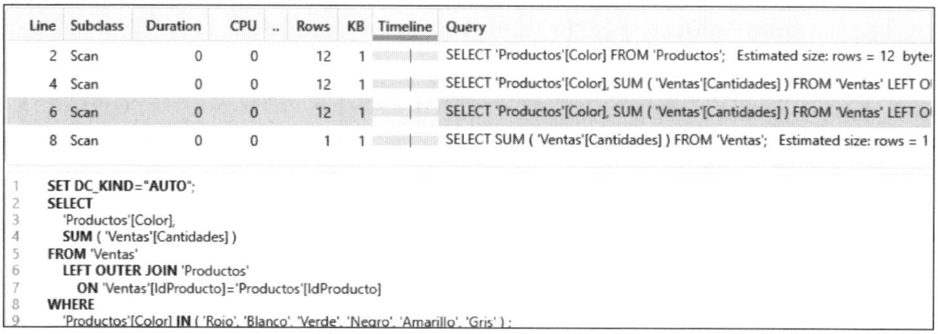

Figura 12.19. Impacto en los pasos de la consulta al incluir el cero.

La figura 12.19 muestra que hacen falta cuatro pasos para resolver la expresión DAX de la medida `Blanco Cantidad`.

La imagen deja ver que se recorre tres veces la tabla de hechos, la tabla Ventas. Como norma general, hay que mirar bien las veces que ocurre un proceso de barrido o escaneo de la tabla de hechos porque es la tabla que tiene más filas del modelo.

Medida Cero Cantidad

La expresión para esta medida es igualmente fácil de escribir, pero ineficiente:

```
Cero Cantidad =
  IF(
    [Cantidad]=0,
    0,
    [Cantidad]
  )
```

El informe de resolución de la consulta que se expone en DAX Studio es exactamente igual que el anterior. Hay cuatro pasos y se incluyen tres pases a la tabla de hechos.

Medida Suma cero

Hay una opción menos conocida y más efectiva (siempre que se utilice con una combinación de dimensiones de baja cardinalidad, porque no deja de ser una medida densa como las anteriores). Es la que se muestra en la siguiente expresión:

```
Suma Cero = [Cantidad] + 0
```

Esta expresión provoca dos pasos en la resolución de la consulta:

La primera consulta devuelve todos los valores de color:

```
SELECT
  'Productos'[Color]
FROM 'Productos';
```

Y la segunda expresión recorre la tabla de hechos:

```
SELECT
  'Productos'[Color],
  SUM ( 'Ventas'[Cantidades] )
FROM 'Ventas'
LEFT OUTER JOIN 'Productos'
  ON 'Ventas'[IdProducto]='Productos'[IdProducto];
```

Es mejor que los dos anteriores en cuanto a los pasos y soluciona el desafío. Te recomiendo explorar las posibilidades que brindan los cálculos visuales para casos puntuales que se puedan solucionar sumando cero al final porque el cálculo visual actúa después de todos los cálculos, sobre la tabla visual resultante.

Lo recomendado es no agregar ceros a las tablas y gráficos cuando no haya valores. Sin embargo, en una tarjeta puede venir bien utilizar la medida `Suma Cero` para evitar el mensaje "`En Blanco`".

- Cuando se necesite agregar un cero, la recomendación es hacerlo al final, o mejor en una medida extra como en este caso, porque ya se han resuelto todas las iteraciones y filtros de las medidas involucradas y se elimina toda afectación al proceso del cálculo.

La figura 12.20 muestra la tarjeta sin valor por el efecto de los filtros aplicados.

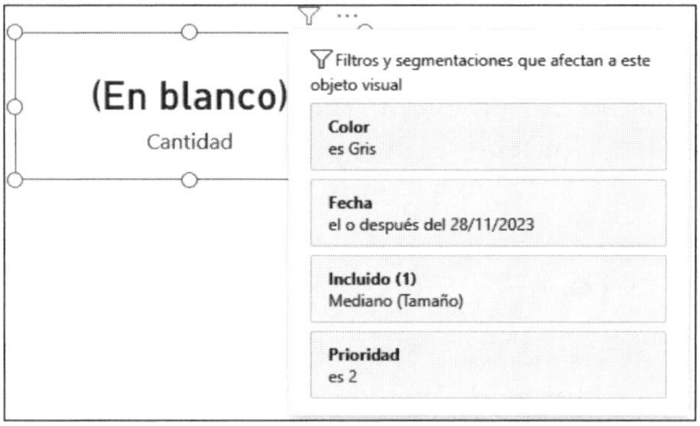

Figura 12.20. Tarjeta con valor `En Blanco` por efecto de los filtros.

La consulta necesita un único paso y esta es la consulta que muestra DAX Studio.

```
SELECT
  SUM ( 'Ventas'[Cantidades] )
FROM 'Ventas'
  LEFT OUTER JOIN 'Productos'
    ON 'Ventas'[IdProducto]='Productos'[IdProducto]
  LEFT OUTER JOIN 'Calendario'
    ON 'Ventas'[Fecha]='Calendario'[Fecha]
WHERE
  'Productos'[Color] = 'Gris' VAND
  'Productos'[Tamaño] = 'Mediano' VAND
  'Productos'[Prioridad] = 2 VAND
  ( PFCASTCOALESCE ( 'Calendario'[Fecha] AS REAL ) >= COALESCE (
45258.000000 ) ) ;
```

Si se crea una tarjeta que muestre el resultado de la medida `SumaCero` con estos mismos filtros aplicados, la consulta DAX es la misma, como se aprecia en la figura 12.21.

```
DEFINE
    VAR __DS0FilterTable =
        TREATAS({2}, 'Productos'[Prioridad])
    VAR __DS0FilterTable2 =
        TREATAS({"Gris"}, 'Productos'[Color])
    VAR __DS0FilterTable3 =
        FILTER(
            KEEPFILTERS(VALUES('Calendario'[Fecha])),
            'Calendario'[Fecha] >= DATE(2023, 11, 28))
    VAR __DS0FilterTable4 =
        TREATAS({"Mediano"}, 'Productos'[Tamaño])
EVALUATE
    SUMMARIZECOLUMNS(
        __DS0FilterTable,
        __DS0FilterTable2,
        __DS0FilterTable3,
        __DS0FilterTable4,
        "Suma_Cero", IGNORE('_Indicadores'[Suma Cero]))
```

Figura 12.21. La consulta DAX no muestra el efecto añadido por sumar cero.

La consulta a los datos también es la misma, la acción que suma cero a una tarjeta no afecta al rendimiento.

Impacto de las funciones utilizadas en el rendimiento

Algunas funciones DAX son más efectivas que otras en cuanto al rendimiento. Puede que el resultado sea el mismo, pero el tiempo de resolución de la consulta es diferente. En este ejemplo la petición es bastante común.

- Filtrar las operaciones, es decir, las filas de la tabla Ventas en las que la multiplicación de las columnas Cantidades y Precio es mayor que 250.
- Calcular, fila a fila de la tabla filtrada, la multiplicación de las columnas Cantidades y Precio para obtener la suma final de cada valor multiplicado.

Medida: Importes IF

La expresión para la medida que utiliza la función `IF` es la siguiente:

```
Importes IF =
  SUMX(
    Ventas,
    IF(
      Ventas[Cantidades] * Ventas[Precio] > 250,
      Ventas[Cantidades] * Ventas[Precio]
    )
  )
```

Esta consulta es muy ineficiente. Provoca lo que se llama CALLBACK, como se puede apreciar en el informa de consulta que muestra la figura 12.22.

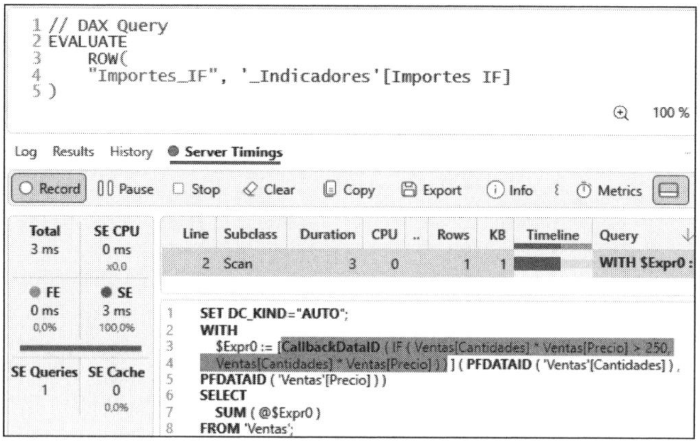

Figura 12.22. Ejemplo de consulta que provoca CALLBACK.

¿Qué ocurre cuando aparece un CALLBACK en una consulta DAX?

Un elemento que distingue una consulta con problemas de optimización es la presencia de la palabra CALLBACK. La expresión de la medida Importes_IF:

- Recorre la tabla Ventas con el iterador.
- Fila a fila evalúa la condición con la función IF provocando CALLBACK.

La palabra CALLBACK en la consulta se destaca en negrita para que llame la atención. Informa que el resultado no se cachea para futuras consultas. Ocurre en casos de operaciones complejas que no se pueden realizar por el motor de almacenamiento.

Hay que revisar estas expresiones para simplificarlas y evitar el CALLBACK a toda costa. No se podrá conseguir en todos los escenarios, pero en este ejemplo es posible. La presencia del CALLBACK trae consigo dos problemas:

- Aunque se ejecute sin limpiar caché, nunca se cachea.
- El motor de fórmulas no puede hacer operaciones complejas con todos los datos, porque están filtrados por la iteración, por lo que necesita pedir datos una y otra vez al motor de almacenamiento para cada fila de datos de la tabla iterada.

Lo mejor es filtrar antes de iterar.

Medida Importes FILTER Tabla

La expresión que utiliza `IF` dentro de un iterador se puede sustituir por `FILTER` para eliminar el temido `CALLBACK`. Hay dos formas de hacerlo que no son iguales ni rinden igual.

El primer enfoque está dirigido a filtrar por un nombre de tabla o expresión que devuelva una tabla como se define en la medida `Importes FILTER Tabla`.

```
Importes FILTER Tabla =
  CALCULATE(
    SUMX(
      Ventas,
      Ventas[Cantidades] * Ventas[Precio]),
      FILTER(Ventas,
        Ventas[Cantidades] * Ventas[Precio] > 250
      )
    )
```

Esta expresión DAX evita el `CALLBACK`, lo que está muy bien. Por otra parte, es ineficiente porque el filtro que se crea con la función `FILTER` actúa sobre la tabla.

El resultado de filtrar por el nombre de tabla provoca una tabla con todas las columnas de la tabla original y tantas filas como valores coincidentes haya de la combinación de todas las columnas. Dicho en otras palabras, se eliminan las filas duplicadas.

La figura 12.23 muestra el resultado de la expresión que se utiliza para filtrar en la medida.

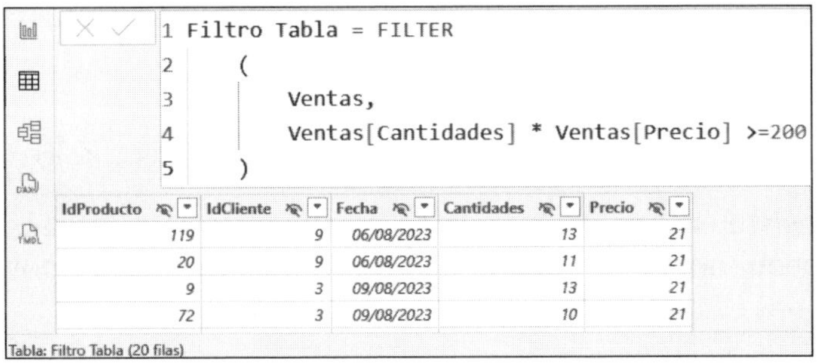

```
1 Filtro Tabla = FILTER
2     (
3         Ventas,
4         Ventas[Cantidades] * Ventas[Precio] >=200
5     )
```

IdProducto	IdCliente	Fecha	Cantidades	Precio
119	9	06/08/2023	13	21
20	9	06/08/2023	11	21
9	3	09/08/2023	13	21
72	3	09/08/2023	10	21

Tabla: Filtro Tabla (20 filas)

Figura 12.23. Resultado de aplicar el filtro a una tabla.

La tabla que se genera en memoria por la acción de filtro es como la que se representa en la figura 12.23, con 20 filas y cinco columnas.

Medida Importes FILTER Columnas

Con el objetivo de superar el rendimiento que se alcanza con la expresión DAX para la medida `Importes FILTER Tabla` se sigue un segundo enfoque que está dirigido a filtrar por los nombres de columnas involucradas en la acción del filtro lógico como se define en la medida `Importes FILTER Columna`.

```
Importes FILTER Columnas =
  CALCULATE(
    SUMX(Ventas,
    Ventas[Cantidades] * Ventas[Precio]),
    FILTER(
      ALL(Ventas[Cantidades], Ventas[Precio]),
      Ventas[Cantidades] * Ventas[Precio] > 250
      )
    )
```

La figura 12.24 muestra el resultado de la expresión que se utiliza para filtrar en la medida.

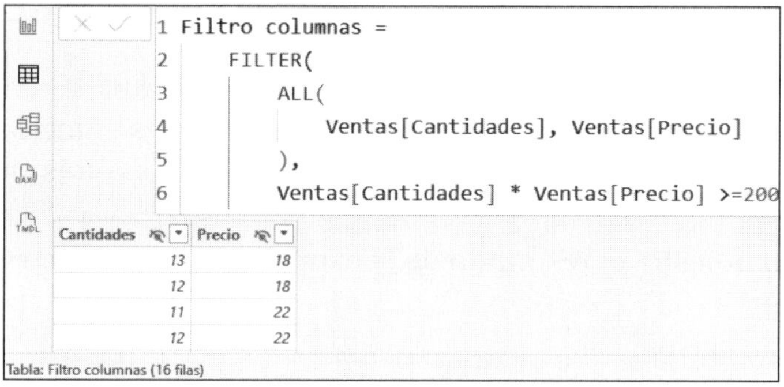

Figura 12.24. Resultado de aplicar un filtro por columnas.

En lugar de 20 filas y cinco columnas, se obtienen 16 filas y solo dos columnas.

- Hay que insistir en que el juego de datos utilizado para este libro es extremadamente pequeño. En la vida real la diferencia entre filtrar por tabla y filtrar por columnas es inmensa.

La expresión que devuelve DAX Studio en su informe de consulta es la misma con independencia del filtro aplicado.

La diferencia que existe en estos dos casos no está en la cantidad de pasos. Está en la vida real, que aporta una mayor complejidad de las columnas y miles, o millones de filas de datos que provocan lentitud en la solución.

Esta es la expresión de la consulta en el lenguaje xmSQL:

```
WITH
  $Expr0 := ( PFCAST ( 'Ventas'[Cantidades] AS INT ) *
  PFCAST ( 'Ventas'[Precio] AS INT ) )
SELECT
  SUM ( @$Expr0 )
FROM 'Ventas'
WHERE
  ( COALESCE ( ( PFCAST ( 'Ventas'[Cantidades] AS INT ) *
  PFCAST ( 'Ventas'[Precio] AS INT ) ) ) > COALESCE ( 250 ) ) ;
```

Filtro por tabla o por columna en un visual con filtros

Si la medida `Importes FILTER Tabla` se agrega a un objeto visual, por ejemplo, una tabla de informe y se segmenta por una columna color que tiene solo cinco colores que cumplen con la condición de filtro, el informe de ejecución de la consulta es más complejo, como se aprecia en la figura 12.25.

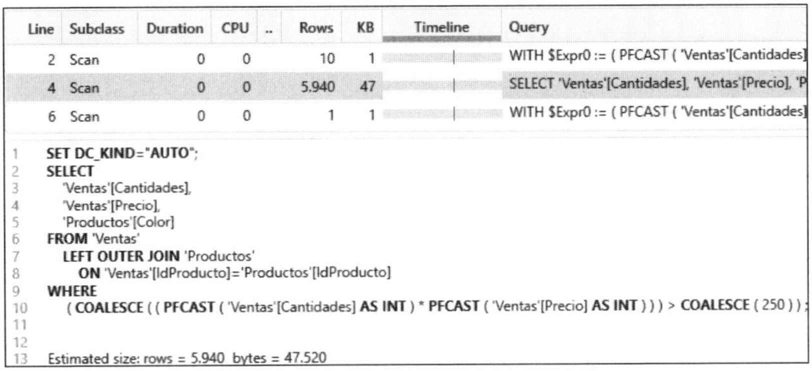

Figura 12.25. Efecto de aplicar `FILTER` a una tabla y segmentar por columna.

Cuando se aplicó esta medida en una tarjeta se devolvió un único registro.

En este caso, son muy pocos los valores de la columna Color, que es la que se utiliza para filtrar en el objeto visual tabla. Apenas seis colores y de ellos solo cinco cumplen la condición. Muy pocos en todos los sentidos.

A pesar de eso, el segundo paso de la consulta devuelve 5.940 filas. Esto ocurre porque, al aplicar una función `FILTER` a una tabla dentro de una función `CALCULATE`, se devuelven todos los valores de todas las columnas para cada fila de la tabla y esto se combina con el filtro externo provocado por el valor de la columna Color, como se ve en la figura 12.26.

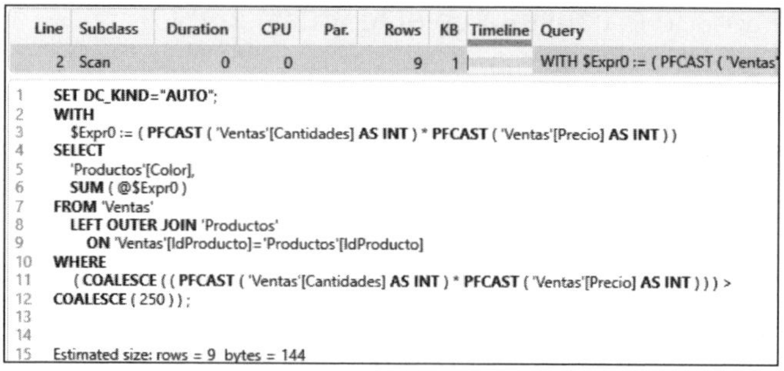

Figura 12.26. Efecto de aplicar `FILTER` a combinación de columnas y segmentar por columnas.

Al crear el escenario de la segmentación que provoca un objeto visual, ha quedado demostrada la diferencia entre filtrar por el nombre de tabla y filtrar por la combinación de columnas. Hay que tener presente el patrón de `FILTER(ALL(columna))`, aunque sea una sola, y así, si hay que escalar, ya está creada la expresión más eficiente.

Medida Importes CALCULATE

La solución que prefiero es utilizar la función `CALCULATE` porque se mantiene el patrón de uso de la función `CALCULATE` en todos los escenarios detallados en este libro.

Se trata de definir sea cual sea la complejidad del caso una expresión que cumpla este patrón:

- Pasar como primer parámetro una expresión de cálculo, en el formato de expresión, medida, función `CALCULATE` anidada u otro.
- Indicar luego una o más condiciones de filtro que se pasan como parámetros del segundo en adelante.

La expresión para el cálculo con la evaluación de la condición requerida utilizando `CALCULATE` sin especificar la función `FILTER` es la que se aprecia en la medida `Importes_CALCULATE`:

```
Importes CALCULATE =
 CALCULATE(
   SUMX(
     Ventas,
     Ventas[Cantidades] * Ventas[Precio]),
     Ventas[Cantidades] * Ventas[Precio] > 250
   )
```

La medida `Importes CALCULATE` tiene el mismo rendimiento y plan de ejecución que la medida `Importes FILTER Columnas`.

Al excluir la definición del filtro explícito con la función `FILTER`, se crea una expresión más sencilla, con menos parámetros y paréntesis, que es mi preferido.

- Como las dos expresiones tienen igual rendimiento, queda a gusto de cada uno usar un formato u otro.

¿En qué se asemejan SUM y SUMX? ¿Cuál es mejor?

Las funciones `SUM` y `SUMX` son dos funciones de agregación que sirven para sumar. Cuando se invoca `SUMX` sobre una única columna de tabla es igual que si se invocara simplemente `SUM`.

La medida base `Cantidad` que se ha utilizado mucho en este libro está definida con esta expresión DAX:

```
Cantidad = SUM(Ventas[Cantidades])
```

Internamente esta medida se ejecuta con esta expresión:

```
Cantidad =
  SUMX(
    Ventas,
    Ventas[Cantidades]
  )
```

Ambas expresiones tienen exactamente el mismo rendimiento. No existe otra diferencia que la definición más sencilla, con *syntax sugar* aportada por la función `SUM`.

¿En qué se diferencian SUM y SUMX?

Una diferencia entre las dos funciones es que `SUM` únicamente puede recibir una columna como parámetro, no una expresión ni una medida. Todos los ejemplos que se muestran a continuación se calculan para un objeto visual tipo tarjeta. El efecto que sobre la consulta DAX ejerce el objeto visual ya ha quedado demostrado en este capítulo.

El objetivo es simplificar la explicación para mostrar el problema concreto. La vida real no es tan sencilla, hay que combinar las buenas prácticas y las técnicas disponibles con los conocimientos adquiridos a partir de los ejemplos sencillos y aislados.

SUMX con expresión de cálculo

Si se necesita ejecutar un cálculo para cada fila visible de la tabla y luego sumar todos los resultados hay que utilizar `SUMX` como en la medida `Importes`:

```
Importe =
  SUMX(
    Ventas,
    Ventas[Cantidades] * Ventas[Precio]
  )
```

Esta expresión tiene buen rendimiento.

SUMX con medida como parámetro

Algo muy diferente ocurre cuando se utiliza una medida como parámetro para la función `SUMX`. Esta expresión tiene problemas de rendimiento:

```
SUMX Cantidad = SUMX(Ventas, [Cantidad])
```

Para que sea más evidente el error, voy a utilizar una estructura de tabla de hechos, Ventas, como la que se aprecia en la figura 12.27.

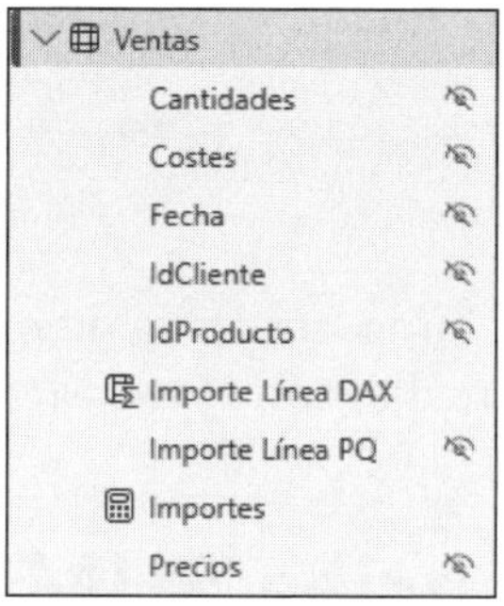

Figura 12.27. Estructura de tabla de hechos con columna calculada y medida incluida.

El diseño de la tabla Ventas no es bueno, pero es mejor así para el ejemplo. Mientras peor diseñada esté la tabla de hechos, peor será el rendimiento de la expresión.

Se comparan estas dos medidas que recorren la tabla Ventas y que se podría pensar que hacen exactamente lo mismo:

```
Cantidad = SUM(Ventas[Cantidades])
SUMX Cantidad = SUMX(Ventas, [Cantidad])
```

El código xmSQL devuelto por la medida `Cantidad` es el siguiente:

```
SET DC_KIND="AUTO";
SELECT
  SUM ( 'Ventas'[Cantidades] )
FROM 'Ventas';
Estimated size: rows = 1  bytes = 16
```

Es un código sencillo, sin complicaciones. Devuelve solo una fila, porque la operación `SUM` se puede calcular en el motor de almacenamiento. Rinde muy bien.

En el informe de la medida `SUMX Cantidad` hay dos pasos en la consulta, este es el código devuelto por el primer paso.

```
SET DC_KIND="AUTO";
SELECT
  'Ventas'[IdCliente],'Ventas'[IdProducto],
  'Ventas'[Fecha],'Ventas'[Precios],
  'Ventas'[Costes],'Ventas'[Cantidades],
  'Ventas'[Importe Línea PQ],
  'Ventas'[Importe Línea DAX],
  SUM ( 'Ventas'[Cantidades] )
FROM 'Ventas';
Estimated size: rows = 60.893  bytes = 2.435.720
```

Se puede apreciar que claramente hay un problema. Se devuelven muchas filas desde el motor de almacenamiento y no se computa la suma fácilmente. El problema es que se invoca una medida dentro del iterador.

- El iterador, que es la función `SUMX`, provoca que se lea fila a fila la tabla de hechos, que en el ejemplo tiene apenas 60.896 filas, pero en la vida real se espera de tenga miles, millones de filas o incluso más.
- La función `SUMX` provoca un contexto de fila que se convierte en contexto de filtro siempre que hay una medida.
    - Se debe a que las medidas están envueltas en una función `CALCULATE`, aunque no se vea en la expresión. La función `CALCULATE` convierte el contexto de fila en contexto de filtro.
- El contexto de filtro se materializa como una condición de filtro sobre todas las columnas de la tabla y el valor actual de cada fila. Todos estos filtros se aplican a la medida.
- El motor de almacenamiento tiene que enviar todos los valores de todas las columnas de la tabla, aunque en realidad nada tendrían que ver con el resultado del cálculo.

El informe de pasos de DAX Studio desvela otro problema de rendimiento en el segundo paso y es la presencia de CALLBACK para el cálculo, que se puede distinguir en la figura 12.28.

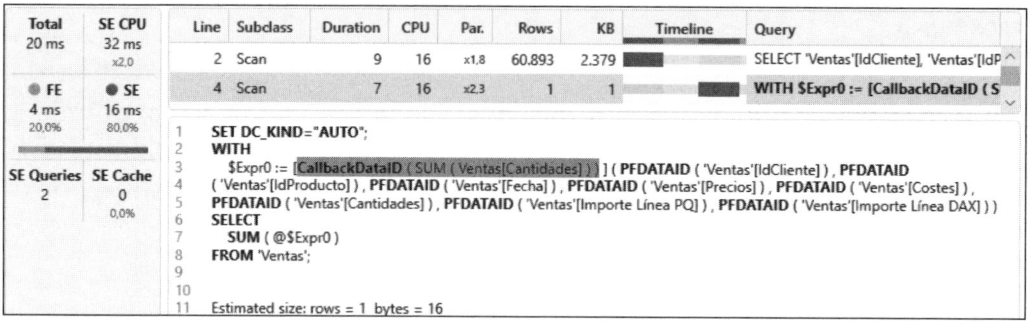

Figura 12.28. Existencia de CALLBACK en la ejecución de la consulta.

Posible solución para una columna

Una posible solución puede ser aplicar el iterador a una expresión de tabla que solo contenga las columnas que se necesitan como se aprecia en la medida SUMX VALUES Cantidad. El iterador desconoce cuántas columnas hay en la tabla de hechos, es ajeno a su complejidad.

```
SUMX VALUES Cantidad =
  SUMX(
    VALUES(Ventas[Cantidades]),
    [Cantidad]
  )
```

La figura 12.29 muestra la tabla calculada que se obtiene como resultado de la expresión VALUES(Ventas[Cantidades]).

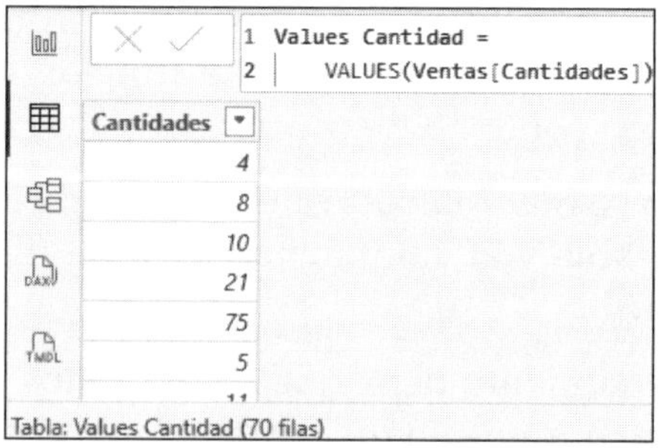

Figura 12.29. Tabla filtrada por los valores distintos de la columna **Cantidades**.

La función SUMX de la medida SUMX VALUES Cantidad itera por la tabla que recibe como primer parámetro, se trata de una tabla de una columna y 70 filas.

El resultado de esta expresión es el siguiente:

```
SET DC_KIND="AUTO";
SELECT
  'Ventas'[Cantidades],
  SUM ( 'Ventas'[Cantidades] )
FROM 'Ventas';
Estimated size: rows = 73  bytes = 1.168
```

Posible solución para una expresión

Si la medida incluye un iterador sobre una expresión de varias columnas, como en la medida Importes, se puede utilizar la siguiente expresión:

```
SUMX ALL Importes =
  SUMX(
    ALL(Ventas[Cantidades],Ventas[Precios]),
    [Importes]
  )
```

El objetivo vuelve a ser crear una tabla que contenga únicamente las filas y columnas que se necesiten para el cálculo que se requiere. La expresión de consulta que calcula la medida SUMX ALL Importes devuelve este resultado:

```
SET DC_KIND="AUTO";
WITH
  $Expr0 := (
    PFCAST ( 'Ventas'[Cantidades] AS INT ) *
    PFCAST ( 'Ventas'[Precios] AS INT ) )
SELECT
  'Ventas'[Precios],
  'Ventas'[Cantidades],
  SUM ( @$Expr0 )
FROM 'Ventas';
Estimated size: rows = 4.453  bytes = 71.248
```

En resumen, se debe evitar llamar una medida dentro de un iterador para no forzar la transición de contexto que provoca CALCULATE. Cuantas menos columnas se necesiten para el motor de almacenamiento será más eficiente la expresión. Si es imprescindible, hay dos recomendaciones:

- Probar y aplicar cualquiera de las técnicas disponibles que permitan crear una expresión de tabla que se pase como primer parámetro a la función iteradora.

- Valorar la creación de una columna calculada.
  - Las columnas calculadas son una excepción en modelado con DAX, pero existen para solucionar escenarios donde la complejidad del cálculo así lo recomiende.

Es importante medir el rendimiento en todos los casos.

Efecto de FILTER vs. KEEPFILTERS

Este último caso trata de la optimización que se puede lograr utilizando la función `KEEPFILTERS`, que es un modificador de la función `CALCULATE`.

El objetivo es obtener la cantidad de productos que hayan generado operaciones en la tabla de hechos con precios mayores que 25.

La tabla de hechos filtrada con esta condición y ordenada por la columna IdProducto se muestra en la figura 12.30.

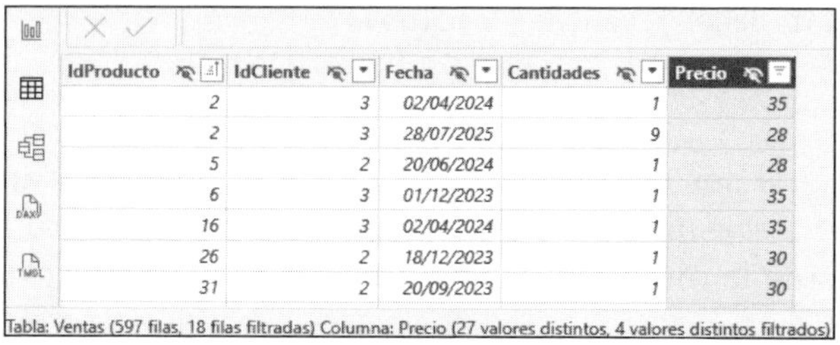

IdProducto	IdCliente	Fecha	Cantidades	Precio
2	3	02/04/2024	1	35
2	3	28/07/2025	9	28
5	2	20/06/2024	1	28
6	3	01/12/2023	1	35
16	3	02/04/2024	1	35
26	2	18/12/2023	1	30
31	2	20/09/2023	1	30

Tabla: Ventas (597 filas, 18 filas filtradas) Columna: Precio (27 valores distintos, 4 valores distintos filtrados)

Figura 12.30. Tabla **Ventas** filtrada por la columna **Precio**.

El resultado que debe devolver la métrica es 18 filas si admite duplicados o 17 filas si no los admite porque el valor 2 de la columna IdProducto está dos veces.

Problema que presenta el uso de FILTER

La expresión propuesta para la medida `Productos DISTINCTCOUNT FILTER` es la siguiente:

```
Productos DISTINCTCOUNT FILTER =
  CALCULATE(
    DISTINCTCOUNT(Ventas[IdProducto]),
    FILTER(
      Ventas,
      Ventas[Precio] > 25
    )
  )
```

La consulta se resuelve de forma muy simple para un objeto visual tipo tarjeta:

```
SET DC_KIND="AUTO";
SELECT
  DCOUNT ( 'Ventas'[IdProducto] )
FROM 'Ventas'
WHERE
  ( PFCASTCOALESCE('Ventas'[Precio] AS INT) > COALESCE (25)) ;
Estimated size: rows = 1  bytes = 12
```

Si la medida se utiliza en un objeto visual tipo tabla con la columna Color de la tabla Productos como columna que segmenta el resultado, se obtiene un plan de ejecución con pasos separados para cada valor de la columna Color que tenga productos con filas en la tabla de hechos y que cumplan las condiciones del filtro.

La figura 12.31 muestra el informe de ejecución de la consulta que invoca la medida `Productos DISTINCTCOUNT FILTER` en la tabla del informe.

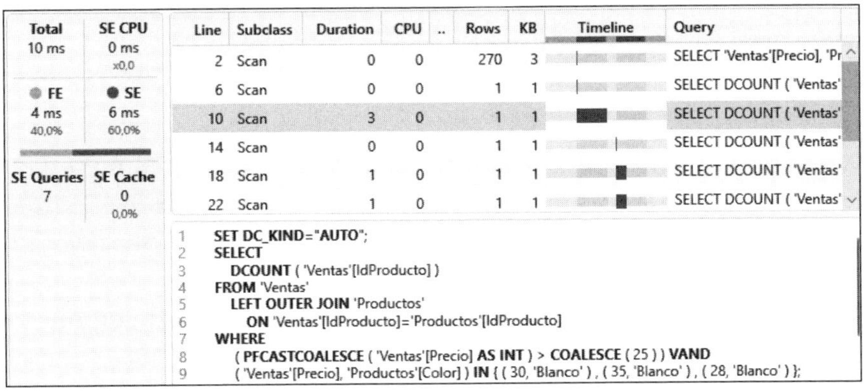

Figura 12.31. Resultado de la consulta que calcula la medida `Productos DISTINCTCOUNT FILTER` en la tabla del informe.

Aplicar una columna de otra tabla para filtrar

Si la columna de filtro no es de la tabla Productos, sino de otra tabla como Clientes, ocurre lo mismo, solo que puede necesitar más o menos pasos según sea por el juego de datos.

En este ejemplo ocurren menos pasos para la columna País de la tabla Clientes, porque hay cinco colores en productos con operaciones con precios mayores que 25 y hay solo tres países de clientes que han efectuado esas compras.

La siguiente expresión refleja uno de los pasos si se utiliza la tabla Clientes y País es España:

```
SET DC_KIND="AUTO";
SELECT
  DCOUNT ( 'Ventas'[IdProducto] )
FROM 'Ventas'
  LEFT OUTER JOIN 'Clientes'
    ON 'Ventas'[IdCliente]='Clientes'[IdCliente]
WHERE
  (PFCASTCOALESCE ('Ventas'[Precio] AS INT ) > COALESCE (25)) VAND
  ('Ventas'[Precio],'Clientes'[País])
  IN {(30, 'España') , (33,'España')};
```

Uso de KEEPFILTERS como solución

Una posible solución es utilizar la función KEEPFILTERS como en la expresión DAX de la medida Productos DISTINCTCOUNT KEEPFILTERS:

```
Productos DISTINCTCOUNT KEEPFILTERS =
  CALCULATE(
    DISTINCTCOUNT(Ventas[IdProducto]),
    KEEPFILTERS(Ventas[Precio] > 25)
  )
```

Si se utiliza sobre una tarjeta, la consulta es la misma y el rendimiento también.

Si se utiliza la misma tabla que filtra por Productos con la expresión de medida Productos DISTINCTCOUNT KEEPFILTERS, el informe de ejecución mejora mucho. Los datos calculados en el objeto visual son los mismos.

La figura 12.32 muestra el informe de la consulta de la medida en un objeto de tipo tabla que filtra por la columna Color de la tabla Productos.

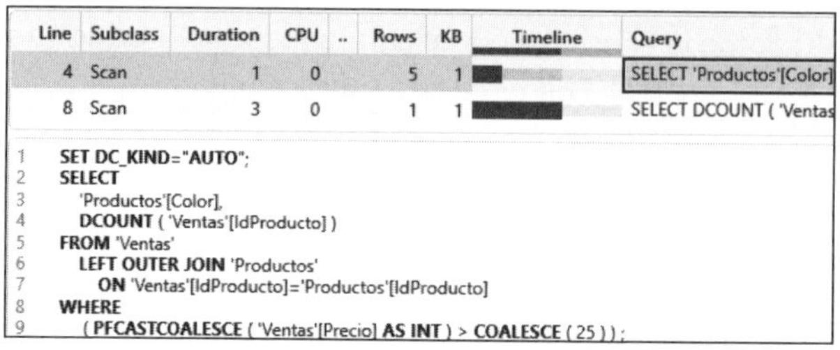

Figura 12.32. Consulta que se obtiene si se utiliza la función KEEPFILTERS.

¿Cómo se explica la diferencia entre FILTER y KEEPFILTERS?

La función FILTER crea un contexto de filtro fila a fila que CALCULATE convierte en un contexto de filtro.

Como función, KEEPFILTERS es un modificador que no elimina el filtro de la columna o tabla existente en el contexto de filtro externo. Lo que hace KEEPFILTERS es modificar la semántica de CALCULATE para que el nuevo filtro no reemplace ningún filtro existente, sino que se fusione en AND con cualquier filtro anterior.

La explicación es mucho más compleja: se puede simplificar si se entiende que la tabla está segmentada por la columna Color, por lo que la medida recibe un contexto de filtro externo por Color, porque es la columna que se utiliza en cada fila del objeto visual tabla y añade con una condición de AND lógico un filtro que evalúa que el valor de la columna Precio sea mayor que 25. En este caso, se dispone de la fusión que calcula en un solo paso el resultado para todos los colores.

El informe muestra un paso adicional para filtrar todas las filas de Ventas donde el precio es mayor que 25 y realizar el conteo distinto sin evaluar el color:

```
SELECT
  DCOUNT ('Ventas'[IdProducto])
FROM 'Ventas'
WHERE
  (PFCASTCOALESCE('Ventas'[Precio] AS INT) > COALESCE (25)) ;
```

Herramientas

El capítulo ha priorizado el uso de la herramienta externa DAX Studio, aunque para muchos casos bastaría con analizar la consulta en la vista Consultas DAX.

Existen otras herramientas externas que pueden ayudar a:

- Explorar el contenido del modelo de datos, detallando la distribución, tipo de datos y peso que aporta cada columna.
- Diagnosticar la calidad y cumplimiento de las buenas prácticas del modelo de datos.
- Explorar las expresiones DAX utilizadas.
- Encontrar dependencias entre las métricas.

Las funcionalidades integradas en Power BI, que es la herramienta cliente que se ha utilizado, y el buen uso de las herramientas externas facilitan la labor de optimización de modelos y consultas DAX para garantizar un mejor rendimiento de los informes analíticos.

Conclusiones

El lenguaje de expresiones DAX es muy potente, está dotado de funciones y mecanismos internos para proponer el mejor resultado posible en el menor tiempo posible.

Los ejemplos mostrados en este capítulo persiguen el objetivo de destacar el impacto que, sobre el rendimiento, es decir, el tiempo que demora la ejecución de una consulta, tiene el uso de una función u otra, la aplicación de los filtros utilizando una técnica u otra.

Índice alfabético

A

B

C

D

E

P

R

S

T

U

V

W

X